롤즈의 정의론과 그 이후

황경식 • 박정순 외 지음

롤즈의 정의론과 그 이후

황경식 • 박정순 외 지음

철학과현실사

머 리 말

  존 롤즈(John Rawls, 1921-2002)가 2002년 11월 24일 81세의 나이
로 영면했을 때, 세계 학계는 이구동성으로 그를 20세기 후반기에서
가장 영향력 있는 윤리학자 및 정치철학자로 찬양하고, 또 그의 『정
의론』을 존 스튜어트 밀(John Stuart Mill)의 저작 이후 가장 중요한
정치철학적 저작이라고 평가하면서 그 부음을 안타까워했다.

  그의 대표 저작인 『정의론(A Theory of Justice)』(1971)은 정치적,
경제적 자유와 권리가 개인들 사이에서 상호 양립 가능한 방식으로
동일하게 최대한 보장되어야 한다는 자유의 원칙을 우선시하는 고전
적 자유주의의 요소에다가, 유사한 능력과 재능을 가진 사람들은 유
사한 삶의 기회를 가져야 한다는 공정한 기회균등의 원칙과 아울러
불평등은 최소 수혜자들의 삶의 기대치를 향상시키는 한 허용된다는
차등의 원칙을 통한 분배적 정의의 실현이라는 평등주의적 요소를
결합한 것이다.

  이러한 결합은 공정한 선택상황에서의 공평무사한 합의를 가정하
는 '공정성으로서의 정의(justice as fairness)'라는 사회계약론적 방법
을 원용하여 이룩된 것이다. 방법론적으로 '공정성으로서의 정의'는

자유주의적 평등주의에 대한 철학적 정당화를 제공하게 된다. 롤즈는 또한 자신의 정의의 원칙들이 우리들의 숙고적인 도덕적 판단과 일치한다는 반성적 평형상태라는 정합론을 정당화의 근거로 주장하기도 했다. 따라서 그의 정의론은 1950년대 이후 개인의 실존적 결단을 강조하거나 아니면 언어분석 윤리학적 논의에만 사로잡혀 있던 서구 학계의 규범철학 불모의 상황에서 체계적인 거대 규범철학의 복귀를 가져올 수 있었던 것이다.

그의 정의론은 그동안 사회복지의 극대화 원리를 통해 자유주의에 대한 지배적인 철학적 근거로서 행세하던 공리주의의 약점을 극복하게 된다. 그의 정의론은 전체 복지라는 미명 아래 소수자에 대한 인권이 침해될 가능성이 있는 공리주의의 약점을 원리적으로 극복함으로써 자유주의 정치철학의 한 전형을 이루었던 것이다. 롤즈에 의해서 창출된 자유주의의 새로운 유형은 '권리준거적인 칸트적인 의무론적 자유주의'로서 1980-90년대에 전개된 '자유주의 대 공동체주의 논쟁'을 촉발한 계기가 되었다.

또한 『정의론』 출간 이후 줄곧 롤즈는 정치적 자유와 경제적 평등의 양립 가능성에 관련하여, 자유지상주의와 마르크스주의 양 진영으로부터 평등 때문에 자유가 훼손되고 자유 때문에 평등이 상실된다는 상반된 비판을 받게 되었던 것도 사실이다. 이러한 상반된 비판은 오해에서 비롯된 것이라는 주장이 있지만, 자유와 평등을 조화시키려는 롤즈의 시도는 그 자체가 지난한 세계사적 문제라는 것을 웅변적으로 잘 말해 주고 있다. 롤즈는 자신의 그러한 시도를 '실현 가능한 유토피아'를 위한 대장정이라고 말한 바 있다.

『정의론』의 출간 이후 롤즈는 정의로운 사회의 안정성에 관련하여 『정의론』을 부분적으로 변호하고 보완할 뿐만 아니라 현대사회에서의 다원주의적 사실에 직면하여 자유주의의 더 높은 수용성을 확보하기 위해 고심하게 된다. 그 결과 자유주의적 정의관을 포괄적이고 형이상학적인 것이 아니라 공적이고 정치적인 영역에 한정시킴으로써 다양한 가치관을 가진 사람들 사이에서 공적 이성을 기반으로 자유주의적 정의관에 대한 중첩적 합의를 추구하는 『정치적 자유주의(Political Liberalism)』(1993)를 출간하게 된다. 이어서 자신의 정의론을 국제사회에 확대 적용한 『만민법(The Law of Peoples)』(1999)도 출간한다. 롤즈가 남긴 다른 저작들도 있지만 통상적으로 이 세 저작이 롤즈 정의론의 3부작으로 간주되고 있다.

롤즈가 타계한 지도 벌써 6년이 지났다. 롤즈의 정의론이 남긴 사상적 유산과 궤적은 그 방법론적 접근이나 실질적 내용 모두에 있어 국내적 정의는 물론 국제적 정의 문제를 해결하는 데 커다란 자산임에 틀림없다. 롤즈가 정의론을 통해 남긴 문제들은 오늘날도 여전히 살아 있는 이슈들이라고 아니 할 수 없다. 롤즈의 정의론이 남긴 사상적 유산과 파장을 철학적으로 파악해 보고, 또한 대립적 이론들과의 비판적 대조와 함께 그 현실적 적용의 문제를 고찰하는 것은 오늘날 후학들이 당면한 커다란 학문적 과제라고 할 것이다. 따라서 이 책의 제목을 『롤즈의 정의론과 그 이후』라고 붙여 보았다.

이 책은 지난 2007년 화갑을 맞이하셨던 서울대 철학과 황경식 교수님의 학덕을 기리기 위하여 한국윤리학회에 의해서 기획되었다. 황교수님은 한국윤리학회 회장과 철학연구회 회장을 역임하셨고, 2009년 6월부터 1년간 한국철학회 회장직을 수행하시게 된다. 황교수님은 세계 석학 초빙 강좌인 한국철학회의 <다산기념철학강좌>의 설립을 주도하셨고, 2007년 제10회에 이르기까지 물심양면으로 후원하신 바 있다.

황교수님은 롤즈 생전에 풀브라이트 장학재단의 지원을 받아 하버드대학 철학과에서 객원 연구원으로 체류하셨다. 그때 황교수님은 롤즈의 『정의론』의 한국어 번역자로서 자긍심을 가지고 롤즈의 강의와 강연에 참여하셨고, 또한 롤즈와 토론도 하고 대화도 나누었던 개인적 인연을 지닌 것으로 안다. 황교수님은 롤즈의 『정의론』을 3부로 나누어 1977년과 1979년에 걸쳐 3권으로 완역 출간하셨고, 이 3권의 번역을 한데 묶어 1985년에 수정 보완하여 통합 출간함으로써 롤즈의 정의론을 한국에 본격적으로 소개하셨다. 그리고 롤즈의 『정의론』 개정판(1999)도 2003년에 번역 출간하셨다.

황교수님은 롤즈의 정의론으로 자신의 박사학위논문을 쓰시고, 또 그것을 수정 증보하여 『사회정의의 철학적 기초: J. 롤즈의 정의론을 중심으로』(1985)를 출간함으로써 한국에서 롤즈의 정의론에 대한 본격적이고 수준 높은 논의의 장을 여셨을 뿐만 아니라, 그간 롤즈에 관한 수많은 연구 논문과 저서들을 통해 철학계뿐만 아니라 인접 사회과학계에도 많은 영향을 미치고 그 논의를 선도해 오셨던 것이다. 가장 최근의 저서인 『자유주의는 진화하는가』(2006)에서 황교수님은 롤즈의 정의론이 가져온 사상적 파장과 롤즈 정의론 자체의 변모를 자유주의라는 큰 틀에서 포괄적으로 논의하신 바 있다.

이 책은 롤즈 정의론의 3부작 중에서 처음 2부작을 중심으로 논의한 한국윤리학회의 공동 연구의 산물이다. 한국윤리학회는 기본적으로 윤리학 및 정치 · 사회철학, 법철학 등 규범철학을 전공하는 철학자들의 모임이지만 정치학, 경제학, 법학, 사회학 등 인접 사회과학자들에게도 문호를 개방하고 있다. 정치학 및 정치사상 분야에서 필자로 참여해 주신 성균관대학교 정치외교학과 김비환 교수와 연세대학교 정치외교학과 장동진 교수에게 특별히 감사드리고 싶다.

장동진 교수는 롤즈 정의론에 대한 많은 논문들을 발표하였고, 또한 롤즈의 『정치적 자유주의』와 『만민법』을 1998년과 2000년에 각각 번역 출간한 바 있다. 롤즈 정의론의 3부작의 두 역자인 황경식 교수님과 장동진 교수가 이 책의 필자로 참여한 것은 큰 영광이 아닐 수 없다. 그리고 황경식 교수님의 논문과 장동진 교수의 논문이 이 책의 처음과 마지막에 포진하여 이 책을 수미상관하게 이끌어 주고 있는 것도 이 책의 진가를 더해 준다고 하겠다.

이 책에 실린 14편의 논문은 거의가 그간 한국윤리학회 월례 모임에서 발표, 토론된 것으로서, 크게 네 묶음으로 이루어져 있다.

제1부는 롤즈의 정의론에 대한 개괄적 고찰이다. 여기서는 롤즈 정의론이 현대 자유주의의 진화와 정당화의 관점에서 고찰되고, 『정의론』이후 롤즈 정의론 자체의 변모와 그 해석 논쟁도 다루어진다. 특히 황교수님의 논문은 롤즈의 정의론을 자유지상주의에서 복지자유주의로, 개인적 자유주의에서 공동체 자유주의로, 포괄적 자유주의에서 정치적 자유주의로의 세 가지 변화 관점에서 살펴봄으로써, 롤즈의 정의론에 대한 전체적인 조망을 일목요연하게 잘 제공하고 있다.

제2부는 롤즈의 정의론에 대한 세부적 고찰이다. 여기서는 롤즈의 『정의론』에 대한 평등주의와 절차주의적 관점에서의 논의에 이어서, 『정치적 자유주의』에 관련된 입헌민주주의론, 형이상학적 문제들, 중첩적 합의, 공적 이성이 논해진다. 제2부에서는 제1부에서 개괄적으로만 논의되었던 롤즈의 『정의론』에서 『정치적 자유주의』로의 이행에 대한 좀 더 구체적인 논의들을 찾아볼 수 있다.

제3부는 롤즈의 정의론과 그 대립적 이론들 사이의 비판적 대조다. 여기서 비판적 대조의 수준은 자유주의의 내부적 논쟁으로부터 공리주의와 마르크스주의와의 대립으로 점차적으로 심화된다. 먼저 드워킨(Ronald Dworkin)의 평등주의적 자유주의가 그 권리기초론에 입각하여 롤즈의 정의론과 대비적으로 고찰되고 있다. 그리고 롤즈가 극복하려고 했던 공리주의와의 대조가 공리주의의 극대화와 평등 개념에 관련하여 전개된다. 이어서 마르크스의 『자본』과 롤즈의 『정의론』에 대한 비판적 대조가 이루어진다.

제4부는 롤즈 정의론의 현실적 적용에 관한 논의다. 우선 롤즈의 보편주의적 정의론에 관한 현실적 적용에서 커다란 난점으로 나타난 여성주의적 관점에서 차이의 문제가 논의된다. 그리고 보건의료서비

스의 정의로운 배분을 위한 롤즈 정의론의 적용 및 발전 문제가 탐구된다. 최종적으로 롤즈 정의론이 한국사회에서 논의된 단계와 그 적용에 관련된 여러 문제가 다루어진다.

이 책에 대한 기획 단계에서부터 편집 과정에 이르기까지 거의 2년간 수고를 아끼지 않았던 주동률 부회장과 박상혁 연구이사를 비롯한 한국윤리학회 이사진과 연구위원회 편집위원들에게 감사드린다. 그리고 이 책에 각별한 관심을 가지고 편집 과정에서부터 최종 출판 단계에 이르기까지 세심한 배려를 해준 철학과현실사에 감사를 드리고 싶다.

한국윤리학회가 롤즈 전공자들이 가장 많이 포진하고 있는 학회 중의 하나라는 자부심을 가지고 이 책을 만들었지만, 아직 여러 가지 면에서 크게 만족할 만한 수준은 아니다. 독자 여러분과 롤즈 연구자들의 성원과 격려와 아울러 기탄없는 질정과 비판을 바라마지 않는다. 이 책이 롤즈 정의론에 대한 포괄적이면서도 심원한 후속적 논의의 출발점이 됨과 아울러 우리 한국사회가 정의로운 사회로 발전하는 데 조그만 공헌이라도 할 수 있기를 염원한다.

2009년 4월
한국윤리학회
회장 박 정 순

차 례

제3부 비판적 대조

제4부 현실적 적용

제1부 개괄적 논의

존 롤즈의 자유주의를 위한 변명:
현대 자유주의의 진화와 정당화

자유주의 정의론의 철학적 오디세이:
롤즈 정의론의 변모와 그 해석 논쟁

존 롤즈의 자유주의를 위한 변명 :

현대 자유주의의 진화와 정당화

황경식

서울대 철학과 교수

1. 들어가는 말

자유주의의 역사가 시작된 이래 자유주의는 각 시대의 상이한 요청들에 부응하면서, 또한 그에 대한 반론들을 발전적으로 수용하면서 이념적 진화를 해온 것으로 판단된다. 특히 존 롤즈(John Rowls)가 『정의론』을 통해 제시하고 있는 자유주의 유형은 이 같은 자유주의의 진화를 여러 측면에서 이해하는 데 도움을 줄 수 있는 좋은 예화라고 생각된다. 필자는 롤즈의 자유주의가 보여주는 세 가지 측면을 논구하는 가운데 자유주의가 진화해 온 세 계기를 정리해 보고자 한다. 이 같은 세 가지 계기는 자유주의가 과거에 당면했던 도전들, 그리고 현재 직면하고 있는 상황들에 대한 응전의 형태로써 자유주의의 진화과정을 여실하게 보여주는 것으로 생각된다.

우선, 롤즈의 자유주의는 다소 이론의 여지가 있기는 하나 복지자유주의(Welfare Liberalism)라 불러 무리가 없을 것이다. 이는 다소 소박한 초기 자유주의에 대해 사회주의적 도전의 결과로서 자유의 절대우위를 내세우는 자유지상주의(Libertarianism)로부터 사회주의적 평등을 수용한 자유주의(Liberalism)로 일단계 진화가 이루어진다. 롤즈는 이른바 자유주의적 평등(liberal equality)의 대변자 중 한 사람으로서, 자유주의가 자유지상주의가 아니라 자유주의적 평등으로 발전해야 할 이념상의 논거를 제시하면서 최소 수혜자를 중심으로 한 모든 사회성원들의 품위 있는 삶의 질을 보장하는 복지자유주의를 지지하고 있다. 이같이 현대 자유주의가 평등에 관심을 갖는 이유는 실질적 자유의 실현이 가장 중요하기 때문이며 이는 롤즈가 자유주의 이념 속에 사회주의 이념을 통합하고자 한 시도의 귀결로 해석될 수 있을 것이다.

둘째, 롤즈의 자유주의는 다소간의 오해에도 불구하고 공동체 자유주의(Communitarian Liberalism)의 핵심을 담고 있음을 논변하고자 한다. 초기의 자유주의가 지나치게 소유적 개인주의(Possessive Individualism)에 편향되어 있어 헤겔이나 마르크스의 공동체주의적 도전을 받았음은 주지의 사실이거니와 근래에 이르러서도 헤겔이나 아리스토텔레스의 철학에 입각해서 자유주의에 대한 공동체주의적 도전이 파상적으로 진행되어 왔다. 특히 공동체주의자로 자처하는 마이클 샌들(M. Sandel)이 롤즈를 겨냥하여 자유주의를 논박한 것은 널리 알려져 있기는 하나 우리는 이 논문에서 샌들의 비판이 롤즈에 관한 상당한 오해에 근거하고 있을 뿐 아니라 방법론적 보편주의나 개인주의적 존재론과 관련된 비판에 있어서도 롤즈의 편에서 갖가지 해명이 제시될 수 있다는 생각이다. 사실상 롤즈의 자유주의에는 어떤 의미에서 마르크스를 능가하는 공동체주의적 요소가 함축되어 있음을 논증하고자 한다.

끝으로 롤즈는 오늘날과 같은 다원주의적 대세 속에서도 지속 가능한 자유주의가 되고자 자신의 자유주의를 정치적 자유주의(Political Liberalism)로 발전시키고자 한다. 칸트나 밀 등이 제시한 전통적 자유주의가 더 철학적이고 포괄적인 자유주의라 한다면 종교, 철학, 도덕과 관련된 포괄적 교설(comprehensive doctrine)에 있어 서로 합의를 얻기 어려운 다원주의라는 사회적 사실에 직면하여 그러한 형이상학이나 철학과 무관하게 자립적인, 공적이고 정치적인 정의관에 중첩적 합의(overlapping consensus)를 도출함으로써 제시되는 정치적 자유주의를 지지하고자 한다. 이는 다원주의에 대응하기 위해 최대의 수용 가능성을 도모하기 위한 최소주의적 프로젝트로서의 자유주의라 할 수 있을 것이다.

우선 롤즈의 진화된 자유주의의 배경에 깔린 직관적 생각은, 자유주의가 지향하는 바가 특정 개인의 특수한 자유(재산 취득, 처분, 양도의 자유 등)가 아니라 사회성원 모두가 향유할 자유의 총체(소유권, 생존권, 행복권 등의 꾸러미 체계)를 극대화하는 것이라면, 그리고 그들이 향유하는 자유가 단지 유명무실한 형식적 자유가 아니라, 명실상부한 실질적 자유라면, 즉 그들이 의미 있고 효율적인 자유 실현을 위한 사회경제적 가치에 기반한 자유를 지향한다면 자유주의는 단지 자유지상주의가 아니라 품위 있는 삶의 질을 보장하는 복지자유주의 혹은 평등과 효율이 조정되는 자유주의적 평등이념으로 발전할 수밖에 없다는 것이다.

또한 자유주의의 존재론이 지나치게 추상적 개인들에 기반을 둔 원자적 개인주의에 편향될 경우 그것은 사회적 현실에도 부합하지 않을 뿐 아니라 바람직한 공동체적 삶의 이념에도 어긋나는 일일 것이다. 이런 관점에서 자유주의를 비판한 헤겔이나 마르크스로부터 근래의 공동체주의자들에 이르기까지 자유주의에 대한 공동체주의적 비판은 나름의 정당성을 갖는다. 그러나 근래에 공동체주의적 관점에서 롤즈의 자유주의를 비판한 것은 롤즈의 정의론을 오해했거나 그의 정의론을 전체적인 관점에서 이해하지 못한 데에서 비롯된 것이라고 필자는 판단한다. 원초적 입장의 당사자는 합리적(rational) 선택의 주체로서 원자적 개인이라 할 수 있을지 모르나 정의의 담론에 관심을 갖고 무지의 베일을 쓸 용의를 갖는 한 이미 그는 정의관을 소지한 합당한(reasonable) 도덕적 주체로서 선택하고 있음을 간과해서는 안 될 것이다.

상호 무관심하고 자신의 이익을 극대화하고자 하는 합리적 선택자로서 원초적 입장의 당사자에 대한 서술이 마치 롤즈의 인간관을 대변하는 듯 생각할 경우 롤즈 정의론에 대한 돌이킬 수 없는 오해가 시작된다. 나아가 롤즈는 자신의 자유주의적 평등이념에 기초한 정의관을 구현하기 위해 천부적 능력이나 사회적 지위 등 우연적 변수들은 도덕적 관점에서 볼 때 정당한 근거가 없는 임의적인 것임을 논증하는 데 주력하고 있다. 이 같은 논증의 귀결로서 롤즈는 천부적 능력이나 사회적 지위는 모든 사회성원들 공동의 자산(common asset)으로 간주되어야 한다고 보고 이에 기초해서 정의의 원칙들을 구성한다. 이 같은 견해는 사실상 우리를 서로의 운명에 동참해야 하는 운명공동체의 성원으로 보고자 하는 것으로서 바로 이 점에 있어 마르크스보다 더 공동체주의적이라 할 수 있으며 따라서 그는 공동체 자유주의의 전형이라 할 만하다는 것이 필자의 견해다.

끝으로 자유주의는 그 근원에서부터 근세 이후 가치의 분화 내지 다원화에서 비롯되는 다원주의적 현실에 대한 합당한 대응전략으로 시작되었으며 그 이후 자유주의가 진화해 온 역사도 바로 이 같은 다원주의(Pluralism)를 더 효율적으로 관리하는 가운데 진행되었다고 생각한다. 그런데 근래에 이르러 이 같은 다원주의적 현실은 국내적으로나 국제적으로 더욱 심화되고 있어 거의 양립 불가능할 정도의 갈등을 자아내고 있는 것이 사실이다. 그러나 우리가 공동체적 유대를 포기하지 않는 한 우리는 이 같은 다원주의적, 원심적인 갈등에도 불구하고 지속 가능한 안정된 구심적 유대를 보장할 방도의 모색이 필수 불가결한 것으로 보인다. 이에 롤즈는 종교, 철학, 도덕과 관련된 우리의 포괄적 교설에 있어 심각한 불일치가 있음에도 불구하고

18

최소한 공적이고 정치적인 영역에 있어 중첩적 합의를 도출하고자 하는 자유주의의 최소주의적 프로젝트에 기대를 걸고자 하며, 이 같은 모색의 과정에서 정치적 자유주의가 구상된 것이다.

2. 자유지상주의에서 복지자유주의로

하이에크(F. A. Hayek), 존 호스퍼스(John Hospers), 로버트 노직(Robert Nozick) 등 이른바 자유지상주의자들(Libertarians)은 자신들이야말로 자유의 옹호자라고 생각한다. 나아가 이와 같은 자유지상주의자들이 자신의 이론을 일관되게 전개할 경우 그들은 자유지상주의적 근거로부터 약물이용의 합법화를 위시해서 각종 불간섭주의적(nonpaternalistic) 정책을 도출할 수가 있을 것이다. 그런데 불행하게도 이런 방향으로 자유지상주의를 전개해 갈 경우 복지혜택이나 기회균등에 있어 자유지상주의자와 복지자유주의자 간의 간격은 멀어질 수밖에 없다. 일반적으로 자유지상주의적 이념은 복지나 기회균등의 권리에 대한 거부를 요구하는 데 비해 복지자유주의는 이를 그들 이념의 요구조건으로 수용하기 때문이다. 그런데 만일 우리가 자유지상주의적 이념도 복지자유주의와 동일한 복지 및 기회균등에 대한 권리를 요구할 수밖에 없음을 입증할 경우, 자유지상주의는 복지자유주의적 방향으로 진화할 수밖에 없을 것이다.[1]

자유지상주의적 입장을 평가하기 위해 그들이 옹호하는 자유의 이념으로부터 부자와 빈자 간에 전개될 전형적인 갈등상황을 숙고해 보기로 하자.[2] 이런 상황에서 부자는 그들의 기본적인 필요(basic needs)를 충족시킬 충분한 재화와 자원 이상을 지니고 있으며 이에

---

1) James P. Sterba, *Justice for Here and Now*(Cambridge University Press, 1998), p.41.
2) 같은 책, pp.44-46 참조.

비해 빈자는 그들에게 가용한 모든 수단을 활용했음에도 불구하고 그들의 기본적 필요를 대부분 충족시킬 재화와 자원을 결여하고 있다. 이 같은 여건에서 자유지상주의자들은 일반적으로 부자가 그들의 사치스러운 필요까지 충족시킬 재화와 자원을 이용할 자유를 당연히 지니게 된다고 생각한다. 나아가 자유지상주의자들은 이 같은 자유가 빈자의 기본욕구 충족을 희생하고서도 얼마든지 향유될 수 있다고 본다. 그들이 생각하기에 자유는 언제나 다른 정치이념에 비해 우선권을 갖는다. 그리고 자유지상주의자들은 가난한 이의 자유는 이 같은 갈등상황에서도 문제되지 않는다고 가정하는 까닭에 그들은 부자가 가난한 이들의 기본욕구의 충족을 위해 그들의 자유를 희생할 것이 요구되지 않는다는 손쉬운 결론으로 이행한다. 물론 자유지상주의자들의 생각에도 부자가 빈자와 더불어 그들의 잉여 재화와 자원을 공유한다면 좋은(nice) 일이긴 하나 이 같은 자선행위(charity)가 도덕적으로 요구될(required) 수는 없다는 것이다.

그러나 사실상 이 같은 갈등상황에서 빈자의 자유도 문제될 뿐 아니라 중요시되어야 한다는 것이 우리의 숙고된 판단이라고 생각된다. 여기서 중요한 것은 빈자들이 자신의 기본적 필요를 충족시키는 데 필수적인 부자의 잉여 소유물을 취하는 일을 방해받지 않을 그들의 자유다. 물론 자유지상주의자들은 빈자들이 이 같은 자유를 갖는다는 사실을 부인하고자 할지 모르나 이 같은 부인을 그들은 어떻게 정당화할 것인가. 빈자의 이 같은 자유는 좀 더 정확히 말하면 무언가를 받을 적극적 권리가 아니라 불간섭이라는 소극적 권리라 할 수 있다. 여하튼 자유지상주의자들도 이 같은 자유의 존재를 인정하지 않을 수 없을 것이며 나아가 그런 자유가 부자의 다른 자유와 갈등하고 있다고 해야 할 것이다. 물론 이 같은 상황을 직시하고서 자유지상주의자들은 경악과 동시에 각성하게 될지도 모르는데, 왜냐하면 그들은 부자와 빈자 간의 갈등을 지금까지는 자유의 갈등으로 이해하지 못

했기 때문이다.[3]

부자와 빈자의 갈등이 양자가 지닌 자유들 간의 갈등으로 간주될 경우 부자는 그들의 잉여 재화와 자원을, 기본욕구의 충족을 넘어 호사스러운 용도로 이용하는 일에 방해받지 않아야 할 자유를 지니며, 빈자는 그들의 기본적 필요의 충족을 위해 요구되는바 부자의 잉여 소유물을 취하는 일에 방해받지 않을 자유를 지니며 이 두 가지 자유 간에 갈등과 상충이 있게 되는 셈이다. 우리가 한쪽 자유를 받아들일 경우 다른 쪽 자유는 배척하게 될 것이기에 갈등이 있게 된다. 따라서 결정되어야 할 필요가 있는 것은 이들 중 어떤 자유가 도덕적으로 더 우선적인 것인가, 즉 부자의 자유와 빈자의 자유 중 도덕적으로 비중이 더 큰 쪽이 어느 것인가 하는 점이다.[4] 물론 자유들 간의 도덕적 우선성 문제를 해결하기 위해서는 도덕의 근본 원리들에 대한 좀 더 심층적인 논의가 요구되기는 할 것이다.

이상과 같은 논변에서 자유지상주의자 노직이 사유재산권의 가치를 자명한 것으로 간주하는 이유는 그것이 개인의 자유와 밀접한 관련이 있기 때문이라고 생각된다. 아담 스미스를 비롯해서 존 로크를 거쳐 헤겔에 이르는 사유재산권을 옹호한 자들은 전통적으로 소유권과 개인의 자유를 관련지어 왔다. 노직 역시 이 같은 전통 위에서 복지국가적 간섭주의와 그러한 복지정책을 지지하는 분배적 정의관에 대항해서 재산권에 대한 자신의 옹호론을, 새로운 논변을 통해 전개하고 있다.[5] 그러나 라이언(C. C. Ryan)이 지적하듯이 이 같은 논변에서의 문제는 그것이 사유재산권과 그러한 권리가 보장하는 자유 간의 관계를 미리 전제하고 있다는 점이다.[6]

---

3) 같은 책, p.45.
4) 같은 책, pp.45-46 참조.
5) R. Nozick, *Anarchy, State and Utopia*(Basic Book, 1974) 참조.
6) Cheyney C. Ryan, "Yours, Mine, and Ours: Property Rights and Individual Liberty", *Reading Nozick*, Jeffrey Raul ed.(Rowman Littlefield, 1981), p.324.

그런데 자본주의자와 사회주의자 간의 정의관 논쟁은 대체로 사유재산권의 존재 여부에 달려 있기 때문에 이런 권리를 당연한 것으로 전제하는 노직의 논변은 이를 받아들이지 않는 자들에게 별다른 설득력을 갖지 못한다는 데 문제가 있다. 라이언의 비판에 따르면 만일 우리가 사유재산제도 자체가 다수자의 자유에 대한 지속적인 침해를 내포하는 것임을 입증할 경우 노직의 노변은 자기모순에 빠지는 자멸적인 것으로 판명되며, 나아가 이는 노직이 옹호하고자 하는 자기소유권(self-ownership)이라는 자본주의의 기본전제와도 상충하는 치명적인 결과를 가져오는 것이 아닐 수 없다.[7]

라이언이 요약하고 있는 소유권의 역사에 따르면, 자본주의 이전의 재산형태에서는 대부분의 공동체가 거대한 공유지를 가졌고 모든 성원들은 그로부터 목축과 농사와 주거를 해결했다. 모든 거주자는 토지에 대한 이용권을 가졌으며 이용의 자유는 모든 시민의 기본적 자유로 간주되었다. 그러나 엔클로저 운동에 뒤이어 이 토지는 공유로부터 사유로 넘어갔으며 토지 소유권의 이전이 이루어지게 된다. 근세 이후 소유권의 확대는 대부분의 주민에게 지금까지 누리던 권리의 폐기를 의미하는 것이다. 다시 말하면 그것은 토지 이용권의 엄청난 감소와 토지를 사용할 자유의 상당한 제한을 뜻하는 것이다. 이는 결국 많은 사람이 가진 권리와 자유로부터 비교적 소수가 가진 사적 권리로의 이행을 함축하는 까닭에 우리는 사적 소유권의 확대가 다수 성원의 자유를 감소시키는 결과를 가져왔다고 말할 수 있을 것이다.[8]

이상과 같은 주지의 역사적 사실로부터 우리는 개인적 소유권에 대한 반대논변을, 그것이 가져올 자유의 전반적 감소를 지적함으로써 쉽사리 구성할 수 있을 것이다. 그런데 여기에서 논의되고 있는 자유

7) 같은 글, pp.324-325.
8) 같은 글, p.337.

는 노직이 자유 일반에 대해 이야기할 때 염두에 두고 있는 것과 동일한 것이 아니라는 점에 주목할 필요가 있다. 노직이 전개하는 논변은 특히 재산을 처분할 수 있는 자유(즉 소극적 자유로서의 재산권)와 관련되어 있는 데 비해 사적 소유권에 의해 제한되는 자유는 재산을 이용할 수 있는 자유(즉 적극적 자유)로서의 복지권이다. 우리의 관심이 총체적 자유에 있다면 소유와 관련된 모든 자유가 고려되는 것이 마땅하며 따라서 이런 방식으로 사유재산권의 확대에 대한 반대논변이 제시될 수 있을 것이다.

요약해서 말하자면 비록 우리가 소유권을, 소유물에 대해 갖는 하나의 권리(a right)라고 말할지라도 사실상 그것은 소유물을 이용할 권리를 포함해서 그것을 처분, 양도할 권리 등 여러 권리들의 꾸러미 개념(bundle concept)이라 할 수 있다.[9] 그리고 이러한 각각의 권리들은 그 소유자가 소유물과 관련해서 갖는 특정한 자유들을 보장하며 때로는 그러한 특정 자유들을 구분하는 일이 필요하다. 이렇게 볼 때 노직의 논변에서 내세우는 자유는 사실상 자유 일반이 아니고 소유자가 그의 재산을 처분할 수 있는 특정한 자유라 할 수 있다. 이에 비해 사유재산의 확대에 반대하는 논변 역시 자유에 의거하고 있으나 이것이 의거하는 특정 자유는 일련의 소유물을 이용할 수 있는 비배타적인 자유이며 재산을 교환할 자유의 상대적 가치는 여기에서 덜 중요한 것이 된다 할 것이다.

롤즈를 위시해서 현대의 자유주의자들이 평등에 대해서도 관심을 갖는 이유는 이상과 같은 관점에서 볼 때 자유주의가 보장하는 자유가 단지 형식적 자유가 아니라 실질적 자유이며 사회경제적 관점에서 효율적으로 실현되는 자유이어야 하기 때문이다. 정치철학적으로 롤즈의 정의론이 갖는 실질적 내용을 평가하기 위해서는 그로부터 유래된 일차적이고도 가장 특징적인 변화로서, 자유주의적 이론체계

---

9) 같은 글, Conclusion 참조.

속에 사회주의적 요구를 통합했다는 점에 주목할 필요가 있다고 생각된다. 로크의 사회계약에 등장하는 당사자들과는 달리, 롤즈의 원초적 입장에 등장하는 계약 당사자들은 자신의 상대적 부나 소속된 사회계층을 모르는 가운데 분배적 정의의 원칙들을 선택하게 된다. 자신이 자본가인지 노동자인지 알지 못하는 상태에서 그들은 재산 소유자의 이득을 보호하는 일보다 자신과 후손들이 인간으로서 품위 있는 삶을(decent life) 향유하는 사회적 조건을 보장하는 데 더 큰 배려를 하고 있는 것이다.

이상과 같이 볼 때 롤즈의 정의론은 최소 수혜자를 가장 우선적으로 고려하는 자유주의라 할 수 있고 사회주의적 비판이 함축하고 있는 도덕적 의미를 충분히 참작한 자유주의라 할 수 있다. 차등의 원칙(the Difference Principle)으로 인해 빈곤한 계층은 그들의 인생 전망을 고양시킬 여지가 더 이상 남아 있어서는 안 될 정도까지 가능한 한 최고의 인생 전망을 보장할 것이 요구된다. 마찬가지로 공정한 기회균등은 재능이 있으면 출세할 수 있다는 식의 고전적 자유주의의 이념을 능가하는 것으로서, 그것은 보상적 교육의 실시와 경제적 불평등에 한계를 부여함으로써 사회의 모든 부분에 걸쳐 유사한 동기와 자질을 가진 모든 이에게 교양과 성취를 위한 거의 평등한 전망이 주어져야 한다는 것이다.

3. 개인적 자유주의에서 공동체 자유주의로

자유주의가 공동체의 가치를 무시한다는 비난은 오랜 역사를 지닌다. 롤즈의 정의론이 오늘날 가장 체계적이고 정연한 자유주의 이론으로 평가받고 있는 이상 그가 이 같은 자유주의에 대한 혐의로부터 어떻게 벗어날 수 있는지는 지극히 중요한 과제가 아닐 수 없다. 가상적 계약의 당사자들과 같이 자유롭고 평등하면서도 모든 구체적 개별성을 결여한 합리적이고 추상적인(disembodied) 인간을 끌어들인 이상, 그는 개인들이 속한 사회적 맥락이 함축하는 형성적 의의(formative significance)를 무시하고 그들 간의 관계가 갖는 도덕적의의를 간과하는바 개인적 인간관을 전제하고 있다 할 것인가. 그래서 그가 흔히 자유주의자들이 범한 것으로 열거되는 근본적 과오를 범하고 있다는 비판으로부터 무사할 수 있을 것인가.

자유주의를 겨냥하는 비판들이 다양한 측면에서 전개되고 있기는 하나 이 중 특히 롤즈의 자유주의와 관련하여 필자는 두 가지 관점에서 문제를 제기하고 롤즈의 입장에 서서 그의 자유주의를 변명해 보고자 한다. 그 중 하나는 롤즈의 자유주의 이론의 전개과정과 관련된 방법론(methodology)의 문제라면, 다른 하나는 그의 자유주의에 함축된 인간과 사회의 성격과 관련된 존재론(ontology)의 문제라 할 수 있다. 방법론적 관점에서 일반적으로 자유주의자들은 시공을 초월해서 보편적으로 적용될 수 있는 정치이론을 제시하고자 하는데, 비판자들은 이를 추상적 보편주의로 매도한다. 존재론적 관점에서 자유주의자들은 대체로 개인주의적 입장에서 공동체에 대해 도구주의적 가치를 부여하고자 하는데, 비판자들은 이를 원자적 개인주의로 비난한다. 일부 공동체주의자들에 의해 롤즈의 정의론이 전형적으로 이 두가지 혐의를 갖는 것으로 해석되고 있는 셈이다.

우리는, 외견상의 인상과는 달리 롤즈는 그가 비판받고 있는 이상과 같은 이론적 과오를 범하지 않을 뿐 아니라 소위 공동체주의자들이상으로 공동체주의적임을 논변하고자 한다. 이 같은 옹호론은 롤즈서술에 친숙한 연구가들에게 있어 이미 새로운 사실이 아니며, 대부분의 오해가 그의 이론에 대한 전반적 이해가 없거나 특정 부분에만주목하는 데서 빚어진 것임이 입증되었다. 롤즈의 이론을 제대로 이해하게 될 경우 그의 이론은 그야말로 공동체주의적 자유주의(Communitarian Liberalism)라 불러 합당하며, 그의 자유주의와 이를 비판하는 공동체주의와의 차이는 개인을 소중히 여기느냐 공동체 가치를 존중하느냐 간의 문제가 아니라 공동체와 그에 거주하는 개인들의 관계에 대한 상충하는 견해 간의 차이라 할 수 있을 것이다.

정의론이 추상적 보편주의라는 방법론적 편향을 보이고 있다는 점과 관련해서 왈쩌(Michael Walzer)는 주장하기를, 롤즈의 정의론은 보편적 적용을 위해 구상되었으며 따라서 상이한 문화권에 따라 상이한 가치관과 관행이 구현되는 구체적인 방식에 충실하지 못하다는 것이다.10) 왈쩌가 말하듯 정의가 요구하는 원칙에 의거한 분배와 관련해서 사회적 자원에 대한 롤즈의 입장은 개념적으로 부정합하다는 것이다. 왜냐하면 분배항목으로서 제시된 롤즈의 사회적 기본가치(primary goods)는 각자의 가치관과 무관하게 누구나 최대한 욕구하게 될 것이라는 극단적 추상성으로 인해 그와 관련된 분배원칙은 우리가 그의 원칙에 대해 기대하는 유용한 지침을 줄 수 없기 때문이라는 것이다. 또한 왈쩌에 따르면 원초적 입장에 의해 상징되듯 롤즈의 이론이 갖는, 구체적 사회로부터의 추상적 거리(detachment)는 문화 산출자로서 구체적 사회성원들의 법적, 문화적 권리를 존중하지 못하는 결과에 이르게 된다는 것이다.

롤즈의 『정의론』을 읽은 독자들은 왈쩌의 이 같은 비판이 다소 실감날 만한 구절들을 상기할 수 있을 것이다. 특히 『정의론』의 마지막 구절에 나오듯 "원초적 입장으로부터 사회를 바라보는 것은 영원의 상 아래서(sub specie aeternitatis) 사회를 바라본 것"11)이라는 언명이나 공정으로서의 정의관이 합리적 선택이론의 일부라는 주장은 왈쩌가 반론을 제기하는 것처럼 인간의 합리성과 인간성에 대한 일종의

---

10) Michael Walzer, "The Communitarian Critique of Liberalism", *Political Theory* 18(1), pp.6-23.

11) John Rawls, *A Theory of Justice*(revised edition, Harvard University Press, 1999), p.514.

비역사적(ahistorical) 이해를 함축한다 할 것이다. 그러나 롤즈가 제시한 정치적 자유주의에 따르면 공정으로서의 정의관은 입헌민주제와 관련된 공적인 정치문화에 대한 지적 표현이며 더욱이 그러한 정의관은 이 같은 민주제의 정치영역에만 적용될 수 있다고 한다. 다시 말하면 롤즈의 정의론은 왈쩌가 바라는 바와 같은 방식으로 문화 의존적(culturally dependent)이고 영역 특수적(sphere specific)인 것으로 제시된 것이다.

문화적 특수성을 초월하는 시도로서 제시되었다기보다 원초적 입장은 문화에 특수한 공유된 이해를 대변하기 위한 방도라고 할 수 있다. 나아가 롤즈가 제시한 사회적 기본가치의 추상성도 그것이, 시민적 인간관이 갖는 사회적 의미는 우리가 특정한 포괄적 가치관으로부터 거리를 취함으로써 그러한 가치관을 형성, 추구, 개선해 갈 동등한 능력을 갖는 존재로 대우받기를 요구한다는 생각을 반영하는 것으로 해석될 경우 충분히 납득할 수 있는 것이다. 이 같은 추상화 작업은 단지 추상을 위한 추상과 같이 명분 없는 일이 아니며 오히려 롤즈가 우리의 현실적 불일치에 충실하기 위한 전략으로서 합당한, 다원주의 시대에 우리의 공유된 사회적 의미의 현실적 한계에 대한 감수성에 있어 왈쩌보다 더 왈쩌적인 조처라 할 만한 것이다.

주지하다시피 우선 롤즈의 입장은 특히 『정치적 자유주의』 출간 이래 문화적 특수성(cultural particularity)을 초월하고자 하는 시도로서보다는 우리의 입헌민주주의적 정치문화에 충실하려는 시도로서 이해되어야 하며, 그러면서도 그의 입장은 공동체주의자인 왈쩌의 입장에 내재된 상대주의적 혐의로부터 벗어나고자 하는 노력을 보인다. 비록 롤즈가 정치이론가들의 과제를, 공유된 의미체계(shared meaning)를 단지 해명하는 것만으로 간주하지는 않지만 그와 유사한 작업이 입헌민주주의에 있어 공유된 의미가 특정 내용을 가질 경우 그에 대한 해명이 정치이론가의 합당한 방법일 수도 있는 것으로 생각한다. 나아가 우리는 그와 같은 민주사회의 경우에 있어서는 롤즈의 방법이 왈쩌의 접근과 일관성이 있을 뿐 아니라 왈쩌 이상으로 공유된 의미에 충실하다는 점에서 더 성공적이라고도 할 수 있을 것이다.

왜냐하면 롤즈는 우리가 공유하고 있는 부분이 얼마나 약소한 것인지를 잘 알고 있기 때문이다. 특히 정치적 정의관에 대한 그의 탐구에 있어 동기가 된 것은 다원주의라는 사실의 인정, 좀 더 자세히 말하면 국가권력의 억압적 사용이 없을 경우 가치관의 다원성이 존재하고 앞으로도 지속될 것이라는 사실의 인정에 있다. 이런 사실을 전제할 경우 정치에 대한 이해, 정치적 사회관, 시민으로서의 인간관 등이 원초적 입장 속에 구체화될 수 있는바, 우리가 합의할 수 있는 것의 전부인 것이다. 그리고 이 같은 최소한의 합의로 인해 사람들은 자유로이 그들이 선택한 가치관을 형성, 개선, 추구할 수 있게 된다. 왈쩌는 외면적인 견해의 차이가 있긴 하나 그 아래에서 우리는 모두 실제로 특정 재화가 배분되어야 할 방식에 대한 이해를 공유하고 있다고 가정한다. 그러나 이에 비해 롤즈의 자유주의는 우리가 그런 점에 있어서 의견이 분분함을 인정하고 민주사회의 시민들이 삶의 방식이나 재화의 분배방식에 대해 지극히 상이한 인식을 지니고 있다는 점에 대한 인정에서 출발한다. 왈쩌가 상이한 문화가 서로 다른 방식의 가치관을 갖는다는 주장에 주목하고 있다면, 롤즈는 우리의 다원주의 문화 속에서 서로 다른 성원들이 상이한 가치관을 갖는다는 점을 인정하는 데서 출발하고자 한다.

왈쩌가 비판하듯 롤즈는 우리 문화로부터 거리를 취하는 추상적 입장을 취하기보다는 문화 내에 존재하는 특정한 포괄적 가치관들로부터 중립적 입장에 서고자 하며, 이렇게 하는 이유는 그것이 바로 우리의 정치문화에 충실하고 우리가 공유하는 의미에 충실하게 되는 적절한 방식이기 때문이다. 나아가 사회적 기본가치에 대한 롤즈의 이해 또한 우리의 공유된 의미에 충실하기 위한 것으로서, 우리 사회의 시민으로서 사람들이 필요로 하는 공적으로 정당화 가능한 지표(index)로 제시된 것이다. 기본적 선으로서 가치관 속에 내포된 추상성은 따라서 우리의 정치문화나 공유된 의미로부터의 추상이기보다는 특정 가치관이나 포괄적 교설로부터의 중립적 입장에 주목하기 위한 것이다. 결국 정치적 자유주의가 특정한 포괄적 가치관들로부터 추상적 거리를 취하는 것은 오히려 그런 추상을 우리의 공유된 의미에의 충실이 요청하기 때문이라 할 수 있을 것이다.

롤즈에 대한 공동체주의자들의 또 한 가지 일반적인 공격은 그의 정의론에 함축된 존재론적 측면으로서 원초적 입장에서 무지의 베일을 쓴 계약 당사자의 특성화에 함축된 추상적 인간관을 겨냥하고 있다. 그러나 사실상 원초적 입장은 순전히 가설적 상황에 대한 방법론적 모형으로서 이는 롤즈의 심리학이나 형이상학적, 존재론적 입장을 대변하는 것이 아니다. 원초적 입장의 제약 조건들은 형이상학이나 심리학적인 것이 아니라 인식론적이고 도덕적인 것으로서 사람들이 자유롭고 평등하게 대우받을 것을 정의가 요구한다는 롤즈의 견해를 반영하는 것이다. 그들의 평등성에 대한 존중은 사람들이 각자의 천부적, 사회적 행운에 대한 지식을 배제함으로써 보장되며 사람들의 자유에 대한 존중은 특정한 가치관에 대한 지식이나 그와 관련된 동기를 배제하고 가치관을 형성, 추구, 개선할 수 있는 일반적 능력을 옹호함으로써 보장된다고 할 수 있다.

원초적 입장이 무연고적 자아(unencumbered self), 즉 자신의 목적이나 가치관으로부터 추상된 그림자 자아(shadow self)를 가정한다는 샌들의 비판[12]에 대해 롤즈가 대답할 수 있는 것은, 원초적 입장이 정의의 관점에서 볼 때 사람들에게 중요한 것은 그들이 우연히 갖게 된 연고와 애착을 반성하고 개선하는 능력이라는 주장을 모형화하고

---

12) Michael Sandel, *Liberalism and the Limits of Justice*(Cambridge University Press, 1982) 참조.

있는 것에 불과하다는 점이다. 우리는 이 같은 주장을, 사람들이 동시에 그들의 모든 목적이나 가치관으로부터 거리를 취하지 않으면서도 충분히 내세울 수 있다고 할 수 있다. 이 같은 응답은『정의론』의 수준에서도 얼마든지 제시할 수 있으며『정치적 자유주의』에서는 더 이상의 근거를 댈 수 있다. 이 같은 이론의 핵심에 있는 인간관은 시민(citizen)으로서의 인간관으로서 입헌민주주의의 공적인 정치문화에 함축되어 있으면서 특정한 포괄적인 도덕적, 철학적 교설로부터 독립적으로 존재한다는 것이다.

이상과 같은 인간관은 우리가 각기 자신의 목적으로부터 물러나 거리를 취할 것을 함축하거나 가치관으로부터 형이상학적으로 추상화될 것을 함축하지 않는다. 사실상 롤즈는 우리의 도덕경험의 현상학에 대한 샌들의 공동체주의적 해명이 갖는 타당성을 명백히 수용하며 이 같은 형성적 가치나 공동의 애착이 가정생활, 교회, 학문 공동체의 맥락에서 번성하는 현상을 기꺼이 인정하고자 한다. 단지 그가 거부하고자 하는 것은 그런 것들이 정치적 영역에서 갖는 적합성과 관련된 것이다. 왜냐하면 시민으로서 우리의 정체성은 우리가 특정한 가치관에 동조하는가의 여부에 달려 있는 것이 아니라고 한다면, 공적으로 모든 시민들에게 정당화되기 어려운, 그럼으로써 자유주의적 정치이념을 유린하게 될 특정한 포괄적 교설에 봉사하기 위해서는 강제적인 정치권력을 활용하게 될 것이기 때문이다.

추상적 인간관에 대한 공격과 유관한 또 한 가지 공동체주의적 비판은 롤즈가 비사회적 개인주의(asocial individualism)를 전제하고 있어 사람들의 정체성과 그와 관련된 가치관을 형성하는 것은 그들이 몸담고 있는 사회라는 사실을 무시하고 있다는 점이다. 이 점은 앞서의 비판과 다소 중첩되는 면이 있기는 하나 나름으로 차별화된 논점을 내포하는 것으로 보인다. 이와 관련된 비판은 테일러(C. Taylor)와 매킨타이어(A. MacIntyre)가 제시한 사회학적, 철학적 논점으로서 사람들은 그들의 자기이해와 가치관을 사회적 모태(social matrix)로부터 형성하게 된다는 사실이다. 사회화 과정과 관련된 준-경험적 함축도 지닌 것으로서 이 같은 비판에 따르면, 자유주의는 개인들이 자신에 대한 이해방식을 위시해서 각종 사고방식에 있어 자신이 거주하는 사회에 깊이 의존하고 있다는 점을 무시한다는 것이다.[13]

이와 관련된 또 한 가지 논점은 사람들의 자기이해와 더불어 가치관 이해의 원천만이 아니라 그 실질적 내용과 관련되어 있다. 특히 이 점과 관련된 비판은 샌들과 매킨타이어에 의해 제기된 것으로서, 자유주의는 사회를 개인적 이익의 추구를 위한 협동체에 불과한 것으로 간주함으로써 개인과 공동체 간의 관계를 제한적으로 이해하는 사회관을 조장하며 따라서 개인 간의 관계나 공동체가 단지 도구적인 차원을 넘어 그 자체로서 가치 있는 것이라는 점을 간과하게 한다는 것이다. 특히 자유주의는 정치공동체의 진정한 가치를 오해하고 이로 인해 도구적 사회관은 비사회적 개인관과 상호 간접적인 관련을 갖는다고 할 수 있다.

이상과 같은 일련의 비판들 역시 롤즈에 대한 중대한 오해에서 비롯된 것으로 판단된다. 주지하다시피 『정의론』에서 롤즈는 개인에 비해 사회적 모태의 우선성을 분명히 인지하고 있는 것으로 보인다. 롤즈에 따르면 "사회적 삶은 우리가 사고하고 표현하는 능력을 개발하기 위한 조건이다. 나아가 정의의 주제로서 사회의 기본구조(basic structure of society)에 주목하는 한 가지 이유는 사회체제가 시민들이 갖게 될 욕구와 포부를 형성하기 때문이다. 그것은 부분적으로 우리의 현실 존재만이 아니라 앞으로 되고자 원하는 인간 유형을 결정한다."[14] 나아가 『정치적 자유주의』에서 롤즈는 완전한 공지성

---

13) A. MacIntyre, *After Virtue*(London: Duckworth, 1985); C. Taylor, "Atomism", *Philosophy and the Human Science. Philosophical Papers*, vol. 2(Cambridge University Press, 1985), pp.187-210.

(publicity) 조건과 관련해서 "사회의 기본구조는 시민들의 자기이해, 성격, 목적 등도 형성하며, 공적으로 가용한 정의론은 그럼으로써 교육적 역할도 수행하게 된다."는 것이다. 롤즈는 공동체가 단순한 수단이 아니라 본질적 목적가치도 지니고 있으며 바로 그러한 가치의 보존을 위해 그것이 특정한 포괄적 교설들로부터 자유롭고 중립적이어야 한다고 생각했던 것이다.

롤즈의 정치적 자유주의는 공동의 목적수용을 지향하며 이런 목적은 공동체주의자들이 강조하는 방식과 똑같이 인간의 정체성 형성에 중요한 의미를 갖는다고 생각한 점에 주목할 필요가 있다. 자유주의가 정치에 대한 이해에 있어 지나치게 개인주의적이고 도구주의적이라는 비난, 그리고 자유주의는 사회를 단지 개인이나 집단의 이익추구를 위한 수단으로 간주한다는 비난에 응대하면서 롤즈는, 그의 정치적 정의관이야말로 공동의 목적수용을 지향하며 이런 목표는 개인의 정체성의 형성에 중요한 일부임을 강조한다. 그에 따르면 시민들이 갖는 가장 우선적인 공동의 목표는 정치적 정의라는 목적으로서 정치사회제도가 정의를 보증하고 시민들이 스스로 혹은 상호간에 필요로 하는 것과 관련해서 일반적으로 정의를 실현하고자 하는 것이라고 했다. 이런 의미에서 자유주의적 입장에 있어 시민들에게 공동의 궁극적 목적이 없다는 것은 사실이 아니며 정치적 정의라는 목적이 시민들의 정체성에 있어 중대한 일부가 아니라는 것도 진실이라 할 수 없는 것이다.

공정으로서의 정의관에 의거한 질서정연한 사회는 개인이나 집단이 자신의 사적 이득을 추구하기 위해 협동하는, 헤겔의 이른바 사적 사회(private society)15)가 아니며, 그것은 공동의 목적을 인정하고 그런 목적이 각자가 가진 사적 이해관계에 우선하는 것임을 인정하며

---

14) John Rawls, *A Theory of Justice*, pp.6-7.
15) 같은 책, pp.457-458 참조.

그럼으로써 이 같은 이해관계들이 정의로운 체제의 제약 내에서 추구될 수 있음을 인정하는 사회다. 나아가서 공적으로 정당화될 수 있는 정치적 정의와 사회의 가치는 포괄적 가치관의 갈등에도 불구하고 모든 성원들이 기꺼이 동의하게 될 가치이며 이런 의미에서 사회의 가치는 롤즈의 정의론에 있어 단지 도구적인 의미의 가치가 아니라 본질적인 의미의 가치라 할 수 있다. 정치사회가 갖는 가치는 사생활의 다른 가치들에 우선해서 헌신할 만한 본질가치인 것이다. 샌들이 생각하듯 자유주의적 자아관이 특정 목표로부터 분리됨으로써 공동체의 가치를 무시하게 되는 것이 아니라 롤즈의 경우에는 이 같은 분리가 시민들로 하여금 포괄적 가치관으로부터 거리를 두게 함으로써 공적으로 정당화될 수 있는 정치사회의 본질적 가치를 성취하기 위한 바로 그 이유 때문에 잠정적 분리가 요구되는 것이다.

끝으로 롤즈의 자유주의가 공동체에 대해 어떤 가치를 부여하는지는 그가 우리의 천부적 자질이나 사회적 지위와 같은 우연적 변수들을 해석하는 방식에 분명히 표명되고 있다. 그에 따르면 우리가 타고난 천부적 자질의 배정방식은 그 자체로서는 단지 우리에게 주어진 자연적 사실(natural fact)일 뿐이다. 따라서 자연적 사실 그 자체로서는 각 개인의 신체에 주어진 자질이라 해서 개인에게 그 소유권이 있다거나 (노직의 주장과 같이) 공동체 성원들에게 공동 소유권이 있다고 말하기 어렵다. 그런 의미에서 자연적 자질의 존재론에 대해서는 더 이상 왈가왈부할 여지가 없다. 그러나 도덕적 개념으로서 정의 여부가 자연적 사실 그 자체로부터가 아니라 이 같은 자연적 사실을 다루는 인간의 방식에서 비로소 문제되는 것이라면, 우리는 자연적 자질을 어떤 방식으로 간주하고 관리하는 것이 우리의 정의감에 가장 잘 부합하는지를 물을 수가 있다.[16] 각자 타고난 자연적 자질에 대해 개인에게 배타적 소유권을 부여하는 것이 우리의 정의감에 부합하는

16) 같은 책, p.87.

가? 아니면 공동체 전체의 자연적 자질의 배정을 공동의 소유로 간주하고 관리하는 것이 우리의 정의감에 더 잘 부합하는 것인가?

이상의 문제는 천부적 자질이라는 자연적 우연성을 도덕적 관점에서 어떻게 간주하는 것이 합당한가의 문제이기도 하다. 자연적 우연성은 그에 대해서 우리들 중 아무도 원인제공을 한 적이 없으며 그래서 누구도 책임질 수 없는(not responsible for it), 따라서 어떤 의미에서 운명적인 것이라 할 수 있으며, 그런 점에서 롤즈가 말하듯 천부적 자질의 배정은 도덕적 관점에서 정당근거가 없는 자의적인 것(arbitrary from moral point of view)이라 할 수 있다.17) 사회정의라는 도덕적 문제가 자연적이고 우연적인, 운명적이고 자의적인 요소를 전제하고 그 연장선상에서 성립하는 어떤 것이라고 생각하지 않는다면, 우리는 이 같은 자연적 사실을 인간적으로 수정하고 시정하는 방식에서 사회정의의 의미를 찾아야 할 것이다. 이는 우리 인간들을 운명공동체의 성원으로서 서로를 어떻게 처우해야 할 것이며 공동의 운명에 동참하는 방식이 무엇인가를 찾는 문제라 할 수 있을 것이다.

이 점에서 롤즈는 현대적 정의감을 대변하는 자신의 정의론을 구성함에 있어서 자연적 자질의 배정방식을 공유자산 혹은 집단자산(common asset, collective asset)으로 간주하는바, 지극히 공동체주의적인 관점을 전제하는 것으로 보인다. 이는 전통적 공동체주의자들 중 하나인 마르크스보다 더 공동체주의적이라 해도 과언이 아니다. 사실상 마르크스는 공산주의의 낮은 단계인 사회주의(Socialism)에 있어서는 개인들이 각자 자신의 노동에 대한 배타적 소유권을 갖는 것으로 상정하고 타인의 노동을 탈취하는 착취야말로 가장 부도덕하고 부정의한 것으로 생각했다. 따라서 사회주의적 정의사회에 있어서는 생산수단의 사유제가 폐지되는 일만 제외한다면 일종의 업적주의적(meritocratic) 사회, 즉 자신의 노동성과에 대해서는 각자가 배타적

---

17) 같은 책, p.63.

소유자가 되는 것으로 간주하는 사회가 정당화되는 셈이다. 이런 한에서 롤즈는 마르크스보다 더 공동체주의적 측면을 보인다 해도 과언은 아닐 것이다.

물론 마르크스는 이 같은 사회주의적 단계가, 그가 최종적으로 지향하는 이상사회인 공산주의 사회로 이행하는 과도적 단계라고 생각했다. 공산주의 사회의 정의관은 "각자로부터 그의 능력에 따라(from each, according to his ability) 그리고 각자에게 그의 필요에 따라(to each according to his need)"라는 형태로 정식화된다. 여기에서 생산과 분배 체계는 이원화됨으로써 생산은 각자의 능력에 따르고 분배는 각자의 필요에 따르는 것으로 본다. 물론 생산과 분배가 이원화되었을 때 생산에서 동인(incentive) 문제는 어떻게 해결되는지, 그런 유인이 없이도 사회적 생산이 보장될 수 있는지, 그리고 재화의 상태가 완전한 풍요일 수 없는 이상 상당한 풍요(reasonable abundance)가 전제될 경우 충족될 수 있는 합당한 필요(rational and reasonable need)의 내용과 한계는 어딘지 등은 더 논의되어야 할 문제다.

롤즈는 마르크스에 대한 오랜 연구와 강의를 통해 마르크스주의적 이념의 상당 부분을 수용하면서도 그가 남긴 미제를 해결하는 데 골몰한 것으로 보인다. 마르크스에 있어서도 공산주의적 분배방식이 정당화되기 위해서는 각자의 능력과 그에 따른 노동에 대해 어느 정도 집단적 소유권(collective ownership)이 전제되어야 할 것이며, 그런 조건 아래 생산이나 능력과 무관한 모든 성원의 합당한 필요가 충족될 수 있는 길이 열릴 것으로 보인다. 롤즈 역시 이 점에 착안하여 모든 성원의 천부적 능력과 자질이 공동의 자산으로 간주되는 조건 아래 공정으로서의 정의관의 실질적 정의원칙, 특히 차등의 원칙을 도출하고 있다.

그러나 롤즈는 마르크스가 남긴 미제로서 생산과 분배, 능력과 필요 간의 이원화 문제를 해결하는 일에 주력함과 동시에 생산에의 동인에 의거해서 사회적 생산문제가 해결되는 한에서 균등분배의 문제를 해결하려는 전략을 따른다. 그러나 그는 생산에의 기여에 따른 불평등한 분배를 정당화하는 명분이 최소 수혜자를 위시한 공동체 모든 성원의 합당한 필요를 충족시키고 그럼으로써 모든 사람의 인간다운 삶의 향유에 있다는 입장으로 나아간다. 이는 마르크스가 남긴 생산과 분배 간의 관련문제를 해소하는 동시에 생산에의 동인을 생산에의 기여나 효율성 일변도에 의존하는 공리주의적 정당화 방식 또한 피할 수 있는 길이라 생각한 것이다.

4. 포괄적 자유주의에서 정치적 자유주의로

옳은 것(the right)과는 독립적으로 좋은 것(the good, 선, 가치)을 정의하고 이렇게 정의된 선이나 가치를 극대화시키는 것이 바로 옳은 것(혹은 정의)이라고 정의하는 것을 윤리학에 있어서 목적론적(teleological, 혹은 결과론적(consequentialist)) 이론이라 할 수 있다. 이런 점에서 고전적 공리주의가 가장 전형적인 목적론적 윤리설이라 할 수 있을 것이다. 이에 대해서 롤즈는 자신의 입장을 비목적론적인, 그래서 의무론적인(deontological) 진영에 속하는 이론으로 규정하며 이는 위에서 제시한 목적론적인 입론 어느 것도 받아들이지 않는 것으로 본다. 다시 말하면 의무론적 이론은 좋은 것을 옳은 것과 무관하게 독립적으로 규정하지도 않으며 옳은 것을 좋은 것의 극대화로 규정하지도 않는다는 것이다. 물론 이렇다고 해서 의무론이 반목적론적이거나 반결과론적인 이론인 것으로 귀결되지도 않는다.[18]

여하튼 가치 일원론적인 이론들이 갖는 한 가지 매력은 이러한 이론들이 기본적으로 합리적인 숙고(rational deliberation)과정에 있어 합리적인 선택에 대한 명확한 기준을 제공해 준다는 점에 있다는 것

18) 같은 책, pp.26-27.

이다. 다양한 가치들이 서로 상충하는 상황에서 우리가 어떤 선택을 해야 할 경우, 만일 우리에게 주어진 어떤 지배적인 목적(dominant end)이나 가치가 없다면 우리는 이 같은 가치갈등 상황에서 합리적인 선택을 하는 것이 어려울 것으로 생각된다. 그러나 어떤 지배적인 목적이나 가치가 있다면 이러한 갈등상황에서 우리가 합리적인 선택을 하는 것은 원칙적으로 가능할 것으로 보인다. 이 같은 이유에서 우리는 가치 일원론과 그에 연계된 목적론적인 이론들에 매혹되기 쉽다.[19] 롤즈에 따르면 "목적론적인 세계관이 직관적인 호소력을 갖는 이유는 그러한 세계관이 합리성을 반영하는 것으로 보이기 때문이다. 우리는 일반적으로 합리적이라는 것이 뭔가를 극대화하는 것이라고 생각한다. 만약 도덕의 영역에서 합리성이 뭔가를 극대화하는 것이라면 그것은 당연히 선(good), 즉 가치의 극대화라 할 수 있을 것이다."

그러나 롤즈는 가치 일원론을 비판하면서 가치 일원론자들이 내세우고 있는 어떤 '지배적인 가치'란 존재하지 않는다고 말한다. 어떤 것이 지배적인 목적가치가 되기 위해서는 그것이 다양한 가치들을 환원할 만한 지표가 될 수 있어야 할 뿐만 아니라 인간의 가치감에 합당하고 바람직한 것이어야 하는데, 그 같은 지배적 목적가치는 존재하지 않는다는 것이다. 또한 롤즈는 다양한 목적이나 가치들이 어떤 하나의 지배적인 목적이나 가치들로 환원되지 않는다고 해서 합리적인 숙고나 선택을 하는 일이 불가능해지는 것은 아니라고 한다. 인간에게 주어진 단일하고 지배적인 가치가 있다면 사회제도를 그 같은 가치를 극대화하는 방식으로 구성하는 것이 설득력이 있겠지만, 만약 기본적인 인간의 가치나 목적이 다양하고 다원적일 수밖에 없다면 각자 자신이 추구하는 다양한 목적과 가치를 실현할 수 있는 공정한 사회적 협동체제(fair framework of social cooperation)를 구성하는 것이 더 설득력이 있을 것이라고 주장한다.

---

19) 같은 책, pp.480-486.

롤즈의 이 같은 비판은 일차적으로 양적 쾌락주의를 내세우는 고전적 공리주의에 가장 잘 적용될 수 있을 것이다. 물론 현대의 공리주의자들은 쾌락과 같은 특정한 의식상태에 주목하는 것이 아니라 사람들이 다양하게 갖는 선호(preference)에 관심을 갖는다고 할 수 있다. 그러나 롤즈의 관점에서 보면 현대적인 공리주의 이론들조차도 암암리에 쾌락주의를 전제하고 있다고 할 수 있다. 이러한 이론들 역시 사람들 간의 복지 정도를 상호 비교하기 위해 공유된 최고차적 선호함수(shared highest order of preference function)와 같은 개념에 의존하는데, 이러한 개념은 오직 사람들이 쾌락을 지배적인 목적으로 간주한다고 전제될 경우에만 제대로 이해할 수 있기 때문이다. 롤즈의 이 같은 분석이 옳다면 가치 일원론에 대한 롤즈의 비판은 더 광범위한 공리주의 이론 일반에까지 적용될 수 있을 것이다.

누군가가 자유주의의 개념적 정의를 묻는다면 우리는 자유주의가 단일한 한 개념(the liberalism)으로 요약되기보다는 다양한 자유주의의 버전들(liberalisms)이 존재하며, 자유주의는 각 시대의 질곡과 장애에 저항하고 또한 각 시대의 요구와 요청을 수용하면서 부단히 발전했고 또한 진화해 갈 정치이념이라고 응수할 수 있을 것으로 보인다. 이미 앞서 살핀 바와 같이 고전적 자유주의는 사회주의적 비판을 수용하면서 복지자유주의로 발전하고 지나친 원자적 개인주의로부터 공동체의 가치와 개인권을 동시에 고려하는 공동체 자유주의로 진화하고 있다. 또한 자유주의는 현대의 다원주의적 도전에 직면해서 지속 가능한, 그러면서도 최대한의 수용 가능성을 갖는 자유주의로 변신, 진화하기 위한 모색을 하고 있으며 롤즈의 정치적 자유주의 또한 그 응답 중 하나라 생각된다.

롤즈는 그의 후기 저서 『정치적 자유주의』에서 정치철학의 성격과 임무에 대해 매우 색다른 입장을 표명하고 있다. 공정으로서의 정의관은 더 이상 보편적인 도덕이론(universal moral theory)이 아니며 유독 현대적 문제를 다룬다는 점에서 실천적인 정치이론(practical political theory)이라는 것이다. 다시 말하면, "합당한 종교적, 철학적, 그리고 도덕적 교설에 있어 심각하게 이견을 보이는, 자유롭고 평등한 시민들로 이루어진 안정되고 정의로운 사회를 오랜 기간 유지하는 방도를 찾는 현대적 문제를 과제로 하는 정치이론"이라는 것이다.[20]

정치철학의 목적은 이제 더 이상 보편적 진리인 정의론이 아니라, 특정 사회나 일련의 사회들에 있어 문제해결책을 발견하는 실천적인 사회적 과제를 수행하는 일이다. 그리고 우리의 경우, 이러한 사회는 입헌민주체제라 할 수 있으며 우리의 주된 문제는 다원주의라는 사실을 전제할 경우, 사회적 통합(social integration)의 기반을 확립하는 일이 된다고 한다. 이때 다원주의의 사실이라 함은 현대사회가 서로 상이한 신조와 이념에 대한 다양한 입장들(롤즈는 이를 상이한 포괄적 가치관, 혹은 교설이라 부른다)에 동조하는 사람들을 포함하고 있음을 의미한다. 롤즈는 이 같은 다원주의를 현대사회로부터 제거하거나 피할 수 없는 것으로 간주한다. 따라서 목표는 시민들이 합리적이고 지식에 기반한 자발적인 정치적 합의의 기초로서 공유할 수 있는 이론을 추구하는 것이다.[21]

철학자로서 우리가 정치적 자유주의의 프로젝트에 참여하게 될 경우, 우리는 그 과제를 정의에 대한 참된 이론을 발견하는 전통적인 것으로서가 아니라, 우리 사회에서 정치적 정당화를 위한 적절한 전제들을 확인하고 그 의미와 결과를 이끌어 내는 일에 한정해야 할 것이다. 이같이 정의에 대한 합의의 기반을 탐색함에 있어, 우리는 정의론에 대해서 우리 자신이 내세우고 철학적으로 선호하는 전제들만이 진리라고 고집하는 일을 삼가야 한다. 왜냐하면 그 같은 전제들

---

20) John Rawls, *Political Liberalism*(Columbia University Press, 1983), p.xxv.
21) 같은 책, p.9.

역시 종교적이고 도덕적인 입장 못지않게 경쟁적인 입장들의 다원주의를 구성하는 일부이기 때문이다. 근본적인 가치관에 대한 철학적 불일치의 사실에 봉착할 경우, 우리는 정의에 대해 아직 합의되지 않은 전제들을 강요하는 일을 삼가는 가운데 철학 그 자체에도 관용의 원칙(principle of toleration)을 적용할 용의를 가져야 할 것이다.[22]

이같이 겸양의 태도를 받아들이고자 하는 용의는 우리가 정치적 자유주의의 과제에 참여할 수 있는 조건이라 할 수 있다. 그래서 우리는 우리 사회의 제도들과 관련된 합당한 정의의 원칙을 이끌어 낼 수가 있는 것이다. 합의를 통해 정의에 이르고자 하는 목적을 전제할 경우, 그리고 가치에 대한 경쟁적 교설들의 존재를 전제할 경우, 우리는 현실적으로 경쟁적인 입장들 간의 도덕적 합의점이 얻어질 기반이 되는 이론을 전개하는 것으로 만족해야 한다. 우리는 민주사회의 공공적 정치문화에 있어 이같이 합의된 견해를 모색하고 있으며, 그로부터 일정한 합의점을 발견하게 된다. 즉, 시민으로서 우리는 자유롭고 평등하다는 점, 강제적인 사회질서 원리는 그것을 인정해야 할 모든 이에게 정당화되어야 한다는 점, 우리의 제도들은 이 같은 핵심적인 정치적 가치관을 반영해야 한다는 점 등이다.

롤즈의 정치적 자유주의 프로젝트를 이해하기 위해 가장 관건이 되는 것은 포괄적인 도덕교설(comprehensive moral doctrine)과 정치적 정의관(political conception of justice) 간의 구분이다. 롤즈에 따르면, 포괄적 견해는 인간의 삶과 관련된 가치관, 인간적 성품에 대한 이상, 그리고 우정을 위시해서 가족적, 사회적 인간관계의 이상 등을 포함한다. 중요 종교들이 그 사례들 중 하나이며 칸트나 밀의 자유주의를 포함한 철학적 도덕이론 역시 그 한 경우다. 포괄적 교설은 시민사회의 배경적 문화, 즉 정치적 문화이기보다는 사회적 문화

---

22) Attracta Ingram, "Rawlsians, Pluralists and Cosmopolitans", David Archard ed., *Philosophy and Pluralism*, p.148.

에 속한다.[23]

롤즈는 이 같은 포괄적 견해와 정치적 정의관을 세 가지 측면에서 대조한다. 우선 정치적 정의관은 특정한 대상, 즉 사회의 기본구조 — 주요한 사회적, 경제적, 정치적 제도들— 를 위해 제시되는 도덕적 입장이지 삶의 전반과 관련된 가치관은 아니다. 둘째, 정치적 정의관은 하나 이상의 포괄적 가치관에 의거해서 정당화되기는 하나, 그것은 이런 교설을 대변하거나 그것으로부터 도출된 것은 아니다.[24] 그 대신 그것은 그러한 정치관에 의해 규제되는 사회에서 지속하게 될 다양한 합리적인 포괄적 교설들에 의해 지지될 수 있고, 그것과 양립 가능한 본질적 구성 부분이며, 자립적 견해(free-standing)이고 일종의 모듈(module)이라고도 할 수 있다.

그리고 특히 세 번째 특징으로서 정치적 정의관의 내용은 민주사회의 공공문화 속에 함축된 것으로 보이는 일정한 기본이념들에 의거해 표현될 수 있다.[25] 여기에서 롤즈는 그가 관련된 사회에 있어 가치관의 다원주의에도 불구하고 광범위한 지지를 받고 있는 정치문화와 제도의 측면이 존재한다는 것이다. 이 같은 공통된 이념과 가치관이 체계화되어 하나의 정의론을 구성하게 된다. 그것은 포괄적 교설상의 차이에도 불구하고 시민들 간에 중첩적 합의(overlapping consensus)의 초점을 이루게 된다. 이것이 동일한 정의관을 옹호할 수 있는 까닭은 그 원칙들이 시민들에 의해 이미 수용되고 있는 가치관에 의해 구성된 것일 뿐만 아니라, 그것은 또한 그들 자신의 포괄적 교설에 근거를 두고 있는 것이기 때문이다. 정치적 정의관은 여러 상이한 철학적, 종교적, 도덕적 교설과 관련될 수 있으며, 서로 다른 여러 논변의 통로를 통해 이를 수가 있다. 어떤 통로를 거치느냐는 문제되

---

23) John Rawls, *Political Liberalism*, p.13.
24) 같은 책, p.14.
25) 같은 책, p.12.

지 않으며, 각 시민들은 자기 나름의 일정 통로를 이용할 수가 있다. 그러나 절대적으로 우월한 통로나 모두가 취해야 할 단일한 통로는 없는 것이다.

그런데 자유주의는 오늘날 전 지구촌을 지배하며 큰 영향력을 행사하고 있음에도 불구하고 그 내재적인 난점과 갈등으로 인해 지속적으로 어려움을 겪고 있다. 예를 들어서 자유주의적 관용(toleration)의 한계는 무엇인가? 전 지구촌에 이르는 자유주의적 질서는 비자유주의적(non-liberal) 정치체제도 합당한 것으로 수용해야 할 것인가? 그리고 자유주의적 지구촌 이론은 인민권 내지 민족권(rights of peoples or nations) 같은 개념을 수용할 수 있는가? 다시 말하면 개인주의적 정치도덕이 이 같은 집단권(collective or group rights)에 어느 정도 동조할 수 있는가? 이상과 같이 상호 연관된 두 가지 문제는 특히 자유주의의 확대적용을 위해 해결되어야 할 중요 문제가 아닐 수 없다.

정치적 자유주의와 포괄적 자유주의는 이상의 문제들에 대해 상이한 입장을 제시한다. 자유주의에 대한 두 견해 간에 근래에 전개되고 있는 논점의 대부분은 한 국가 내에서, 즉 단일국가의 맥락 가운데 이루어지고 있기는 하나, 이 같은 논의를 국가 간, 전 지구적 맥락으로 확대할 경우 위에서 언급한 긴요한 지구촌적 문제들을 해명해 줄 기본개념들이 제시될 수 있을 것으로 보인다. 나아가 논의를 이같이 확대할 경우 자유주의에 대한 두 가지 상이한 견해를 평가할 수 있는 추가적 여건도 제공될 것이며 그럼으로써 논쟁 중에 있는 근본적인 철학적 문제들도 성찰할 수 있는 새로운 시각을 시사받을 수도 있을 것이다.[26]

특히 이 같은 관점에서 탄(Kok-Chor Tan)의 연구는 흥미롭다. 그

---

26) Kok-Chor Tan, *Toleration, Diversity and Global Justice*(The Pennsylvania State University Press, 2000), Preface.

의 주장에 따르면 포괄적 자유주의(Comprehensive Liberalism)는 자유주의의 기본이념에 더 충실한 자유주의적 정치도덕을 해명함에 있어 더 유력한 유형이라는 것이다.[27] 여기에서 그가 말하는 자유주의의 기본이념이란 개인이 자신의 인생관이나 가치관을 형성, 추구, 개선할 자유나 자율성을 갖는다는 점이다. 이에 비해 롤즈류의 정치적 자유주의(Political Liberalism)는 이 같은 개인적 자유에 대한 적절한 비중을 주는 데 실패하고 있다는 것이 그의 주장이다. 이 같은 결함은 자유주의의 전 지구촌적 적용에서 가장 생생하게 노정된다는 것인데 정치적 자유주의가 기본적인 자유주의의 원리로서 관용(toleration)을 지나치게 강조한 과오에서 그 같은 문제가 생겨난다는 것을 갖가지 논변을 통해 입증하고 있다.

현대철학에 있어 정치적 자유주의는, 비록 롤즈가 창도한 것은 아니라 할지라도, 그에 의해 온전하게 체계적으로 전개되었다 해도 과언이 아니며 그런 의미에서 롤즈를 그 대변자라 할 수 있다. 더욱이 롤즈는 정치적 자유주의와 포괄적 자유주의를 대비적으로 논의한 최초의 학자일 뿐만 아니라, 특히 최근 그의 후기 저작에 이르러 롤즈는 정치적 자유주의를 국제적 맥락에 확대 적용하고 있다. 이런 점에서 자유주의를 국제적 문제에 확대 적용했을 때 두 유형의 자유주의가 어떤 함축을 지니는지는 그 각각에 대한 평가에 있어 중요한 의의를 지닌다 할 것이다.

탄에 따르면 자유주의의 원리체계에 있어 더 우선적인 가치는 개인의 자유 혹은 자율이며, 관용은 부차적인 가치일 뿐이라는 것이다. 그런데도 불구하고 관용에 지나친 비중을 둘 경우 그로 인해 개인의 자유나 자율성이 침해되는 사례가 발생한다면, 이는 롤즈가 말한바 중첩적 합의의 결과가 세력균형에 의한 잠정협정(modus vivendi)이 아니라 가치에 기반한(value-based) 합의라는 원칙에도 배치되는 결

---

27) 같은 책 참조.

과가 된다는 것이다. 이를 국제정치와 관련해서 말하면 비자유주의적 체제에 대해 지나친 관용을 베풀 경우 이는 결국 그런 체제의 성원들이 개인의 자유나 자율성을 침해당하는 것을 그대로 용납하는 결과를 가져오게 된다는 것이다.

생명, 신체적 안정과 생존 등에 대한 인간의 기본권을 침해하는 억압적이고 반자유주의적인(illiberal) 체제를 용인하는 자유주의자는 없을 것이다. 그러나 문제는 그 같은 기본권을 존중하면서도 언론과 결사의 자유, 성의 평등, 양심의 평등한 자유 등 자유민주주의의 핵심 권리 등을 제대로 보장하지 않는 비자유주의적(non-liberal) 체제 등에 대해 자유주의적 관용이 어떤 응수를 해야 하는지와 관련해서 생긴다.[28] 자유주의적 관용의 원리는 자유주의 국가가 개인의 자유를 희생하면서도 이 같은 비자유주의적 관행을 관용할 것을 요구하는 것인가? 아니면 자율성을 핵심가치로 하는 자유주의는 관용에 한계를 둠으로써 이 같은 비자유주의적 삶의 방식을 배제해야 할 것인가? 이렇게 볼 때 오늘날과 같은 다원주의적 지구촌의 시대에 롤즈의 정치적 자유주의는 과연 가장 지속 가능하고 수용 가능성이 높은 자유주의적 버전이라 할 만한가?

---

28) 같은 책, Introduction, p.3 참조.

자유주의 정의론의 철학적 오디세이:

롤즈 정의론의 변모와 그 해석 논쟁

박정순

연세대 철학과 교수

1. 서론: 철학적 정의론의 정초 위기

현대의 윤리적 위기상황과 철학적 대응의 문제를 논의하기 위한
철학적 단초로서 롤즈의 『정의론』보다 더 적합한 것은 없을 것이다.[1]
롤즈의 정의론은 고전적 자유주의에서 유전되어 온 개인적 자유의
우선성이라는 선취적 부동점을 재확인하면서도 민주주의적인 분배적
평등을 제고한다는 점에서 흔히 "복지국가적 자본주의의 평등주의적
유형에 대한 철학적 변호(a philosophical apologia for an egalitarian
brand of welfare-state capitalism)"로 간주된다.[2] 롤즈의 정의론이 철
학적 정의론으로서 중대한 분기점을 형성하는 것은 그러한 철학적

---

[1] John Rawls, *A Theory of Justice*(Cambridge, Massachusetts: The Belknap
Press of Harvard University Press, 1971). 이하 본문에서 TJ로 약칭하고 영문
본 페이지수를 표기함. 우리말 번역은 존 롤즈, 황경식 옮김, 『사회정의론』(서
광사, 1977) 참조. 개정판은 John Rawls, *A Theory of Justice*(revised edition,
Cambridge: Harvard University Press, 1999). 이에 대한 번역은 존 롤즈, 황경
식 옮김, 『정의론』(이학사, 2003) 참조.

[2] Robert Paul Wolff, *Understanding Rawls*(Princeton, N.J.: Princeton Univer-
sity Press, 1977), p.195.

변호가 단순한 직관적 언명에 의존하거나 혹은 도덕적 개념과 용어의 메타윤리학적 분석에만 의존한 것이 아니라는 점이다. 그의 정의론은 자유주의의 초기 전통에서 유전되어 온 사회계약론의 자연상태라는 개념을 공정한 가상적인 조건하에서의 합리적 개인들에 의한 정의원칙의 선택상황으로 체계적으로 재구성함으로써 실질적인 철학적 결론이 도출될 수 있다는 것을 보여주려고 했다. 바로 이 점이 '공정성으로서 정의(justice as fairness)'라는 구호로 요약되는 롤즈의 정의론이 지난 1970년대 이후 도덕철학 및 정치철학에서의 '거대이론의 복귀(the return of grand theory)'와 그 후속적인 규범적 논쟁들의 중대한 촉발제가 된 이유다.[3]

개인적 자유와 노동에 근거한 사유재산권이 자연상태에서 어떻게 확립될 수 있는가를 철학적으로 증명하려고 함으로써 자유방임적 자유지상주의(laissez-faire libertarianism)를 옹호하는 노직의 『아나키, 국가, 그리고 유토피아』도 그 비판적 출발점은 롤즈의 정의론이다: "정치철학자들은 이제 롤즈의 이론 안에서 작업을 전개하든지, 아니면 왜 그렇지 않은가를 설명해야만 한다."[4] 롤즈의 정의론에 대한 노직의 비판은 롤즈가 자기의 정의론이 벤담과 밀 이래의 공리주의적 자유주의의 대안으로 제시되었다고 주장함으로써 이미 전개된 공리주의자들의 반박과 함께 자유주의의 '자기정체성 위기(identity crisis)'를 복합적으로 가중시킨다.[5]

지난 1989년 이후에 전개된 동구 사회주의 국가들의 혁명적 변화

3) Quentin Skinner ed., *The Return of Grand Theory in the Human Sciences* (Cambridge: Cambridge University Press, 1987), sec.6. "John Rawls" by Alan Ryan, p.107.

4) Robert Nozick, *Anarchy, State, And Utopia*(New York: Basic Books, 1974), p.183.

5) Jeffrey M. Friedman, "Is Liberalism Viable?", *Critical Review*, vol. 1(1987), p.5.

와 소비에트 연방의 해체에 따른 현실적 공산주의와 사회주의의 붕괴로 자유주의의 자기정체성 위기가 완전히 소멸된 것은 아니다.' 물론 이제 인류의 이데올로기적 진화는 끝이 났으며 서구 자유민주주의의 보편화가 달성되었다고 주장하는 후쿠야마의 '역사의 종언(the end of history)'이 우렁차게 울려 퍼진 것도 사실이다. 그가 "역사 이후 혹은 탈역사의 시대에는 예술도 철학도 없고, 오직 인류 역사의 박물관에 대한 영원한 관리만이 존재할 것이다."6)라고 강조한 것은 지나친 감이 없지 않으나, 자유민주주의적 복지국가가 미래를 주도할 것이라는 것이 비교적 '새로운 합의'로 떠오르고 있는 것도 사실이다.7) 그러나 이것은 자유주의에 대한 근본적 대안들이 모두 고갈되었다는 것을 의미하지는 않는다. 자유주의는 아직도 방법론적 개인주의로 야기되는 도덕적 실패와 추상적 보편성과 합리성을 정초하고자 하는 철학적 방법론의 허구와 마치 다양한 견해와 삶의 방식들을 모두 갈등 없이 포괄하는 듯이 공언하는 중립성의 위선에 대한 삼중적 질책을 다음과 같은 다양한 이론들로부터 받고 있다.8) 즉, 비판이론(포스트마르크시즘의 여러 입장을 포함해서), 공동체주의, 포스트모더니즘(후기구조주의, 해체주의를 망라해서), 종교적 근본주의, 시민적 공화주의, 여성해방론, 반핵운동을 위시한 평화운동, 환경보호운동, 민족중심주의, 보수주의, 그리고 권위주의(극동의 유교적 민주주의를 위시한 신권위주의를 포함해서) 등이 그것들이다. 이러한 여러 이론들의 심각한 비판을 감안해 볼 때, 마르크시즘의 전면적 실패는

---

6) Francis Fukuyama, "The End of History", *The National Interest*(Summer 1989), p.18. 후쿠야마의 관점을 제대로 이해하기 위해서는 "A Reply to My Critics", *The National Interest*(Winter 1989/90), pp.21-28도 참조해야 한다.

7) Jeffrey Friedman, "The New Consensus: I. The Fukuyama Thesis", *Critical Review*, vol. 3(1989), pp.373-410; "The New Consensus: II. The Democratic Welfare State", *Critical Review*, vol. 4(1990), pp.633-708.

8) Nancy L. Rosenbaum ed., *Liberalism and Moral Life*(Cambridge: Harvard University Press, 1989), "Introduction", pp.1-17.

역시 근대성의 질곡을 함께 공유하고 있는 서구 자유주의의 도산에 대한 전주곡이며, 자유주의는 다음에 넘어질 또 하나의 도미노일지도 모른다. 만일 자유주의가 살아남는다면, 새로운 자유주의 미래는 보장된 합의에 의한 지적 권태로움이 아니라 그러한 도전들에 대응하는 흥미진진한 것이 될 것이다. 자유주의의 스스로를 찾기 위한 철학적 오디세이는 아직도 끝난 것은 아니다.9)

우리는 자유주의 정의론의 양대 지주를 형성하고 있던 롤즈와 노직이 최근에 각자의 철학적 정초와 그 실질적 함축에 대한 입장을 변경하고 있는 것을 그러한 철학적 오디세이의 한 도정으로 간주한다. 노직은 충분한 해명 없이 자유지상주의를 갑자기 포기하는 듯한 인상을 준다.10) 반면에 롤즈는 『정의론』이 간행된 이후 계속 발표된 일련의 논문들을 통해 여러 가지 비판에 답하면서 자기의 정의론을 수정, 발전시키고 있다. 우리는 롤즈의 자유주의적 정의론의 변모에 대한 논의를 통해서 현대사회의 윤리적 위기상황과 사회정의의 문제를 둘러싼 논란들에 관한 편린을 엿보고, 나아가서 자유주의적 정의론의 과제와 그 미래에 대한 어떤 시사점을 얻어 보려고 한다.

2. 롤즈 정의론의 변모: 2단계적 전환

롤즈가 『정의론』이후에 발표한 일련의 논문들을 볼 때, 우리는 롤즈의 입장은 변하고 있는가라는 기본적 의문에 봉착하게 된다. 우리

---

9) Dennis Auerbach, "Liberalism in Search of Its Self", *Critical Review*, vol. 1 (1987), pp.5-44.

10) Robert Nozick, *The Examined Life: Philosophical Meditations*(New York: Simon and Schuster, 1989), pp.286-287. "내가 한때 주창했던 자유지상주의적 입장은 이제 나에게는 매우 부적절한 것처럼 보이는데, 그러한 이유의 한 가지는 그것이 여지로만 남겨 두었던 인간적 고려사항들과 연대적 협동 활동을 더 정연한 구조 속에 충분히 짜 맞출 수 없었다는 데 있다."

는 물론 강조점의 차이와 더 큰 실질적 전환을 구별해야 하지만, 강조점의 차이가 두드러질 때는 실질적 전환으로 볼 수도 있을 것이다. 이러한 것을 판정하는 것은 결국 텍스트를 보는 해석의 관점에 달려 있다. 우리는 롤즈의 정의론이 1971년 이후에 다음 두 단계를 거쳐서 변화하고 있다고 해석한다.[11]

제1단계는 1971년부터 1982년까지, 제2단계는 1982년부터 1989년까지다.[12] 제1단계는 「기본적 자유들과 그 우선성」(1982b)까지인데,

11) 이러한 두 단계적 전환은 Chandran Kukathas and Philip Pettit, *Rawls*(Stanford: Stanford University Press, 1990), sec.7 참조. 그러나 이 책의 구체적인 내용과 해석은 이 논문의 견해와 완전히 같은 것은 아니다.

12) 『정의론』 이후에 발표된 롤즈의 중요한 논문은 다음과 같다. 이하 본문에서는 발표년도, 페이지수로 표기하고 필요한 경우 논문 제목을 부기한다. "Some Reasons for the Maximin Criterion", *The American Economic Review*, vol. 64(1974), pp.141-146; "Fairness to Goodness", *The Philosophical Review*, vol. 84(1975a), pp.536-554; "The Independence of Moral Theory", *Proceedings and Addresses of the American Philosophical Association*, vol. 48(1975b), pp.5-22; "The Basic Structure as Subject", in A. I. Goldman and Jaegwon Kim eds., *Values and Morals*(Dordrecht: D. Reidel, 1978), pp.47-71; "Kantian Constructivism in Moral Theory", *The Journal of Philosophy*, vol. 77(1980), pp.515-572; "Social Unity and Primary Goods", in A. Sen and B. Williams eds., *Utilitarianism and Beyond*(Cambridge: Cambridge University Press, 1982a), pp.159-185; "Basic Liberties and Their Priority", in Sterling M. McMurrin ed., *The Tanner Lectures on Human Values*, vol. 3(Salt Lake City: University of Utah Press, 1982b), pp.1-87; "Justice as Fairness: Political, Not Metaphysical", *Philosophy and Public Affairs*, vol. 14(1985), pp.223-251; "The Idea of Overlapping Consensus", *Oxford Journal of Legal Studies*, vol. 7(1987), pp.1-25: "The Priority of Right and Ideas of the Good", *Philosophy and Public Affairs*, vol. 17(1988), pp.251-276; "The Domain of the Political and Overlapping Consensus", *New York University Law Review*, vol. 64 (1989a), pp.233-255; *Justice as Fairness: A Guided Tour*(Cambridge: Harvard University, 1989b). 이 중 주요 논문들에 대한 번역은 존 롤즈, 황경식 외 옮김, 『공정성으로서의 정의』(서광사, 1988) 참조. 이 논문에서 다룬 최종 시기인 1989년 이후 롤즈는 『정의론』 이후 자신이 발표한 논문들을 모아 John Rawls, *Political Liberalism*(New York: Columbia University Press, 1993)을 발간한다. 이에 대한 번역은 존 롤즈, 장동진 옮김, 『정치적 자유주의』(동명사,

이 기간 동안 롤즈는 「정의의 주제로서 기본구조」(1978), 존 듀이 강연록인 「도덕론에 있어서의 칸트적 구성주의」(1980), 그리고 「사회적 통합과 기본가치」(1982a) 등의 중요한 논문들을 발표한다. 이 단계에서 롤즈는 자기 정의론의 역사적 상황성을 강조하며 '칸트적 인간관'을 기치로 들고 나와서, 원초적 입장과 그 속에서의 추론과정을 재정비하고, 사회적 기본가치들을 재해석하고, 정의원칙의 내용을 수정하여, 그의 정의론의 칸트 도덕철학적인 이해를 심화시킨다.

제2단계에서는 「공정성으로서의 정의: 형이상학적 입장이냐, 정치적 입장이냐」(1985), 「중첩적 합의의 개념」(1987), 「정당성의 우위와 선의 개념들」(1988), 그리고 「정치의 영역과 중첩적 합의」(1989a) 등의 논문들이 발표된다. 이 논문들에서 롤즈는 '정치적 자유주의'의 기치를 들고 나오면서 자기의 정의론에 대한 칸트 도덕철학적인 해석을 탈색시킨다. 이어서 롤즈는『정의론』이후의 변화된 입장을 일목요연하게 정리한『공정성으로서의 정의: 안내지침』(1989b)을 마련한다. 여기서 그는 정의론과 복지국가와의 통상적인 연계성을 거부하고 '사유재산제적 민주주의(property-owning democracy)'를 옹호하고 나선다.

1998) 참조. 또한 롤즈는 John Rawls, *Justice as Fairness: A Restatement* (Cambridge: Harvard University Press, 2001)도 발간한다. 이 논문에서는 이 두 책들에 대한 논의를 하지 않았지만, 설령 두 책들에 대한 논의를 포함하더라도 논문의 기본적 논지는 크게 변하지 않을 것이라고 생각한다. 롤즈의『정치적 자유주의』는 독립적인 저작이라기보다는 논문 선집의 성격이 짙으므로, 이 논문에서의 후기 롤즈 제2단계의 입장으로 해석되어도 무방하다고 할 것이다. 그리고 *Justice as Fairness*(2001)도 *Justice as Fairness: Guided Tour* (1989b)에 대한 증보판이므로 큰 변화는 없다.『정치적 자유주의』(1993)에 대한 좀 더 자세한 논의는 졸고, 「정치적 자유주의의 철학적 기초」,『철학연구』제42집(1998), pp.275-305 참조.

1)『정의론』의 기본적 개요

롤즈의『정의론』은 모든 사람이 공공적 정의관을 따르는 질서정연한 사회(the well-ordered society)를 배경으로 하는 이상론이다. 사회정의의 원칙은 자신의 이익증진에 관심을 가진 자유롭고 합리적인 사람들이 평등한 최초의 입장에서 그들 공동체의 사회적 기본구조를 규정하는 것으로 채택하게 될 원칙으로 간주된다(TJ, p.11). 정의의 원칙을 이렇게 보는 방식이 '공정성으로서의 정의'다. 롤즈의 공정성으로서의 정의는 체계적으로 볼 때 다음 두 부분이 그 핵심을 이루고 있다. 첫째는 최초의 선택상황 및 거기에서 생기는 선택문제의 해명, 둘째는 합의될 정의원칙의 내용규명과 그 도출과정에 대한 논증이다(TJ, p.15).

첫째는 소위 원초적 입장(the original position)의 구성에 관련된다. 사회계약론의 자연상태라는 개념을 원용한 원초적 입장은 합의의 공정성과 중립성을 보장하기 위해서 계약 당사자들이 자기의 개인적인 가치관과 사회적인 지위를 모르는 무지의 베일(the veil of ignorance) 아래에 있다고 가정한다. 이렇게 계약 당사자들은 무지의 장막에 가려 있기 때문에 그들의 상호 무관심한 도구적 합리성은 더 특수하게 규정된다. 즉, 그들은 자신의 가치관에 대한 구체적인 내용은 모르나 어떤 사회적 기본가치(the primary social goods) — 권리와 자유, 기회와 권한, 소득과 부, 자존감 — 를 수단적 가치로서 더 많이 갖기를 바란다는 것이다(TJ, p.92). 계약 당사자들은 이러한 사회적 기본가치로서 정의의 원칙을 평가하게 된다. 따라서 이러한 사회적 기본가치는 동시에 분배적 정의의 원칙이 적용되는 대상물이 된다. 원초적 입장의 이상과 같은 총괄적 규정을 통해서 롤즈는 자기의 정의론이 엄밀한 연역적인 도덕기하학의 체계를 갖게 되며, 그러한 의미에서 합리적 선택이론의 한 부분이 된다고 주장한다(TJ, p.16, p.121).

둘째는 합의될 정의원칙의 도출과정에 대한 논증이다. 롤즈는 원초적 입장의 계약 당사자들에게 정의원칙의 여러 대안들을 제시한다. 그 목록에는 롤즈 자신의 정의의 두 원칙과 목적론적 윤리설인 고전적 공리주의, 평균 공리주의, 완전주의 등이 포함된다(TJ, p.124). 롤즈는 이미 원초적 입장의 구성이 합리적 선택이론과 연관됨을 밝힌 바 있다. 합리적 선택이론에서 볼 때 원초적 입장은 무지의 베일 아래에 있기 때문에 불확실성하에서의 선택이 된다. 롤즈는 그러한 상황하에서 계약 당사자들이 최소극대화 규칙(maximin rule) — 최악의 결과가 가장 다행스러운 것을 선택 — 에 의거하는 것이 합리적이라고 주장한다(TJ, p.152). 이러한 주장은 결국 사회적 불평등이 허용될 때 자신이 가장 불운한 자가 될 것을 가정하고 그럴 경우 가장 다행스러운 결과가 보장되는 대안을 선택한다는 것을 의미한다. 곧 계약 당사자는 최소 수혜자의 관점에서 정의원칙을 평가한다(TJ, p.151).

그러한 평가에 의해서 도출된 정의의 두 원칙은 다음과 같다(TJ, p.302). 제1원칙은 '최대의 평등한 자유의 원칙'으로서 각 개인은 모든 사람의 유사한 자유의 체계와 양립 가능한 평등한 기본적 자유의 가장 광범위한 전체체계에 대해서 동등한 권리를 가져야 한다는 것이다. 제2원칙은 사회경제적 불평등이 공정한 기회균등의 조건하에서 모든 사람의 개방된 직책과 직위에 결부되어 최소 수혜자에게 최대의 이익이 되도록 편성되어야 한다는 것이다. 롤즈는 이러한 두 원칙을 축차적으로 구성하여 우선성의 원칙을 적용한다. 그래서 제1원칙은 제2원칙에 우선하고 제2원칙 중 '공정한 기회균등의 원칙'은 최소 수혜자에게 최대의 이익이 되도록 하는 '차등의 원칙'에 우선한다. 롤즈는 이러한 정의의 두 원칙을 사회제도를 평가하고 사회변동의 전체적인 방향을 지도해 줄 "영원의 상 아래"에서의 "아르키메데스적 점"으로 간주한다(TJ, p.261, p.587).

그런데 롤즈는 자기의 정의론이 원초적 입장의 공정성을 통해 칸트의 자율성 개념과 정언명법을 절차적으로 반영하고 있다고 주장한다(TJ, sec.40). 더 나아가서 롤즈는 원초적 입장의 여러 조건들과 자신의 정의의 두 원칙이 우리의 도덕적 숙고판단과의 반성적 평형상태에 이르러 결국 부합되기 때문에 정당화된다고 주장한다(TJ, pp.19-20, p.579).

2) 후기 롤즈 제1단계 : 1971-1982

롤즈의 정의론에 대한 주요 비판은 이미 언급한 두 핵심부분, 즉 원초적 입장의 구성과 정의의 두 원칙의 추론과정에 관해서 신랄하게 전개된다. 원초적 입장에 관련해서는 그것이 가정하고 있는 선택 동기와 사회적 기본가치가 공정하고 중립적인 것이 아니라 "근대 서구의 자유주의적인 개인주의적 인간(the modern, Western, liberal, individualistic men)"을 편파적으로 반영하고 있다는 비판이 제기된다.[13] 이와 동시에 원초적 입장은 구체적 사회정의의 문제를 판정하기에는 너무나 단순화된 추상적 보편화일 뿐이라는 비판도 전개된다. 나아가서 정의론을 합리적 선택이론의 일부로 본 것은 결국 이기적 동기를 가정하는 타율적인 가언적 명법이며, 비록 무지의 베일에 가려 있다고 해도 원초적 입장의 칸트적 해석은 적절하지 못하다는 질책이 가해진다. 또한 롤즈는 원초적 입장에서의 추론, 즉 계약론적 방법에 의한 정당화와 반성적 평형상태에 의한 정합론적 정당화 사이의 명백한 관련방식을 제시하지 못하고 있다는 지적도 제기된다.[14]
정의의 두 원칙의 추론과정에 관련해서는 다음과 같은 비판이 전

---

13) Steven Lukes, *Essays in Social Theory*(New York: Columbia University Press, 1977), p.189.

14) 롤즈의 『정의론』에 대한 다양한 비판은 Norman Daniels ed., *Reading Rawls* (Oxford: Basil Blackwell, 1975) 참조.

개된다. 즉, 롤즈가 의거하는 최소극대화 규칙은 위험부담을 회피하고자 하는 극도의 특수한 보수적 심리상태에 달려 있기 때문에 다른 정의의 원칙들을 배제하는 결정적이고도 정당한 이유를 제시하지 못한다는 것이다. 또한 원초적 입장에서 계약 당사자들에게 부여된 도구적 합리성은 왜 다른 사회적, 경제적 가치들에 대해서 자유가 우선성을 가지는가를 명백하게 입증하지 못한다는 논란도 제기된다.[15]

원초적 입장의 추상적 보편성에 관련된 비판에 대해서 롤즈는 우선 자기의 정의론은 "… 특수한 역사적 상황에 관계없이 모든 사회에 적합한 정의관을 발견하려고 노력하지 않는다."는 것을 분명히 한다(「도덕론에 있어서의 칸트적 구성주의」(1980), p.518). 즉, 그의 정의론은 근대적 조건 아래서의 민주사회에 관한 정의원칙만을 구성하려고 한다는 것이다. 그는 서구의 근대적 정치사에 있어서의 난관 봉착은 "도덕적 인간들로서의 시민들의 자유와 평등"에 부합하는 기본적인 사회제도의 편성방식에 대한 불일치로 본다(1980, p.517). 이러한 불일치는 로크와 루소에 의해서 양분된 자유민주주의적 전통의 갈등상황이다. 롤즈는 자유민주주의적 전통 속에 내재하고 있는 "자유롭고 평등한 도덕적 인간"이라는 개념이 칸트에 의해서 가장 적절하고 조화롭게 제시되었다고 본다(1980, p.519). 그러한 칸트적 인간관을 출발점으로 해서 자유민주주의적 전통의 갈등을 해결하려는 야심 찬 시도가 이제 롤즈의 목표가 된다. 비록 그러한 인간관은 『정의론』에서도 이미 기본적으로 언급되기는 했지만(TJ, p.505), 정의론의 전체구조에서 그것의 위치가 명백히 제시된 것은 아니었다.

이제 그러한 칸트적 인간관에 상응해서 롤즈 정의론의 전체체계가

---

15) H. L. A. Hart, "Rawls on Liberty and Its Priority", *University of Chicago Law Review*, vol. 40(1973), pp.534-555. 곧 논의하게 되겠지만, 하트의 이러한 비판 때문에 롤즈는 제1원칙의 내용과 자유의 우선성에 대한 근거를 변경하게 된다.

조정된다. 롤즈에 따르면, 공정성으로서 정의관에 있어서 가장 기본적인 두 개의 개념은 질서정연한 사회와 도덕적 인간이라는 개념이며 원초적 입장은 제3의 매개적 개념으로서 그것의 역할은 질서정연한 사회에서의 도덕적 인간이 채택하는 정의의 원칙에 대한 구성절차가 된다(1980, p.521). 질서정연한 사회에서 도덕적 인간은 정의감과 가치관을 형성할 수 있는 두 가지 도덕적 능력(moral powers)과 이러한 능력을 실행하려는 최고차적 관심(the highest-order interests)을 갖는 것으로 규정된다(1980, p.525). 이러한 고차적 관심은 정의감에 관한 합당성(the reasonal)과 가치관에 관한 합리성(the rational)으로 구분되는데, 중요한 것은 "합당성은 합리성을 전제하며 그것에 우선한다."는 것이다(1980, p.530). 합당성이 합리성을 전제하는 이유는 사람들에게 동기를 부여하는 기본가치가 없이는 분배적 정의의 개념이 무의미하기 때문이며, 합당성이 합리성에 우선한다는 것은 합당성이 추구될 수 있는 기본가치의 한계를 정해 주기 때문이다. 따라서 선에 대한 정의의 우선성이 확보되며, 여기서 칸트적인 자율성과 정언명법에 따르는 것이 가능하게 된다는 것이다.

따라서 원초적 입장은 합리적 선택이론에만 의거한 연역적인 체계는 아니며 그러한 칸트적 인간관이 반영된 것이다(1980, p.571). 구체적으로 말하면 무지의 베일을 포함한 원초적 입장의 공정성은 합당성을 반영한 것이며 사회적 기본가치는 합리성을 반영한 것이다. 그리고 『정의론』에서 롤즈는 사회적 기본가치가 순전히 심리적, 통계적 혹은 역사적 고찰에 의거해서 제시된 것처럼 말했지만(TJ, pp.92f, pp.433f), 이제 그것을 수정하여 사회적 기본가치는 칸트적 인간관에 의거한 것임을 밝힌다(「사회적 통합과 기본가치」(1982a), p.159). 사회적 기본가치에 관련된 원초적 입장의 비중립적 편파성에 대해서 롤즈는 "우리는 가치관들에 대해서 공정성을 말해서는 안 되며, 오직 그러한 가치관을 수용할 수 있는 능력과 그러한 가치관이 형성되는

조건에 대해 관심을 가진 도덕적 인간들에 대해서 공정성을 말해야
만 한다."고 답변한다(「선에 대한 공정성」(1975a), p.554).

롤즈는 "원초적 입장에 대한 몇 가지 오해를 방지하기를 희망하는
데, 예를 들면, 그것이 도덕적으로 중립적인 것을 의도한다거나, 혹은
그것이 오직 합리성의 개념에 따라서 만들어진 것이기 때문에 공정
성으로서 정의는 경제학이나 의사결정론에서 이미 알려진 합리적 선
택의 개념에만 순전히 근거해서 정의의 원칙을 선택하려고 시도한다
는 오해들이다. 칸트적 견해로 볼 때 그러한 시도는 있을 수 없는 일
이며 그것의 인간관과도 양립할 수 없다."는 것이다(「기본적 자유들
과 그 우선성」(1982b), pp.20f).[16] 그렇다고 한다면 정의의 두 원칙의
정당화에 관련해서 롤즈는 당연히 반성적 평형상태의 개념을 사용할
것으로 생각된다. 롤즈는 여기서 "일반적이고도 광역적인 반성적 평
형상태(general and wide reflective equilibrium)" ― 특수적 숙고판단,
도덕원칙, 그리고 배경적 역사와 경제사회이론들 사이의 정합을 추구
― 를 들고 나오는데, 그것은 질서정연한 사회와 원초적 입장의 밖에
서 있는 우리들의 관점으로서 자유민주주의의 상식적 이해에 내재한
칸트적 인간관을 "발판(foothold)"으로 삼고 진행된다(1980, p.518,
p.534).[17]

정의의 두 원칙의 추론과정과 자유의 우선성에 대한 논의도 역시
변경된다. 롤즈는 최소극대화 규칙은 계약 당사자의 특수한 심리적
상태에 근거한 것이 아니고, "자유롭고 평등한 인격성에 대한 열망이

---

16) 인용은 John Rawls, "The Basic Liberties and Their Priority", in *Liberty,
Equality, and Law: Selected Tanner Lectures on Moral Philosophy*(Salt Lake
City: University of Utah Press, 1987), pp.1-87에 전재된 것을 사용했다.

17) 롤즈의 광역적인 반성적 평형상태의 개념은 『정의론』의 반성적 평형상태에 대
한 다음과 같은 논의를 수용하여 발전시킨 것이다. Norman Daniels, "Wide
Reflective Equilibrium and Theory Acceptance in Ethics", *The Journal of
Philosophy*, vol. 76(1979), pp.256-282.

최소극대화 규칙에 직접적으로 향하게 한다."는 것이다(「최소극대화 기준에 대한 몇 가지 이유」(1974), p.145). 자유의 우선성에 대해서 롤즈는 소위 신고전주의 경제학파의 한계효용체감법칙을 원용하여 일정한 경제수준에 도달하면 자유에 대한 한계의의는 체증하는 반면에 다른 경제사회적 가치들의 한계의의는 체감할 것이라는 주장을 했으나(TJ, p.542), 이제는 그러한 자유의 우선성이 칸트적 인간관에 따른 자유주의적인 철학적 이상(ideal)으로부터 직접 도출된다(1982b, pp.85-86). 또한 제1원칙의 내용이 수정되는데, 그 이유는 기본적 자유들 사이에 상충되는 부분들이 있기 때문에 상호규제가 필요하다는 것이다. 따라서 『정의론』에서 말한 가장 광범위한 전체체계(the most extensive total system)라는 것은 부적절하다고 보고(TJ, p.302), 충분히 적절한 구조(a fully adequate scheme)로 대치한다. 제1원칙의 수정된 최종적 내용은 다음과 같다: "각 개인은 모든 사람의 유사한 자유들의 구조와 양립 가능한 평등한 기본적 자유들의 충분히 적절한 구조에 대해서 동등한 권리를 가져야 한다."(1982b, p.5)

제1단계를 전체적으로 볼 때, 도덕론에 있어서의 칸트적 구성주의로 해석된 롤즈의 자유주의적 정의론은 일단은 『정의론』에서 발견된 여러 내부적 부정합성들과 외부적 비판들을 칸트적 인간관을 통해서 해결한 매력적이고도 야심 찬 변화를 이루어 낸 것처럼 보인다. 그러나 우리는 곧 롤즈가 자기의 정의론에 대한 칸트적 해석과 철학적 학설로서의 자유주의를 버리게 되는 것에 놀라움을 금치 못하게 된다.

3) 후기 롤즈 제2단계: 1982-1989

롤즈의 정의론이 근대적 서구 역사를 배경으로 한 철학적 자유주의와 칸트적 인간관을 수용함으로써 제1단계적 전환을 이룩했음에도 불구하고, 그것의 추상적 보편성에 대한 비판은 다시 새로운 각도에서 전개된다. 그러한 비판의 예봉은 주로 공동체주의자들로부터 다가온다. 특히 샌들은 롤즈의 정의론이 칸트적인 '의무론적 자유주의(deontological liberalism)'를 취함으로써 칸트적 도덕주체에 관련된 형이상학적 난점과 역사적 공동체로부터의 추상적 이탈과 고립을 피할 수 없다고 신랄한 비난을 제기한다. 즉, 롤즈의 정의론은 인간이 자기의 구체적 목적에 선행하는 근본적 본성과 자기동일성을 가지고 있다는 형이상학적 견해에 의거하고 있고, 따라서 그것의 보편적 진리성에 대한 특정한 철학적 주장을 포함하고 있다는 것이다.[18] 롤즈의 제2단계적 전환은 기왕에 이루었던 자기 정의론의 역사적 상황성을 재강조하면서 이러한 비판에 답하는 과정이다. 그러나 그 과정 속에는 자기의 정의론에 대한 새로운 해석이 잉태되고 있다.

롤즈는 이제 "보편적 진리나 인간의 본질적 특성과 자기동일성에 대한 주장"을 회피함으로써 자기의 정의론이 형이상학적인 것이 아니고 "정치적 정의관(a political conception of justice)"이라고 해석한다(「공정성으로서의 정의: 형이상학적 입장이냐, 정치적 입장이냐」(1985), pp.223-224). 롤즈는 공정성으로서 정의가 정치적 정의관이라는 것이 『정의론』에서는 미처 언급되지 못했거나 충분히 강조되지 못했다는 것을 시인한다(1985, p.224). 또한 "도덕론에 있어서의 칸트적 구성주의"도 오히려 "정치철학에 있어서의 칸트적 구성주의"로 했어야 좋았을 것으로 생각한다(1985, p.224, n.2). 롤즈는 정치적 정의관과 형이상학적 정의관이 정의관의 가능한 범주를 총망라한 것인지에 대해서는 확실히 언명하고 있지 않지만,[19] 그 둘의 구별에 대해서는 비교적 자세한 논의를 하고 있다.

---

18) Michael Sandel, *Liberalism and the Limits of Justice*(Cambridge: Cambridge University Press, 1982), pp.93-95.

19) Patrick Neal, "Justice as Fairness: Political or Metaphysical?", *Political Theory*, vol. 18(1990), p.27.

정치적이냐 형이상학적이냐의 구별은 다음 세 가지 관점에서 전개된다. 그 첫째는 철학적 의존성이며, 둘째는 정당화의 기준이며, 셋째는 적용의 범위다. 첫째, 철학적 의존성으로 볼 때, 형이상학적 정의관은 보편적 진리나 인간의 본성과 자기동일성에 대한 논란의 여지가 있는 철학적 형이상학적 주장에 근거하고 있는 반면에, 정치적 정의관은 논란의 여지가 있는 철학적, 종교적, 도덕적 학설로부터 독립적이다(1985, p.225).[20] 둘째, 정당화의 기준으로 볼 때, 형이상학적 정의관은 인식론적이거나 형이상학적인 것으로 기본적 전제나 공리들의 진리를 통한 정당화를 시도하나, 정치적 정의관은 실제적인 것으로 공공적 합의에 의해서 정당화된다(1985, p.230). 셋째, 적용의 범위로 볼 때, 형이상학적 정의관은 보편적인 것으로 모든 역사적 사회들에 적용이 되나, 정치적 정의관은 역사적으로 제한된 것으로 근대적 입헌민주사회에만 적용된다(1985, pp.224-225).

롤즈는 결국 정치적이냐 형이상학적이냐의 구별을 "정치적 정의관과 포괄적인(comprehensive) 종교적, 철학적, 혹은 도덕적 학설 사이의 구별"로 압축한다. 포괄적인 학설은 인간적 삶의 가치와 인격적 덕목과 성격의 이상들을 포함하는 데 비해, 정치적 정의관의 특색은 그러한 것을 배제하고 다음 세 가지 관점에서의 정치적 영역에만 논의를 국한한다는 것이다(「정당성의 우위와 선의 개념들」(1988), p.252). 첫째, 정치적 정의관은 입헌민주정체의 기본적 사회구조, 즉 정치, 경제, 사회 제도라는 특정한 논의 주제를 갖는 도덕적 개념이다. 둘째, 정치적 정의관은 어떤 특정한 포괄적 학설도 수용하지 않는다. 정치적 정의관은 그 자체로서 기본구조에 대한 합당한 개념을 제시한다. 셋째, 정치적 정의관은 어떠한 포괄적 학설에 의해서가 아니라 민주사회의 공공적인 정치적 문화에 내재한 근본적인 직관적 신념들에

_____

20) 롤즈는 "The Independence of Moral Theory"(1975b)에서 이러한 주장을 이미 자세히 전개한 바 있다.

의해서 구성된다. 롤즈가 언급하고 있는 포괄적 학설의 예는 완전주의, 공리주의, 헤겔의 관념론과 마르크시즘, 그리고 칸트와 밀의 자유주의, 기독교와 개신교 등이다(「중첩적 합의의 개념」(1987), pp.3-4, p.6).

그러면, 제1단계적 전환에서의 관건을 이루었고, 공동체주의자 샌들의 비판이 집중됐던 칸트적인 '자유롭고 평등한 도덕적 인간'의 개념은 정치적 정의관에서 어떠한 변화를 일으키고 있는지를 살펴보기로 하자. 롤즈는 자유롭고 평등한 도덕적 인간들에 의한 공정한 사회적 협동체라는 개념을 민주주의의 공공적인 정치문화에 내재한 기초적인 직관적 신념으로 본다(1987, p.9). 롤즈는 공정성으로서의 정의가 포착하고 있는 인간관은 정치적 정의관의 일부로서 구성된 것이며 또 그것에 국한된다는 것이다. 그러한 인간관은 통상적으로 자유주의와 관련된 포괄적인 도덕적 이상, 즉 "자율성과 개체성의 이상 (the ideals of autonomy and individuality)"에 헌신하거나 공약하지 않고서도 가능하다는 것이다(1985, p.245). 롤즈는 이제 자유롭고 평등한 도덕적 인간의 칸트적 해석을 전면적으로 배제하기를 원한다. "칸트의 자율성의 이상과 그것과 결부된 계몽주의의 제 가치들과 밀의 개체성의 이상과 그것과 결부된 근대성의 제 가치들"은 포괄적인 철학적 학설로서 정치적 정의관에는 부적합하다는 것이다(1987, p.6).

이러한 일련의 정치적 전환을 통해서 롤즈는 공동체주의자 샌들의 ·비판에 답할 수 있기를 원한다. 정치적 정의관이 의거하고 있는 자유롭고 평등한 도덕적 인간관은 규범적 개념이긴 하지만 그것은 근대 자유민주주의적 시민을 근간으로 하여 역사적으로 구성된 것이라는 것이다(1985, p.234). 비록 원초적 입장이 무지의 베일을 통해서 그러한 인간관을 단순화하고 추상화한 것은 사실이지만, 원초적 입장은 정의원칙의 선택에 요구되는 공정성을 확보하고 도덕적으로 자의적인 우연성을 배제하기 위한 "대리적 표상의 도구(a device of representation)"로서 요구된다는 것이다(1985, p.238). 그것은 결코 인간의 본질이 그의 최종적 목적과 사회적 귀속, 그리고 개인적 성격을 포함한 우연적 속성들에 우선하거나 독립적이라고 주장하는 어떤 형이상학적 자아의 개념에 의거하지 않는다는 것이다. 또한 그것은 자아의 본성과 동일성이 무지의 베일에 의해서 가려진 사실들보다 존재론적으로 선행한다고 주장하는 어떤 존재론적 언명을 하는 것도 아니라는 것이다(1985, p.238). 여기서 롤즈는 칸트의 의무론적 자유주의와 결별한다.

롤즈는 이제 칸트를 버렸지만, 그가 자유주의까지 버린 것은 아니다. 그는 다만 포괄적인 도덕철학설로서의 자유주의를 버린 것이다. 이제 그의 입장은 "정치적 자유주의(political liberalism)"로 표명되며, 그러한 정치적 자유주의의 목표는 자유민주주의적인 다원적 사회에서의 안정되고 실행 가능한 정치적 정의관에 대한 최소한의 합의, 즉 "중첩적 합의(overlapping consensus)"를 이끌어 내는 데 있다(1987, p.1). 중첩적 합의의 개념은 벤다이어그램에서 흔히 볼 수 있는 것처럼 중첩하는 세 개의 원들에서 모두 일치하는 부분은 빗금 친 부분에 해당하며, 두 원에서만 일치하든지 전혀 일치하지 않는 부분은 공유하지 않는 고유한 속성을 가지고 남아 있는 것을 통해 쉽게 이해될 수 있다.[21] 중첩적 합의는 그러한 의미에서 완전중첩적 합의가 아니

---

21) 우리는 여기서 롤즈가 포괄적인 학설이나 교리들이 중요하지 않다고 생각하지는 않는다는 것에 유의해야 한다. 민주사회의 시민들은 두 부분의 다른 견해를 갖는다. 한 부분은 정치적 정의관에 따라서 중첩하는 견해이고 다른 부분은 정치적 정의관과 어떤 방식으로든 연관되어 있는 "충분히 혹은 부분적으로 포괄적인 학설(fully or partially comprehensive doctrine)"에 따른 견해다(「정치의 영역과 중첩적 합의」(1989a), p.249). 물론 모든 포괄적인 학설들이 인정되는 것은 아니고 정의원칙에 위배되지 않는 것들만이 "허용 가능한 포괄적인 설(permissible comprehensive doctrine)"이 된다(1988, p.256). 그러한 학설들 가운데 어떤 것을 지지하고 선택하는가는 시민 각자의 자유로운 고유 영역이다. 부분적으로 포괄적인 학설은 삶의 가치들, 즉 비정치적 가치들 모두가 아니라 그 일부분만 관여하며, 또한 그것들이 짜임새 있게 명료화되어 있지 않

라 부분중첩적 합의다. 중첩적 합의는 기본적으로 가치관, 삶의 목표와 의미, 인격적 덕목과 특성에 대한 여러 가지 다양한 혹은 심지어는 상반되는 신조와 이상을 가진 종교적, 철학적, 그리고 도덕적 학설들에 의해서 지지되는 입헌민주주의의 "입헌적 요체(constitutional essentials)"다(1987, p.1; 「정치의 영역과 중첩적 합의」(1989a), p.241). 입헌적 요체는 "시민의 기본적 권리와 자유에 대한 구체적 규정"으로서 정치, 경제, 사회 제도의 기본구조에 대한 편성방식이 되며, 곧 사회정의의 기준이 된다(1989a, p.241). 롤즈가 이 용어를 도입하는 이유는 중첩적 합의가 원초적 입장의 단계에서 이루어지는 것이 아니고 입헌적 단계에서 이루어진다는 것을 밝히기 위한 것이다(1989a, p.234). 왜냐하면 원초적 입장의 단계에서는 무지의 베일로 말미암아 다양한 종교적, 철학적, 도덕적 학설의 가치관들을 알 수 없기 때문이다. 물론 중첩적 합의의 내용은 정의의 두 원칙과 민주사회에 대한 기초적인 직관적 신념들 — 자유롭고 평등한 도덕적 인간들에 의한 질서정연한 사회적 협동체 — 을 당연히 포함한다.

롤즈가 포괄적인 학설들을 정치적 정의관으로서 거부하는 이유는 그것들이 입헌적 요체에 대한 충분한 중첩적 합의를 이끌어 낼 수 없다는 데 있다. 이것은 현대사회의 도덕적 위기상황과 사회정의의 문제를 보는 롤즈의 독특한 시각에 달려 있다. 롤즈가 보는 현대사회의 도덕적 위기상황은 자유민주사회의 전통 속에 내재한 자유와 평등의 갈등으로 요약된다. 이러한 갈등은 사회경제적 이익의 상충과 사회제도와 정책의 수행에 관한 다양한 사회과학 이론들 사이의 논쟁들뿐만 아니라 상이한 철학적, 도덕적 이론들 사이의 논쟁들에도 그 근거를 두고 있고 또 그것들 때문에 증폭되고 있다는 점이다(『공정성으로서의 정의: 안내지침』(1989b), pp.1-2). 그런데 문제는 그러한 갈등이 신의 율법, 자연법, 선험적인 도덕원칙, 합리적 직관주의 등으로 해결

은 학설이다(1988, p.253).

될 수 없다는 데 있다. 롤즈가 정치적 자유주의의 중첩적 합의를 들고 나오는 이유는 "다원주의의 실상(the fact of pluralism)"으로 간주되는 다음과 같은 다섯 가지의 사실들 때문이다. 이러한 사실들은 어떠한 정치적 정의관도 전제해야 하는 정치적, 사회적 세계와 정치사회학과 인간심리학에 관한 일반적 사실들이다(1989a, pp.234-235).

　첫째, 다양한 포괄적인 종교적, 도덕적, 철학적 학설들이 서로 상충하는 혹은 불가통약적인 인생의 의의, 가치와 목적에 대한 신조들을 개진하는 것은 근대 민주주의 사회의 영속적 특색이다. 둘째, 국가권력의 억압적 사용만이 어느 하나의 포괄적인 학설을 유지할 수 있게 한다. 롤즈는 여기서 종교재판의 예를 들고 있으며 또한 자유주의의 유래는 종교개혁 이후의 관용의 원칙의 형성에서 찾아볼 수 있다는 것을 염두에 둔다. 셋째, 적대적인 사회적 계급들로 분열되지 않은 지속적이고 안정적인 민주사회는 적어도 정치적으로 활동적인 충분한 다수의 시민들에 의해서 기꺼이 자유롭게 지지되어야만 한다. 이러한 세 번째 사실은 첫 번째 사실과 함께 감안해 볼 때, 충분한 다수의 지지를 얻기 위해서는 다양한 포괄적인 학설들로부터 지지될 수 있는 정치적 정치관이 필요하게 된다는 것을 함축한다. 넷째, 무력이나 외부적 권위에 의해서가 아니라 이성적으로 안정된 민주사회는 통상적으로, 아니면 적어도 암묵적으로, 어떤 기본적인 직관적 신념을 포함하고 있으며 그것으로부터 정치적 정의관을 구축하는 것이 가능하다. 다섯째, 우리가 많은 중대한 판단을 내릴 때 우리는 양심적이고 충분히 합리적인 사람들이 심지어 자유로운 토론을 벌이고 나서도 동일한 결론을 얻기가 어렵다는 것을 고려한다. 다섯째 사실은 그렇기 때문에 합의 불가능한 포괄적인 학설을 배제하고 합의 가능한 정치적 정의관에 논의를 국한해야 한다는 것이다.

　이러한 다섯 가지 사실을 통해 롤즈의 정치적 자유주의는 포괄적 학설들과 한 사회에서 동일한 가치관이 편재한다고 주장하는 공동체주의를 배격하고, "이성적으로 조화롭고 안정적인 다원주의적 사회의 가능성"을 실현하려는 목표를 갖는다(1987, p.23). 여기서 롤즈는 그의 정치적 자유주의가 자유주의의 홉스적 유형인 "잠정협정적 자유주의(modus vivendi liberalism)"로 오해되어서는 안 된다는 것을 분명히 한다(1987, p.11). 잠정협정적 혹은 협상적 자유주의는 사회적 합의를 상대적인 힘의 우연적 균형에 의거하는 것으로, 개인적 혹은 집단적 이익들이 잘 고안된 입헌적 제도에 의해서 수렴될 수 있다는 것을 주장한다(1987, p.11, p.23). 롤즈는 잠정협정적 자유주의에 의해서 확보된 안정과 사회적 합의는 말 그대로 잠정적인 것으로 힘의 균형이나 상황에 변화가 오면 붕괴된다고 주장한다. 이제 롤즈의 정치적 자유주의는 지속적인 사회적 안정과 통합을 확보하지 못하는 홉스적인 잠정협정적 자유주의와 충분한 사회적 합의를 이끌어 내지 못하는 칸트와 밀의 포괄적인 도덕적 자유주의의 딜레마를 피하려고 하는 원대한 시도가 된다.

제2단계는 전체적으로 볼 때『정의론』으로부터 상당히 벗어난 것처럼 보인다. 그것은 정의원칙의 내용이 극적으로 변화했기 때문은 아니다. 중첩적 합의에 의거하는 정치적 자유주의에서도 제1단계에서의 수정된 정의의 두 원칙이 그대로 수용되는 것이 사실이다.[22] 중요한 것은 정의론의 정당화 방식, 목표 그리고 임무에 대한 해석이 극적으로 전환되었다는 것이다. 이제 롤즈는 공정성으로서 정의가 응용된 도덕철학이라는 것도 거부한다(1989a, p.242). 물론 롤즈는 정치철

---

22) 제2단계에서도 일정한 경제수준에 도달한 경우에 적용되는 특수적 정의관으로서의 정의의 두 원칙의 내용은 변경이 없고, 다만『정의론』에서 언급한 일반적 정의관(TJ, p.62, p.303), 즉 사회적 기본가치들 사이의 상대적 우선성을 가리지 않는 일반화된 차등의 원칙은 불필요한 것으로 삭제된다(1989b, p.38, n.12). 제1단계에서 언급하지 않은 복잡한 변화 중의 하나는 최소 수혜자의 기대치를 확정하는 데 관련된 저축원칙의 추론과정에 대한 변화다(「정의의 주제로서 기본구조」(1978), pp.58-59).

학의 가능성은 남겨두고 있는 듯이 보이기는 하지만, 어쩌면 철학 자체의 종언에 이바지하고 있는지도 모른다.

후기 롤즈에 대한 해석 논쟁으로 가기 전에 마지막으로 언급해야 할 것은 비록 정의의 두 원칙의 내용은 크게 변하지 않았다고 해도 그 실질적 해석은 변하고 있다는 점이다. 『정의론』에 관련된 중요한 논쟁의 하나는 정의의 두 원칙이 어떤 경제체제를 옹호하느냐, 아니면 중립적이냐 하는 것이다.[23] 롤즈는 생산수단의 사적 소유체제와 공동 소유체제가 자유시장제도를 배경으로 하는 한, 둘 다 정의의 두 원칙을 만족시킬 수 있다고 말한 바 있다(TJ, pp.273-274, p.280). 그러나 통상적으로 우세한 해석은 롤즈가 자본주의적 복지국가를 옹호한다는 해석이었다. 이제 롤즈는 『정의론』에서 그가 사유재산제적 민주주의와 복지국가 사이의 구별을 명백하게 하지 못했다는 것을 시인하고(TJ, p.274), 사유재산제적 민주주의를 자본주의에 대한 한 대안으로서 옹호하고 나선다(1989b, p.110).[24] 그런데 롤즈는 기본적 권리 속에 개인적 재산(personal property)에 대한 권리는 포함시키고 있지만, 생산수단과 자연자원에 대한 사적 소유권(private property right)과 공동 소유권(socially owned right)은 포함시키지 않고 있다 (1989b, p.91).

롤즈는 경제체제를 다음 다섯으로 구분한다: 자유방임적 자본주의, 복지국가적 자본주의, 통제경제적 국가사회주의, 사유재산제적 민주주의, 자유 (민주적) 사회주의. 롤즈는 이 다섯 중에서 사유재산제적 민주주의와 자유 사회주의만이 정의의 두 원칙을 만족시키나, 그 둘 사이의 선택은 역사적 상황에 달려 있다고 본다(1989b, p.140). 물론

---

23) Barry Clark and Herbert Gintis, "Rawlsian Justice and Economic Systems", *Philosophy and Public Affairs*, vol. 7(1978), pp.302-325.

24) 롤즈는 사유재산제적 민주주의를 James Meade, *Equality, Efficiency, and the Ownership of Property*(London: Allen and Unwin, 1964), ch.5에서 차용했다.

롤즈는 역사적 상황으로 보아서 미국은 사유재산제적 민주주의가 선택되어야 할 것으로 본다. 여기서 롤즈는 사유재산제적 민주주의와 복지국가적 자본주의를 구분하고 나선다. 둘 다 모두 생산수단의 사적 소유를 허용하는 것은 같다(1989b, p.140). 그러나 사유재산제적 민주주의의 배경적 제도들은 부와 생산자본의 소유권을 광범위하게 분산시켜, 소수의 상층부가 경제를 통제하고, 그래서 간접적으로 정치를 통제하는 것을 방지한다. 반면에 복지국가적 자본주의는 생산수단의 독점을 상층부에 허용하며, 단순히 수입의 분배와 보조라는 미봉책만을 사용할 뿐이라는 것이다(1989b, p.140). 롤즈는 사유재산제적 민주주의와 관련해서 공정한 교육적 기회균등의 원칙에 따른 인간자본(human capital), 가정과 직장에서의 여성의 지위 향상, 노동자 자주관리제도, 제로 성장론 등 여기서 모두 논의할 수 없는 광범위한 고려사항들을 개진한다(1989b, sec.47). 그러나 롤즈의 이러한 변화는 일천한 것이기 때문에 좀 더 체계화가 될 필요가 있고 또한 이러한 논쟁의 여지가 있는 문제들이 그의 정치적 자유주의의 중첩적 합의에 일관성 있게 포섭될 수 있는지는 앞으로의 과제라고 하겠다.[25]

3. 후기 롤즈에 대한 해석 논쟁

우리는 지난 20년간 자유주의적 정의관의 선도적 역할을 하고 있는 롤즈 정의론의 발전과정을 『정의론』(1971)으로부터 『공정성으로서의 정의: 안내지침』(1989b)까지 추적해 왔다. 우리의 논의는 지금까지 대체로 비판과 평가를 유보한 서술적인 것이었지만, 이제 전반

---

25) 롤즈가 최근에 사유제산제적 민주주의를 강조하고 나선 것은 Richard Krouse and Michel McPherson, "Capitalism, 'Property-Onwing Democracy', and the Welfare State", in Amy Gutman ed., *Democracy and the Welfare State* (Princeton: Princeton University Press, 1988), pp.79-105에서 전개된 논의 때문이다.

적인 해석과 비판적 평가, 그리고 그와 관련해서 자유주의적 정의관의 미래에 대한 어떤 전망을 시도해 보려고 한다.

우리는 『정의론』 이후 롤즈의 정의론이 2단계적 전환을 하며 수정, 발전했다는 기본적인 해석을 제시했다. 결국 롤즈는 3단계의 발전과정을 갖는 셈이다. 그러나 우리는 3단계가 완전히 불연속적이라든지, 혹은 완전히 상이한 근본적인 전환을 이루었다고 주장하는 것은 아니다. 많은 논점들이 서로 착종되어 있고, 또 후속단계에서의 논점들은 그 이전 단계에서 그 맹아를 찾아볼 수 있는 것도 사실이다. 물론 이미 언급한 대로 강조점의 변화와 실질적인 전환을 구별해야 하기는 하지만, 강조점의 변화가 크고 두드러질 때는 실질적인 전환으로 볼 수도 있는 것이다.

후기 롤즈에 대해서는 다양한 해석이 가능하며, 롤즈도 심지어는 자신도 모르는 어떤 방식으로 자기의 견해가 변화하고 있을 수도 있다는 것을 인정한다(1985, p.224). 그러면 후기 롤즈 전반에 대한 다양한 해석, 평가, 그리고 비판들을 논의해 보기로 하자. 우선 2단계적 전환에 대한 해석부터 살펴보자. 다니엘스는 제1단계는 『정의론』의 명료화 과정으로 보고 제2단계만을 후기 롤즈로 본다.[26] 후기 롤즈에 대한 가장 본격적인 토론집의 서문을 쓴 안슨은 후기 롤즈에 대해서 '세 가지의 중대한 변화(three significant changes)'로 칸트적 인간관, 보편주의의 포기, 그리고 다원주의와 중첩적 합의를 들고 있다. 그는 앞의 두 변화는 서로 연관되어 있지만 마지막은 독립적인 것으로 보고 있기 때문에 우리의 2단계적 전환과 부합된다고 볼 수 있다.[27] 롤즈는 『공정성으로서의 정의: 안내지침』에서 세 종류의 '주요 변화(the

---

26) Norman Daniels ed., *Reading Rawls*(Stanford: Stanford University Press, 1989), "New Preface", p.xv.

27) Richard J. Arneson, "Introduction", Symposium on Rawlsian Theory of Justice: Recent Developments, *Ethics*, vol. 99(1989), pp.696-697. 안슨은 후기 롤즈에 대한 9개의 논문이 실려 있는 특집의 서문을 쓴 것이다.

main changes)'로서 정의의 두 원칙의 진술과 내용의 변화, 원초적 입장과 그 추론과정의 변화, 그리고 공정성으로서의 정의 자체에 대한 이해의 변화를 들고 있다(1989b, pp.i-ii). 그런데 그는 정치적 정의관의 개념은『정의론』에서 "전혀 논의되지 않는다(it is never discussed)."고 말하고 있다(1989b, p.ii). 따라서 그는 이 변화를 앞의 두 변화와 구별하고 있기 때문에 우리의 2단계적 전환과 일치한다고 볼 수 있다.

전환의 시기적 단계를 둘로 볼 수 있다고 해도 중요한 것은 변화의 구체적인 내용들이다. 우리는 제1단계에서 역사적 상황성과 칸트적 인간관에 따른 원초적 입장에서의 추론과정의 재정비와 최소극대화 규칙의 재해명, 광역적인 반성적 평형상태의 정당화 기능, 사회적 기본가치의 재해석, 정의의 제1원칙에 대한 내용 수정 등을 다루었다. 제2단계에서는 공정성으로서의 정의에 대한 칸트적 해석의 탈락과 함께 정치적 자유주의에 의거한 정치적 정의관과 중첩적 합의의 개념을 다루었고, 또한 사유재산제적 민주주의에 관련된 이데올로기적 문제를 언급했다.

우리는 이러한 다양한 시기적 단계와 관점들의 연관성과 착종성을 감안해 볼 때, 후기 롤즈에 대한 '한마디로 낙인찍기'를 거부한다. 비록 구체적으로 다루지는 못했지만 — 이제는 만시지탄이 된 감이 없지 않지만 — 제1단계적 전환에 대해서 얼마만큼이 칸트의 고유한 사상이고 얼마만큼이 롤즈에 의해서 해석된 칸트인가라는 문제도 칸트다 아니다, 칸트적이다 아니다 하는 식으로 단칼을 낼 수 있는 것은 아니다.28) 우리는 물론 롤즈가 말한 대로 "관용의 원칙"을 철학 자체

─────────────────

28) 물론 이 말은 이제 롤즈의 칸트적 해석에 관련된 문제가 중요하지 않다는 것을 결코 의미하지 않는다. 구체적으로 다루지 않은 것은 능력의 부족뿐만 아니라 다음과 같은 좋은 논문들이 있기 때문이다. 황경식, 「도덕적 구성주의: 롤즈의 도덕론을 중심으로」, 『철학』 제16호(한국철학회, 1981), pp.49-69; 황경식, 「롤즈에 전해진 칸트의 유산」, 하영석 외, 『칸트철학과 한국사상』(형설출

에도 적용해서(1985, p.223), 낙인찍기를 비롯한 다양한 해석들을 용인할 수도 있을 것이다. 아니면 해석상의 철학적 논란으로부터 벗어나기 위해 "회피법(the method of avoidance)"을 사용하여 그것들로부터 무관심해질 수도 있을 것이다(1985, p.231). 그러나 우리는 롤즈의 정치적 정의관에 대한 해석은 메타적인 것으로 철학적인 것이지 — 비록 포괄적인 철학설로서는 아니더라도 — 정치적인 것은 아니기 때문에 우리의 해석에 대한 최소한의 정당성과 진리성을 입증해야만 하는 것은 과제이기도 하다.

제1, 2단계에 관계없이 다음과 같은 전환(turn)이라는 말이 붙은 다양한 해석들이 후기 롤즈에 대해서 쏟아지고 있다. 롤즈는 철학자로 보면 헤겔적, 듀이적, 루소적, 로티적, 플라톤적, 흄적, 홉스적 전환을 하게 된다. 사상사조로 보면 역사주의적, 상대주의적, 반정초주의적, 완화된 정초주의적, 반보편주의적, 포스트모던적, 상황주의적, 해석학적, 정합론적, 자민족(국민)중심주의적, 지역주의적(미국적), 공동체주의적, 실용주의적, 잠정협정적인 자유주의적, 철학의 종언적, 서술주의적, 완전주의적, (경멸적 의미의) 정치적, 불충분한 정치적 전환을 하게 된다. 또한 후기 롤즈는 대환영인 반면에 불행한 전환을 했다고 비판도 받는다. 또한 후기 롤즈는 "양다리 걸치기(hedged bets)"의 명수인 "분열된 철학자(a philosopher torn)"가 된다.[29] 이러한 다양한 낙인과 찬사와 비난들을 볼 때, 이제 후기 롤즈는 험난한 오디세이를 떠난 "천의 얼굴을 가진 영웅(the Hero with a Thousand Faces)"이 된 느낌이다.[30]

판사, 1984), pp.533-553; 이종일, 「롤즈 정의론의 칸트적 토대에 관한 연구」(계명대학교 철학과 대학원 박사학위논문, 1991).

29) Richard J. Arneson, "Introduction"(1989), p.697; Benjamin Barber, *The Conquest of Politics: Liberal Philosophy in Democratic Times*(Princeton: Princeton University Press, 1988), ch.3. "Justifying Justice: John Rawls and Thin Theory", p.89.

이러한 다양한 해석들은 나름대로의 이유가 있고, 롤즈의 저작 속에서 그 해석의 전거를 찾을 수 있는 것도 사실이다. 우리는 그 중 몇 가지 표현을 이미 사용하기도 했고, 또한 그것들을 굳이 반대해야 할 이유도 없다. 그러나 충분한 논의가 없는 단순한 낙인은 위험하다. 우리는 후기 롤즈가 '양다리 걸치기'의 명수인 것을 잊어서는 안 된다. 예를 들면, 후기 롤즈는 이미 제1단계에서 역사적 상황성을 고려하고 있기 때문에 역사주의자나 상대주의자(historicist or relativist)라고 생각해서는 곤란하다. 롤즈는 정치적 정의관이 모든 시간과 장소에서의 모든 사회에 적용되지 않는다고 해서, 그것이 역사주의적이거나 상대주의적으로 되는 것은 아니라고 강변한다(1989a, p.251). 정치적 정의관은 비록 다원주의의 다섯 가지 사실들이 발견될 수 있는 근대적 세계에만 적용되기는 하지만, 근대적 세계 내에서의 상이한 사회들과 그것들의 사회정책에 대한 평가에 적절하게 확대 적용될 수 있는 보편적 기준이 될 수 있다는 것이다(1989b, p.167). 그러나 이것은 양다리 걸치기를 후기 롤즈의 모든 면에 대한 낙인으로 받아들인다는 것을 의미하는 것은 아니다. 우리는 롤즈가 시종일관 거의 동일한 정의의 두 원칙을 고수하고 있다는 것을 알아야 한다.

철학의 종언에 관련해서도 상황은 마찬가지다. 롤즈는 "어떤 독립적인 형이상학적, 도덕적 진리의 추구로서의 철학은 … 민주주의 사회에서의 정치적 정의관에 대한 실행 가능하고도 공감된 토대를 제공해 주지 못한다."는 것을 분명히 한다(1985, p.230). "따라서 공정성으로서의 정의는 철학적으로 말하면, 의도적으로 표피에 머무른다."(1985, p.231) 그러나 롤즈는 중첩적 합의가 정치철학을 철학의 영역에서 분리시켜 정치학으로 만든다는 비난에 대해서, "그렇기도 하고 그렇지 않기도 하다(yes and no)."는 답변을 보낸다(1987, p.24).

---

30) Cf. Joseph Campbell, *The Hero with a Thousand Faces*(Princeton: Princeton University Press, 1972).

그렇기도 한 이유는 정치철학이 도덕철학과는 달리 실제적인 정치적 가능성에 관여하기 때문이다. 그렇지 않은 이유는 철학은 다음 선거만을 바라보는 정치꾼이나 다음 세대만을 바라보는 정치가와는 달리 무한한 미래를 바라보기 때문이다. 철학은 한 사회의 영속적인 역사적, 사회적 조건들을 바라보는 가장 장기적인 전망을 하여 그 사회의 가장 심각한 갈등을 중재하려고 한다는 것이다(1987, p.24).

그러나 롤즈의 이러한 애매모호한 답변으로 그가 아직도 실제적인 정치적 갈등 상황에서의 권력과 헤게모니 쟁탈전을 심각하게 고려하지 못하기 때문에 충분히 정치적이지 못하다는 비판과[31] 이제 롤즈는 정치철학의 문제에서 떠나 사회의 현실적 갈등을 실용적으로만 조정하려고 하기 때문에 너무 정치적이 되었다는 상반된 비판이 계속되고 있다.[32] 롤즈가 대환영을 받거나 아니면 불행한 전환을 했다는 우려를 받는 이유도 철학의 종언에 대한 롤즈의 양다리 걸치기에 기인하고 있을지도 모른다. 철학의 종언을 주장하는 로티만큼 후기 롤즈, 특히 제2단계에서의 롤즈를 쌍수를 들어 환영하는 사람도 없을 것이다. 그는 후기 롤즈를 "역사주의자와 반보편주의자"로 규정하고, 자유주의의 계몽주의적 합리주의에 근거한 철학적 정초를 붕괴시킴으로써 자유주의의 실용주의적 근거를 더 강화했다고 본다.[33] 그는 롤즈의 광역적인 반성적 평형상태는 결국 미국적 자유주의에 대한 순환적 정당화(a circular justification) — 미국적 자유주의가 좋은 이유를 미국적 기준에 따라서 타문화와 비교하여 정당화 — 일 뿐이며

---

31) Chantal Mouffe, "Rawls: Political Philosophy without Politics", *Philosophy and Social Criticism*, vol. 13(1987), pp.105-123.

32) Jean Hampton, "Should Political Philosophy Be Done without Metaphysics?", Symposium on Rawlsian Theory of Justice: Recent Developments, *Ethics*, vol. 99(1989), pp.791-814.

33) Richard Rorty, "The Priority of Democracy to Philosophy", in Merrill D. Peterson and Robert C. Vaughan eds., *The Virginia Statute for Religious Freedom*(Cambridge: Cambridge University Press, 1988), p.262.

그 이상일 수도 없다고 주장한다.[34]

반면에 철학의 종언에 반대하는 사람들은 정치적 정의관의 단순한 회피법에 의해서 철학적, 형이상학적 문제들이 정치적 안건에서 결코 사라질 수 없다고 강변한다.[35] 가령 미국사회에서 논란이 되고 있는 임신중절의 문제는 포괄적인 철학적, 도덕적, 종교적 교리들과 깊숙이 관여되어 있기 때문에 중첩적 합의가 쉽지 않고, 또 그러한 논쟁의 당사자들에게 포괄적인 교리를 회피하라는 주장은 무의미하다는 것이다. 그리고 때로는 회피법이 포괄적인 철학적 주장을 피하는 것이 아니라 오히려 강화해 줄 수도 있다는 것이다. 예를 들어 노직 — 지금은 입장이 변하기는 했지만 — 이나 고티에가 개인의 사유재산권은 정치적 협상의 대상이 아니라고 회피하는 것을 감안해 보면 회피법이 철학적 논란 해소를 보장해 주지 못한다는 것을 알 수 있다.[36] 그리고 중첩적 합의의 개념이 사회적 안정과 통합을 위해서 필요조건인지 충분조건인지도 명백하지 않다는 것이다. 비록 충분조건이라고 해도 많은 영역에서 기본적 자유들의 갈등, 합의된 분배적 정의 기준의 구체적인 해석 문제는 여전히 남으며, 철학은 정당하다고 믿는 주장들을 힘차게 개진하고 사회적 변혁의 갈등에 뛰어들어야 한다는 것이다. 그리고 정치적 정의관이 그러한 회피법에 의해서 산출되었다고 해도, 정치적 정의관도 하나가 아닌 이상 정치적 정의관들 사이의 갈등은 무엇으로 해결할 것인가라는 질문도 제기될 수 있다.[37]

---

34) Richard Rorty, *Contingency, Irony, and Solidarity*(Cambridge: Cambridge University Press, 1989), p.57.

35) Chandran Kukathas and Philip Pettit, *Rawls*(1990), pp.148-150.

36) Robert Nozick, *Anarchy, State, And Utopia*(1974), ch.7. sec.1. "The Entitlement Theory"; David Gauthier, *Morals by Agreement*(Oxford: Clarendon Press, 1986), "Rights priovide the starting point for, and not the outcome of, agreement." p.222.

4. 결론: 자유주의 정의론의 과제와 그 미래

후기 롤즈에 대한 이상과 같은 다양한 해석 논쟁들에 빠져들어 가는 것도 흥미진진하겠지만, 중요한 것은 후기 롤즈의 최종적 입장, 즉 다원적 민주사회에서의 정치적 자유주의와 중첩적 합의에 대해서 앞으로 더욱 충실한 철학적인 논의를 전개해야만 한다는 것이다. 기왕에 개방적 다원사회와 경제적, 정치적 다원주의를 주장했던 다양한 사상가들— 벌린(Berlin), 포퍼(Popper), 왈쩌(Walzer), 달(Dahl), 슘페터(Schumpeter) 등— 과 비교하여 롤즈가 제시한 다원사회의 실행 가능성을 점검해야만 할 것이다.38) 여기서 후기 롤즈에 대한 즉흥적이고 단편적인 비판을 늘어놓는 것보다는 롤즈 스스로가 중첩적 합의에 대한 가능한 반론으로 예상하고 답변하려고 했던— 그러나 아직은 충분히 답변되지 못한— 다음 네 가지 사항들을 출발점으로 삼는 것도 좋을 것 같다. 첫째, 중첩적 합의는 결국 단순한 잠정협정이 될 뿐이며 또한 그것을 벗어나지 못한다(1987, p.9). 둘째, 일반적이고 포괄적인 학설들을 회피하는 것은 그러한 포괄적인 학설들의 진리 여부에 대해서는 말할 것도 없이 정치적 정의관의 진리 여부에 대한 무관심이나 도덕적 회의주의를 함축한다(1987, p.12). 셋째, 중첩적 합의가 단순한 잠정협정이 아니라는 것을 인정해도 실행 가능한 정치적 정의관은 일반적이고 포괄적이어야만 한다(1987, p.15). 넷째, 중첩적 합의는 유토피아적이다. 왜냐하면 중첩적 합의는 한 사회에서

---

37) 롤즈가 자기의 정의관 이외에 정치적 정의관으로 인정하는 것은 Ronald Dworkin, *A Matter of Principle*(Cambridge: Cambridge University Press, 1986), Pt. III. "On Liberalism and Justice"에서 논의된 견해뿐이다. Rawls (1987), p.7. n.12.

38) 이러한 관점에서 좋은 출발점을 제공하는 것은 Jack Lively, "Pluralism and Consensus", in Pierre Birnbaum, Jack Lively, and Ceraint Parry eds., *Democracy, Consensus, and Social Contract*(London, Sage Publications, 1978), pp.185-202.

그것이 존재하지 못할 때는 그것을 산출할 만하게 충분한 정치적, 사회적, 그리고 심리적 역량들이 결여되어 있고, 혹은 그것이 존재할 때라도 그것을 안정되고 지속적으로 만들 그러한 역량들이 결여되어 있다(1987, p.18).

다양한 갈등이론과의 대결을 불가피하게 하는 마지막 고려사항을 빼면, 나머지 고려사항들은 자유주의의 두 측면― 홉스적인 잠정협정적 자유주의와 칸트와 밀의 도덕적 이상주의로서의 자유주의의 딜레마― 에 대한 롤즈의 우려를 반영한다. 즉, 잠정협정적인 자유주의는 지속적인 사회적 안정과 통합을 확보하지 못하고 도덕이상적 자유주의는 충분한 합의를 창출해 내지 못한다는 우려다. 롤즈는 비록 자유주의의 이러한 딜레마의 양 뿔 사이로 피해 가려고 하지만 그것은 그렇게 쉬운 일은 아니다. 홉스적인 협상적 자유주의는 오늘날 뷰캐넌(Buchanan), 툴록(Tullock), 고티에(Gauthier), 카브카(Kavka) 등에 의해서 재부활하고 있으며, 도덕이상적 자유주의는 래즈(Raz), 갤스톤(Galston), 로이드 토머스(Lloyd Thomas) 등에 의해서 재무장하고 있다. 그들은 오히려 롤즈에게 딜레마의 시퍼런 양날을 들이대고 있다. 홉스적 협상주의자인 고티에는 롤즈식의 합리적 선택이론은 그가 원하는 자유와 평등의 상부구조를 정초해 주지 못했다고 갈파한다. 이제 후기 롤즈는 합리적 선택이론을 버리고 질서정연한 사회적 협동체에서의 자유롭고 평등한 인간이라는 직관적 신념을 받아들였지만, 그것은 중립성을 표방하는 롤즈가 수용할 수 없는 실질적인 가치(a substantive good)라는 것이다. 그러한 실질적 가치는 경쟁적 개인주의, 가부장적 보수주의, 기독교적 자선 등 다양한 가치관들과 현대 테크놀로지 사회에서의 불평등한 인간의 능력을 감안해 볼 때, 그기초를 결여하고 있는 역사적 유물로서의 도덕적 이상에 불과하다는 것이다.[39] 반면에 도덕적 이상주의자인 갤스톤은 도덕적 이상을 버린

---

39) David Gauthier, "Critical Notes: George Grant's Justice", *Dialogue*, vol. 27

도구적 합리성은 도덕적 회의주의와 무관심을 야기하며, 결국 잠정협정적 자유주의로 귀착하게 된다고 주장한다. 어떠한 자유주의적 정의관도 결국은 자유주의적 가치관을 전제하지 않을 수 없기 때문에, 자유주의는 실질적 정당화(substantive justification)를 직접적으로 추구해야만 한다는 것이다.[40]

그렇다면 자유주의적 정의론의 자기정체를 찾기 위한 30년간의 오디세이 도정에 있는 롤즈는 공동체주의자들 — 이제 롤즈와 공동체주의자들 사이의 논쟁도 재해명되어야 하지만[41] — 을 비롯한 많은 반자유주의자들의 사이렌 같은 아우성을 물리치고, 잠정협정적 자유주의가 버티고 있는 스킬라의 암초와 도덕이상적 자유주의가 잠복하고 있는 카리브디스의 소용돌이를 피해 무사히 귀환할 수 있을 것인가? 오디세우스는 돛대에 몸이라도 묶었지만, 무지의 베일로 눈먼 롤즈는 몸을 묶을 고정점(fixed point)이라도 찾을 수 있단 말인가? 자유롭고 평등한 도덕적 인간은 그러한 고정점이 되기에는 너무나 박약한 돛대가 아닌가? 우리는 롤즈의 이러한 고난의 오디세이와 그 미래를 이렇게 해석하고 싶다. 그것은 자유주의와 겨우 지난 세기에 그것의 동반자가 된 민주주의를 조화시켜 정치적 분야에서 뿐만 아니라 경제사회적 분야에서도 진정한 자유민주주의로 발전시키려고 하는 "실현가능한 유토피아"를 위한 대장정이라고(1989b, p.3).

우리 한국사회가 자유민주주의를 정치적 수사법이 아니라 정치적 원리와 삶의 방식으로 받아들이려고 한다면, 롤즈의 오디세이는 단순한 구경거리나 강 건너 불이 아니라, 심사숙고하면서 관심 있게 지켜

(1988), p.128.

40) William Galston, "Defending Liberalism", *The American Political Science Review*, vol. 76(1982), pp.621-629.

41) 롤즈와 공동체주의자들 사이의 논쟁은 졸고, 「자유주의 대 공동체주의 논쟁의 방법론적 쟁점」, 『철학연구』 제33집(1993), pp.33-62; 「자유주의의 건재」, 『철학연구』 제45집(1999), pp.17-46 참조.

보아야 할 중대한 철학적인 사례다. 오늘날 우리 한국사회는 지역적, 직능 집단적, 당파적 이기주의가 팽배하고 전통적 가치관의 붕괴에서 오는 전환기적 공백 속에서 사회정의에 대한 국민적 합의가 중요한 과제로 되고 있다. 우리 한국사회는 후기 롤즈가 말하는 근대적 다원주의 사회의 조건을 갖추었는가, 아닌가? 롤즈도 인정했듯이 "우리는 우리가 처해 있는 곳으로부터 시작해야만 한다(We must start from where we are)."(1980, p.534)면, 우리가 처해 있는 곳은 어디이며 또 우리는 어디에서 시작해야 할 것인가?

제 2 부 세부적 고찰

롤즈의 분배정의론의 특징들과 현대 평등주의:
롤즈는 어떤 점에서, 혹은 과연, 평등주의자인가

롤즈의 절차주의적 자유주의의 윤리적 기초에 대한 비판

롤즈의 입헌민주주의론

롤즈 정의론의 형이상학적 문제들

중첩합의, 정의의 우위? 선의 우위?

공적 이성과 정치적 정의관

롤즈의 분배정의론의 특징들과 현대 평등주의 :

롤즈는 어떤 점에서, 혹은 과연, 평등주의자인가

주 동 률

한림대 철학과 교수

1. 논의의 주제에 대한 소개와 이 논문의 구조

현대 윤리학과 정치철학에서 롤즈의 입장이 가지는 위상과 중요성은 어떻게 가늠할 수 있을까? 아마도 다음과 같이 요약할 수 있을 것이다: 규범철학의 대부분의 주요 논점들에서 자신의 견해를 구성하는 가장 효과적인 방법은 롤즈의 입장을 지지하거나 확장하거나 혹은 그것에 반대하는 것이다. 분배정의 논의에서도 이러한 경향은 뚜렷이 나타난 바 있다. 롤즈의 추종자들이 그의 분배정의관을 성의껏 유지하고 변호하는 와중에 그의 입장은 좌와 우에서 상반된 이유들로 비판을 받아 왔다. 옹호론자들은 과거의 평등주의의 난점들을 극복하고 규범적 비용, 즉 다른 가치들의 희생이 적다는 의미에서 가장 합당한 평등주의적 입장으로 롤즈의 분배정의론을 자리매김하는 평가를 제시한다. 자유지상주의 편에 선 비판가들은 롤즈의 입장이 여전히 (재)분배에 대한 과도한 요구를 담고 있어서 규범적 비용 — 자유 혹은 사유재산권의 희생 — 을 지나치게 유발한다고 주장하고, 반면에 (롤즈보다) 정통적인 평등주의자들은 롤즈의 분배론이 평등을 위한 추동

력에서 너무 미약하다고 생각한다.[1]

이 논문은 후자, 즉 평등주의의 관점에서 본 롤즈 분배정의론의 공과를 다루고자 한다. 이 절에서는 논문의 주제의 내용과 제한점들, 논문의 구조, 그리고 평등주의와 관련하여 롤즈를 보는 필자의 시각의 일단을 소개하겠다.

첫째, 이 글의 주제는 **경제적 혜택**의 분배에 관한 롤즈의 기준, 즉 그의 분배정의론이다. 따라서 시민적, 정치적 기본 자유들의 가능한 한의 완전한 평등을 요구하는 그의 제1원칙이 아니라 사회적, 경제적 불평등의 허용기준을 밝히고 있는 제2원칙(특히 차등의 원칙)이 논의의 대상이다. 물론 앞으로 보겠지만 롤즈의 정의론 자체가 전체론적인 특성을 갖고 있다. 특히 경제적 재화의 분배는 결과적으로 우선성의 구조를 가진 그의 정의의 원칙들 전체의 만족 정도에 따라 그 정의 여부가 결정된다. 따라서 경제적 혜택의 분배에 대해서도 제1원칙이 관여한다. 그러나 필자의 관심은 정치적 자유와 그 자유의 평등이라는 목표를 위한 수단으로서 혹은 그 목표를 달성시키는 정도로만 추구되는 경제적 혜택의 평등이 아니라, 그 자체 분배정의의 이름으로 롤즈가 어느 정도의 경제적 평등을 요구하는가이다.

둘째, 논문의 진행은 다음과 같은 단계로 이루어진다. 2절에서 필자는 현대 평등주의의 기조를 제시한다. 자타가 '평등주의'의 명칭을 부여하는 분배론들의 내용은 물론 다양하고 일부 입장들은 많은 편차와 상반된 주장들을 포함하고 있다. 필자는 가능한 한 현대 평등주의 분배론들이 공유하는 특질들에 주목하고자 한다. 여전히 여기에는 필자의 개인적 판단과 선호가 반영되어 있을 것이다. 그러나 과거의 단순한 (획일적) 결과 평등을 탈피하여 일부 자유주의와도 양립 가능한 형태로 제시되는 평등주의의 특징을 소개할 것이다. 필자의 바람

---

1) 롤즈의 분배정의론의 구조와 특징에 대한 기술과 대표적 논쟁점들에 관해서는 Freeman, *Rawls*, 3장 참조.

은 독자들이 그 입장에 담긴 평등을 최소한 (전반적으로 바람직한 사회가 만족해야 할) 한 가지 규범 혹은 가치로 인정해 주는 것이고, 그 어떤 분배정의론이 이 정도의 평등을 자체적으로 도모하라는 요구를 무시하거나 심하게 평가절하한다면, 그 이론은 '평등주의'에 값할 수 없다는 것을 수긍하게 되는 것이다. 3절은 롤즈의 분배정의론의 내용과 특징을 기술한다. 롤즈의 두 원칙의 내용은 이미 잘 알려져 있는 것이고 필자는 이 논문에서 그 원칙들의 전반적 특징이나 도출과정을 제시하지는 않는다. 그보다 롤즈에서 경제적 혜택의 분배기준이 갖는 특징들에만 초점을 맞출 것이다. 4절에서 필자는 현대 평등주의(의 과제)에 대한 논점들을 소개하고 각 논점에서 롤즈의 입장과 그 입장의 문제들을 기술한다.

마지막 절인 5절에서 필자는 롤즈의 정의론 내에서 평등주의와 그 반대 경향들이 공존함을 보인다. 그런데 롤즈가 자신의 이론 내에 존재하는 이러한 긴장을 이해하고 해소하는 방식, 그리고 3절에서 제시된 롤즈의 분배론의 공식적 특징들을 대입해 보면, (격차 축소로서의) 평등을 분배에 관여하는 여러 가치나 규범들 중 하나의 독자적 항목으로 인정하고 바로 그러한 평등을 분배정의로 보는 평등주의는 롤즈의 입장이 아니라는 평가를 불가피하게 만든다. 다시 말하자면 단편적이고 상대적으로 역할이 적지만, 롤즈에게 존재하는 분명히 평등주의적인 경향들을 연합하고 그것에 평등을 분배정의와 **동일시**하는 이론적 틀을 부여하면 남겨진 분배론은 더 이상 '롤즈적'이라고 불릴 수 없을 것이다. 이 지점에서 필자는 최근의 평등주의들 중 한 유형인 — 이는 2절에서 필자의 '현대 평등주의' 기술을 이끈 입장이기도 하다 — 코헨(G. A. Cohen)의 입장을 롤즈의 분배론과 간략히 대비시킬 것이다. 코헨의 평등주의 자체가 아직 흩어진 논의들 간 유기적 연결이 이루어지지 않은 형태이지만, 필자는 그가 그리는 평등주의의 방향이 (그 자체로 가장 그럴듯한 이론적 유형이기도 하지만) 롤즈와

대비하여 후자의 '비'평등주의적 경향을 잘 보여주는 대조적 지점이
되리라 예상한다.

2. 현대 평등주의의 징표들

사회주의 국가들의 몰락 이후에 평등주의 분배론이 학계에서 활발
하게 논의되는 것은 이상한 현상이기도 하고 반면에 당연한 일이기
도 하다. 평등이 최소한 하나의 중요한 가치라고 생각하는 이론가들
은 현실 정치와 일반 시민의 의식에 수용 가능한 평등주의를 찾는 과
제에 부응해야 하기 때문이다. 최근에 철학계에서 논의되는 평등주의
의 유형들은 아주 다양한 스펙트럼을 형성하고 있으며, 유사성과 함
께 많은 차이점들을 노정하고 있다. 이하에서 필자가 제시하는 유형
은, 결과에서의 획일적 복지평등만을 유일한 분배적 가치로 인정하는
극단적 평등주의의 문제점들을 인정하고 그 문제점들을 극복하면서
도 평등주의의 기조를 유지하려는 노선을 대변하고 있다. 평등주의를
둘러싼 대표적 논쟁들은 4절에서 제시될 것이지만, 여기서 그려지는
평등주의는 필자가 보기에 이론적으로 합당하면서도 경제적 혜택의
분배에서 '평등주의'의 명칭을 유지하는 데 필수적인 면모를 잃지 않
은 입장을 모델로 한다. (특정 이론가의 입장을 염두에 두고 작성한
것은 아니지만, 결과적 기술은 아래에서 몇 번 만나게 될 코헨의 입
장과 가장 유사하다.)[2]

(1) 평등주의는 개인들의 삶과 관련된 한 가지 중요한 항목에 있어
서의 평등을 지향한다. 사소하거나, 공정한 기준에 따른 분배가 이루

---

2) 현대 평등주의에 대한 기술과 아래 논의들에 대한 개괄을 위해서는 Arneson,
"Equality", "Egalitarianism"; Holtug & Lippert-Rasmussen eds., "An Intro-
duction to Contemporary Egalitarianism" 참조.

어지지 않아도 상관이 없는 항목이 아니라, 개인들의 인생 설계에서 중요하게 기능하여 그것의 평등이 분배적 정의가 되는 항목에 주목한다. 4절에서 보게 되겠지만 이는 '**무엇의 평등인가?**'의 논쟁, 즉 '평등주의의 화폐단위(currency)'가 무엇인가의 문제에 대한 답이 각 평등주의의 색채를 구성한다는 말이다. (개인의 삶에서 타산적으로 (prudentially) 중요한 항목은 그가 가치, 도덕, 종교적 측면에서 자신의 삶을 이끈다고 생각하는 항목과 다를 수 있다. 소득에 대해 개인들이 가지는 중요성을 생각해 보자.) 이에 대한 전통적인 대안들은 복지 대 자원의 대결로 수렴되었지만, 최근에는 능력, 자유, (복지를 위한) 기회 등 다양한 의견들이 나오고 있다. 필자는 여기서 어떤 편을 들기보다는 평등주의의 '화폐단위'와 관련하여 다음의 기준만을 말하고자 한다: 그것은 개인들의 삶 구성에서 (타산적으로) 중요한 것이면서도 국가가 (재)분배를 하는 것이 합당하고 가능한 항목이어야 한다. (이하에서 선택된 평등주의적 화폐단위를 X라고 칭하자.)

(2) '**왜 평등해야 하는가?**'의 문제는 실상 답하기 어려운 주제다. 왜 어떤 것의 평등— 일단은 동일한 양의 분배를 평등이라 보자— 이 규범적인 요청이 될 수 있는가? 사람들은 그들의 동일성을 구성하는 측면에서, 즉 특징과 능력, 자질, 노력, 성격에서 다르다. 그런데 왜 중요한 항목의 동일한 분배가 추구되어야 하는가?[3] 이 지점에서 대부분의 평등주의자들은 최소한 다음의 점에서 일치한다. 평등주의

---

3) 근대 이후의 모든 생명력을 가진 분배이론들이 한 항목(X)의 평등을 주장했으므로 '왜 평등인가?'의 질문이 '무엇의 평등인가?'로 흡수된다는 주장에 대해서는 Sen, *Inequality Reexamined*(서론과 1장) 참조. X의 평등을 주장하는 근거들이 다를 것이므로 X의 '평등'의 내용도 달라질 것이라는 것이 필자의 생각이다. (부당한 격차가 축소된) 동일한 정도의 X의 분배를 뜻할 수도 있고, 특정 자격을 갖춘 자들의 X의 소유에 대한 방해 금지(side constraints)를 뜻할 수도 있다. 후자는 X의 분배상의 심각한 격차를 결과할 수도 있다.

에서 평등은 단지 **평등과 무관한 가치들**, 예를 들면 공리 극대화나 사회적 안정 등을 도모하기 위한 수단적 이유에서 추구되는 것만은 아니다. 평등은 하나의 내재적이고 기본적인 가치로서 인정되어야 한다. 물론 왜 그런가에 대한 적극적 응답에서 평등주의자들의 말은 갈라서기 시작하지만, 필자는 기본적으로 밀러(David Miller)의 진단에 동의한다. 그에 의하면 평등은 직관적으로 수용되는 어떤 가치들에 봉사하지만, 그것들을 위한 단순한 수단이라기보다는 그 가치들과 내적인 연관(intrinsic connection)을 가진다. 평등이 내적인 연관을 가지면서 촉진하는 가치들로서 밀러가 제안하는 것들은 다음과 같다: 공정성(fairness), 자기존중(self-respect), 동등한 존중(equal respect), 그리고 우애(fraternity). 필자가 밀러에 동의하는 점은, 이 리스트에서도 알 수 있지만, 평등은 그것과 **내적인 연관**을 가진 가치들과 군을 이루며 그 가치군이 우리의 규범적 질서에서 가장 기본적인 층위를 점한다는 것, 그리고 그 가치군의 분배적 표현이 평등으로 나타난다는 것이다. 이와 연관하여 최근 평등에 대한 철학적 논의에서 강조되는 한 가지 경향은 '자신의 실수/책임이 아닌 영향들에 의한 처지의 차이'를 없애거나 줄이는 것, 즉 삶에서 순수한 **운의 영향력을 상쇄하는 것**을 평등의 근거로 내세우는 노선이다(luck egalitarianism).[4] 이 노선도 필자가 보기에는 평등의 규범적 근거를 (그것과 무관하지만 더 기본적인) 어떤 다른 가치로부터 도출한다기보다 이미 평등을 기본적 가치로 받아들이는 사람들에게 호소력을 지닌 하나의 이상(운의 영향력 상쇄)을 도입하여 이 두 항목들이 서로 규범적 지지를 내어 주는 방법을 채택하고 있다.

　(3) 위에서 'luck egalitarianism'(이하에서 '운-상쇄 평등주의')의

---

4) 이 노선을 표방하는 대표적인 학자로는 Richard Arneson, G. A. Cohen, Larry, Temkin, Ronald Dworkin, John Roemer 등이 있다.

간단한 기술에서 시사되었듯이 최근 평등주의의 기조는 필연적으로 X의 '동일한' 양의 분배를 목표로 하지 않는다. 개인의 책임과 실수를 통해 초래된 X의 분배상황 상의 차이를 모두 제거하는 것은 평등주의의 목표가 아니라는 것이다. 현대 평등주의자들은 개인의 책임을 도외시하거나 평가절하한 것이 과거 평등주의의 잘못이었고, 그 점이 평등의 추구에 대한 규범적 비용을 높여서 평등주의에 대한 과도한 비판의 빌미를 제공하였다고 생각한다. 개인의 책임을 어느 수준에서 어떤 형태로 감안할 것인가에 대해서 상당한 이견들이 있지만, **개인적 책임을 평등분배에서 포섭하려는 점**은 현대 평등주의의 하나의 주된 흐름이다.

(4) 따라서 평등주의의 목표는 X의 **동일한 양의 분배가 아니라 X의 분배에서 부당한 격차를 축소하는 것**이다. 즉 규범적 근거를 가진 어떤 기준(Y)을 제시하고 그 기준을 동일하게 만족한 개인들에게 X를 동일하게 분배하는 것이다. Y를 동일한 정도로 만족했는데도 X의 분배에서 차이가 나거나, Y 만족의 편차를 넘어선 X 분배상의 차이가 날 경우 그 차이를 줄이는 것이다. 혹자는 이러한 입장에서는 '평등'의 역할이 기본적인 것이 아니라 바로 Y가 분배적 기준이라고 주장하면서 이 입장은 더 이상 '평등주의'라기보다는 'Y-주의'라고 간주되어야 한다고 주장할 수 있다(예를 들면 '능력주의' 혹은 '성과주의' 등). 이는 어느 정도 일리가 있는 지적인데(Kagan), 이에 대해서는 Y를 정하는 방식과 근거가 바로 평등주의적 관점과 다른 관점의 차이를 보인다는 것이 필자의 생각이다. '운-상쇄 평등주의'에서 보이는 경향과 필자의 시각에서 보자면 진정 개인의 **책임과 타산적 노력**으로 Y가 구성될 것인데,[5] 이러한 Y의 기준에 의해 X가 분배된다면

---

5) 이러한 시각의 예로 Arneson, "Equality and Equal Opportunity for Welfare" 와 필자의 「평등과 응분의 유기적 관계에 대한 변호」(『철학』 제85호, 2005)

결과적으로 X의 분배 상 차이는 (현실보다 훨씬) 적어질 것이다. 우리의 선택과 노력을 벗어난 수많은 요인들(유전적 능력, 인종, 초기 가족 환경, 부모의 교육 정도와 교육관 등)의 X-분배에의 영향을 제거한다면 그런 결과가 나올 것이다. 그 요인들의 영향력과 파급효과와의 완전한 구분이 인식적, 현실적으로 어렵고 그 인식과 제거가 동반하는 규범적 갈등(가족 파괴, 사생활 침해 등)을 감안하여 안전한 쪽으로 실수를 하고자 한다고 해도, 실제로 X의 분배는 (축자적 의미에서) 평등으로 접근해야 한다. 최소한 X의 분배가 보이는 현재의 차이는 부당한 것으로 판정날 것이다. 필자가 보기에 평등주의의 핵심은 (다른 규범들과의 조정하에서) 최선을 다해서 Y 이외의 요소들, 그런데도 현실적으로 X 분배에 막강한 효력을 산출하고 있는 요소들의 영향력을 줄이는 것이다.[6] 평등주의자에게는 차등의 근거가 없는 한 평등이 정의로운 분배인데, 사실상 차등의 정당한 근거는 (현실에서 용인되는 것보다 혹은 다른 분배론에서 용인되는 것보다) 많지 않다.

이상의 기술을 정리하면 필자의 시각에서 평등주의의 기조는 다음과 같이 제시될 수 있다. (이 사항들이 롤즈의 분배론이 과연 평등주의에 값하는 입장인지를 평가할 때 논의를 인도하게 될 것이다.) 현대 평등주의의 대부분의 유형들은 평등 이외의 규범 혹은 가치의 존재를 인정한다. 즉 가치 다원주의를 수용한다. 따라서 일부 경우에는

참조. 롤즈도 분배적으로 관련성이 있다는 의미에서 '도덕적' 응분에 대한 보상에 "직관적으로 가장 접근한 것으로 보이는 신조"로서 노력 또는 "양심적 노력(conscientious effort)"에 따른 분배를 인정한 점에 주목할 것(TJ, p.313; JF, p.74, n.42 참조). 하지만 잘 알려진 대로 롤즈는 노력이 기여한 부분에 대한 현실적 확인의 불가능성 때문에 결과적으로 응분(desert)이 분배적 관련성이 없다고 주장한다. (TJ의 인용은 따로 언급이 없으면 수정판을 뜻하는 것이다. 롤즈 저작에 대한 약어 표시는 말미의 참고문헌 참조.)

6) 이러한 노력을 구현하는 현실적 제안에 대해서는 로머(Roemer)의 '기회평등'에 대한 글들을 참조할 것.

평등보다 다른 규범이나 가치들(전체 복지 수준의 향상 혹은 최저 빈곤층의 열악한 처지의 향상)이 더 시급하게 촉진되어야 함을 인정한다. 그러나 평등은 하나의 독립적인 분배적 이상이다. 그것은 다른 가치들을 위한 수단이 아니며 때로는 다른 가치들과 조정/가감(trade-off)되어야 할지언정 평등은 하나의 독자적 원리이며, 바로 그 때문에 분배에서 독자적인 (평등으로의) 압력을 행사할 수 있어야 한다. 그리고 평등주의에서 그 압력의 상대적 강도는 다른 분배적 입장들에서보다 더 클 것이다(평등이라는 **원리의 독자성**, 평등으로의 **독자적 압력**).

이 점을 다른 식으로 표현해 보자. 통상적으로 평등과 조정/가감되어야 한다고 언급되는 분배적 이상들인 총 생산량의 증가, 전체 공리(복지)의 증가, 혹은 파레토 효율성 등이 때로는 분배에서 주목되어야 할 목표들이지만, 평등주의적 관점에서 그것들은 분배적 정의의 이름으로 추구되는 것들이 아니다. 그 관점에서 **분배적 정의는 바로 부당한 격차 축소로서의 평등**이다. 혹자는 이 주장을 하나의 언어적 논쟁(verbal dispute)이라고 여길지도 모른다. 분배적 가치들 집합에 평등이 들어가 있다면 평등만을 정의라고 보든지 혹은 그 가치들의 집합 전체를 정의라고 보든지 무슨 상관이란 말인가. 결국 평등을 하나의 가치로 본다는 점에서 일치하지 않는가. 그러나 위에서 언급된 평등주의의 특징인 평등의 독자적 압력을 생각해 본다면 이는 단지 언어적 논점이 아니다. 분배적 이상들과의 혼합된 형태의 진전을 모두 '정의롭다'고 보지 않는다는 점, 그 안에서 평등이 축소된다면 정의의 후퇴라고 본다는 점(즉 정의의 후퇴에도 '불구하고' 다른 가치들이 진전된 것으로 본다는 점), 독자적 압력으로 가능한 평등이 (**차후에라도**) 회복될 것을 요청한다는 점은 평등주의의 **실질적 주장**에 해당한다. 한 사회에서 (부당한 격차 축소로서의) 평등에 부여하는 독자적 중요성과 압력의 실질적 크기가 그 사회의 평등주의의 정도를 반영한다.[7]

3. 롤즈의 분배론의 특징들

롤즈에 의하면, 자신들의 개인적 특성에 대한 무지의 베일을 드리운 원초적 상황에서 당사자들은 다음의 원칙들을 선택하게 된다.[8]

(1) 제1원칙(자유의 원칙, the Liberty Principle) : 각 개인은 다른 모든 개인들에게 유사한 자유의 체계가 소유되는 것과 양립 가능한 한도 내에서, 최대한의 광범위한 기본적 자유의 전체적 체계에 대한 평등한 권리를 갖는다. 여기서 롤즈가 말하는 기본적 자유들은 대부분의 현대국가들에서 모든 시민들에게 보장하는 시민적, 정치적 자유와 법치를 받을 자유 등을 포함한다.[9]

(2) 제2원칙 : 사회적, 경제적 불평등은 다음의 두 조건들을 만족하는 한에서 허용된다.

(a) 차등의 원칙(the Difference Principle) : 최소 수혜자에게 최대의 이득이 되어야 한다. 상위 원칙들이 만족된다는 조건하에서 사회

---

7) 부당한 격차 축소로서의 평등이 전체 분배정의의 일부인지, 아니면 다른 가치들과 조정/가감(trade-offs)이 필요하지만 분배정의의 전부인가가 순수 언어적 쟁점이 아니라는 인식은 필자의 이전 생각이 변화한 것이다(「평등과 응분의 유기적 관계에 대한 변호」, p.212, 각주 23 참조).

8) 원초적 상황의 특성과 정의의 원칙의 선택에 개입하는 요인들, 롤즈 정의론의 전반적 성격에 관해서는 필자의 「명저탐방: 존 롤즈, 『정의론』」(『철학과 현실』 제77호, 2008 여름호) 참조.

9) 롤즈는 PL(p.291, p.331 이하)에서 기본적 자유의 "최대한 광범위한 전체적 체계(the most extensive total system)"를 "충분히 합당한 체제(fully adequate scheme)"로 수정한다. 이는 기본적 자유의 극대화 요구가 초래하는 이론적 부담(후행 원칙들의 적용에 대한 압박)과 현실적 난관을 고려한 수정이다. 결국 민주시민들이 가지는 '근본적 관심들', 즉 정의감과 합리적 선의 추구 능력의 발휘를 충분한 정도로 가능하게 하는 자유들의 보장이 문제라는 것이다. 이러한 변화가 TJ 수정판에 삽입된 문구들에 포함되어 있다(§29, §82 말미).

적 이득의 배분은 (불평등을 통해서라도) 최소 수혜자의 처지를 극대화하는 방향으로 체계적으로 조정되어야 한다.10)

(b) **공정한 기회평등의 원칙**(the Fair Equality of Opportunities) : 공정한 기회평등의 조건 아래 모든 사람들에게 직책과 직위가 개방되어야 한다. 동등한 능력과 의욕/동기를 가진 사람들은 직책과 직위와 관련하여 동등한 삶의 전망을 가질 수 있어야 한다. 자신이 속한 사회계층이나 초기 가족 환경으로 인해 능력과 의욕의 개발이 영향을 받지 않도록 저소득층에 대한 교육 및 훈련 기회의 지원이 이루어져야 한다.

(3) **원칙들 간의 우선성** : (a) 제1원칙이 제2원칙에 우선한다. 즉 (극단적 경우를 제외하고는) 평등한 자유는 사회적, 경제적 효율성을 위해 희생될 수 없다. (b) 제2원칙 내에서는 공정한 기회평등의 원칙이 차등의 원칙에 우선한다.

상위 원칙들이 만족된 가운데 최소 수혜자 계층의 처지 — 아래에서 보겠지만 그들의 수중에 있는 일차적 사회적 선들의 정도 — 가 실제로 극대화된다면, 즉 재능을 가져서 상층에 속한 이들의 기대치를 조정하는 그 어떤 제도적 변화도 최소 수혜자의 처지 상승을 더

---

10) 롤즈의 체계 내에서 최소 수혜자들에게 보탬이 되는 불평등은 단지 허용되는 것이 아니라 요구되는 것으로 이해되어야 할 것 같다. 반면에, 최소 수혜자들에게 보탬이 되지 않지만 그들에게 해를 주지 않는 불평등은 허용될 수 있는가? 대체로 허용되는 불평등에 대한 일반적 논의가 부정적 암시를 주지만, 롤즈가 차등의 원칙에 대한 세부적 묘사로 제시하는 '사전 편찬식' 최소 수혜자 우선원칙(leximin)에 의하면 최소 수혜자들의 처지가 극대화된 이후에는 다른 집단의 처지 상승 - 결과적 불평등의 확대 - 이 허용된다. (비록 롤즈가 상층의 처지 상승이 하층의 처지 상승을 동반한다고 보는 것이 더 현실적이라고 말하지만(TJ, p.72), 이는 원칙적인 언급은 아니다.) 이렇게 본다면 롤즈는 최소 수혜자에게 더 이상 득이 되지 않는 일부 불평등을 허용한다고 보아야 한다고 필자는 생각한다.

이상 산출할 수 없는 지점에 도달한다면 그 사회는 "완전하게 정의로운 체제(a perfectly just scheme)"다(TJ, p.68). 이에 도달하지는 못했지만 현행 제도하에서 상층의 기대치가 하층의 기대치를 올려 주고 있다면 그 사회는 '정의의 도상에 있는(just throughout)' 체제라고 할 수 있다. 부정의한 사회는 상층의 처지 상승이 하층의 처지를 끌어올리지 않고 오히려 그 반대 효과를 산출하는 사회다.

이 원칙들이 롤즈 정의론의 전반적 틀을 이룬다. 이하에서는 주로 경제적 혜택의 분배와 관련된 롤즈 정의론의 특징들을 살펴보자.

(1) 제도론적(institutional) 분배론 : 롤즈에 의하면 정의의 일차적 주체(primary subject)는 권리와 자유, 경제적 혜택과 부담을 분배하는 사회의 기본제도들이다. 이 제도들을 통해 정의가 구현되고 정의 관련적 판단은 일차적으로 그 제도들에 대해서 내려진다. 그 기본적 제도들이 고유하게 담당하는 정의 수행의 역할('제도적 노동 분업') 하에서 개인들과 사적 연합체들은 "사회체제의 다른 곳에서 배경적 정의를 유지하기 위해서 필요한 수정적 조치들이 내려질 것이라는 인식을 믿고서" 자유롭게 자신들의 합리적 인생계획들을 추구할 수 있다(PL, pp.268-269, p.284). 이러한 롤즈의 입장은 평등 혹은 롤즈의 차등의 원칙(최소극대화 규칙, maximin)을 더 충실하게 만족하기 위해서 기본적 제도의 선택과 유지뿐 아니라 사회 구성원들의 (특히 재능 덕분에 이미 혜택을 본 자들의) 평등주의적 에토스(egalitarian ethos)가 필요하다는 코헨의 입장과 대비된다. 후자에 의하면 재능 있는 자들이 생산 활동의 적절한 수준을 유지하고 자신의 노동의 부담이 감안된 소득 이외의 부분을 하층으로 이전하여 더 높은 단계에서 최소극대화 규칙을 구현하기 위해서 — 이 경우 사실상 최소극대화 규칙은 노동의 부담이 감안된 평등에 다름 아니다 — 그 이전을 유도하는 제도 이외에 그 재분배에 동참하게 하는 동기적, 심정적 바탕이

필요하다. 롤즈와 그 추종자들이 기본적 제도중심의 정의론을 선호하고 더 두터운 평등주의적 에토스 대신에 정의로운 제도의 공적 요구 사항을 준수하는 정의감 정도에 머무는 데는 다양한 이유들이 있다. 특정 에토스를 지향점으로 추구할 경우 자유원칙과 공공성 원칙이 지켜지기 힘들기 때문이라는 점이 대체로 제시되는 이유들이다. 그러나 기본적 구조를 규정하는 것도 어려울 뿐 아니라, (평등주의적) 제도와 사회적 규범을 수용하는 시민들의 **심정적 기반의 차이**가 가져오는 현실적 효력을 생각해 볼 때 평등주의적 에토스의 중요성은 무시할 수 없다. (북유럽 국가와 미국 시민들의 에토스 차이가 그 두 지역에서 상당히 다른 '기본적' 제도들의 구현을 허용/용이하게 하고 그 제도들과 상호 작용하는 방식에 주목하라.)[11]

(2) **전체론적(holistic) 분배론** : 경제적 혜택에 국한하더라도 롤즈의 분배적 정의는 사실 차등의 원칙만으로 구현되는 것이 아니다. 자

---

[11] 코헨에 의하면 한 사회의 에토스는 "그 덕분에 그 사회의 정상적 관행과 비공식적 압력들이 현 상태로 귀결된 정감과 태도의 집합"이다(*If You're an Egalitarian, How Come You're So Rich?*, p.145). 이러한 사회적 에토스는 의식적으로 단기간에 산출, 조정될 수 없고 그것이 시도될 경우 (롤즈 옹호자들이 염려하듯이) 다른 규범적 비용을 산출하겠지만, 그 비용을 감안하여 장기적으로 그 바람직한 방향이 설정될 수는 있다. 필자는 정의로운 제도를 유지하기 위해서 롤즈의 정의감(sense of justice)이 연합(혹은 제어)해야 할 '충동(impulses)'과 '경향성(inclination)', 공공선과 불리한 자들에 대한 '배려(concern)'와 '자연적 애착감(natural attachment)', '사회적 풍조들(social trends)'의 개념이 코헨적 평등주의적 에토스와 겹치거나 전자가 후자로 연결될 가능성이 많다고 생각한다(TJ, p.398, pp.434-435; PL, p.266). 물론 롤즈와 코헨의 **주요** 논쟁점은 결과적 분배의 형태이지 그것을 인과하는 기제는 아니다. 롤즈와 코헨의 평등관 비교와 롤즈 옹호자들에 대한 비판적 검토는 필자의 「롤즈와 평등주의: 경제적 혜택의 분배에 관한 철학적 논의의 한 사례」(『인문논총』 제53집, 서울대학교, 2005) 참조. 코헨의 비판에 대해서 롤즈의 제도론적 정의관을 변호하면서 둘을 중재하려는 최근의 사례는 Scheffler, Scanlon 참조. 그들은 물론 방금 언급된 에토스와 제도의 상호작용에 대해 주목하고 있다.

유의 원칙과 공정한 기회평등의 원칙을 포함하여 모든 원칙들이 다 만족될 때, 혹은 그것이 전반적으로 만족되는 정도가 경제적 혜택의 분배적 정의가 구현되는 정도를 결정한다. (아래에서 보겠지만 자유의 원칙과 공정한 기회평등의 원칙을 만족하는 것은 상당한 정도의 경제적 평등으로 귀결될 가능성이 있다. 그리고 경제적 평등을 위해 상위 두 원칙의 만족이 어느 단계에서는 필요하다. 항상 그런 것은 아니지만.) 권리와 자유, 기회, 그리고 경제적 재화 자체가 상호 유기적 관계에 있기 때문에 그것들 각각이 분배되는 과정도 상호 작용할 것이다. 이것이 필자가 주목하는 롤즈의 분배론의 첫째 전체론적 특징이다. 그의 분배론의 둘째 전체론적 측면은 그의 정의의 원칙들이 만족된다면 그 어떤 분배도 정의롭다는 점이다('순수 절차적 정의'의 이념, TJ, §14). 롤즈는 일차적 사회적 선들(롤즈에게서 분배적 정의의 화폐단위)이 평등하게 분배된 상황을 수준점(benchmark)으로 하여 모두에게 혜택이 되는 불평등을 허용한다(TJ, p.55 이하; PL, p.281 이하). 그로부터 이탈할 경우 모두에게 혜택이 될 수 있는데도 수준점인 평등분배를 고수하는 것은 "불합리하며(irrational)" "비이성적(unreasonable)"이다.[12] 롤즈는 평등의 수준점으로부터 최소극대화 규칙에 이르는 과정에서 "경제적 효율성이 감안"된다고 말하며 또한 완전히 정의로운 체제는 효율성과 "양립 가능하다."고도 말한다(TJ, p.69). 이 언급들이 시사하는 것은 차등의 원칙이 불평등을 허용할 경우 정의와 효율성이 조정/가감(trade-off)되었다거나, (커다란) 효율성을 위해 일정 부정의한 분배가 허용되었다는 것이 아니다. 수준점으로부터 최소극대화 규칙에 이르는 과정은 바로 정의가 관철되는 과

---

12) TJ, 초판, p.546; PL, p.282. TJ 수정판에서 전자의 표현은 삭제되었다. 그 문맥에서 논의되는 것은 일차적 선의 하나인 자존감(self-respect)의 사회적 기반을 위해 기본적 자유와 시민적 지위의 평등이 중요하다는 점인데, 원칙적으로는 이 항목도 차등의 원칙에 의해 모두에게 향상이 되는 불평등이 허용된다.

정이다. 선행 원칙들의 만족과 더불어 차등의 원칙에 의해 허용(또는 요구)되는 모든 불평등은 다 정의롭다. 이 점에서 롤즈의 분배정의론은 다수의 가치들과 정의가 조정/가감되거나 그것들 중 하나를 선택하는 과정을 거치지 않는다. 정의의 원칙들 자체가 다수의 이상들을 포함하고 있지만, 그 원칙들의 만족이 바로 정의로 규정되므로 더 이상 다른 규범이나 이상들과 상호 조정될 필요가 없다. 이런 의미에서 롤즈의 분배정의관은 "모든 것이 고려된(all-things-considered)" 분배적 주장을 골자로 하고 있다.[13)]

(3) 호혜성(reciprocity) 중심 분배론 : 롤즈의 분배정의론의 핵심 키워드는 필요(need), 응분(desert), 혹은 (부당한) 격차 축소로서의 평등이 아니라 호혜성이다. 아래 5절에서 좀 더 자세히 말할 기회가 있겠지만, 호혜성은 롤즈에 있어서 하나의 기술적(technical) 개념으로서 비슷한 혜택을 주고받는 관계를 지칭하는 것이 아니라 원초적 상태에서 선택될 원칙들에 따른 몫을 정당한 것으로 수용하는 상태를 지칭한다. 좀 더 구체적으로 말하자면 (원초적 상태의 당사자들이 대변하고 그 가치를 모델로 하는) 동등하게 협력적인 민주사회의 시민들이 사회를 규제하는 원칙으로 모두 수용할 만한 원칙하에서, 모두에게 특히 최소 수혜자에게 보탬이 된다는 조건하에서만 상층에게 (더 커다란) 혜택이 허용되는 측면을 말하는 것이다. 이러한 분배만이 협력적인 체계에서 자기 몫을 다한 존재가 기대할 수 있는 '호혜적'인 분배인 것이다. 바로 이 점에서 차등의 원칙(의 원초적 상황에서의 선택)은 호혜성에 기반을 둔다(TJ, 개정판, pp.72-73에 첨가된 문단; JF, p.95 이하 참조).

(4) '운-상쇄 평등주의(luck egalitarianism)'와의 차이 : 위의 기술

---

13) Scanlon, "Justice, Responsibility, and the Demands of Equality", p.87.

에서 우리는 롤즈의 분배정의관이 운의 영향력을 가능한 상쇄하려는 것을 정의로 보는 평등주의와 아주 다른 면모를 가진다는 것을 잘 알게 된다. 물론 대부분의 응분의 몫의 기반으로 언급되는 것들─능력뿐 아니라 노력도─은 개인들이 실제로 번 것이 아니라 선천적 요인이나 초기 가정환경에 의해 강한 영향을 받기 때문에 정당한 분배기준이 될 수 없다는 생각(TJ, pp.88-89, p.274)이 호혜성의 부분적원천이다. 그러나 오직 부분일 뿐이다. 능력과 노력이 뛰어난 사람들이 사회에 기여하도록 사회는 그들의 재능 개발과 발휘에 필요한 비용과 유인(incentives)을 제공할 수 있는데, 이 능력과 노력이 부분적으로 '도덕적으로 임의적인(morally arbitrary)' 요인들이므로 바로 '도덕적' 응분(moral desert, 즉 덕과 같은 개인들의 도덕적 자질)이 분배적 이상이 될 수 없음을 시사할 뿐이다.14) 최소 수혜자도 동등하게 협력적인 민주시민으로 기능하기 위해서 다른 이들의 호혜적 기여가 필요하지만 이는 운의 영향력에 따른 분배가 부정의하기 때문에 그 영향력을 상쇄 혹은 축소하려는 것을 지향하지 않는다. 호혜성에 기반을 둔 전체론적 분배정의관 하에서 어떤 이에게 돌아간 몫이, 그가 요구하고 사회가 조정한 유인의 양에 따라 선천적이거나 초기환경에 의한 그의 재능 때문에 가능한 것이라고 해도, 사회의 조정 덕분에 그가 (세금 등의 형태로) 결과적으로 하층의 처지 향상을 가능하게 했다면 그의 몫이 초래한 불평등의 심화는 용인된다. 아니 정의의 이름으로 요구될 수도 있다. 물론 다음에 보겠지만 롤즈는 상위 원칙들의 만족이 이러한 불평등의 (불필요한) 심화를 낳지 않을 것이

---

14) 롤즈에 있어서 응분(의 기저)의 '도덕적 임의성' 명제의 위상과 역할에 대해서는 통상적 오해가 많다. 노력과 능력이 '도덕적으로 임의적'이므로 노력과 능력 자체가 응분의 기저가 될 수 없다는 것이 아니라, 그것들이 분배에서 (최소극대화 규칙을 위해) 기능할 수 있는데 '도덕적으로 임의적'이므로 바로 '도덕적' 응분이 성립될 수 없는 개념이라는 것이다. 롤즈에 있어서 '도덕적' 응분의 이중적 함의에 주목하라. 위의 각주 4) 참조.

라고 추정한다. 그러나 원칙적으로 롤즈에게서 운의 영향력 축소가 정의의 **종착점**에서 구현되어야 할 이상은 아니다.[15]

4. 현대 평등주의를 둘러싼 논쟁들과 롤즈의 입장

이 절에서는 주로 최근의 평등주의의 내적인 이슈들, 즉 가장 합당한 평등주의의 모습을 찾으려는 추구의 과정에서 제출된 과제들 혹은 선택지들과 관련하여 롤즈의 입장을 기술한다. 롤즈의 분배론은 이 논점들 각각에서 특정 대안을 내놓고 있는데 롤즈의 대안에 대한 대표적 논쟁들이 소개될 것이다. 필자 자신의 의견이 간혹 비추어질 것이지만, 바로 앞 절과 더불어 이 절의 주요 목표는 롤즈와 비판자들 중 하나의 편을 드는 것이 아니라 롤즈 분배론의 특징을 가능한 한 구체적이고 생생하게 드러내는 것이다. (물론 이러한 기술적 (descriptive) 작업이 다음 절에서 제시될 롤즈 분배론의 내적 긴장과 함께 '평등주의자'로서의 롤즈의 면모와 '그 이면'을 자연스럽게 내보이게 하는 것이 필자의 소망이다.)

(1) '**평등주의의 화폐단위**(egalitarian currency)'의 문제 : 평등주의자들 내에서 평등하게 분배되어야 할 것에 대한 논의는 크게 보아 자원주의(resourcism)와 복지주의(welfarism)로 나뉘어 진행되어 왔다. 자원주의자들은 소득이나 부와 같이 개인들이 소유하면서 자신의 목적을 위해 사용할 수 있는 자원에 주목하고, 복지주의자들은 개인들이 누리는 쾌락, 욕구의 만족 혹은 객관적인 삶의 수준에 주목한다. 최근에는 이 두 입장들 사이에서 복지 혹은 (자원과 복지를 아우르는) 포괄적 혜택을 위한 접근기회의 평등을 주장하는 입장이 등장하

---

15) 롤즈와 '운-상쇄 평등주의'의 차이와 호혜성 중심의 롤즈 정의론의 기술은 Freeman, "Rawls and Luck Egalitarianism" 참조.

여 3파전의 양상을 띠고 있다. 롤즈의 입장은 대개 자원주의의 한 형태로 분류된다.[16)]

롤즈가 분배론에서 주목하는 것은 '일차적 사회적 선들(primary social goods)'이다. 이것들은 합리적 개인들이 그 어떤 인생의 목적을 세우더라도 필요한 것들이며 그들이 정상적 상태에서 더 많이 가지기를 원하는 자원들, 즉 권리와 자유들, 기회와 특권들, 부와 소득, 그리고 자기 존중의 사회적 기초이며 롤즈에 의하면 이것들이 정의로운 (재)분배의 대상이다(TJ, p.54, p.79). 롤즈에 대한 첫째 비판은 일차적 사회적 선들이 기실 잘못 선택된 (평등의) 공간이라는 것이다. 이 비판에 따르면 평등주의자들이 궁극적으로 신경을 써야 할 것은 개인들의 삶에서 진정 중요한 것, 즉 개인들이 누리는 실질적 복지의 수준이며, 이것이 과연 공정하게 분배되었는가이다. 롤즈가 주목하는 일차적 선들은 이러한 혜택과 복지를 달성하는 수단에 불과하다. 그리고 모든 수단들의 가치는 자체적으로 정해지는 것이 아니라 목적의 가치, 그리고 목적을 달성하는 그것들의 효율성에 의존한다. 따라서 자원의 가치는 그것이 가능케 하는 실질적 복지 혹은 삶의 수준에 비추어 판단될 것인데, 개인들이 동일한 자원을 가지고서도 다른 복지 상태에 도달할 수 있다는 사실을 자원주의자들이 간과하고 있다는 것이다. 자원으로부터 복지로의 이러한 '전환의 능력(conversion)'의 개인적 차이를 감안한다면, 자원들이 공정하게 (평등주의자에 따르면 평등하게) 분배된다고 해도 실질적으로 개인들의 삶을 가치 있

---

16) 소위 '평등주의의 화폐단위'에 대한 일반적 논의와 자원-복지주의의 대결, 그리고 그 안에서 롤즈에 대한 전반적인 비판적 논의에 관해서는 Sen, *Inequality Reexamined*(특히 5장); Dworkin, "What is Equality?"; Arneson, "Equality and Equal Opportunity for Welfare"; Cohen, "On the Currency of Egalitarian Justice"를 참조할 것. 이 절의 첫째 비판은 주로 Sen, 둘째 비판은 Arneson, "Primary Goods Reconsidered"와 Roemer, *Theories of Distributive Justice*(5장)에서 제시된다.

게 만드는 상태에서는 심각한 차이를 유발할 수 있을 것이다. 신체적, 정신적 장애를 안고 있는 개인들과 정상적 개인들을 비교한다면 이 차이를 어렵지 않게 이해할 수 있다.

둘째로, 롤즈의 관점에서는 한 개인이 소유한 자원들을 합산하여 그의 전반적 일차적 선의 상태에 점수를 부여하고 다른 개인들의 점수와 비교할 수 있어야 그의 (평등) 분배의 이상을 실현할 수 있을 것이다. (최소 수혜자의 확인을 위해 이러한 비교 판단이 필요하다.) 그런데 일차적 선을 이루는 것은 상호 이질적인 다수 자원들이다. (권리와 자유, 기회와 권한, 부와 임금 등) 이것들 각각이 가지는 중요성은 개인들마다 다를 것이기 때문에 한 분배 상태에서 내가 가진 자원의 집합이 다른 분배 상태에서 남이 가진 (상이한) 자원의 집합보다 더 크다는 판단, 즉 자원의 비교 가능한 지수를 매기는 문제(indexing problem)는 롤즈에게서 원칙적으로 해결 불가능하다는 것이 둘째 롤즈 비판이다. 혹자는 지수의 문제를 풀려면 어떤 자원(집합)이 객관적으로 더 좋은 삶에 얼마만큼 기여하는지를 가늠할 수 있어야 하거나 아니면 각자의 자원(집합)이 그의 삶의 계획의 만족(즉 복지)에 얼마나 기여하는지를 가늠할 수 있어야 하는데, 전자는 완전주의(perfectionism), 후자는 복지주의(welfarism)의 길로서 롤즈 자신이 (여러 이유들에서) 빗겨 가고자 하는 선택지들이라는 딜레마를 제시한다(Arneson). 혹자는 지수의 문제를 위해서는 각자의 자원(집합)을 공리 혹은 복지로 전환하는 데 개입하는 각자 나름의 함수 값을 알아야 하는데, 부분적으로 위험(risk)에 대한 각자의 성향이 다르기 때문에 이 함수는 개인별로 다를 수밖에 없다고 주장한다(Roemer).

이 비판들은 다 중요한 문제들을 제기한다. 그러나 필자는 이것들이 결정적인 비판들은 아니라고 생각한다. 우선, 마지막 문제(개인 처지에 지수를 매기는 문제)는 롤즈에게만 존재하는 것은 아니다. 분배 대상 자체가 상호 환원 불가능한 다수의 요소들을 포함하는 모든 입

장들에 존재하는 문제다. (평등주의적 분배의 화폐단위로 Sen에 의해
채택된 능력(capability), 즉 복지에 대한 실질적 자유도 다양한 요소
들로 구성된다.) 그 요소들에 가중치를 할당하는 것은 결국 개인의
몫이거나 논쟁적인 가치이론을 통해서나 가능한 일이기 때문이다. 따
라서 대개의 입장들이 부분적인 서열의 가능성 — 예를 들어 우월성
에 기초한 부분적 순위(partial dominance ranking) 혹은 교차 접근
(intersection approach)을 통한 비교17) — 만이 가능하다고 인정한다.18)

　필자는 롤즈의 일차적 선이 궁극적으로 평등주의자가 개인들에게
서 '평등하게' — 이는 '동일하게'가 아닐 수 있음 — 도모해야 할 것
으로서는 잘못된 분배공간이며, 그 중요한 이유들 중 하나가 자원으
로부터 복지로의 전환율에서 존재하는 개인적 차이라는 지적은 근본
적인 차원에서 타당하고 생각한다. 그러나 롤즈는 일차적 선이 **개인
적 차원**에서 볼 때 궁극적으로 중요한 것, 혹은 각 개인의 가치관을
반영하는 것을 포괄한다고 말한 적은 없다. 그보다는 합리적 개인들
이 정치적 자유주의의 관용이 허용하는 목표들 각각의 달성을 위해
서 필요한 것으로 상정된 것이다.19) 물론 모든 이들이 필요로 하는

---

17) 전자는 다수의 좋은 것을 모두 (혹은 하나라도) 더 많이 갖는 개인이 더 나은
　　처지에 있다는 의미이고, 후자는 다수 선에 대한 개인들의 무차별 곡선들이
　　모두 만나는 접점이 있다면 그것을 기점으로 상하 좌우 관계를 따져서 지배
　　순위가 제공하는 비교 판단의 폭을 넓힐 수 있음을 시사한다. 이 두 예는 Sen
　　이 자신의 분배공간 — 자원들을 가지고 인간들이 이룰 수 있는 의미 있는 상태
　　/활동으로서의 기능들(functionings), 그리고 개인들이 접근 가능한 그 기능들
　　의 벡터 공간으로서의 능력들(capabilities) — 에 부여한 부분적 비교 측정 형태
　　이다.
18) 단일한 심리상태로서의 쾌락이 그 강도나 지속성으로 측정/비교된다면, (실제
　　적으로는 아니더라도) 원칙적 차원에서 지수문제를 갖지 않는 유일한 입장은
　　단순한 쾌락주의(hedonism)일 것이다. 그러나 (평등하게 되어야 할) 개인들의
　　처지에 관한 견해로서 이 입장은 너무 많은 문제점을 갖는다.
19) 후기 롤즈에게서 일차적 선은, 충돌하지만 정치적 자유주의 내에서 포괄되어
　　야 하는 다수의 가치관들 사이에서 (그 가치관들 각각의 핵심은 아니지만) 중
　　첩적인 부분으로 중립적 국가 분배 정책의 단위로 제시된다. PL, Lecture V,

것이 나의 목표 달성에 충분한 것이 아닐 수 있고 그 이외의 것들이 나의 목표에는 필수적일 수도 있다. 또한 동일한 자원으로 다른 처지에 떨어지는 의료적인 혹은 기타 능력상의 차이가 있을 수도 있다. 그러나 롤즈의 체계 내에서 이러한 차이가 최소 수혜자의 규정에 첨가되거나 그 이후의 지속적인 자원 분배 정책에서 반영될 유연성이 있다고 주장된다(JF, pp.168-176). 필자는 이 유연성에 한계가 있다고 생각하지만, 롤즈의 자원주의를 비판하는 사람들이 평등하게 되어야 한다고 생각하는 화폐단위들(복지 혹은 복지기회)이 구현되기 위해서라도 국가정책을 통해 일차적으로 분배되어야 하는 것은 폭넓은 의미에서 자원일 것이기 때문에 이 비판이 치명적이라고 보지 않는다. 신체적, 심리적, 지적 장애로 인해 자원으로부터 복지로의 전환 능력에서 뒤처지는 개인들에게 정상인과 동일한 혹은 유사한 복지 수준에 도달할 수 있도록 (평등주의적) 국가가 상대적으로 더 많이 줄 수 있는 것은, 바로 의료 자원과 서비스, 교육과 직업 훈련의 기회, 문화적, 사회적 활동을 쉽게 하기 위한 시설 등이다. 이것은 롤즈의 일차적 선의 개념을 넓게 해석한다면 포함될 수 있는 것들이다.

필자는 (재)분배될 수 있고 개인들의 복지를 구성하거나 그것에 기여할 수 있는 모든 것은 일차적으로 평등주의적 분배의 화폐단위에 포함되어야 한다고 생각한다. 그런데 결과적으로 자원들이 그 분배 대상으로서 가장 현실적 대안들이다. 복지 자체가 직접 분배될 수 있는 것은 아니기 때문에, '복지(기회)주의자'들의 주장은 결국 (현실적 대안으로서라도) 자원들이 분배될 경우 자원 자체의 크기가 아니라 **자원에서 복지로 전환된 상태의 비교**에 주목할 것을 요구하는 것이다. 따라서 자원이든 결과적 복지든, 평등 논의에서 가장 중요한 것은 어떤 기준에 따라 분배하는 것이 진정 '평등'한 것인가이다.

특히 §3("Primary Goods and Interpersonal Comparisons") 참조.

(2) 개인적 책임을 감안하는 문제 : 2절에서 언급된 대로 현대 평등주의의 한 과제는 개인적 책임을 분배에서 어떤 방식으로 감안할지를 결정하는 것이다. 이와 관련하여 롤즈의 견해는 상당히 미묘한 위치에 있다. 한편으로 개인적 책임을 중시하여 분배 대상을 선택하고 그 이후의 일을 개인들에게 맡기는 반면, 막상 분배의 기준에 있어서 롤즈에게서 개인의 책임과 공과는 큰 역할을 하지 않는 것 같다. 다시 말해서 어떤 점에서 롤즈는 너무 심하게 개인에게 책임을 부과하는 측면이 있고, 다른 점에서는 개인들의 책임을 충분히 감안하지 않는 분배를 허용하고 있다.

첫째, 롤즈에게서 개인의 책임이 부각되는 우선적 측면(일차적 선의 개념) : 롤즈가 분배의 단위로 일차적 선을 택한 것이, 바로 그 자원을 통해 어떤 목적을 추구하여 어떤 수준의 복지를 달성할지가 개인의 선택과 (통제 가능한) 기호에 달려 있다는 이유에서이다. 애초에 롤즈가 원초적 상황에서의 당사자들에게 부여했던 능력들, 그리고 그들이 (자신들이 대변하는) 현실적 시민들이 가질 것으로 상정했던 능력들 중 하나가 (정의감과 함께) 자신의 가치관을 담은 선(good)의 개념과 그것에 기반을 둔 인생계획을 수립하고 추구하고 수정해 나가는 역량이다. 개인들의 책임하에서 구현되는 인생계획은 그들에게 중요한 것이지만, 국가는 개인들의 이러한 가치관과 인생관들 사이에 중립적이어야 하므로 자원의 분배에 머물러야 한다.[20]

둘째, 롤즈에게서 개인적 책임이 간과되는 측면(일차적 선의 분배 기준) : 개인들은 방금 말한 이유에서 일차적 선을 더 많이 소유하도록 노력할 것이다. 그들은 공적 규칙에 따라 사회적 기구들이 제시한 활동에 참여함으로써 어떤 보상을 받을 것이라는 '합법적 기대치(legitimate expectations)'를 갖게 된다. 정의로운 국가는 그 기대치를 존중해야 한다. 그러나 어떤 수준에서 존중할 것인가? 롤즈에게서 이

---

20) 각주 19) 참조.

는 궁극적으로 어떤 수준이 차등의 원칙을 최대한 만족하는가에 의존한다. 롤즈에 의하면 정의로운 분배는 (자유와 기회평등의 선행조건이 만족된 상태에서) 일차적 선의 수혜에서 가장 낮은 집단의 기대치를 극대화하는 것이기 때문이다. 그 집단에 속한다는 것 이외에 최소 수혜자들이 만족해야 할 독립적 기준은 없다. (물론 상위 집단에 돌아가는 몫도 궁극적으로는 그들이 만족하는 내적 기준에 의하지 않는다.)21) 다시 말해서 일차적 선의 분배 이전에 그 분배를 인도하기 위해 필수적인 최소 수혜자의 구분에서 개인적 책임이 감안되지 않을 뿐 아니라, 일차적 선의 분배 결과는 그 어떤 개인적 책임이 감안된 기준에 의하지 않는다. 하지만 내가 어떤 정도의 일차적 선을 받을지가 나의 선택/책임에 (부분적으로) 의존해야 하지 않는가?

분배 기준의 문제에서는 롤즈와 그 지지자들이 책임과 운의 구분보다는 호혜성에 더 커다란 비중을 두고 있음을 우리는 이미 보았다. 최소 수혜자의 규정과 관련된 논의 하나만을 제시해 보자. 혹자는 롤즈 정의론이 최소 수혜자들 중에서 '응당 혜택을 받을 만한' 사람들과 그렇지 않은 사람들(the deserving vs. the undeserving poor)을 구분하지 않는다는 주장에 대해서 다음과 같이 대응할 수도 있다: 롤즈가 말하는 '**대표적** 최소 수혜자(the *representative* least advantaged person)'의 개념은 일생에 걸친 삶의 전망에서 최소 수혜자들의 일상적 전형을 지칭하므로 도박 등에 의해서 자원을 탕진한 사람들은 포

---

21) 특정의 절대적 혹은 상대적 분배 몫을 마땅히 받을 자격을 형성하는 행위자의 자질 혹은 행위결과인 '응분(desert)'은 최근까지 분배론에서 도외시되어 왔다. 이를 초래한 여러 논증들은 다음과 같다: **도덕적** 응분의 분배 무관성, 능력은 선택과 무관한 부분으로 도덕적으로 임의적임, 노력도 부분적으로 같은 이유에서 도덕적으로 임의적임, 선택과 노력이 개입하는 부분의 구분과 확인의 어려움. 위에서 암시된 대로 마지막 논증이 롤즈에 있어서 응분의 주요 폐기 이유다. (위의 각주 4에 언급된 필자의 논문 참조.) 따라서 롤즈가 자유의지의 부정과 강한 결정론(hard determinism)을 수용한 것(Harsanyi, "Morality and Incentives", p.34)은 아니다.

함되지 않는다. 또한 롤즈 정의론은, 모든 정의론이 포함해야 하듯이 인간적 삶의 전망을 극도로 상실한 자들에 대해서 최소한의 삶의 수준을 보장하는 것을 포함하는데 그 차원에서 책임과 응분을 가리는 것은 합당하지 않다(Schaller). 그러나 롤즈의 '대표적 최소 수혜자'는 일상적인 극빈자의 전형적 개인들을 지칭한다기보다는, 단지 어떤 사회에서 일차적 선의 보유에서 상대적으로 최소인 계층(으로 원초적 상황에서 대변되는 인물)이라는 해석이 더 적합하다.22) 또한 이러한 의미에서 한 사회의 최소 수혜자 층은 인간적 삶의 최저 수준 위에서 존재할 수도 있다.

셋째, **롤즈에게서 개인의 책임이 과도하게 부과되는 부분(일차적 선의 분배 이후)** : 일차적 선이 공정하게 (차등의 원칙에 부합하여) 분배된다면 그 이후의 과정, 즉 그 자원을 자신의 인생계획에 투입하여 특정 복지 수준에 도달하는 과정은 롤즈에게 있어서 모두 개인의 책임의 영역이다. 일부 비판가들은 이러한 관점이 책임에 대한 의심스러운 개념에 근거해 있고, 결과적으로 국가의 분배적 역할에 대한 (원칙적으로) 잘못된 관념을 산출하게 된다고 주장한다. 두 가지 점에서 이런 비판이 제시될 수 있다. (a) 롤즈는 (거의 모든) 취향과 선호들(tastes and preferences)이 "우리들의 실제 선택으로부터 생겨나지 않았다고 해도" 우리가 책임져야 할 것들이라고 본다(PL, p.185). 그러나 일부 취향과 선호들이 애초에 (최소한 중요 부분에서) 개인들의 선택과 무관하게 형성되었고, 그 취향과 선호의 만족에 일정 자원이 필요한데 그 불만족이 해당 개인의 복지에 지대한 영향을 미친다고 해보자. 현실적으로 그러한 취향을 가려내고 그 만족을 지원하는 것은 다른 (분배적) 규범들을 어지럽힐 수 있고 그러한 취향의 확인

---

22) 최소 수혜자층에 대한 롤즈의 "임의적이지만" 현실적으로 작동 가능한 규정 - "비숙련 노동자(unskilled worker)층" 혹은 "중간(median) 아래에서 절반 이하의 수준의 임금과 부를 가진 계층"(TJ, p.84) - 에서도 책임 규정은 없다.

이 어렵기도 하지만, (그래서 현실적으로 그 지원이 실행 불가능할 (infeasible) 수 있지만) 그래도 국가는 '원칙적'으로는 그러한 취향과 선호의 만족을 분배적 아젠다에 포함시켜야 하는 것은 아닐까? 물론 이러한 취향, 선호, 목적의 **포기**가 완전히 불가능한 것은 아닐 수 있다. 최소한 그 어떤 상황에서도 그 취향과 선호를 만족시키는 특정 대상을 포기하는 선택은 가능하다. 그러나 우리가 가려내야 할 것은 그 포기가 어떤 비용을 동반하는가이다. 즉 어떤 선택지가 초래하는 결과의 가혹함, '가능한' 대안들의 비용과 결과, 선택지들이 주관에게 가지는 의미와 중요성 등. 어떤 경우에는 한 개인이 향유하고 동일시 하는 취향과 선호라고 해도 (그것의 포기의 비용을 생각해 본다면) 그것의 유지를 전적으로 그 개인의 책임으로 돌리는 것이 부적절한 지점이 있을 것이다.[23] (b) 자원을 가지고 자신의 인생계획을 수립, 추구, 수정하는 능력, 특히 그것을 **합리적으로** 설정하고 추구하는 능력의 일부는 개인이 통제하고 선택할 수 없는 부분이 있음을 인정해야 한다. 방금 본 것처럼 책임과 통제에 의한 능력과 그렇지 않은 것을 구분하는 데도 인식적 제약이 있지만, 만약 어떤 유의미한 통계적 연관이나 다른 수단들을 통해 그러한 구분이 부분적으로 가능하다면 (타산적 선택 능력에 대한 초기 가정환경, 종교적 환경 등의 영향들?) 국가는 이러한 요인의 보상을 '원칙적' 분배정의의 과제로 유지해야 하지 않을까?[24]

(3) 롤즈와 우선성 입장(prioritarianism) : 평등주의와 관련된 최근의 철학적 논쟁들 중에서 가장 활발한 것이 소위 우선성 입장의 등장

---

23) 코헨이 논의하고 스캔론이 '실질적 책임(substantive responsibility)'이라고 명명한 개념을 참조. Cohen, "Expensive Taste Rides Again"; Scanlon, "Justice, Responsibility, and the Demands of Equality", p.76 이하.

24) Arneson, "Equality and Equal Opportunity for Welfare"; "Rawls, Responsibility, and Distributive Justice" 참조.

과 옹호자의 확산이다. 가장 기본적 의미에서 우선성 입장은 낮은 계층일수록 분배에서 그들의 처지 향상에 우선성을 부여하는 분배적 입장이다. 이렇게 일반적으로 기술된다면 롤즈의 차등의 원칙은 우선성 입장의 한 유형으로 보인다. 현재 가장 많이 논의의 주제가 되는 우선성 입장의 동기, 유형, 롤즈와의 유사성과 차이점을 간단히 지적해 보자. 그 입장의 기조에 의하면 '평등주의자들'이 진정 신경을 써야 하는 것은 격차 축소로서의 평등이 아니라 낮은 처지에 있는 개인들의 처지 향상에 규범적 우선성을 부여하는 것이다. 다시 말해서 개인들의 처지에 대한 **상대적** 비교를 하여 그 격차를 줄이는 것이 아니라, 각 계층의 절대적 수준이 낮을수록 그 계층의 한 단위 처지 향상에 더 커다란 가중치를 주자는 것이다. (그리고 가중치가 곱해진 가치의 극대화를 추진한다.) 따라서 오직 한 단위의 처지 향상만이 가능하다면 가장 낮은 계층에 그 혜택이 주어져야 한다. 그러나 상층에 돌아가는 혜택의 크기와 그 구성원의 수가 상대적으로 커진다면 어떤 지점에서 상층에 대한 혜택이 선택될 수도 있다. 이런 유형의 우선성 입장이 생겨난 동기는 무엇일까? 최근 논의에서 가장 많이 언급되는 것은 **하향 평준화**(levelling-down)의 우려다. 격차의 제거로서의 평등을 구현하는 유일한 혹은 가장 효과적인 방법이 하향 평준화라면 종래의 평등주의는 그것을 추구할 것이다. 최소한 다른 (분배적) 가치들의 저하를 고려하여 그것을 추구하지 않더라도, 하향 평준화가 한 가지 측면에서, 즉 평등의 구현이라는 점에서 사태의 향상을 의미한다고 주장할 것이다. 그런데 그 어떤 이의 처지도 향상되지 않고 일부 사람들의 처지가 악화되었는데 어떻게, 어떤 점에서, 사태가 더 좋아졌다는 말인가? 종래의 평등주의들 중에서 일부는 이 지점에서 우선성 입장으로 전향한다.25)

---

25) Arneson, "Luck Egalitarianism and Prioritarianism" 참조. 우선성 입장의 기조와 비판적 논의는 각각 Parfit과 Temkin 참조. 우선성 입장은 어떤 의미에서

우선성 입장을 위와 같이 이해한다면 롤즈의 분배론은 그 입장과 근본적으로 일치하는 지향점을 갖고 있지만, 동기와 분배방식에서 차이가 난다. 일치하는 지향점은 바로 격차 축소로서의 평등에 내재적 가치를 두지 않는다는 것이다. 롤즈와 우선성 입장 공히 관계적 (relational) 분배적 이상을 표방하지 않는다. 다시 말해서 낮은 계층이 높은 계층의 처지보다 얼마나 낮은지 — '운·상쇄 평등주의'의 입장에서는 운/책임을 감안한 이후에 남은, 따라서 부당한 격차가 어느 정도인지 — 에 내재적 관심을 두지 않는다. 다만 낮은 계층이 확인된 후에 그 계층의 처지 향상에 (낮을수록) 우선성을 둔다. 동기상의 차이점은 이미 지적된 대로, 롤즈의 경우 하향 평준화라기보다는 호혜성으로부터 차등의 원칙이 나온다는 점이다. 동등하게 협력적인 개인들이 모두 합의한 분배 규칙들을 만족하는 몫이 정당한 것인데, 롤즈에 의하면 이 규칙들의 일부는 이 협력체를 가능하게 하기 위해서 타인들, 특히 최소 계층에게 득이 되는 경우에(만) 나의 더 커다란 혜택을 공정한 것으로 인정한다. 롤즈에 의하면 이러한 의미에서 "차등의 원칙은 본질적으로 호혜성의 원칙의 한 유형이다."(JF, p.64) 동기뿐 아니라 분배방식에서의 차이는 상당하다. 두 가지 점에서 그 차이를 말할 수 있다. 최근의 우선성 입장이 낮은 계층의 상대적 낮음, 즉 높은 계층과의 차이가 아니라 그 계층이 누리는 처지의 절대적 낮은 정도에 따라 우선성을 할당하는 것과 달리, 롤즈는 최소 계층이라면 그 절대적 낮은 정도와 무관하게 최대의 우선성을 부여한다. (만약 서로 상호 작용하지 않는 두 자족적, 폐쇄적 사회들에서 각각의 최소 수혜자 층이 다른 절대적 낮음의 단계에 있다면 우선성 입장은 그 두 계

'평등주의'인가? 많은 경우 하층의 처지 향상은 격차 축소로서의 평등으로 수렴할 것이다. 그러나 이는 가중치의 정도에 따라 달라진다. 하층의 처지 향상에 주어지는 가중치가 커질수록 평등에 접근하는 정도는 커지고 그 반대일수록 그 정도는 약화된다. 후자의 경우 이런 것들보다 (가치가 곱해진) 전체 복지의 확대라는 의미에서의 효율성의 고려가 더 많이 개입할 수 있다.

층의 한 단위 처지 상승에 다른 가중치를 부여하겠지만, 롤즈의 경우 각 사회에서 동등한 ― 최대의 ― 우선성이 부여된다.) 둘째로 방금 시사된 대로, 롤즈의 경우 최소 수혜자들에 대해 최대의, 어떤 의미에서 절대적인 우선성이 부여된다는 점에서 그의 분배론은 '가장 극단적인' 우선성 입장이 될 것이다. 최소극대화 규칙의 한 세부적 묘사로 롤즈가 제시하는 '사전 편찬식' 최소 수혜자 극대화 원칙(leximin)에 따르면 최소 수혜자 층의 처지가 극대화된 이후에나 그 다음 낮은 계층의 처지를 향상시킬 수 있다. 이러한 원칙은, 사회적 계층 구조가 '긴밀하게 관련되어(close-knit)' 한 계층의 향상이 다른 계층들의 향상을 동반하는 '연쇄관계(chain connection)'가 지켜지지 않을 경우에 차등의 원칙이 취하는 형태다. 이 경우 롤즈의 극단적 우선성 입장에서는 최소 계층의 작은 처지 상승과 높은 계층의 커다란 처지 향상 사이에서 언제나 전자를 선택해야 한다는 부담을 지게 된다. 롤즈는 이러한 선택이 단지 "추상적 가능성(abstract possibilities)"(TJ, p.136)일 뿐이며, 이러한 경우들에서 "(예를 들어) 과세(taxation)를 통해서 더 혜택을 받은 계층에게 돌아갈 커다란 수익의 최소한 일부를 덜 혜택을 받은 계층에게 이전하는 제도적 장치가 존재"할 것이라고 전망한다(JF, pp.67-68).

5. 평등주의자 롤즈와 그 이면

'공정으로서의 정의(justice as fairness)'라고 규정한 자신의 정의론의 기조를 설명하면서 롤즈는 묻는다: "공정으로서의 정의는 평등주의적 견해다. 그러나 어떤 방식으로 그러한가?"(JF, p.130) 여기서 그는 자신의 정의론 전반의 평등주의적 함의를 묻는 것이 아니다. 기본적 자유와 기회들의 엄격한 평등을 요구하는 선행 원칙들이 (정치적, 시민적 의미에서) 평등주의적임은 분명하기 때문이다. 따라서 이 질문과 함께 그가 검토하고자 하는 것은 그의 분배론 내에서 "경제적, 사회적 불평등 경우들을 규제할" 어떤 근거들이 있는가이다. 다시 말해서 그는 **차등의 원칙**이 과연 어떤 평등주의적 성격을 갖고 있는지를 탐구하고자 한다. 지금까지의 논의를 통해 필자는 롤즈를 (경제적 혜택의 분배에서) '평등주의자'로 부를 수 있는 측면들과 그렇게 부르는 것이 부적절한 측면들이 이미 상당 부분 드러났다고 생각한다. 그리고 그 두 측면들의 공존은 롤즈 분배론 내에서 집합적으로 (그리고 필자가 보기에 이론적으로 아주 의미심장한) 긴장을 형성하고 있다. 마지막 절에서 필자는 그 긴장의 중심 내용을 기술한다.

(1) **롤즈 분배론의 평등주의적 성격** : (이하에서 '분배론'은 경제적 재화의 분배론을 지칭하고 '평등'은 격차 축소를 의미한다.) "평등으로의 경향"이라는 타이틀을 가진 『정의론』, §17에서 롤즈는 차등의 원칙이 "고려대상에 넣거나" "표현"하거나 혹은 한 가지 "해석"을 제공하는 세 원칙들을 제시한다: 차등의 원칙은 부당한 불평등에 대한 보상을 위해서 자연적 재능의 분포를 (마치 "공동의 자산"인 것처럼) 활용하고(the principle of redress), 궁극적으로 자발적 협력의 구조를 가능하게 하기 위해서 최소 수혜자들에게도 수용될 만한 정의관을 포함하며(a conception of reciprocity), 민주적 이상과 가치를 위해 필요한 심리적 태도와 행위 양식들, 자기 존중의 동등성, 시민적 우애와 사회적 연대(the principle of fraternity)를 표방한다. 그러나 실상 이 부분의 논의가 위에서 언급된 롤즈 자신의 질문에 대한 답이 된다면, 이는 사회경제적 **불평등을 축소**한다는 의미에서가 아니라, 최소 수혜자에게 보탬이 된다는 조건하에서 **허용되는 불평등의 조건**을 제시한다는 의미에서 불평등의 '규제'의 방안 혹은 근거를 내놓고 있는 셈이다.

롤즈의 분배정의론의 전체적 면모를 고려할 때, 그 입장이 (격차 축소로서의) 평등으로의 경향을 가진다는 해석의 가능성은 다음과 같이 제시될 수 있다고 필자는 생각한다. 『정의론』은 일차적으로 공적으로 합의된 규범들이 시민들의 정의감을 바탕으로 이상적으로 준수되는 "잘 정돈된 사회(well-ordered society)"를 대상으로 한다(TJ, p.7, p.215). 이 경우에 기본적 자유들의 평등을 요구하는 제1원칙을 저해할 수 있는 사회경제적 불평등은 금지된다. 이미 『정의론』에서 롤즈가 형식적으로 제공되는 **자유의 체제**와 수단, 자원, 지식을 가지고 그 자유를 자신의 목적 증진을 위해 사용할 수 있는 역량에 기초한 **자유의 가치**("the worth of liberty")를 구분했거니와(TJ, p.179), 특히 『정치적 자유주의』에서 롤즈는 부의 편중으로 (사적 선거지원과 방송의 독점을 통해) 정치적 자유들의 실제 가치가 불공정하게 분배될 수 있는 지점들을 집중적으로 논의한다("fair value of political liberties", PL, VIII, §12). 또한 공정한 기회평등 원칙의 실현을 위해서, 삶의 전망에 대한 사회적 요인들(계층과 초기 가족 환경)의 영향을 최대한 줄이도록 낮은 계층에게 교육과 재능 개발의 광범위한 실질적 기회가 주어져야 한다. 이러한 제도적 장치는 중요 직책을 점한 소수의 개인들이 과도한 보수를 요구하는 사례를 줄일 수 있을 것이다(JF, p.67). 이러한 상위 원칙들의 만족을 바탕으로 일차적 선들이 완전히 평등하게 분배된 정의의 수준점(benchmark)으로부터 최소극대화 규칙으로 가는 최선의 방안을 찾는 것이 차등의 원칙의 주문 사항이다. 필자는 이러한 주문이 일차적으로는 사회의 경제적 분배를 담당하는 실행 가능한 체제들 중에서 최소극대화 규칙을 달성하는 **체제를 선택하는 것**을 목표로 한다고 생각한다. 나중에 롤즈 자신은 자신의 정의원칙들을 가장 잘 만족시키는 사회체제로서 자유지상주의적 최소국가는 물론 자본주의적 복지국가가 아니라 생산 수단에 대한 광범위한 노동자 소유를 인정하는 체제("Property-owning democracy")를 고려하고 있다(JF, pp.135-140).[26] 자유(평등)의 원칙과 공정한 기회평등의 원칙의 **실질적 만족**, 그것이 요구하고 그것을 강화하는 경제적 평등, 그리고 가장 효율적인 최소극대화 규칙 체제의 선택, 그리고 이러한 원칙과 제도적 규칙을 이상적으로 준수하는 시민들의 성향을 고려할 때, 이 경우의 현실은 최소극대화 규칙과 평등이 수렴하리라는 추정을 가능하게 하는 측면이 있다.

  (2) **최소극대화 규칙과 평등의 괴리** : 롤즈 자신은 차등의 원칙이 어떤 의미에서 평등주의적인가에 대해 다음과 같이 말한다: 차등의 원칙이 평등주의적인 것은, 상층의 처지를 그리는 주어진 포물선의 곡선상에서 하층의 처지와 관련하여 가장 높은 점을 선택하기 때문이다. 구체적으로 말해서 상층과 하층의 처지를 각각 X와 Y 축으로 표시할 경우 동쪽으로 굽은 포물선 중에서 (하향 직전의) 가장 높은 점, 즉 효율적인 점들 중에서 완전 평등인 45도 직선에 가장 가까운 점을 차등의 원칙이 선택하기 때문이다(JF, p.68). (그 점 이후에는 포물선이 내리막으로 되어 상층의 처지 향상은 하층의 처지 하강을 동반한다.) 각 체제는 45도 선에 근접한 포물선— 완전 평등과의 괴리가 적은 포물선— 을 그릴 수도 있고, 더 멀리 그리고 더 빨리 45도 선에서 멀어지는 포물선을 그릴 수도 있다. 그 어떤 체제도 (롤즈가 상정하는 Property-owning democracy도) 45도 선에 일치하는 선을 그리지는 않을 것이다. 완전 평등분배의 체제는 그것이 초래하는 성장과 생산력의 저하로 인해 45도 선의 어느 지점에 멈추게 될 것이다. 이를 막기 위해 더 생산적인 재능을 가진 자들과 특징 지위와 직위 수행 능력에서 앞선 이들에게 유인(incentives)을 줄 경우, 불평등 — 45도 선으로부터 동쪽으로 이탈한 곡선— 이 생겨나지만 이는 모두의 처지를 상승시키는 불평등이다.

---

26) 이에 대한 상세한 기술로서는 Freeman, *Rawls*, p.105, pp.132-136, pp.219-232 참조.

문제는 이 곡선의 기울기와 꼭짓점이 어떻게 결정되는가이다. 이는 재능이 앞선 자들이 생산력을 유지하고 또 확대하기 위해서 어떤 종류의 보수를 원할 것인가에 달려 있다. 롤즈는 말한다: "사람들이 어떤 종류의 일을 하고 얼마나 열심히 하는가는, 사회가 제시하는 다양한 유인(incentives)을 참조하여 그들이 결정하는 데 달려 있다."(JF, p.64)

필자는 두 가지 경우로 나누어 이 사안을 논의하겠다. 첫째는 롤즈가 상정하는 이상적 사회, 즉 롤즈의 정의원칙들이 이상적으로 준수되고 여러 경제체제들 중에서 최소극대화 규칙이 만족된 체제를 구현한 사회의 경우다. 이 사회에서는 다른 사회들보다 상대적으로 평등으로의 **경향**이 강할 것이다. 그러나 (바로 평등이 분배적 정의이기 때문에) 경제적 평등으로 가야 한다는 고유의 **압력**이 있을까? 혹자는 롤즈의 이상적 상태에서 정의로운 제도는 개인들의 순수 자기 이익적(self-seeking) 동기와 성향을 허용하지 않을 것이라고 주장하고, 롤즈가 말하는 유인들은 실상 상대적으로 힘든 노동에 필요한 훈련과 부담에 든 비용 정도라고 생각한다(Scheffler, Smith). 그러나 필자는 롤즈의 배경적 구조의 정의관 아래에서는 그 구조가 개인들이 여러 가지 동기에서 내세우는 차등적 보수에의 요구를 제도적으로 조정하는 역할을 할 뿐, 어떤 종류의 요구를 정의의 이름으로 부당하다고 배제할 수 없다는 생각이다. 롤즈에 있어서 어떤 제도하에서도 생산, 분배, 보수와 관련된 개인들의 동기와 성향은 차등의 원칙의 만족을 위해 **주어진** 상수다. 그리고 롤즈에게 있어서 유인이 엄밀히 노동에 든 훈련과 부담의 비용과 그에 대한 보상 수준에 머물러야 한다는 문헌적 근거는 희박하다.27)

---

27) 필자의 「롤즈와 평등주의」(특히 p.107) 참조. 위의 각주 10)에서 암시되었듯이 롤즈에게서, 특히 이상적 체제에서는 순수 자기 이익적 동기와 성향이 억제될 가능성이 있다. 그러나 **어느 정도로** 억제될 것인가. 롤즈에 있어서 (완전히)

둘째는 상하층의 처지를 그리는 곡선이 (미국이나 한국의) 현실적 사회 상태를 반영하는 경우다. 롤즈는 『정의론』 초판(1971)에서 당시 존재하던 제도들이 "심대한 부정의들(grave injustices)로 점철되어 있다."고 판단한다(TJ, 초판, p.87). 이러한 판단의 근거는 무엇일까? 그리고 이러한 판단에도 불구하고 그 제도들이 더 "정의로운 방향으로 전환될 수 있다(can be made just)."는 진단은 무엇을 의미하는가? (롤즈가 수정판에서 이 문구를 제외한 것은 근 30년간 미국의 정치, 경제 제도의 변화가 전체적으로 정의로의 전환으로 파악되었기 때문일까? 필자의 생각은 그렇지 않다. 하지만 이는 단순한 짐작일 뿐이다.) 한 가지 생각해 볼 수 있는 것은 자유의 원칙이 (1970년대 초에도) 준수되지 않고 있었다는 점이다. 그러나 그 문구가 삽입된 문맥은 공정한 기회평등과 차등의 원칙의 만족에 관한 것이다. 롤즈적 의미에서 경제적으로 '심대한 부정의'는 최소극대화 규칙이 지켜지지 않는다는 말이다. 어떻게 대처해야 하는가? 현재 (미국의) 경제제도를 최소극대화 규칙에 가장 효과적인 제도(예를 들어 Property-owing democracy)로 전환해야 한다는 말일까? 하지만 만약에 현재 제도에서도 상층이 제시하는 유인들을 조정하여 하층의 절대적 수준이 조금이라도 상승하고 있다면 어떤 평가를 해야 할까? 엄청난 경제적 불평등의 심화에도 불구하고 자유와 기회평등에서 진전이 있었고 하층의 절대적 수준이 상승했다면 ― 이것이 미국의 지난 30년간의 변화에 대한 통상적 견해일 것이다 ― 롤즈적 분배정의관에서 어떤 평가를 내려야 할 것인가? (최선의 체제가 아니므로) 현 상태를 아예 '부정의한' 것으로 판단하여 부정의한 개인과 제도에 대한 교정과 수정

정의로운 제도는 특정 패턴의 분배적 유형 ― 예를 들면 노동 부담이 감안된 평등 ― 을 지향하지 않는다. 따라서 상위 원칙들이 만족된다는 조건하에서 정의로운 제도는 조세정책 등과 함께 주어진 동기와 성향의 조정을 통해 최소 수혜자의 처지 상승을 노릴 뿐이다. 그리고 그것의 극대화가 달성되면 더 이상의 재분배는 정의의 이름으로 추구되지 않는다.

을 논하는 '비이상적' 이론(non-ideal theory)으로 논의를 넘길 것인 가? 아니면 최소극대화 규칙을 달성하지 않았으므로 완전히 정의로 운 것은 아니지만, 그 방향으로 가고 있기 때문에 '정의의 도상에 있 다(justice throughout)'고 판단해야 하는가? 필자는 롤즈 자신이나 그 추종자들이 롤즈의 분배정의론을 어떻게 해석하는가에 따라 다른 답 이 가능하다고 생각한다. 문제는 어떤 방향으로 가든 결과적 입장은 (부당한) 격차를 줄이는 것을 하나의 독자적 목표로 하는 평등주의는 아니라는 점이다.

(3) 롤즈의 분배정의의 비평등주의적 면모들 :
(a) 롤즈적 호혜성 vs. 평등 : 롤즈에 의하면 자신의 정의론의 핵심 적 요소들 중 하나는 호혜성의 이념인데, 그것은 "(일반 선(general good)에 의해 동기 지어졌다는 의미에서) 이타적인 공평성(impartia-lity)의 이념과, 각자의 현재 혹은 현재 상태에서 기대되는 미래 상황 과 관련하여 모두가 혜택을 받는다는 의미에서 상호 혜택(mutual ad-vantage)의 이념 사이에 위치한다."(PL, pp.16-17)[28] 여러 번 언급되 었듯이 이 개념이 점차 롤즈의 분배정의관의 핵심으로 자리 잡으면 서 아주 복잡하게 얽힌 생각들을 대변하게 된다. 그것은 협력적 체계 안에서 그 체계의 규칙들이 요구하는 역할을 수행하는 시민들 사이 의 관계다. 그 관계는 도덕적 개인으로서 모든 이들이 (자유롭고) 평 등하기 때문에 분배적 정의의 수준점은 평등이라는 생각에 부분적으 로 기초한다. 더 재능이 있는 사람들은 자신들의 재능을 갖고 행사하 는 것을 누릴 때 이미 복을 많이 받은 것이므로 '더 이상의 혜택'을

---

28) 호혜성에 대한 TJ에서의 규정은 때로는 그의 정의관이 표현하는 "상호 혜택" 의 원칙(p.88)과, 혹은 정의감의 심리적 원천의 배후에 있는 기본 이념인 "비 슷한 방식으로 응답하려는 경향"(p.433)과 동일시되곤 하지만 이미 후기의 복 합적 이념을 내용적으로 함축하고 있다.

획득하는 것은 덜 혜택을 받은 사람들이 그들의 작업으로부터 이득을 받는 경우에 한한다. 재능 있는 사람들의 작업 수준, 그들에게 가는 보상의 수준은 각종 유인들을 제공하는 사회와 그 유인들에 반응하는 재능 있는 사람들에 의해 합동으로 결정된다. 사회의 기본구조는 차등의 원칙을 포함한 롤즈적 정의원칙들을 만족하는 목표를 염두에 두고 그 유인들의 양을 조정해야 한다(PL, pp.16-17; JF, p.49, p.64, pp.76-77, p.124).

이 논문의 주제를 염두에 두고 세 가지 점만을 지적하자: 첫째, 방금 언급된 유인의 양과 관련하여 위("최소극대화 규칙과 평등의 괴리")에서 기술된 것이 틀리지 않다면, '롤즈적' 이상적 상황에서도 그리고 현실에서도 재능 있는 계층이 제시하는 그 어떤 양의 차등 보수의 요구도 제도적 조정에서 **주어진** 조건들의 하나로 취급될 것이다. 그대로 유지되지 않고 조정될 것이지만, 그 어떤 상황에서도 재능 있는 계층의 협상 조건으로 남아 있다. 결과적으로 그 어떤 정도의 불평등도 원칙적으로 호혜성과 양립 가능하다(다음 문단 참조). 둘째로, 롤즈적 분배정의와 호혜성은, 재능 있는 계층이 더 이상의 보상과 유인이 없을 경우 생산적 노력을 할 수 없어서 모두에게 (특히 하층에게) 혜택을 산출할 수 없는 지점에서 그 보상과 유인을 용인한다. 그 보상과 유인이 최소극대화 규칙을 위해 '필요'하다는 것이다. 여기서 자연스럽게 떠오르는 질문이 있다: 이 지점이 재능 있는 자들의 편에서 더 이상의 노동과 생산이 엄밀하게 "불가능한(inability)" 지점인가, 아니면 그들이 더 이상의 노동과 생산을 (보수가 없다면) "하지 않으려는(unwillingness)" 지점인가?[29] 마지막으로, 호혜성의 이념 안에는 평등으로 가는 하나의 단초, 즉 재능의 분포가 도덕적으로 임의적이므로 재능의 모든 혜택을 그 소유자에게 돌아가게 하는 것은 부당하다는 명제가 포함되어 있는 것이 사실이다. 그러나 호혜성의 용

---

29) Cohen, "Incentives, Inequality, and Community".

광로 안에서 결과적으로 도출되는 분배는 (최소극대화 규칙에 의해) 재능이라는 (부분적으로는) 운의 효과를 조정할 뿐 분배적으로 관련성이 있는 (즉 임의적이 아닌) 협력적 체계 구성원들의 특질들에 근거한 그 어떤 독립적 기준에 의해 인도되지 않는다. 이는 호혜성에 기반을 둔 롤즈의 전체론적 분배론과 (다음에 보게 될 코헨의) 노동의 부담이 감안된 평등 사이에는 상당한 거리가 있음을 증시한다.

(b) 롤즈 분배정의론이 허용하는 불평등의 정도는 미확정적 : 지금까지 논의된 바에 따르면 그 어떤 상황에서도, 즉 완전히 정의롭거나 정의의 도상에 있는 제도들에서 롤즈의 분배정의론이 허용하는 불평등은 확정적인 한계를 가지거나 그 불평등이 어떤 기준에 의해 제한된 형태를 취하지 않는다: "차등의 원칙은 혜택을 더 받은 집단과 덜 받은 집단에 할당된 몫들의 비율(ratio)이 머물러야 하는 확정적 한계(definite limits)를 명시하지 않는다. 사실상 우리는 그러한 한계들을 설정해야 한다는 요구를 피하고자 하는데 순수한 배경적 절차적 정의의 결과로서 그 비율은 어디에서 멈추든지 허용되어야 하기 때문이다."(JF, p.68)[30] 그리고 공정으로서의 정의관 내에서 모든 원칙들이 만족된다면 "우리는 그 비율이 정의로운 것인지의 여부를 판정하는 더 이상의 기준을 갖고 있지 않다."(JF, p.68, fn.36) 만약에 상위 원칙들이 만족되었는데도 최소극대화 규칙을 달성하는 과정에서 상층과 하층 간의 격차가 심하게 벌어지고 있다면, 그 격차는 "우리를 혼란스럽게 하고 놀라게 만들 것"이며 "반성적 평형(reflective equilibrium)의 상태는 어느 정도 어지럽히게(upset) 될 것이다."(JF, p.68) 여기서 우리는 정의에 관한 롤즈적인 판단과 이러한 혼란과 분란의 느낌들 사이에 또 하나의 긴장 혹은 불편한 괴리의 요소를 만나게 된다.

---

30) "정의의 일반적 관념은 어떠한 종류의 불평등이 허용 가능한지에 관해 그 어떤 제한을 부과하지 않는다. 그것은 오직 모든 이의 처지가 향상되기만을 요구한다."(TJ, p.55)

(c) **평등으로의 독자적 압력의 부재** : 그러나 롤즈는 한편으로 공정한 사회적 협력을 위한 원칙들과 그것에 필요한 모든 비용들이 감안된 사회, 즉 그의 "두 정의원칙들에 의해 잘 정돈된 사회에서 결과적인 분배의 외향적 특징들이 부정의하게 보이지 않는 범위에 머물 것을 희망한다."(JF, p.68) 이러한 '희망'의 근거는 무엇일까? 바로 정치적/시민적 자유와 공정한 기회평등을 관장하는 상위 원칙들이 경제적 평등에 가지는 긍정적 압력이 그 근거다. 롤즈에 의하면 상위 원칙들이 만족된 체계에서 "과도한 불평등은 지배적 경향이 아닐 것이다."(TJ, p.137) 그 이유는 우리가 이미 보았던 바 있다. 정치적/시민적 자유의 **실질적** 평등 — 그 자유가 실제로 공적 영역에서 가지는 영향력 상의 평등 — 을 위해서는 상당한 정도의 경제적 평등이 요구되며, 후자는 전자를 강화할 것이다. 또한 직위와 그에 따르는 권한을 위한 **실질적** 기회의 평등은 낮은 계층에 대한 상당한 교육 및 경제적 지원을 요구하고 실제로 직위와 권한의 소수 독점을 막아서 경제적 평등을 도모하게 될 것이다. 이러한 현실적 가능성은 무시할 수 없다. 그러나 필자는 정치적 평등과 기회의 평등이 경제적 평등과 어느 지점까지는 유기적 상호 관련(서로를 필요로 하고 보강하는 관련)을 가지지만, 이론적으로 그리고 현실적으로도 두 유형의 평등이 엇갈리는 지점이 있을 수 있다고 생각한다. 이를 위해 세밀한 논증과 예증을 이 자리에서 할 수 없지만,[31] 위에서 잠시 언급된 대로 미국과 같은 나라에서 최근의 경제적 불평등의 심화가 동일한 정도의 정치적/시민적 자유나 기회의 불평등을 동반하거나 초래했다고 보는 것

---

31) 「롤즈와 평등주의」(pp.121-127)에서 필자는 특정 수준의 정치/시민적 평등과 기회 평등이 성취된 이후에는 그 수준은 다양한 정도의 경제적 (불)평등과 양립 가능하며 그 수준 이후의 진전은 경제적 평등의 유사한 진전과 상관관계를 맺지 않을 수 있다는 사실, 그리고 경제적 평등에서의 일정 수준 이상의 진보는 정치/시민적 평등의 개선을 동반하지 않을 수 있음을 사실적 자료와 이론적 전거를 들어 제시한 바 있다.

은 부적절한 평가라는 점만을 상기하자.

우리의 논의상 중요한 점은 롤즈의 분배정의론이 부당한 격차 축소로서의 경제적 평등에 독자적 원칙의 자격을 부여하지 않는다는 점, 그리하여 다른 가치들의 약진에도 불구하고 이러한 의미에서 경제적 평등이 후퇴했다면 그것의 시정을 요구하는 독자적 압력의 근거를 갖고 있지 않다는 점이다. 롤즈에게서 경제적 평등을 향한 상위 원칙들의 압력이 아무리 강하다고 해도, 경제적 평등은 바로 상위 원칙들에 필요한 정도로만, 그리고 그것에 필요하다는 이유에서 추구될 것이다. 자신의 정의론이 어떤 의미에서 (경제적인 측면에서) 평등주의적인가를 스스로 묻고 답을 찾는 과정에서 롤즈는 또다시 묻는다: "불평등은 그 자체로서 옳지 않고 부정의한 것일까?"(JF, p.131) 롤즈의 궁극적인 답은 이제 친숙한 것이다. 바로 "동등한 시민의 자격(equal citizenship)", 즉 "모두가 자유롭고 동등한 개인으로서 가지는 지위"를 어지럽힐 수 있다는 점에서 경제적인 불평등의 "자체적인" 그름과 부정의가 해명될 수 있으며, 그 동등한 시민적 자격을 안정되게 만든다는 점에 평등의 이념의 "최고 수준의" 의의가 존재한다(JF, p.132). 롤즈 정의론이 '평등주의적'임은 차등의 원칙 때문이 아니라 바로 상위 원칙들 때문이라는 사실은 롤즈 자신의 산발적 언급 이외에도 (코헨의 롤즈 비판에서 롤즈 편에 섰다는 의미에서) 롤즈를 옹호하는 다음의 논평에서 극명하게 드러난다: "[롤즈] 이론의 차등의 원칙 부분은, 자주 그렇게 기술되고는 있지만, 매우 평등주의적인 것은 아니다. … [왜냐하면] 공적 정의 개념으로 잘 정돈된 사회라는 롤즈의 정교한 이념의 문맥하에서도 그 원칙은 적절한 정의 개념이 마땅히 비난해야 하는 불평등들을 비난할 수 없기 때문이다. … [하지만] 첫째 원칙은 경제적 불평등에 그 자체의 한계들을 부여할 수 있으며 그 한계들은 차등의 원칙이 제공하는 한계보다 훨씬 더 엄격할 것이다."32)

하지만, 반복하자면 정치적/시민적 평등에 요구된다는 것 이외에도, 또 다른 근거에서 경제적 혜택의 분배에서는 정당한 차등이 있을 수 있고 부당한 차등이 있을 수 있다. 경제적 평등이 원칙적 독자성을 갖고 있지 않고 그것을 향한 독자적 압력의 근거가 없다는 점이 롤즈 분배론이 평등주의로 간주될 수 없는 가장 근본적인 이유다.

(d) 롤즈 분배론의 전체론적 특성과 평등의 위상 : 롤즈가 격차 축소로서의 평등에 독자적 역할과 목소리를 부여하지 않았다는 지적은, 그의 정의론이 전체론적 특성을 가진다는 사실과 밀접하게 연관되어 있다. 상위 원칙들이 만족되고 최소 수혜자 계층의 처지가 극대화되었거나 향상되었지만 (노동의 부담이 감안된 것 이상으로) 불평등이 심화된다면, 롤즈의 입장에서 정의와 관련하여 이 상황에 대해 부정적 판단을 내릴 근거는 없다. 정의가 완전히 달성되었거나 관철되고 있는 과정이기 때문이다. 그러나 만약 이 경우에 2절에서 그 특징이 소개된바 부당한 격차 축소로서의 평등을 하나의 독자적 가치로 인정하는 평등주의적 입장에서는 다음과 같은 **분화된** 판단이 가능해진다: "정치적/시민적 자유와 기회의 평등에서 진전이 있었고 최소 수혜자 계층의 절대적 수준이 극대화 혹은 향상되었지만, 진정한 개인적 책임과 노동의 부담이 감안된 경제적 평등의 측면에서는 후퇴가 발생했다." 물론 이러한 **판단**을 넘어서서 경제적 평등으로 실제적 압력을 행사할 수 있는지는 문맥에 따를 수밖에 없다. 그 사회의 (자기 이익적 혹은 평등주의/공동체적) 에토스의 성격, 평등이 추구될 경우 초래될 반대급부의 크기 등을 고려해야 할 것이다. 그러나 평등의 원

---

32) Estlund, "Liberalism, Equality, and Fraternity in Cohen's Critique of Rawls", pp. 109-110(나중 강조는 첨가된 것임).
경제적 평등이 결국 정치적이고, 시민적 평등 때문에 필요하고 그 정도로만 정의의 이름으로 요구된다는 생각은 (딱히 롤즈 옹호자가 아니더라도) 많은 정치철학자들의 견해를 대변한다. Scheffler, Smith, Daniel, Anderson의 저작들 참조.

칙적 독자성을 유지하고 최소한 이러한 분화된 판단의 여지를 마련
한다는 것은 차후의 실제적 방향 전환을 위해서도 필요한 부분이다.
설사 최소극대화 규칙이 결과적으로 평등을 유발했다고 해도 그 상
황을 정의롭다고 판단하는 데 있어서 롤즈와 평등주의자들은 다른
근거를 댈 것이다. 롤즈의 경우는 최소극대화 규칙 때문이고 후자에
있어서는 (부당한) 격차가 축소되었기 때문이다. 롤즈에게 있어서 평
등은 최소극대화 규칙의 (우연적인) 결과일 뿐이고, 평등주의자들은
평등을 위해서 최소극대화 규칙을 추구한다.

(4) 롤즈 vs. 코헨의 평등주의[33] : 코헨(G. A. Cohen)은 애초에 '내
적' 비판자로서 롤즈의 분배정의론을 비판했다. 다시 말해서 코헨은
최소극대화 규칙을 정의의 기준으로 수용했다. 그러면서 롤즈가 재능
있는 자들에게 돌아가는 유인을 인정하여 최소극대화 규칙의 **최대**
구현에 못 미치는 상태를 정의로운 것으로 인정한 점을 비판했던 것
이다.[34] 재능 있는 자들이 낮은 계층으로 더 많이 이전한다면 더 높
은 단계에서 최소극대화 규칙이 달성될 것이다. 2절에서 살펴본 대로
이 과정에서 그는 재능 있는 자를 포함한 개인들의 평등주의적 에토
스가 중요하게 기능할 것이라고 주장하면서 기본구조 중심의 롤즈
정의론의 제도론적 특징을 비판했다.[35] 그러나 이렇게 최대한으로 달
성된 최소극대화 규칙은 실상 노동의 부담이 감안된, 더 높은 단계에
서의 평등으로 귀결될 것이다. 그리고 코헨이 다른 곳에서 피력한

---

33) 이 부분에 대한 확장된 논의는 필자의 「롤즈와 평등주의」 참조.
34) Cohen, "Incentives, Inequality, and Community"; "The Pareto Argument for
   Inequality".
35) 넓게 보면 코헨적인 기조에서, 로머는 롤즈적인 정도의 '평등주의'적 분배기준
   을 도출하기 위해서도 롤즈(와 다른 이론가들)의 무지의 베일이 표방하는 공
   정성(impartiality)에 유대감(solidarity)이 더해져야 함을 논하고 있다. Roemer,
   "Impartiality, Solidarity, and Distributive Justice" 참조.

'운의 영향력을 상쇄하는 평등주의(luck egalitarianism)'의 기조에 따르면 개인의 책임하에 어떤 정도의 노동과 휴가 집합을 선택할 것인가를 감안하고, 그 노동에 진정 필요한 (물리적, 심리적) 비용과 수고를 다시 감안한 이후에 개인의 통제를 넘어선 운의 분배적 영향력을 가능한 제거하는 것이 평등주의의 목표가 된다. 더 나아가서 그러한 평등을 분배적 정의와 **동일시**한다면, 더 이상 롤즈에 대한 내적 비판이 아니라 비롤즈적인 평등주의 분배론이 도출될 것이다. 코헨은 최근에 이러한 시각으로 전향하여 롤즈와 자신의 분배적 정의관을 대비하고 있다. 아직 그의 입장이 체계적으로 제시되지 않았지만 다음의 코헨의 말은 필자가 염두에 두고 있는 롤즈 vs. 평등주의의 대비를 잘 보여주고 있다:

> [과거의 나의 글에서] 나의 견해는 사실상 우선성 입장, 아니 극단적 우선성 입장이었고 그것은 다름 아닌 차등의 원칙이었다. 그러나 나는 그것이 잘못이었다고 생각한다. 나는 정의는 바로 **평등이다**라고 말했어야 했다. 그것이 내가 믿고 있는 바이기 때문이다. 그 나머지 모든 것은, 한편으로는 엄밀한 실행이 불가능하기 때문에(strict infeasibility), 다른 한편으로는 인간적 도덕적 나약함 때문에 양보한 것이다. 모든 상황에서 옳은 정책은 최소극대화 규칙이지만, 최소극대화 규칙이 평등으로부터 이탈하는 정도로 최소극대화 규칙은, 즉 옳은 정책은 정의로부터 이탈한다.36)

최소극대화 규칙은 롤즈에 있어서는 호혜성 때문에, 다른 이들에게서는 복지(의 증진), 혹은 약자와 빈곤에 대한 인간적(humanitarian) 관심사 때문에 추구될 것이다. 코헨에게서 최소극대화 규칙은 바로

---

36) 이 언급은 코헨이 2004년 말에 필자에게 보낸 메일에서 인용한 것이다. 그는 2008년 말에 출판된 *Rescuing Justice and Equality*에서 자신의 평등주의적 정의관과 롤즈를 비롯한 자유주의적 정의관을 체계적으로 대비하고 있다. 그 대비의 핵심적 논점은 이 인용문에서 잘 드러난다.

평등 때문에 '옳은' 정책이다. 하향 평준화를 피하려면 모든 경우에 평등을 위해서는 최저 계층의 처지를 올려야 하기 때문이다. 그러나 여러 가지 이유들에서, 즉 최저 계층으로의 이전의 현실적 제약('실행 불가능성')이나 상층의 자기 이익적 에토스('도덕적 나약함') 때문에 최소극대화 규칙이 불평등을 심화시킨다면 분배적 정의의 관점에서 후퇴가 이루어진 것이다.

롤즈에 의하면 일차적 선의 완전한 평등한 분배가, 향후의 어떤 다른 분배형태들이 정의의 측면에서 '향상된 것(improvements)'인지를 판단하는 수준점(benchmark)이다(TJ, p.55). 이 수준점으로부터 모든 개인, 특히 최소 수혜자 계층이 혜택을 입는 불평등은 정의의 측면에서 '향상'된 것이다. 이 개념을 이해하는 것은 생각보다 어려운 일이다. '수준점'을 이해하는 한 가지 방식은 그것을 분배의 출발점(starting point)으로 간주하는 것이다. 현재의 상태가 그 출발점으로부터 시작하여 모두의 처지를 향상시킨 과정을 밟은 것으로 판단될 수 있다면, 비록 불평등한 분배상황으로 귀착되었다고 해도 현 상황은 (완전히) 정의로운 것일 수 있다. 그러나 이 수준점은 롤즈도 인정했듯이 하나의 '가상적' 분배상황(hypothetical arrangement)이다. 어떻게 이 상황이 현실 판단의 '수준점'이 될 것인가? 과거보다 현재에서, 그리고 현재보다 미래에서 차등의 원칙이 달성된다면 정의의 측면에서 개선이 이루어지고 있는 것이다. 그런데 왜 (가상적) 평등분배를 참조할 필요가 있는가? 그러한 참조가 과연 가능할 것이며 어떤 규범적인 의미를 가질 것인가? 롤즈가 완전 평등을 분배의 수준점으로 본 것은 그것이 "사람들이 자유롭고 평등한 도덕적 개인들일 경우 그들이 처하게 될 상황을 반영하기 때문"이다(PL, p.282). 롤즈는 "자유롭고 평등한 도덕적 개인들"이 이 수준점으로부터 차등의 원칙으로의 이행을, 즉 모두의 혜택이 되는 불평등을 호혜성의 원칙하에서 수용할 것이라고 생각한다. 그러나 이러한 롤즈의 공식적 견해를 잠시 접어 둔다면, 이 언급은 '수준점'을 이해하는 다른 방식을 시사해 준다. 자신과 상대방을 '자유롭고 평등한 도덕적 개인들'로서 간주하기 위해서 정치적/시민적 자유의 평등뿐 아니라, 그리고 그것을 위해서만이 아니라 (일정 부분 책임과 노동의 부담이 감안된) 경제적 평등도 그 자체로 요구되는 것이라면, 다시 말해서 여기서의 '자유'와 '평등'이 경제적 측면도 갖고 있는 것으로 이해된다면, 이 '수준점'은 단지 분배의 **출발점**이 아니라 그 어떤 분배상황도 정의의 관점에서 돌아가야 할 혹은 그 패턴에서 모방해야 할 **규범적 고향**(normative home)의 지위를 갖게 될 것이다. 필자의 생각에는 오직 이러한 두 번째 해석 속에서 롤즈의 전반적 입장에 함유되어 있지만 (호혜성 중심의) 그의 분배론의 마지막 모습 안에서 상실된 견실한 평등주의의 씨앗을 볼 수 있다.

참고문헌

Anderson, Elizabeth, "What Is the Point of Equality?", *Ethics* 109(1999).
Arneson, Richard, "Equality and Equal Opportunity for Welfare", *Philosophical Studies* 66(1989).
____, "Primary Goods Reconsidered", *Nous* 24(1990).
____, "Luck Egalitarianism and Prioritarianism", *Ethics* 110(2000).
____, "Equality", in R. Simon ed., *The Blackwell Guide to Social and Political Philosophy*(Blackwell, 2002).
____, "Egalitarianism", *Stanford Encyclopedia of Philosophy*, http://plato. stanford.edu.
____, "Rawls, Responsibility, and Distributive Justice", in M. Salles & J. Weymark eds., *Justice, Political Liberalism & Utilitarianism: Themes from Rawls and Harsayni*(Cambridge University Press, 2008).

Cohen, G. A., "On the Currency of Egalitarian Justice", *Ethics* 99(1989).

____, "Incentives, Inequality, and Community"(1993), rep. in S. Darwall ed., *Equal Freedom*(Michigan University Press, 1995).

____, "The Pareto Argument for Inequality", *Social Philosophy and Policy* 12(1995).

____, *If You're an Egalitarian, How Come You're So Rich?*(Harvard University Press, 2000).

____, "Expansive Taste Rides Again", J. Burley ed., *Dworkin and His Critics*(Blackwell, 2004).

____, *Rescuing Justice & Equality*(Harvard University Press, 2008).

Daniels, Norman, "Rawls's Complex Egalitarianism", in S. Freeman ed., *The Cambridge Companion to Rawls*(Cambridge University Press, 2003).

Dworkin, Ronald, "What is Equality?(I, II)", *Philosophy and Public Affairs*, 10(1981).

Estlund, David, "Liberalism, Equality, and Fraternity in Cohen's Critique of Rawls", *Journal of Political Philosophy* 6(1998).

Freeman, Samuel, *Rawls*(Routledge, 2007).

____, "Rawls and Luck Egalitarianism", in his *Justice and the Social Contract: Essays on Rawlsian Political Philosophy*(Oxford University Press, 2007).

Kagan, Shelly, "Equality and Desert", in L. Pojman & O. McLeod eds., *What Do We Deserve? A Reader on Justice and Desert*(Oxford University Press, 1999).

Harsanyi, John C., "Morality and Incentives", in F. Farina et al. eds., *Ethics, Rationality, and Economic Behavior*(Oxford University Press, 1996).

Holtug, Nils & Lippert-Rasmussen eds., *Egalitarianism: New Essays on the Nature and Value of Equality*(Oxford University Press, 2007).

Miller, David, "Arguments for Equality", *Midwest Studies in Philosophy* 7 (1982).

Parfit, Derek, "Equality or Priority?", in A. Mason ed., *Ideals of Equality*, (Blackwell, 1998).

Rawls, John, *A Theory of Justice*(TJ)(1971), rev. edn.(Harvard University Press, 1999).

____, *Political Liberalism*(PL) (Columbia University Press, 1993).

____, *Justice as Fairness: A Restatement*(JF) (Harvard University Press, 2001).

Roemer, John, *Theories of Distributive Justice*(Harvard University Press, 1995).

____, *Equality of Opportunity*(Harvard University Press, 1998).

____, "Equality of Opportunity: A Progress Report", *Social Welfare and Choices* 19(2002).

____, "Impartiality, Solidarity, and Distributive Justice", in C. Sypnowich, ed.

Scanlon, T. M., "Justice, Responsibility, and the Demands of Equality", in C. Sypnowich, ed.

Schaller, Walter, "Rawls, the Difference Principle, and Economic Inequality", *Pacific Philosophical Quarterly* 79(1998).

Scheffler, Samuel, "Is the Basic Structure Basic?", in C. Sypnowich, ed.

Sen, Amartya, *Inequality Reexamined*(Harvard University Press, 1992).

Smith, Paul, "Incentives and Justice: G. A. Cohen's Egalitarian Critique of Rawls", *Social Theory and Practice* 24(1998).

Sypnowich, Christine, ed., *The Egalitarian Conscience: Essays in Honour of G. A. Cohen*(Oxford University Press, 2006).

Temkin, Larry, "Equality, Priority, and the Levelling Down Objection", in M. Clayton & A. Williams eds., *The Ideal of Equality*(St. Martin's Press, 2000).

롤즈의 절차주의적 자유주의의 윤리적 기초에 대한 비판

김성우

상지대 교양학부 겸임교수

1. 구성이라는 절차로

롤즈의 정의관은 칸트적 정의관에 대한 절차주의적 해석이다. 이러한 해석은 칸트의 정의관으로부터 그 형이상학적 배경이 되는 초월론적 관념론(하나의 형이상학적 견해)을 분리하며, 원초적 입장에 대한 구성을 통해서 이루어진다.1) 이렇게 구성을 하는 과정이 바로 절차다. "하나의 정의관을 정당화하는 것은 그 정의관이 우리를 선행하거나 우리에게 주어진 질서에 타당하기 때문이 아니라 그 정의관이 우리 자신과 우리의 열망 및 다음과 같은 우리의 깨달음에 대한 더 깊은 이해와 일치하기 때문이다. 우리가 깨달은 바에 따르면 우리의 역사가 있고 그리고 공공의 삶에 스며 있는 전통이 있다면 이는 우리에게 가장 합당한(실천이성적인, reasonable) 것이다. 우리는 우리의 사회 세계를 위해 더 나은 헌장을 발견할 수 없다. 칸트의 구성주의의 주장에 따르면 도덕적 객관성을 이해하기 위해서는 모든 이가 수용할 수 있는 사회적인 관점을 적절하게 구성할 수 있어야 한다는 것

---

1) 존 롤즈, 장동진 옮김, 『정치적 자유주의』(동명사, 1998), p.352.

이다. 정의의 원칙들을 구성하는 절차를 제외한다면, 어떤 도덕적 사실도 존재할 수 없다."[2]

이러한 절차주의적 방법론을 롤즈는 사회계약론의 관점에서 이해하고 있다. "『정의론』의 목적들은 (다시 풀어서 설명한다면) 전통적인 사회계약론을 일반화하여 더 높은 추상화 단계로 끌어올리는 것이었다. 나는 이 학설이 자신에 대해 종종 치명적이라고 생각되는 가장 분명한 반대들에 직면하지 않는다는 것을 보여주고 싶었다. 나는 이 관점(내가 '공정으로서의 정의'라고 부른 관점)의 주요한 구조적 특징을 더 분명하게 풀어 밝히고 이 관점을 공리주의보다 우월한 정의에 대한 대안적인 체계적 해석으로 발전시키기를 희망했다. 나는 이 대안적 개념이 전통적인 도덕관들 중에서 정의에 관하여 우리가 생각한 정의에 대한 신념에 가장 근접하며, 민주사회의 제도를 위한 가장 적합한 토대를 형성한다고 생각했다."[3]

칸트의 윤리학을 절차주의적으로 재구성하고 이를 위해 사회계약론의 추상적 일반화를 추구함으로써 롤즈는 그 당시 영미권에서 윤리학을 지배하고 있던 공리주의를 근본적으로 비판하고자 한다. 그에 따르면 공리주의는 "실현 가능하고 체계적인 도덕관"을 형성하는 데 실패하고 만다.

롤즈에 따르면 공리주의나 완전주의 등의 목적론적인 학설들의 문제점은 실체적인 좋음의 개념에 의존한다는 것이다. 실체적인 좋음에 대한 비강제적인 합의는 공리의 원리나 완전성의 원리로는 달성되지 못한다. 이와는 대조적으로 롤즈는 좋음의 개념을 형식화한다. 이러한 형식화를 통해서 생겨난 '합리성으로서의 좋음'은 인격과 상황의 우연성 문제를 배제한다. 이러한 좋음의 정의는 '숙고된 합리성'으로

---

2) J. Rawls, "Kantian Constructivism in Moral Theory", in *Journal of Philosophy*(Sept. 1980), p.519.

3) 『정치적 자유주의』, 서문, p.19(인용자가 원문에 따라 고쳐 인용함).

서 선택된 삶에 대한 합리적인 계획에 의해 한 인격의 좋음을 규정할 뿐이다. 이 좋음의 정의(定義)만으로는 구체적인 목적이나 지침을 규정할 수 없다.4) 이처럼 좋음의 개념을 형식화함으로써 롤즈는 평등한 자유권 보장과 공정한 배분 문제 해결을 위한 도덕성의 기초를 확보한다. 다시 말해서 각 개인의 욕망의 가치 정도와 좋음의 합당한 개념에 제한을 가할 수 있는 근거가 좋음에 대한 옳음의 우위에 의해 확보된다. 각자의 좋음을 최대화하려는 개인들의 합리적 전략으로부터 좋음에 대한 서로 다른 실체적 개념만으로는 각자에게 제한을 요구하는 도덕성을 도출해 낼 수 없다. 그러나 롤즈에 따르면 옳음 우위의 관점에서는 이 도덕성에 대한 합의의 도출이 가능하다. 더 자세히 말하자면 각 개인의 차이를 획일적으로 무시하지 않으면서도 공정한 절차의 구성(원초적 입장, 무지의 베일, 질서정연한 사회5))을 통해서 그 기준에 대한 합의 도출이 가능하다. 이러한 점을 분명히 하기 위해 그는 정의의 목표가 합리적 계획의 성취를 최대화하는 것이 아니라고 못을 박아 둔다.6)

이렇게 함으로써 그는 좋음의 비결정성으로부터 옳음을 독립시킨다. 이는 주어진 역사의 문맥에 상관없는 형식적이고 보편적인 '도덕적 관점'7)을 전제한다. 이런 점에서 롤즈의 윤리학은 칸트의 의무론

---

4) J. Rawls, *A Theory of Justice*(Harvard University Press, 1971), p.424. 앞으로는 『정의론』으로 표기한다.

5) 롤즈는 『정치적 자유주의』에서 『정의론』의 문제점이 질서정연한 사회라는 비현실적 개념과 관련되어 있다고 해명한다. 합당하지만 양립 불가능한 포괄적 교리들로 이루어진 다원성의 현실 — 합당한 다원주의의 현실 — 은 『정의론』에서 사용된 공정으로서의 정의관에 입각한 질서정연한 사회라는 개념이 대단히 비현실적임을 드러낸다. 그 이유는 그 개념이 예견 가능한 최선의 조건하에서도 자신의 원칙을 실현하는 것과 양립할 수 없기 때문이다(『정치적 자유주의』, 서문, pp.20-22).

6) 『정의론』, pp.450-451.

7) J. 하버마스, 이진우 옮김, 『담론윤리의 해명』(문예출판사, 1997), p.16.

적이고 형식주의적이고 보편주의인 윤리학을 절차윤리학으로 재구성하는 것으로 간주될 수 있다. 그런데 칸트의 보편주의 윤리학은 이미 헤겔에 의해 추상적이고 무력한 당위라고 비판받았다. 과연 칸트 윤리학을 그 형이상학적 전제를 벗어 던지고 오로지 구성적 절차를 중시하는 구성주의로 변형시킨다고 해서 과연 롤즈의 윤리학적 기초공사가 이런 헤겔의 비판에서 벗어날 수 있는가?

2. 『정의론』의 문제점

롤즈와 유사하게 칸트 윤리학에 대한 절차주의적 해석을 한 윤리학자가 바로 하버마스다. 롤즈와 하버마스의 차이점은 하버마스가, 그 자신의 견해에 따르면, 롤즈보다 칸트 윤리학의 인지주의적인 요소를 대단히 더 강조한다는 점에 있다. 하버마스와는 달리 롤즈는 여전히 정의의 원칙들을 발견하기보다는 구성하기 때문에 순수계약모델의 의지주의적 요소와 단절하지 못한 채, 합리적 의사형성의 절차를 진리지향적 공론형성으로부터 분리시킨다. 하버마스에 따르면 이 절차의 성격을 어떻게 규정하느냐에 따라, 또한 이러한 절차의 실천에서 어떤 계기를 강조하느냐에 따라, 절차는 여러 가지 의미를 지니게 된다. 만약 절차가 계약을 체결하는 사적 권리의 주체들 사이의 합의의 모델로 해석되면 의지라는 계기가 전면에 부각하게 된다(사회계약의 홉스적 모델). 이에 비해 정당화하는 논증의 모델은 인식을 성급하게 닮으려고 하기 때문에 이성이라는 계기가 드러나게 된다(사회계약의 칸트적 모델). 이 두 개의 절차적 모델 중에서 하버마스는 롤즈의 정치적 구성주의를 홉스적인 방식이 아니라 칸트적인 방식이라고 규정한다. 홉스의 경우처럼 자의적 자유만을 지닌 당사자들은 자신들의 계약적 합의를 오직 목적합리적 계산만을 통해 정당화할 수 있으므로 이러한 합의의 근거는 참여자들의 우연적 이해관계와 선호체계에서 벗어나지 못한다. 이것이 바로 사적 권리의 모델이다. 그러나 롤즈가 요구하는 합의의 근거는 참여자들의 이기적인 관점과 무관해야 한다. 그래서 칸트의 경우처럼 자유로운 의지를 지닌 당사자들은 자신들의 계약적 합의를 도덕법칙을 참조함으로써 정당화하지 않으면 안 된다. 이러한 합의는 도덕적 판단능력을 갖춘 주체들의 통찰에 의존하게 된다. 그런데 하버마스에 따르면, 롤즈는『정의론』에서 이 두 해석 방식의 양립 불가능성에 관해 착각하였지만,[8] 그 이후에 분명히 칸트적 해석 방식을 택하기로 결정한 것이다. 이로써 실천이성의 규정들은 실제로 의사형성의 절차 속으로 편입되었으며, 그것도 원초적 상태의 당사자들이 처해 있는 특별한 제한조건들의 형태를 통해 편입되었다.[9]

3. 인지주의가 아닌 구성주의

그럼에도 하버마스는 여전히 롤즈를 비판하고 있다. 그가 비판의 이유로 들고 있는 요점은『정의론』의 문제점을 인지한 후에도 여전히 롤즈가 정의의 원칙들을 정당화하는 순수계약모델의 의지주의적 의미와 단절한 것이 아니라는 점이다. 상세히 말하자면, 이 정의의 원칙들은 발견되는 것이 아니라 구성되는 것이기 때문에 합리적 의사형성의 절차가 인식론적으로, 즉 진리탐구의 절차로서 이해되어서

---

8) 『정의론』에 내재된 이러한 문제점을 롤즈 자신도 인정하였다. "정의의 이론을 p.16과 p.538처럼 합리적 선택이론의 일부로 서술한 것은『정의론』의 오류였다 – 이는 사람들을 매우 잘못 이끄는 오류였다. 내가 언급했어야 하는 것은 공정으로서의 정의 개념은 당사자들의 토론을 자유롭고 평등한 인격을 대변하는 것으로 특징짓기 위해서 합당한(실천이성적인, reasonable) 조건에 종속되어 있는 합리적(이익계산적인, rational) 선택의 견해를 이용한다는 것이다."(J. Rawls, "Justice as Fairness: Political not Metaphysical", in *Philosophy and Public Affairs*, vol. 14, Summer 1985, p.237, 주 20)

9) J. 하버마스,『담론윤리의 해명』, pp.157-158.

는 안 된다는 점이다. 더군다나 절차적 합리성은 합리적 동기에 의한 동의의 의미에서의 합의를 가능하게 하는 의사소통적 실천의 이상적인 전제조건에 근거하지 않는다. 이 절차는 오히려 자신의 (도구적이고 전략적인 = 이익계산적인) 합리성을 이 절차에 참여하는 인격들의 합당한(실천이성적인) 능력으로부터 차용해야 한다. 그러한 이유로 인격 개념이 이제 실천이성의 규범적 내용을 설명해야 하는 전반적 부담을 안게 된다는 것이다. 간단히 말해서 이론적 정당화의 문제가 절차의 특징으로부터 인격의 특징으로 옮겨 가는 것이다. 그러나 규범적으로 내용 있는 인격 개념이 단순하게 인간학적인 방식으로 정당화될 수 없기 때문에 롤즈가 도덕이론적 정당화 요청을 정치적 윤리를 위해 포기해야만 하는 것은 아닌가 하는 문제로 동요하고 있다는 것이다.[10)]

　그러나 롤즈는 자신의 『정의론』을 수정한 새로운 시도인 『정치적 자유주의』에서 민주적 문화의 합당한 다원주의를 현실로 수용할 때, 정치적 자유주의의 목적은 근본적인 정치적 문제에 관하여 정당화의 합당한 공적인 근거의 가능성의 조건을 찾아내는 것이라고 분명히 선언하고 있다. 왜냐하면 도덕적 판단이란 자신의 한정된 관점에서 모든 문제에 접근하므로 어떠한 도덕적 판단이 맞느냐 하는 것은 정치적 자유주의에는 문제가 되지 않기 때문이다. 그는 정치적 자유주의는 정의관을 진리로서 접근하는 것이 아니라 오히려 합당한 것으로 언급한다고 본다. 다시 말해서 롤즈는 정치적 자유주의를 인지주의적 관점에서 접근하지 않는다. 그는 이론이성이 아닌 실천이성의 관점에서 인지주의가 아니라 구성주의라는 입장을 취하고 있다. 그런데 그의 정치적 구성주의가 여전히 실천이성으로부터 권리와 정의의 원칙들의 근거를 도출해 내려는 시도를 한다는 점에서 구성주의라고 해서 정당화의 요구를 폐기하는 것은 아니다.[11)] 그는 정당화의 공적

10) 같은 책, p.159.

인 근거와 비공적인 근거를 구별함으로써 정치적 구성주의의 정당화 전략을 세우려고 한다. 하지만 이런 시도는 근본적으로 정치적인 자유주의를 윤리학의 일반적 문제들로부터 벗어나게 한다. 결국 정치적인 것과 도덕적인 것의 분리가 행해진 것이다. 이 경우의 도덕적인 것은 합리적 직관주의와 같은 인지주의적 요소와 관련이 있다. 롤즈는 정치적 구성주의에서 구성절차는 본질적으로 실천이성에 기초하는 것이지 이론이성에 기초해 있지 않다고 봄으로써 도덕적 인지주의를 비판한다. "칸트가 구분하는 방식을 따르면, 실천이성은 대상들에 대한 관점 — 가령, 정치적인 열망의 목표로 간주되는 정의로운 입헌정체관 — 에 따라서 이러한 대상들을 산출해 내는 것과 관련되어 있다. 반면 이론이성은 소여된 대상의 지식과 관련이 있다. 구성절차가 본질적으로 실천이성에 기초해 있다는 점이 이론이성이 어떤 역할을 가진다는 것을 부인하는 바가 아니라는 점을 주목해야 한다."12) 이런 식으로 구성주의를 강조함으로써 인지주의와 명확히 결별한다. 바로 이 점에서 롤즈는 비록 칸트 윤리학에 대한 절차주의적 해석이라는 공통된 관점에도 불구하고 인지주의를 강조하는 하버마스와 갈라지게 된다.

더 나아가 롤즈는 칸트의 윤리학적 구성주의가 초월론적 관념론의 한 부분이라는 점에서 칸트의 구성주의에서 이러한 형이상학적 견해를 제거해야 한다고 주장한다. 롤즈에 따르면 칸트는 초월론적 관념론의 방식으로 구성적 자율성을 주장한다. 구성적 자율성이란 실재론의 방식에 따라 합리적인 직관주의가 주장하는 것처럼 독립적인 가치질서가 스스로 형성되는 것이 아니라 실천적 이성 자체의 활동에 의해 구성된다는 점을 가리킨다. 이러한 구성적 자율성을 형이상학적이라고 해서 롤즈는 폐기하고 싶어 한다. 그의 정치적 구성주의는 이

---

11) 『정치적 자유주의』, 서문, pp.24-26.
12) 같은 책, p.116.

러한 형이상학적 구성주의를 제거한 순수한 도덕적 구성주의에 바탕을 둘 것을 원한다. 그의 정치적 구성주의는 실천이성의 원칙들이 우리들의 도덕적 의식에서 기원한다는 점과 실천이성이 이론이성과 마찬가지로 자기 기원적이고 자기 확증적이라는 점(칸트의 견해)을 받아들인다고 해서 실천이성의 원칙들이 가치질서를 구성하는 점을 받아들일 수는 없다고 한다.[13]

구성주의는 도덕철학과 정치철학에서와 마찬가지로 수리철학에서도 역할을 하고 있다. 이들의 공통점은 절차적인 표현장치를 만든다는 점이다. 이 장치 속에서 가능한 한 올바른 추론의 모든 기준들을, 이것이 수학적이든 도덕적이든 정치적이든 간에, 결합하여 검토하는 것이다. "절차란 가능한 한 모든 관련된 척도들을 끼워 넣는 것으로 간주되기 때문에, 그것은 하나의 이상, 말하자면 이상적인 수학자 또는 정언명법적 절차를 올바르게 이해하고 적용하는 합리적이고 합당한 사람의 이상 또는 그런 이상적인 사람들의 공동체로서 목적의 왕국의 이상을 구체화하는 것이라고 말할 수 있다. 위에서 우리가 '가능한 한 모든 관련된 척도들을'이라고 말한 이유는 그러한 척도들을 어떻게 열거하더라도 그것은 최종적인 것이 될 수도 없으며 최종적인 것으로 간주될 수도 없기 때문이다. 다시 말하면, 그것들에 대한 어떤 표현도 비판적인 반성에 의해서 검토되도록 언제나 개방되어 있는 문제다."[14] 산술학에서 절차는 어떻게 자연수들이 기본적 단위의 개념들로부터 생겨나는지를 표현해 주는 것이고, 칸트의 도덕적 추론에서 절차적 표현은 순수 실천이성이 우리의 합리적인 준칙들에 부과하는 요구들을 표현하는 정언명법에 의해서 주어진다. 이런 식으로 도덕철학이든 수리철학이든 올바른 절차에 정확하게 따르고 참된 전제에만 의존하여 판단한다면, 이러한 추론은 합당하고 건전하게

---

13) 같은 책, p.124.
14) 같은 책, p.127.

된다.

따라서 칸트의 도덕철학을 구성주의 관점에서 해석하고 이를 형이상학과 분리시키면 바로 롤즈가 원하는 정치적 구성주의의 도덕적 기초가 된다. 정치적 구성주의에서 절차적 대표장치인 원초적 입장이 구성된 것인가라고 롤즈는 묻는다. 이에 대해 그는 아니라고 답한다. 원초적 입장은 단지 설정된 것인데 이는 자유롭고 평등하다고 간주되는 합당하고 합리적인 시민들 간의 공정한 협력체계로서의 질서정연한 사회라는 근본적 개념으로부터 출발한다. 그리고 합의 당사자들에게 부과하는 합당한 조건들을 나타내는 절차를 제시하는 절차를 설정한다. 이는 구성주의라고 해서 그 안의 모든 요소가 구성되는 것이 아님을 보여준다. 정치적인 옳음과 정의의 내용을 상술하는 실질적인 원칙들만이 구성된다는 것이다. 다시 말해서 "절차 자체는 기본적인 사회관과 인간관, 실천이성의 원칙들 그리고 정치적 정의관의 공적인 역할을 출발점으로 삼아 단순히 설계되었다."15)

4. 헤겔의 칸트 비판

이 글은 이러한 롤즈의 절차주의적 자유주의의 윤리적 기초가 칸트 도덕철학의 변용이라고 간주한다. 이러한 변용이 생겨나게 된 배경에는 다원주의라는 현대적 사실성과 헤겔이 칸트에게 제기한 반박을 고려하기 때문이다. 이와 대동소이한 절차주의 윤리학자인 하버마스도 마찬가지로 자신의 담론윤리가 칸트 윤리학의 변용이지만 헤겔의 비판을 수용한 결과라고 주장한다. 롤즈의 구성주의는 그 도덕적 기초가 튼튼해야 하는데 과연 헤겔이 던진 비판의 화살을 막아 낼 수 있을 만큼 강력한 것인가? 이를 알아보기 위해서 우선 헤겔이 칸트 윤리학에 던진 반박들을 살펴보지 않으면 안 된다.

---

15) 같은 책, p.130.

하버마스는 헤겔이 칸트의 도덕철학에 제기한 네 가지 중요한 반박을 다음과 같이 요약하고 있다.

(1) 칸트 윤리학의 형식주의에 대한 헤겔의 반박 : 정언명법이 행위준칙들과 의무들의 모든 특수한 내용으로부터 추상화를 요구하기 때문에, 이 도덕원리의 적용은 동어반복적 판단의 결과를 가져온다.

(2) 칸트 윤리학의 추상적 보편주의에 대한 헤겔의 반박 : 정언명법은 보편적인 것을 특수적인 것으로부터 분리하기를 요구하기 때문에, 이 원리에 따라 타당한 판단들은 그때그때 해결을 필요로 하는 문제의 특수한 성질과 맥락(콘텍스트)에 무감각할 뿐만 아니라 개별적 경우에 대해 비본질적이다.

(3) 순전한 당위의 무력함에 대한 헤겔의 반박 : 정언명법은 당위를 존재로부터 엄격하게 분리할 것을 요구하기 때문에, 이 도덕원리는 도덕적 통찰들을 어떻게 실천에 옮길 수 있을 것인가에 관한 정보를 줄 책임이 있다.

(4) 순수 심정의 테러리즘에 관한 헤겔의 반박 : 정언명법은 실천이성의 순수 요청들을 정신의 형성과정과 그것의 역사적 구체화로부터 분리시키기 때문에, 그것은 도덕적 세계관들의 대변인들에게 하나의 정치, 즉 이성의 실현을 목표로 설정하고 더 높은 목표를 위하여 부도덕한 행위를 인가하면서 감수하는 정치를 종용한다.[16]

여기에 롤즈는 헤겔이 행한 사회계약론의 원자론적 사회상에 대한 비판을 추가한다.

---

16) J. 하버마스, 『담론윤리의 해명』, pp.15-17.

(5) 국가를 사적 개인들의 협회로 혼동한 것에 대한 헤겔의 반박 : 사회계약론은 일반적 형식과 공법의 내용이 임의적이고 특수한 사적 이익이나 개인들의 사적 관심사에서 의하여 과도하게 결정되도록 방치한다. 사회계약론은 정당성이 없는 주장이며 그가 '시민사회'라고 부르는 영역에 한정된 개념을 무비판적으로 확장한 것에 불과하다. 또한 사회계약론은 인간의 사회적 성격을 인식하는 데 실패했으며, 인간에게 사회로부터 독립된 자연적 특성과 특정한 욕망을 집어넣었을 뿐이다.[17)]

하버마스나 롤즈의 절차주의적 윤리학은 이러한 헤겔의 칸트 비판에 대한 현대적 반(反)비판이라고 볼 수 있다.

5. 롤즈의 반비판

롤즈는 칸트 윤리학의 문제점을 해결하기 위해 절차주의적 구성주의를 통해 칸트 윤리학에서 형이상학적 기반을 제거하기 이전에 『정의론』에서 합리성으로부터 도덕성을 도출해 내려고 시도한다. 즉, 롤즈는 『정의론』에서 도구적 합리성을 통해 도덕성(정의의 개념과 원리)을 근거 짓고자 한 것이다. 이는 합리적 선택이론의 도구적이고 계산적인 합리성에서 도덕성이 도출되어야 칸트적인 도덕성이 지닌 무력한 당위를 극복하고 정의의 이론이 현실적인 힘을 가지게 된다고 롤즈가 생각했음을 보여준다.

그러나 롤즈의 초기 시도에 문제가 생긴 것은 도덕성을 산출해 내는 합리성의 두 차원을 구분하지 않은 데 있다.[18)] 이런 까닭에 그는

---

17) 『정치적 자유주의』, p.353.

18) O. Höffe, "Sittlichkeit als Rationalität des Handelns?", in herausgegeben von H. Schnädelbach, *Rationalität*(Suhrkamp, 1984), pp.158-168쪽.

합리성을 도구적 합리성(rationality)과 실천이성적 합당성(reasonable-ness)으로 구분하고 합리성을 합당성에 종속시킴으로써 초기 시도의 문제점을 해소하고자 한다. 이렇게 합당성을 설정하지 않고서는 합리성과 도덕성은 매개될 수 없다고 본 것이다. 이런 식으로 롤즈는 자신에게 가해진 비판[19]에 응답한다.

롤즈가 이렇게 자신의 초기 견해를 바꾸게 된 데에는 앞에서 지적한 것처럼 현대를 '합당한 다원주의의 사실'에 처한 시대라고 규정하는 상황진단이 깔려 있다. "합당하지만 양립 불가능한 포괄적인 학설들의 다원성이라는 사실은 『정의론』에서 사용된 공정으로서의 정의의 질서정연한 사회라는 관념이 비현실적임을 보여준다. 왜냐하면 그 관념이 그 정의의 원리들을 예견 가능한 조건 중에서 가장 좋은 조건 하에서 실현하는 것과는 양립 불가능하기 때문이다."[20] 단단한 모든 것(예컨대, 좋음의 이념)이 사라진 시대에서는 좋음에 대한 어떤 포괄적인 학설도 그 맥락을 벗어나 보편화되는 것이 불가능하다(이러한 예로는 지구적으로는 문명충돌, 자국 내에서는 종교갈등을 들 수 있다). 그렇다고 해서 그 윤리적 진공 상태에서 오로지 자기 이익을 추구하는 인간의 도구적 합리성만으로는 도덕성을 근거 짓기 어렵다. 이런 상황에 대한 처방으로 롤즈는 절차적 합리성(구성주의적 윤리학)을 통한 옳음(정의의 원리)의 구성을 제시한다. 도덕적 진공을 절차를 통한 구성이 메우게 된 것이다. "정치적 정의의 원칙들은 합당한 조건에 종속된 합리적 인격들(또는 그들의 대표자들)이 사회의 기본구조를 규제하기 위해 이 원리를 채택하는 구성절차의 결과다."[21] 롤즈의 구상에 따르면 합당성에 기반을 둔 구성절차가 합리성과 도

---

19) 이기적 인간의 도구적 합리성으로는 원초적 입장에서의 정의의 원리에 대한 선택과 계약이 직접적으로 나올 수 없다는 점과 관련해서 논의한 글로는 R. Dworkin, *Taking Rights Seriously*(Harvard University Press, 1977), 6장 참조.
20) 『정치적 자유주의』, 서론, pp.21-22.
21) 같은 책, 서론, p.26.

덕성을 매개한다. 그런데 과연 합당성에 기반을 둔 구성절차만으로 합리성에서 도덕성이 진정으로 도출되는가?

역사의 문맥에 상관없는 형식적이고 보편적인 도덕적 관점으로부터 도덕적 물음이 공정하게 평가될 수 있다. 롤즈는 이 관점을 원초적 입장과 무지의 베일과 질서정연한 사회의 구성에 의해 확보한다. 그런데 이러한 원초적 입장에 놓인 인간은 자유롭고 평등하다고 여겨진다.[22] 이 경우에 발생하는 문제는 원초적 입장의 인간과 합리적 전략을 구사하는 현실적 인간 사이의 괴리다. "롤즈는 어떻게 자신의 수신자 일반이 원초적 입장에서 생각하도록 동기를 부여할 수 있는가?"[23] 이러한 동기부여의 문제가 합리적 선택이론의 도구적 합리성과 절차적으로 구성된 원초적 입장의 도덕성이 직접적으로 연결되지 않음을 드러낸다. 달리 표현하자면 전략적(도구적) 합리성을 구사하는 개인들이 자발적으로 원초적 입장으로 들어가려고 할 것인가의 문제점은 도구적 합리성으로부터 도덕적 관점으로의 이행이 지닌 불분명함을 폭로한다. 이런 약점 때문에 롤즈가 두 차원의 합리성, 즉 도덕적 합당성과 도구적 합리성을 구분하지 않은 채로 모호하게 사용하는 것이 아닌가 하는 비판이 제기되기도 한다. "롤즈에 의해서 무지의 베일로서 정식화된 공정성의 이념이 합리적 자기 이익보다 논증논리와 윤리적인 관점에서 우위를 지닌다. 공정성의 이념은 합리적인 효용 계산의 결과가 아니다. 도리어 공정성의 이념이 이 계산에 제약을 가한다. 이런 측면에서 롤즈의 정의 선택은 일차적으로는 이성적이고 윤리적인 선택이고 다만 부차적으로만 효용 계산적이거나 합리적 선택이다."[24] 도덕적 관점은 도구적 합리성과는 별도로 확보되고, 이 도구적 합리성을 자신에 종속시킨다. 따라서 합리성 개념을

---

22) 『정의론』, p.11.
23) J. 하버마스, 『담론윤리의 해명』, p.71.
24) O. Höffe, "Sittlichkeit als Rationalität des Handelns?", p.166.

통한 도덕성의 정당화 전략은 실패한다. 이는 현실의 인간에서 추상적으로 구성한 선의지에 기초를 둔 칸트 윤리학의 당위적 비현실성과 무력함의 요소가 롤즈의 『정의론』에 내재하고 있음을 보여준다. 원래 롤즈가 칸트의 이 요소를 보완하기 위해 합리적 선택이론을 도입했다.

합리성을 통한 도덕성을 확보하려는 전략의 실패는 롤즈의 인격 개념의 이중성에서 기인한 것이다. 롤즈의 합리성 개념이 모호할 뿐만 아니라 그의 인격 개념도 모호하다. 롤즈는 성향과 선호를 지닌 현실적 인간과 자유롭고 평등한 인격 개념을 섞어서 사용한다. 칸트적인 자유롭고 평등한 자율적인 인격은 추상적이고 공허하고 무력한 '의무론적 자아'로 비판받기도 한다. "모든 가능한 구성적 애착에서 벗어난 의무론적 자아는 해방되기보다는 무력하기만 하다."[25] 이 자아는 실제로 구성하거나 선택할 능력이 없다. 이런 식으로 롤즈는 난점에 직면한 합리성이 아닌 인격의 개념에서 도덕성을 확보하고자 한다. 하지만 인격 개념도 그 이중성이라는 벽에 부딪힌다.

롤즈의 계약 모델에는 원초적 입장에서 덮어 씌워진 초주관적이고 정의를 강요하는 시각과 목적 합리성에 제한된 참여자의 시각의 구별이 전제되어 있다. 이 이중성을 극복하고자 나중에 그가 규범적으로 내용이 풍부한 인격 개념을 도입하게 된다고 하버마스도 비판하고 있다. 그 이유는 앞서 지적한 대로 규범 내용이 풍부한 인격 개념인 의무론적인 자아는 현실적으로 무력하기 때문이다. 더 나아가서 이 의무론적 자아의 도덕성에 대한 인간학적이거나 형이상학적인 정당화도 불가능하기 때문이다. 또한 원초적 입장의 도덕성을 통해 정의원리의 도덕성이 확보되기 때문에 이 도덕성 정당화는 동어반복에 지나지 않게 되기 때문이다.

---

25) M. Sandel, *Liberalism and the Limits of Justice*(Cambridge University Press, 1998), pp.177-178.

이처럼 롤즈의 칸트 윤리학 재구성 작업은『정의론』에서는 인격에 대한 인간학적이고 형이상학적인 정당화라는 혐의(분명히 나중에 롤즈 자신이 부정하는 혐의)와 겹쳐진다. 이러한 겹쳐짐이 혼동을 낳는다. 로티도 이러한 혼동을 고백한다. "나 자신을 포함해서 많은 사람들이 롤즈의『정의론』을 그러한 시도(자아의 개념, 특히 인간 본성이 무엇인가에 관한 형이상학적인 견해를 이용하여 자유주의적 정치학을 정당화하려는 시도)로 간주했다. 우리는 그 책을 인간 본성의 개념 위에서 우리의 도덕적 직관을 근거 지으려는 계몽주의적 시도(그리고 더 자세하게는 '합리성'의 관념 위에서 도덕적 직관들을 근거 지으려는 신칸트주의적 시도)의 연속으로 읽었다. 그러나 롤즈의『정의론』이후의 저작들은 우리가 그 책을 잘못 해석하고 있음을 깨닫게 해준다. 다시 말해서 우리가 칸트적 요소를 지나치게 강조했고 헤겔적인 요소와 듀이적인 요소를 지나치게 소홀히 했다는 것을 깨닫게 해준다. …『정의론』은 더 이상 인간적 자아에 대한 철학적 해석이 아니라 우리가 지금 살고 있는 방식에 관한 역사·사회적인 기술에 전념한 듯이 보인다."[26] 로티의 롤즈 해석은 롤즈가 형이상학적인 자아 개념에 의한 도덕성의 정당화를 시도하지 않았음을 분명히 보여준다. 그런데 로티는 자신의 반정초주의(반정당화주의)에 입각하여 롤즈를 지나치게 역사·사회학적인 측면에서 부각시킨다. 그러나 롤즈에 의하면 칸트의 구성주의적 절차에 의해서 역사와 전통 속에 내재한 도덕적 직관이 재구성되는 것일 뿐이다. 역사와 전통이라는 해석학적 요소는 단지 재료에 지나지 않는다. 롤즈의 '사회적 관점'은 '역사·사회학적인 관점'이 아니라 칸트적인 형식주의적이고 보편적인 '도덕적 관점'이다. 하지만 롤즈 자신이 도덕적 직관의 정당화 문제로 동요하고 있는 것은 분명하다.[27]

---

26) R. Rorty, *Objectivity, Relativism, and Truth*(Cambridge University Press, 1991), pp.184-185.

합리성을 통한 도덕성의 정당화도, 규범적으로 내용이 풍부한 인격 개념을 통한 도덕성의 정당화도 각각 벽에 부딪힌다. 과연 도덕성을 정당화하는 도덕적 관점의 철학적 시도는 불가능한 것인가? 이에 대한 답으로 롤즈는 철학적인 아닌 '정치적 자유주의'를 제시한다. 철학적인 정당화가 불가능한 이유는 우리가 '합당한 다원주의의 사실'에 직면해 있다는 것이다. 이런 조건하에서는 도덕철학과 정치철학의 구분이 필요하다. 더 상세히 말하면 사회계약론을 『정의론』처럼 도덕철학의 일부로만 다룰 것이 아니라 포괄적이고 철학적이며 도덕적인 학설과 정치 영역에 한정된 관점의 대조하에서 해석해야 한다. 따라서 정치적 자유주의가 질문할 물음은 다음과 같다. 합당하지만 양립 불가능한 종교적, 철학적, 그리고 도덕적 교리들로 심각하게 분열된 자유롭고 평등한 시민들 상호간에 안정된 정의사회를 상당 기간 지속시키는 것이 어떻게 가능한가? 어떻게 날카롭게 상반되지만 합당한 포괄적 학설들이 함께 존속할 수 있고, 이들 모두가 입헌정체의 정치적 정의 개념을 인정하는 것이 가능한가? 이러한 중첩합의를 유도해 낼 수 있는 정치 개념의 구조와 내용은 무엇인가?

도덕관으로부터 분리된 정치관은 추상적이긴 해도 포괄적일 필요가 없다. 보편적이고 포괄적인 관점은 추상적인 관점과는 차이가 있다. "공정으로서의 정의가 공정한 협력체계로서의 사회라는 근본적인 개념으로부터 출발하여 그것을 계속 정교화시킴으로써 결과적으로 얻게 되는 정치적 정의관은 추상적이라고 할 수 있다. … 나는 합당한 다원주의라는 사실 속에 잠재하는 갈등이 정치철학으로 하여금, 그 목적을 달성하려면, 추상적인 정의관을 제시하도록 만든다고 믿는다. 그러나 그러한 갈등은 정의관들을 일반적이고 포괄적이지 못하도록 하는 것이다."[28]

---

27) J. 하버마스, 『담론윤리의 해명』, p.160.
28) 『정치적 자유주의』, p.192, 주 20.

롤즈에 따르면 합당한 다원주의라는 사실과 공적 이성의 공유 기반이 정치적 자유주의의 공정으로서의 정의관과 이의 구성주의 방법론의 기초가 된다. 롤즈가 언급하는 정치적 정의관의 특징은 다음과 같다. "첫째, 정치적 정의관은 특정한 주제인 입헌민주주의 체제의 기본구조에 적용하기 위하여 만들어 낸 하나의 도덕관이다. 둘째, 그 정치관을 수용하는 것은 어떤 특정한 포괄적인 종교적, 철학적, 도덕적 교리를 수용한다는 것을 전제하지 않는다. 오히려 그 정치관은 단지 기본구조에 적용되는 합당한 관점으로 제시될 뿐이다. 셋째, 정치적 정의관은 포괄적 교리에 의해서가 아니라 민주주의 사회의 공적 정치문화에 내재되어 있다고 보이는 어떤 근본적인 개념들에 의하여 형성된다."[29] 롤즈의 공정으로서의 정의관은 절차적으로 중립적인 것은 아니다. 명백하게도 이 정의의 원칙들은 실질적이며, 절차적 가치들보다 훨씬 많은 것을 표현하고 있다. 공정으로서의 정의관이 지니는 정치적 사회관과 인간관도 역시 그러하며, 이 사회관과 인간관은 '구성된 것이 아니라 설정된' 원초적 입장에 나타나 있다. 정치관인 공정으로서의 정의는 중첩적 합의의 초점, 다시 말하면 전체적으로 입헌정체의 기본구조에 관한 공적 정당화의 기초를 분명히 표명하고자 한다. 이러한 공적 정당화의 기초는 공적 정치문화에 함축되어 있는 근본적인 직관적 관념들로부터 작업을 하고, 포괄적인 종교적, 철학적, 도덕적 교리들을 추상화함으로써 이루어지는 것이다.[30]

롤즈가 구성절차를 위해 전제하는 민주주의 사회의 공적 정치문화의 내재적인 근본적인 개념들은 역사적으로 포괄적인 교리들에 의해서 형성된 것이다. 이는 현 민주주의 사회를 전제로 하지만 전제는 이미 이전 역사적 운동의 결과인 것이다. 그런데도 롤즈는 이러한 전제에 대한 설명의 결여를 문제의 핵심이 아니라고 주장한다. "적어도

---

29) 같은 책, p.216.
30) 같은 책.

140

정치적 목적을 위해서는, 더 나은 설명을 위해 그것을 넘어갈 필요도 없고, 더 심오한 설명을 위해 그것의 배후로 갈 필요도 없다."[31] 그는 칸트의 형이상적인 요청들을 제거하려고 했지만 대신에 역사·사회학적인 요청들을 할 수밖에 없게 된다.

6. 절차주의 윤리학의 한계

하버마스와 마찬가지로 롤즈처럼 칸트의 도덕적 관점을 중시하는 현대의 절차주의 윤리학자들에 대한 역사적 인륜성의 관점에서 부브너는 다음과 같이 비판한다. 논증을 언어의 유일한 또는 고유한 또는 근거 정립하는 형태로서 지칭하는 시도가 좌초한다면 한층 더 나아간 규범 전략이 제시된다. 즉 모든 발화자는 그가 논증하는 것처럼 태도를 취해야 한다(soll). 그런데 논증하는 사람이 오직 이성적(합당한)이고 이성적(합당한)이라는 것이 정합적인 논증을 하려는 준비자세를 통해서만 정의된다면 아무것도 성취되지 않을 것이다. 더 나은 규범화 전략은 합리성이 논증에 대한 준비자세와 모순 없는 규칙 준수가 아닌 주체의 상호적인 인정을 통해서 규정되는 것처럼 보인다. 인정은 근원적인 자유권을 유사-계약적인 형태로 상호적으로 승인하고 확고히 함을 의미한다. 이를 위해서는 언어 행위가 구속력을 가져야 하는데 일상 언어는 결코 이런 힘을 가질 수 없다. 철학자는 플라톤의 대화를 언어의 모델로 삼으려고 하는 데 반해서 언어 사태는 실제로 매우 다양한 양태를 띠고 있다. 따라서 언어는 자신의 실행 중의 어느 한 가지 형태로 고착될 수 없다. 언어 화용론자는 일관성 있는 규칙 준수와 구속력 있는 권리 주장의 확립을 혼동한다. 그는 다른 언어 놀이보다 특별한 논증의 논리의 규범화를 전제하고 있다. 이 규범화에는 (1) 이런 놀이의 유희와 동일하지 않고, (2) 각 발화자나

---

31) 같은 책, p.150.

주체의 근거로서 논증에 참여를 넘어서(jenseits) 보충될 수 있고, (3) 이런 식으로 대안 없이 저러한 놀이에 참여를 강요하는 근거가 있어야만 한다. 그러한 근거는 언어이론의 틀 속에 존재하지 않는다. 칸트는 이와 유사한 것으로 아무도 벗어날 수 없는 법칙 존중을 생각했다. 하지만 이것은 세속적인 행위자와 순수이성 존재자의 이원화의 어려움에 직면한다. 언어학적인 칸트주의자(하버마스)는 이러한 이원화를 극복하겠다고 약속했지만 그가 추구한 규범화 전략은 좌초되었다. 더욱이 논증이 의문시된 합리성의 척도를 확고히 하는 형태를 제시했지만 이 형태는 모든 발화에로 전이될 수 없다. 이 별난 실천은 그것이 딛고 있는 삶의 형태로부터 구별된 뒤에는 어떤 새로운 삶의 형태를 구성하지 못한다. 따라서 합리성의 검사가 인륜성을 대신할 수 없다. 왜냐하면 합리성의 검사는 과학화의 이름으로 수행된, 역사적이고 구체적인 실천과의 단절을 다시 역행시키는 어떤 고유한 수단을 사용할 수 없기 때문이다.[32]

하버마스와 달리 합리성 대신에 합당성을 제시하는 롤즈도 도덕성을 통해 도덕성을 구성하는 동어반복적인 논증을 행한다. 이는 헤겔이 제기한 칸트 도덕철학에 대한 비판에서 롤즈가 여전히 벗어나지 못함을 보여준다. 이러한 절차주의적 윤리학은 특정한 사회 개념과 인격 개념을 전제하고 있는 보편주의적 윤리학이다. 문제는 특정한 사회와 인격 개념을 전제하고서 어떻게 보편주의를 주장할 수 있는가 하는 것이다. 롤즈는 (비록 평등한 분배에 초점을 맞추기는 하지만) 미국의 자유민주주의를, 그리고 하버마스는 독일의 사회국가를 자신들의 이론의 모델로 삼고 있다. 이들은 후쿠야마와 같은 역사종말론자처럼 현 자본주의적 자유주의가 인류가 성취할 수 있는 최고의 궁극적인 형태라고 주장하는 것은 아니다. 하지만 그들도 유럽이

---

32) R. Bubner, "Moralität und Sittlichkeit: die Herkunft eines Gegensatzes", in herausgegeben von W. Kuhlmann, *Moralität und Sittlichkeit*(Suhrkamp, 1986).

성취한 도덕적 성과를 지구상에서 가장 좋은 것으로 인정하고 있다. 다른 식으로 표현하자면 서유럽 사회가 도덕 발달 단계에서 어느 정도 탈관습적 요소를 지닐 만큼 성숙된 도덕적 직관을 지니고 있다는 것이다. 서유럽이 삶의 모델이 된 지구상에서 이들의 이러한 주장은 일면의 진리를 지니고 있다. 우리는 서유럽이 성취한 계몽의 성과를 무시할 수 없다. 하지만 우리는 계몽의 한계도 잊어서는 안 된다. '반성적 현대'(기든스 또는 벡)에 접어든 우리는 '계몽의 협박'(푸코)에 굴복해서는 안 된다. 우리는 서유럽 사회의 보편적인 성취(예컨대, 인권과 민주주의)를 인정하면서도 다른 문명과 전통을 지닌 비서구사회와의 대화의 중요성을 강조하지 않으면 안 된다. 모든 사회와 문명의 보편적인 성취는 서로 공유해야 한다. 하지만 어느 한 곳의 성취를 지나치게 과대포장해서 다른 곳의 성취를 억압하거나 배제해서는 안 된다. 다시 말하면 롤즈가 언급한 관용의 원리를 철학에 적용하는 것을 확장해서 관용의 원리를 문명에 적용하지 않으면 안 된다. 이때 절차주의적인 보편주의적 윤리학자들이 주장하는 것의 성과와 한계를 인정할 수 있다.

그들의 성과로는 단단한 모든 것이 사라진 시대에서 '합당한 다원주의의 사실'에 직면하여 상호 주관적인 차원에서 서구사회가 성취한 자유와 평등의 이념을 실현하는 구성적 절차를 제시했다는 것이다. 그러나 이 절차는 지나치게 추상적이고 당위적이어서 현실적인 힘을 지니기 어렵다. 또한 그 절차가 전제하는 사회와 인격 개념이 지나치게 서구적이어서 서구와 다른 상황에 처해 있는 사회에서는 현실성과 설득력을 가지기 어렵다. 예컨대, 절차주의적인 윤리학이 서구에서는 보수주의자를 비판하는 역할을 맡을 수 있지만 제3세계 사회에서는 변혁의 역량을 억제하는 보수주의적 역할을 띨 수도 있다.

절차의 형식주의는 좋음의 개념의 형식화를 낳는다. 이는 절차주의적 윤리학이 메타윤리학의 추상성을 답습했기 때문이다. "좋음이 옳

음으로 포섭된 것은 메타윤리적 입장을 함축하고 있다."[33] 또한 절차
주의적 윤리학이 상호 주관성을 전제하지만 개인들의 합의를 도덕적
기반으로 여기는 사회계약론의 전통에 서 있으므로 '시장의 모델'에
입각하고 있다. 시장의 모델은 홉스나 로크에게서처럼 합법성의 차원
으로, 또는 루소나 칸트의 도덕성의 차원으로 전개될 수 있다. 하지
만 이 합법성과 도덕성은 서로 이원론을 이루면서 법과 도덕의 분리
를 낳는다.[34] 합법성은 시장을 모델로 시민사회의 논리로 국가를 파
악함으로써 정치공동체를 탈도덕화한다면, 도덕성은 국가의 도덕성
으로 시민사회를 흡수함으로써 경험적 개인을 추상화한다.[35] 이러한
합리성과 도덕성의 분리와 한계는 어떻게 극복될 수 있는가? 이는 사
회계약론을 모델로 한 절차주의적 윤리학이 대답할 수 없는 문제다.

33) C. Taylor, "Die Motive einer Verfahrensethik", in herausgegeben von W.
   Kuhlmann, *Moralität und Sittlichkeit*(Suhrkamp, 1986), p.102.
34) 법과 도덕의 이중 소외론에 대해서는 O. Höffe, *Philosophical Justice*(Polity
   Press, 1995), pp.4-13을 참조.
35) 이진우, 『탈이데올로기 시대의 정치철학』(문예출판사, 1993), p.88.

롤즈의 입헌민주주의론

김비환

성균관대 정치외교학과 교수

1. 머리말

이 글의 목적은 롤즈가 정치적 정의관과 공적 이성 개념에 입각하여 입헌민주주의를 정당화하는 논리를 살펴보고, 그가 옹호하는 입헌민주주의 특수한 위상을 확인해 보고자 하는 것이다.

주지하듯이 롤즈는 『정의론』(1971)에서 다원주의적인 자유주의 사회를 배경으로 민주주의자들이라면 누구나 동의할 수 있는 정의관을 구성하고자 시도했다. 그리고 『정치적 자유주의』(1993)에서는 공적 이성 개념에 입각하여 정치적 정의관으로부터 자유주의적 정치사회의 헌법적 필수원리들 및 기본적 정의에 관련된 문제들을 도출함으로써 입헌민주주의를 정당화했다. 연방대법원의 사법심사권을 인정하는 미국식 입헌민주주의 형태는 롤즈가 자신의 정치적 정의관과 미국 헌정사의 특수성을 종합하여 구성한 최종적 산물이다.

입헌주의는 17세기 후반 영국의 존 로크와 18세기 프랑스의 몽테스키외, 그리고 18세기 후반 미국 창설자들의 정치이론을 통해 체계화된 규범적 정치이론으로, 정부(또는 통치)는 제한될 수 있고 또 제한되어야만 하며 일정한 법적, 제도적 제한에 따를 때만이 정당성을 얻을 수 있다는 주장으로 집약할 수 있다.[1] 여기서 정부에 가해지는 일정한 법적, 제도적 제한은 통상 헌법이라 불리는 정치사회의 최고법을 통해 표현된다. 때문에 입헌주의는 이 최고법인 헌법에 의해 지배되는 정치체제의 작용방식을 설명 또는 정당화하는 정치이론이라 할 수 있다. 현대 입헌주의는 민주적 참여의 권리를 포함한 비교적 광범위한 기본권, 권력분립 및 권력 간 견제와 균형, 독립적인 사법부를 공통 요소로 삼고 있기 때문에 무엇보다 자유민주주의 정치체제에 적합한 정치이론으로 발전했다.[2]

입헌주의는 더 넓게 볼 경우 법의 지배(the rule of law) 원리에 대한 자유주의의 지지에서부터 거의 필연적으로 도출된다. 법의 지배는 인간의 의지가 아닌 법체계에 의한 지배를 의미하는 것으로, 결국 개인의 삶에 대한 정치권력의 자의적인 개입을 막아 합리적인 개인들이 자율적으로 삶을 계획하고 영위할 수 있는 조건을 마련해 준다.[3] 이를 위해서는 특히 국가의 권력 남용을 방지하는 것이 가장 급선무라고 할 수 있는데, 국가권력의 분할 및 분할된 권력의 권한을 규정하는 헌법의 지배, 곧 입헌주의는 자유주의 정치질서의 필수적인 요

---

1) 입헌주의의 뿌리를 고대 그리스의 도시국가나 로마 공화정 그리고 중세 이탈리아의 도시국가들에서 찾는 연구도 있다(Gordon, 1999). 하지만 근대적 입헌주의의 핵심적 특징들-예컨대, 민주적 참정권을 포함한 개인의 기본권, 권력분립 그리고 독립적인 사법부 등-에 비추어 볼 때, 전근대 시대에도 입헌주의가 존재했다고 볼 수 있는지는 의문이다. 하지만 입헌주의의 맹아들 혹은 뿌리들에 대한 논의는 충분히 가능하다고 본다.

2) 입헌주의 원리가 적용될 수 있는 체제의 범위는 논쟁이 될 수 있는 문제다. 즉, 성문헌법은 갖추고 있지만 개인의 기본권이 충분히 인정되지 않고 있는 사회주의 국가와 독립적인 사법부가 없는 독재체제에서도 입헌주의 원리가 적용될 수 있는지는 논쟁의 여지가 있다. 하지만 필자는 온전한 의미의 입헌주의는 최소한 본문에 열거한 세 가지 특징들을 다 갖추어야 한다고 보기 때문에 내용적으로는 입헌주의를 자유민주주의적 입헌주의와 동일시한다.

3) 법체계는 일정한 형식적, 실질적 요건을 충족시켜야 한다.

건이 된다. 법의 지배가 모든 시민들— 물론 공직자도 포함된다 —을 대상으로 하여 개인들이 자율적인 삶을 영위할 수 있는 조건을 마련하는 것인 데 비해, 법의 지배의 한 부분 원리로서의 입헌주의 원칙은 특히 주권을 대리 행사하는 정부의 권력을 제한하기 위한 것이라는 점에서 그 대상이 명확히 한정되어 있다.[4]

그런데 입헌민주주의의 구체적 형태는 입헌주의와 민주주의 관계가 어떻게 설정되느냐에 따라, 그리고 헌법적 문제들과 관련된 최종적인 결정 권력이 어떤 정부기관에 귀속되느냐에 따라 다양한 형태를 취할 수 있다.[5] 롤즈가 지적하듯 "근본적 권리들과 이익들을 어떻게 보호할 것인가에 관한 문제를 해결할 수 있는 보편적으로 최상인 방법은 없다."(Rawls, 1993, 235)[6] 롤즈의 입헌민주주의 역시 자유주의적 입헌민주주의 한 가지 특수한 형태일 뿐이다. 그럼에도 불구하고 현대 정치이론 분야에서 롤즈가 차지하고 있는 높은 위상을 두고 볼 때, 그의 입헌민주주의론에 대한 검토는 현대 입헌민주주의의 다양한 형태를 조망할 수 있는 준거적 시각을 제시해 줄 수 있다는 점에서 의미가 크다.

---

4) 그럼에도 불구하고 입헌주의는 집단으로서의 인민의 권력에 대해서도 일정한 제약을 가할 수 있는데, 이는 민주적 다수가 일시적 충동에 이끌려 소수의 헌법적 기본권을 유린하거나 헌법을 자의적으로 개정하거나 폐지할 수 있는 가능성을 차단하기 위함이다.

5) 전통적으로 자유주의적 입헌주의는 한 사람의 군주든, 소수집단이든, 그리고 의회와 같은 집단이든, 심지어 민주적 다수이든, 자신의 의지에 따라 주권을 행사하려 들 때 발생할 수 있는 권리 및 자유에 대한 침해를 막기 위한 중요한 제도적 틀이었다. 그런데 이 목적을 성취하기 위한 제도적 틀은 나라마다 그리고 시기에 따라 달라질 수 있다. 특히 19세기 민주화를 거치면서 서구의 입헌주의는 민주주의와 타협과정을 거쳐 입헌민주주의로 진화하였다. 하지만 입헌주의와 민주주의의 조합은 각국의 사정에 따라 다소 상이한 형식을 취하였는바, 입헌민주주의 형태의 다양성은 각국의 역사적 특수성을 반영할 수밖에 없다. 여기에 비교정치학적 연구의 중요성이 놓여 있다.

6) 이에 관해서는 김비환(2006); 김비환(2005) 참조.

2. 롤즈의 법의 지배 개념과 입헌민주주의

근대 입헌주의는 개인의 존엄성에 대한 의식이 고조되고 근대사회에서의 공권력의 역할이 괄목하게 증대된 데서 연유한다. 근대사회에서 개인은 이성을 소유한 존재로서 스스로 선택하고 행위하며 또 그 결과에 대해 스스로 책임을 지는 자율적인 존재로 인식된다. 때문에 개인들이 국가의 간섭을 받지 않고 독립적으로 사고하고 행위할 수 있는 자유로운 영역이 필요했으며, 공동체의 집단적 문제를 스스로 해결하고 관리할 수 있는 민주적 권리를 필요로 하게 되었다. 광범위한 기본권 보장을 한 가지 핵심 원칙으로 삼고 있는 근대 입헌주의는 바로 이와 같은 인간 존엄사상과 개인주의를 반영하는 것이다. 이런 관점에서 보면 무정부적 혼란을 피하는 동시에 국가권력을 제한함으로써 안전하게 권리와 자유를 향유할 수 있다는 입헌주의적 발상은 근대적 '법의 지배' 이념과 밀접한 연관성이 있다(Holmes, 1995, 270-271). 근대적 법의 지배 이념은 동서양을 막론하고 고대부터 발견되는 '법에 의한 지배(rule by law)'와는 분명히 구분된다(김비환, 2006).[7] 그것은 통치자 역시 법에 의해 제한을 받아야 한다는 원칙을 표현하기 때문에 국가 혹은 정부를 법적으로 제한하는 입헌주의와 자연스럽게 중첩된다.

롤즈는 법의 지배를 '공정으로서의 정의' 원리에 의해 규제되는 전체체계의 한 측면으로 인식한다(Rawls, 1971, 235-243). 법의 지배는 법체계에 적용된 형식적 정의(formal justice) — 규칙적이며 불편부당한 공적 규칙들의 관리 — 로서 '공정으로서의 정의'가 추구하는 으뜸 가치인 자유를 증진한다고 보기 때문이다. 롤즈에 의하면 "법체계는 합리적인 인간을 대상으로 하는 공적인 규칙들의 강제질서로서, 그들

---

7) '법에 의한 지배'는 통치자가 법을 수단으로 통치하는 것을 의미하는바, 통치자는 법의 지배를 받지 않을 수도 있다.

의 행위를 규제하고 사회적 협력의 틀을 마련하려는 목적을 갖고 있다."(1971, 235)

합리적인 존재인 개인들의 행위를 규제함으로써 질서정연한 사회를 조성하기 위해 공적인 규칙들은 전통적으로 법의 지배를 구성해 온 몇 가지 특징들을 갖추어야 한다. 롤즈는 다음과 같은 네 가지 원칙들을 통해 법의 지배를 설명한다. 첫째, 당위(ought)는 능력(can)을 함축한다. 법의 적용 대상자인 개인들은 법에 따를 수 있는 능력을 갖추어야만 하며 당국은 선의에 입각하여 행위해야만 한다. 둘째, 유사한 케이스들은 같게 취급해야 한다. 이 원칙은 규칙의 일관된 적용을 의미하는 것으로 사법적 자유재량에 고삐를 물린다. 셋째, 법이 없다면 범죄 또한 없다. 법률은 공개적으로 공포되어서 알려져야 하고 분명한 의미를 지녀야 하며 일반적으로 적용되어야 한다. 넷째, 자연적 정의의 원칙으로 이 원칙은 진실에 도달하고 (법규의) 올바른 집행을 위해 요구되는 절차적 구조를 필요로 한다. 재판, 심리, 증거에 관한 법규, 적법절차와 같은 것들이 이에 속한다.

롤즈에 의하면 법의 지배를 구성하는 이 네 가지 원칙들은 가장 근본적인 실질적 가치인 자유와 연관되어 있다. 법의 지배의 이와 같은 네 가지 원칙들이 결여될 경우 자유가 냉각되는 효과(chilling effect)가 발생한다. 만일 법규의 내용이 모호하고 유사한 케이스들이 동일하게 다뤄지지 않아서 사법과정이 매우 불규칙하다면 개인들이 누리는 자유의 경계가 매우 불확실해질 것이고, 이런 상황은 개인들이 자유를 행사하는 데 대한 두려움을 야기함으로써 자유를 제약할 수 있다. 그러므로 만일 원초적 상황의 당사자들이 그들의 최고 가치인 자유를 증진할 수 있는 법적 구조를 선택해야 한다면, 법의 확정성과 예측 가능성 및 결과의 확실성을 형식적 구비요건으로 삼고 있는 법의 지배 원리를 선택할 것이다(1971, 239).

둘째로, 롤즈는 '홉스의 명제'를 통해 자유와 법의 지배의 연계성을 설명한다(1971, 240). 자연상태에 비해 더 많은 자유를 증진하기 위해 사회적 협력체계는 법의 지배의 네 가지 원칙들을 요구한다. 홉스적 가정에 따르면, 사회협력의 문제는 'n-person 수인의 딜레마'로 특징화할 수 있다. 모든 사람이 협력할 경우 모든 사람이 혜택을 얻을 수 있지만 자신만이 일탈적인 행위를 할 경우 더 많은 혜택을 누릴 수 있다. 하지만 다수가 이렇게 생각하고 일탈적인 행위를 할 경우 사회적 협력체계는 원래의 자연상태로 회귀한다. 때문에 이기성을 지닌 합리적 개인들이 일탈적인 행위를 할 생각을 갖지 못하도록 강제적인 주권자를 세우게 되는데 이것이 바로 리바이어던이라 불리는 국가다. "효과적인 처벌기구의 존재는 개인들 상호간에 대한 안전장치로 기능한다."[8] 그러므로 정의에 관한 '이상적 이론'도 정치질서를 안정화시키고 자유를 증진시키기 위해서는 형벌체계를 필요로 하는 바, 법의 지배는 리바이어던을 제약하기 위한 필요기제로서 채택된다. "자유에 가해지는 위험은 합법성의 원리에 따라 법이 불편부당하게 그리고 규칙적으로 적용되는 곳에서 줄어들게 된다."(1971, 241)

자유와 법의 지배의 구조적 연계성은 롤즈의 법의 지배 개념이 단순히 형식적인 것이 아니라 매우 실질적인 내용을 갖는 것임을 말해준다. 롤즈의 자유 개념은 사회에서 정의를 실현하는 데 필수적일 뿐만 아니라 정의 실현의 한 가지 목적이기도 하다. 따라서 법의 지배와 정의라는 실질적 가치는 밀접한 연관성이 있다. 일반성, 공지성(notice or publicity), 수행 가능성, 일관성, 정합성(congruence)과 같은 법의 지배의 원칙들은 다이시(A. V. Dicey)와 하이에크(F. A. Hayek), 그리고 풀러(L. Fuller)의 법의 지배 원칙들과 같이 형식적이

---

8) 롤즈는 나중에 「중첩합의의 관념」(1987)에서 자유주의 정치질서가 오랜 시간에 걸쳐 안전성을 확보하려면 단순한 홉스적 잠정협정(modus vivendi) 이상의 도덕적 합의가 필요하다고 강조한다. 하지만 이 지적은 『정의론』에서의 법의 지배에 대한 변론을 폐기하는 진술은 아니다.

고 도구적인 성격을 공유한다. 하지만 그런 원칙들로 구성된 법의 지배가 정당화되는 방식은 그들과 매우 다르다. 롤즈의 경우 법의 지배는 개인들의 행태를 효율적으로 통제한다는 단순한 논리에 근거하는 것이 아니라 특정한 정치적 비전에 토대를 두고 있다. 이 정치적 비전에서 자유는 핵심적 가치로서의 위상을 확고히 차지하고 있다. 수인의 딜레마와 리바이어던은 자유에 대한 특별한 위협으로 작용한다. 법의 지배는 리바이어던의 구성을 통해 수인의 딜레마를 해소하되, 리바이어던이 가하는 새로운 위협을 억제 또는 최소화시킴으로써 자유라는 핵심적인 가치의 실현에 이바지한다.

『정의론』에서는 법의 지배가 보호할 자유의 내용이 다소 추상적으로 그려져 있다. 하지만 특히 1980년에 발표된 「도덕철학에 있어서 칸트적 구성주의」 이후 롤즈는 추상적이며 포괄적인 자유 개념 대신에 입헌민주주의 이론 구성의 핵심적인 원리로서 역사성과 구체성을 갖는 기본적 자유(basic liberties) 개념을 더욱더 강조하게 되었다 (1993, 5-6, 291, 331-334). 헌법은 중요한 역사적 사건들을 계기로 승인된 기본적 자유들을 헌법이 보호할 절대적 기본권으로 안치시킨다. 그리하여 이런 권리들이 더 이상 민주적인 타협과 거래의 대상이 되지 않도록 헌법재판을 전담하는 사법심사(judicial review)제도를 통해 보호한다(1993, 165, 240).[9]

그런데 롤즈에 의하면, 이 기본적 자유들은 민주주의를 지탱해 주고 정치적 주장을 위한 언어를 제공해 주지만 "그 자체는 더 이상 다수결이나 다른 다수주의 투표방식에 의한 정치적 결정의 대상이 되지 않는다." 헌법적 기본권이 된 "기본적 자유들은 입헌체제의 공적 헌장의 일부가 되었으므로 더 이상 계속적인 공적 토론과 입법의 적

---

9) 그 수사에 있어 롤즈는 사법심사권이 반드시 사법부에 배속되어야 한다고 주장하지는 않는다(1993, 165). 하지만 그는 사실상 미국 헌정사의 특수성을 반영하여 사법심사권이 연방대법원에 배속되는 것이 좋다고 본다.

합한 대상이 아니다."(1993, 151, n.16) 롤즈는 기본적 자유들 사이의 갈등이 때로 불가피하게 발생하지만 이 갈등은 민주적인 정책결정과 정에 회부하기보다는 연방대법원과 같은 사법기관에 맡기는 것이 바람직하다고 본다.

이와 같은 롤즈의 논리 속에는 드워킨(R. Dworkin)과 마찬가지로 법의 지배를 통해 보호하고자 하는 기본적 자유(권리)에 대해 다수결 민주주의가 초래할 수 있는 위험에 대한 우려가 담겨 있다. 헌법적 기본권들의 내용과 그 상호관계를 민주적 다수의 선호와 필요에 맡겨 둘 경우 그것은 궁극적으로 법의 지배를 통해 보호하고자 하는 평등한 시민권— 시민적, 정치적 권리와 사회적, 경제적 권리로 구분될 수 있다— 원칙을 치명적으로 훼손할 가능성이 있다고 판단하고 있는 것이다.

다수결 민주주의를 평등한 시민권에 대한 잠재적 위험요소로 인식하는 롤즈의 시각은 민주주의를 단순히 다수결에 의한 집단적 의사결정과정으로 보지 않고, 전체적으로 평등한 시민권— 평등한 존중과 배려의 대상으로서의 시민— 이라는 실질적 가치가 실현된 상태로 보고자 하는 입장을 반영한다(실질적 민주주의). 물론 평등한 시민권의 관념은 평등한 '정치적 권리들'을 포함한다. 그것은 "모든 시민들이 그들이 준수해야 할 법률을 제정하는 입헌정치과정에 참여하여 그 결과를 결정할 수 있는 평등한 권리들을" 내포하는 것으로 민주체제에서의 '참여의 원리'를 표현하는 것이다(1971, 194). 그러므로 논리적으로 본다면 민주시민 모두가 참여하는 의사결정과정에서 이해할 수 있는 의견 불일치(reasonable disagreement)가 존재할 경우, 다수결주의에 의해서 최종적으로 의사결정이 내려지는 것은 불가피하다. 롤즈 역시 다수결주의에 의한 민주적 의사결정의 정당성을 부인하지는 않는다. 하지만 다수결주의에 의한 의사결정은 중요한 제약에 따라야만 한다. 그것은 헌법적 기본권의 보장을 통해 실현되는 평등한 시민권의 원칙을 침해해서는 안 된다는 원칙이다. 따라서 롤즈는 사실상 다수결주의의 정당성을 수용하지만 그 적용의 정당성을 위헌심사제도에 의해 뒷받침된 강력한 입헌주의 원칙하에 두고자 한다.

3. 정치적 정치관에서 입헌민주주의로

지금까지 법의 지배와 입헌주의의 연관성 및 롤즈가 옹호하는 입헌민주주의의 대강의 윤곽을 살펴보았으므로 이 절에서는 롤즈가 자신의 정치적 정의관에 입각하여 입헌민주주의를 정당화하는 논리를 살펴보고자 한다. 롤즈는 정치사회의 이성이라 할 수 있는 공적 이성(public reason)의 작용방식을 설명하는 과정에서 사법심사제도를 갖춘 입헌민주주의 체제를 옹호하기 때문에, 먼저 롤즈의 공적 이성 개념을 설명한 후 공적 이성의 작용이 입헌민주주의 체제를 정당화하게 되는 논리를 살펴보기로 한다.

롤즈에 의하면, 정치사회는 계획을 세우고 계획들의 우선순위를 정하며 그에 따라 결정해 나가는 자체의 방식을 갖고 있다. 롤즈는 정치사회가 이런 방식으로 일을 처리해 나가는 것을 정치사회의 이성이라고 부른다(1993, 212). 교회나 대학과 같은 결사들도 자체의 일을 처리해 나가는 방식이 있기 때문에 그것도 이성이라 할 수 있다. 하지만 대학 및 교회의 이성은 정치사회의 이성과 그 적용 영역과 방식이 다르다는 점에서 정치사회의 공적인 이성과 구분되는 비공적인 이성(nonpublic reason)이라 할 수 있다. 그리고 정치사회라 하더라도 귀족제적인 사회나 전제군주제적인 사회에서는 정책결정이 일방적으로 소수의 엘리트나 통치자에 의해 이루어지므로, 그 경우 이성 역시 공적인 이성이라 부르기 어렵다. 그렇게 볼 때, 민주사회의 국민들만이 공적인 이성을 행사한다고 말할 수 있다(1993, 213). 이때 공적인 이성은 평등한 시민이라는 지위를 공유하는 사람들, 곧 집합체로서의 시민들의 이성이다. 공적 이성의 대상은 공적인 선, 다시 말해 정치적 정의관이 사회의 기본구조와 그 구조를 통해 이루고자 하는 목적과 목표들이다(1993, 213).

롤즈에 의하면, 공적 이성은 세 가지 의미에서 공적이다. 첫째, 시민들 자신의 이성인 공중(公衆)의 이성이라는 점에서 공적이며, 둘째, 그 이성의 대상이 공적인 선과 기본적 정의의 문제라는 점에서 공적이다. 셋째는 공적 이성의 본질과 내용이 한 사회의 정치적 정의관 — 좀 더 정확히는 정의관이 표현하는 정치적 이상들과 가치들 — 에 의해 주어지고 또 그에 입각하여 공개적으로 실행된다는 의미에서이다(1993, 213). 이런 의미를 갖는 공적 이성은 무엇보다도 입헌민주주의 체제에 적합한 이상적인 시민의 자격을 규정하는 것으로, 정의롭고 질서정연한 사회가 시민들에 대해 요구하는 이상적 자격, 덕성혹은 능력을 나타낸다.

롤즈는 공적 이성을 자유주의적인 정치적 정의관의 일부로 규정하고 그것이 어떻게 입헌주의와 연관되는지를 설명한다. 주지하듯이, 민주사회에서의 공적 이성은 집합체로서의 민주시민들의 이성으로, 시민들은 공적 이성을 행사함으로써 법률을 제정하고 헌법을 수정하며 서로에 대해 최종적인 정치적 강제력을 행사한다. 그런데 공적인이성이 부과하는 제한들은 모든 정치적 문제들에 적용되는 것이 아니라, 헌법적 필수사항들(constitutional essentials)과 기본적 정의의 문제들(questions of basic)에 속하는 문제들에만 적용된다. 이것은 정치적 가치들만이 누가 투표권을 가지고 있으며, 어떤 종교들이 관용되어야 하고, 누구에게 공정한 기회의 평등이 주어져야 하며, 누가 재산을 소유할 수 있는가 하는 근본적 문제들을 다룰 수 있다는 것을 의미한다. 이런 문제들이나 이와 비슷한 중요성이 있는 근본적인 문제들만이 공적 이성의 특별한 대상들이 된다.[10]

롤즈가 공적 이성의 적용 대상을 헌법적 필수원리들과 기본적 정의의 문제들에 국한시키고자 하는 이유는 그런 정치적 문제들이 공적 이성의 가장 대표적인 대상들이라고 생각하기 때문이다. 공적 이성의 제한들이 이런 중요한 문제들에도 적용되지 않는다면, 이보다 덜 중요한 문제들은 공적 이성의 대상으로 아예 거론조차 되지 않을 것이다. 반대로 만일 대표적인 정치적 문제들을 해결함에 있어 공적 이성의 제한이 존중된다면, 다른 경우들에까지 공적 이성의 제한들이 적용되는 것을 기대해 볼 수 있을 것이다.

하지만 공적 이성의 제한들은 우리의 개인적인 문제나 교회와 클럽과 같이 사적인 집단에 고유한 문제에 대해서는 적용되지 않는다 (1993, 215). 공적 이성의 이상은 주로 공적인 포럼에서 정치적 주장을 개진하는 경우에 발현된다. 때문에 정당의 일원이라든지 선거 캠페인을 하는 후보자들, 그리고 그들을 지지하는 다른 집단들에게 적합하다. 또한 공적 이성은 헌법적 필수원리들과 기본적 정의의 문제들이 걸려 있는 선거에서 시민들이 어떻게 투표할 것인가를 놓고 고심할 때에도 적용된다. 이처럼 공적 이성의 이상은 정치사회의 중요한 공적 이슈들이 관련된 선거에서의 공적인 담론에 관여할 뿐만 아니라, 시민들이 이런 문제들에 대해 결정할 때도 작용한다(1993, 215).[11]

---

10) 이런 기준에서 보면 많은 정치적 문제들이 공적 이성의 대상에서 제외됨을 알 수 있다. 예컨대, 많은 세제 관련법들과 재산규제법들, 환경보호와 오염통제 법령들, 국민공원을 지정하고 야생지역과 동식물을 보존하는 것, 그리고 박물관과 예술기금을 별도 예치해 놓는 것 등등은 공적 이성의 대상에서 제외될 수 있다. 하지만 롤즈는 이런 문제들도 때로 헌법적인 근본 문제들을 내포할 수 있다는 것은 인정하고 있다.

11) 롤즈는 공적 이성이 다양한 부서의 관료들에게 적용되는 다양한 방식을 구분한다(1993, 215-216). 공적 이성은 공식적 포럼에서 그리고 의회에서 발언하는 입법자들에게 적용되며, 공적 행위와 선언을 할 때의 행정관들에게도 적용된다. 또한 특별한 방식으로 사법부에도 적용되며, 무엇보다도 사법심사제도를 갖춘 입헌민주주의 체제의 최고법원(연방대법원)에게도 적용된다. 이것은 대

그러면 가장 근본적인 정치적 문제들을 결정함에 있어서 시민들은 왜 그들이 지지하는 전체적인 진리(whole truth)에 따라서가 아니라 '공적 이성의 제한'을 염두에 두고 행위(투표)해야 하는가? 그것은 자유주의적 정당성 원리를 통해 설명할 수 있다. 자유주의적 정당성 원리는 민주시민들 사이의 정치적 관계에 전제된 두 가지 특징들과 연관되어 있다(1993, 216). 첫째, 민주시민들의 정치적 관계는 시민들이 태어나면서 들어가 정상적이고 완전한 삶을 영위하는 사회의 기본구조 내에서의 인간관계다. 둘째, 민주주의에서 언제나 강제 권력으로서 존재하는 정치권력은 공중의 권력, 즉 집합체로서의 자유롭고 평등한 시민들의 권력이다.

이와 같은 두 가지 특징을 전제했을 경우 합당한 종교적, 철학적, 도덕적 교리들의 다원주의로 특징화되는 자유주의 사회에서 헌법적 근본 문제들이 걸려 있을 때, 시민들이 서로에 대해 정치권력을 적절히 행사하는 때는 언제인가? 다시 말해, 우리들의 행위가 자유롭고 평등한 다른 시민들에게 정당화될 수 있으려면 어떤 원리들과 이상들에 비추어서 그 권력을 행사해야 하는가? 이에 대해 롤즈의 정치적 자유주의는 다음과 같이 응답한다. "우리의 정치권력 행사가 적절하고 따라서 정당할 때는 정치권력이 헌법에 부합하게 행사되는 때뿐인데, 이 경우 헌법의 필수원리들은 모든 시민들이 합당하고 합리적인 것으로 받아들일 수 있는 원리들과 이상들에 비추어 무리 없이 (reasonably) 지지될 것으로 기대되는 원리들이다."(1993, 217)

정치권력의 행사가 정당해야 하기 때문에, 시민권의 이상은 시민들에게 자신이 옹호하고 찬성표를 던진 원칙들과 정책들을 공적인 이

법관들이 그들의 결정을 헌법과 관련 법규, 그리고 판례에 입각하여 설명하고 정당화해야 하기 때문이다. 하지만 입법부와 행정부의 행위들은 이런 식으로 정당화될 필요가 없기 때문에 법정의 특별한 역할이야말로 공적 이성 행사의 표본이 된다고 본다(1993, 216).

성의 정치적 가치들에 비추어 정당화해야 하는 도덕적 의무— 법적인 의무가 아니다— 곧, 시민성의 의무(the duty of civility)를 부과한다. 이 의무에는 타인들의 발언을 들으려는 태도 및 필요할 경우 자신의 견해도 수정할 수 있는 공정한 마음가짐도 포함된다(1993, 217).

시민성의 의무와 위대한 정치적 가치들의 결합은 타인들이 기꺼이 수락할 수 있는 방식으로 '스스로를 지배하는 시민들'이라는 이상을 산출한다(1993, 218). 그리고 이 이상은 합당한 개인들이 긍정하는 포괄적인 교리들에 의해 지지된다. 시민들은 공적 이성의 이상을 정치적 타협의 결과인 잠정협정(modus vivendi)으로서가 아니라 자신들의 합당한 교리들 내부로부터 긍정한다. 이것은 시민들이 자신의 포괄적인 교리를 정치적 정의관에 적응시켰기 때문에 가능하다. 롤즈의 후기 사상에서 강조되는 '중첩합의(overlapping consensus)' 개념은 바로 이와 같은 상황을 표현한다.

이상에서 설명한 공적 이성의 이상은 특정한 민주주의 형태와 친화성을 갖는다. 공적 이성이란 아이디어는 근본적인 정치적 문제들에 대한 투표행위를 사적이거나 개인적인 선호의 표현으로 간주하는 통속적인 견해를 거부한다. 민주주의에 대한 한 가지 통념에 따르면, 사람들은 자신의 호불호 및 사회경제적인 선호와 이익을 고려하여 투표한다. 민주주의는 다수의 지배로 이해되기 때문에 다수는 자신이 원하는 바에 따라 지배할 수 있다. 민주주의에 대한 또 다른 견해는 사람들이 공적인 이유들을 고려하지 않고 자신들의 포괄적인 신념들에 비추어 보아 옳거나 참되다고 여겨지는 것을 선택한다고 본다. 롤즈에 의하면, 민주주의에 관한 이 두 가지 통념은 시민성의 의무를 인정하지 않음은 물론 헌법적 필수사항이나 기본적 정의의 문제들에 관련된 문제들을 놓고 투표함에 있어 공적 이성의 제한들을 존중하지 않는다.

이처럼 민주주의에 대한 첫 번째 견해가 우리의 정치적 판단이 개인적 선호와 이익에 따라 좌우되며, 둘째 견해가 개인적으로 지지하는 전체적 진리에 의해 결정적인 영향을 받는다고 전제하는 데 반해, 시민성의 의무에 투철한 롤즈의 공적 이성은 민주주의를 루소적 일반의지를 가장 잘 증진시킬 수 대안을 모색 또는 선택하는 집단적 행위로 이해한다(1993, 219-220).

그러면 공적 이성은 정치적 정의관과 어떻게 연계되어 있는가? 정치적 정의관은 집단적 평화공존에 필요한 '정당한' 공적 규범을 구성하고자 하는 공적 이성의 산물이지만, 일단 정치적 정의관이 구성되면 공적 이성은 그 정의관을 공적 판단의 최종적 준거의 하나로 삼지 않을 수 없다.12) 그러므로 공적 이성의 구체적 작용을 이해하기 위해서는 먼저 정치적 정의관의 내용을 검토할 필요가 있다.

롤즈가 제시한 정치적 정의관은 다음과 같은 세 가지 의미를 갖고 있다(1993, 223). 첫째, 공적 이성의 활동을 안내하는 정치적 정의관은 일정한 기본적 권리들, 자유들, 그리고 기회들 — 입헌민주주의 체제에서 잘 알려진 것들 — 을 명시한다. 둘째, 정치적 정의관은 특정한 개인들이나 집단들이 추구하는 일반적인 선(good)이나 완전주의 가치들에 대해 기본적 권리와 자유들 그리고 기회들에 특별한 우선성을 부여한다. 셋째, 정치적 정의관은 모든 시민들에게 그들의 기본적 자유와 기회들을 효과적으로 활용할 수 있는 적절한 다목적 수단들(all-purpose means)을 보장하는 조치들을 지지한다. 정치적 정의관의 두 원리 — 평등한 자유의 원리와 차등의 원칙 — 는 이와 같은 내용들을 포괄적으로 제시한 것이다.13)

---

12) 롤즈의 정의관이 '정치적'이라 함은 세 가지 의미를 갖는다: (1) 그것은 오직 통합된 사회적 협력체계(unified scheme of social cooperation)로서의 사회의 기본구조, 즉 사회의 정치, 사회, 경제 제도들에만 적용된다. (2) 좀 더 포괄적인 종교적, 철학적 교리들과 독립적으로 제시된다. (3) 민주사회의 공적인 정치문화에 함축되어 있는 것으로 간주되는 근본적인 정치적 아이디어들에 기초하여 정교화되었다(1993, 223).

롤즈의 자유주의적인 정치적 구상(liberal political conception)은 바로 이와 같은 정치적 정의관과 앞에서 설명한 공적 이성의 이상을 토대로 하여 모색되었다. 때문에 그것은 정의의 원리들 외에도, 올바른 정치적 추론방식(reasoning)을 규정하는 탐구의 가이드라인들 (guidelines of inquiry)과 어떤 정보가 정치적 문제와 관련되어 있는지를 판단할 수 있는 기준들— 증거의 규칙들— 을 포함하고 있다 (1993, 223-224). 왜냐하면, 이런 가이드라인들이 없다면 정의의 실질적인 원칙들을 적용하기 어렵고, 따라서 그의 정치적 구상은 불완전하고 단편적인 것이 되어 버릴 가능성이 있기 때문이다. 자유주의적인 정치적 구상은 이런 기준들을 구비하고 있을 때에야 비로소 정의의 실질적인 원칙들이 제대로 적용되었는지를 판단할 수 있으며, 그 원칙들을 가장 잘 실현시킬 수 있는 법률과 정책들이 무엇인지를 확인할 수 있다(1993, 224).

지금까지의 논의를 정리해 보면 자유주의적인 정치적 가치들은 크게 두 종류로 분류해 볼 수 있다. 첫째는 정치적 정의의 가치들이라고 명명할 수 있는 가치들로, 이들은 사회의 기본구조를 규제하는 정의의 원리들에 속한다. 평등한 정치적, 시민적 자유, 기회의 평등, 사회적 평등과 경제적 상호성, 그리고 이런 가치들이 실현되는 데 필요한 다양한 조건들 및 공동선으로서의 가치들(values of common good) 등이 그것이다. 둘째는 공적 이성의 가치들이다. 이 가치들은 주로 공적 탐구를 자유롭고 공적으로 만드는 가치들로서 합당성(reasonableness)과 시민성(civility)과 같은 도덕적 의무를 존중하는 정치적 덕목들도 포함한다. 공적 이성의 가치들 혹은 덕목들은 공적 문제에 대한 심사숙고된(reasoned) 공적 토론을 가능하게 해준다(1993, 224).

---

13) 하지만 이상의 요소들 각각은 상이한 방식으로 이해될 수 있기 때문에 많은 다른 자유주의들이 존재할 수 있다.

그런데 이 두 가지 부류의 정치적 가치들은 서로 분리된 채로 각각의 고유한 기능을 수행하지는 않는다. 이 정치적 가치들은 함께 결합할 때만이 정치적 문제의 해결에 정당성을 부여함으로써 포괄적인 자유주의적인 정치적 구상을 완전하게 만들 수 있다. 다시 말해, 정치적 정의관에 반영되어 있는 정치적 가치들과 타당한 공적 정당화를 구성하는 추론과 검증에 관련된 가치들은 함께 균형 있게 결합될 때만이, 사회의 기본구조에 관련된 정치적 문제들에 대해 거의 모든 시민들에게 공적으로 합당한 대답을 줄 수 있다.14) 그리고 그럴 때만이 정치적 정의관의 온전한 실현을 담보할 수 있다.15)

---

14) 롤즈에 의하면, 공적 이성이 수행하는 탐구의 가이드라인들은 실질적인 정의의 원칙들과 동일한 기초를 가진다. 이것은 원초적 상황의 당사자들이 기본구조를 위한 정의의 원칙들을 채택함에 있어서, 그런 규범들의 적용을 위한 공적 이성의 가이드라인들과 기준들을 채택해야 한다는 것을 의미한다. 그런 가이드라인들에 대한 옹호, 곧 정당성 원리에 대한 옹호는 정의의 원칙들에 대한 옹호와 같고 또 강력해야 한다. 이것은 공적 이성의 가이드라인들과 정의의 원칙들은 본질적으로 동일한 근거들을 공유한다는 것을 의미한다.

15) 그런데 여기서 지적할 필요가 있는 것은 롤즈의 정치적 정의관은 여러 가지 가능한 것들 중에서 단지 한 가지 관점을 표현하고 있다는 사실이다. 다시 말해 정치적 정의관은 다른 형태를 취할 수 있으며, 그 형태들은 실질적 원칙들과 탐구의 가이드라인들이 어떻게 제시되는가에 따라 달라질 수 있다. 물론 상이한 정치적 정의관들이라 해도 그것들이 자유주의적인 정의관들인 한 자유주의적 정의관의 실질적 원칙들과 공적 이성에 관한 아이디어를 공유할 것이다. 각 형태들의 내용과 아이디어는 이런 한계 내에서 다를 것이다. 공적 이성과 정당성의 원리를 수락한다는 것은, 내용을 규정하는 원칙들의 가장 구체적인 세부사항들에 이르기까지 특수한 자유주의적 정의관을 수락한다는 것을 의미하는 것은 아니다. 이런 원칙들에 대해 생각을 달리하면서도 우리는 한 발상(a conception)의 가장 일반적 특징들에 동의할 수 있는 것이다. 즉, 시민들은 자유롭고 평등한 존재로서 정치권력을 공유하며, 합당하고 합리적인 존재로서 공적인 이성에 호소하는 시민성의 의무를 진다고 동의하면서도, 어떤 원칙들이 공적인 정당화의 가장 합당한 기초가 되어야 하는지에 대해서는 의견을 달리할 수 있다는 것이다. 그러므로 롤즈가 제시한 '공정으로서의 정의'관은 자유주의적인 정치적 발상의 한 가지 예라고 보아야 한다. 그리고 그렇게 볼 때, 시민들은 가장 적합한 정치적 정의관에 관해 의견을 달리할 수 있다. 공적인 정치문화는 상이한 방식으로 개발될 수 있는 상이한 기본 아이디어들

4. 헌법적 필수사항들과 기본적 정의의 문제들

롤즈는 공적 이성과 정치적 정의관, 그리고 공적 정당성 원리들 사이의 상호관계를 조명한 후, 자유주의적인 정치적 발상에 반영된 정치적 가치들이 합당한 대답을 제시해 줄 수 있는 일군의 근본적인 문제들을 확인하는 절차에 착수한다. 이른바 헌법적 필수사항들(constitutional essentials)과 기본적 정의의 문제들(questions of basic justice)이 그것이다(1993, 227). 전자는 헌법에 명시적으로 안치되어 정치적 문제들에 대한 해결책을 제시하도록 기대되는 원칙들이며, 후자는 헌법에 안치되지는 않지만 공적 이성의 대상이 되는 정치적 문제들에 대해 해결책을 제시하도록 기대되는 정의의 원칙들이다. 이 구분은 그의 입헌민주주의의 실질적 내용과 특징을 드러내 주는 부분이기 때문에 좀 더 구체적으로 설명할 필요가 있다.

먼저 롤즈는 가장 시급하게 합의할 필요가 있는 두 부류의 헌법적 필수사항들을 구분한다. 첫째는 정부와 정치과정의 전반적 구조를 구체화시키는 근본 원칙들로서 입법부, 행정부, 사법부의 권력을 규정하고 다수지배의 범위를 설정하는 사항들이다. 그리고 둘째는 입법부가 입법 시 존중해야 할 시민들의 평등한 기본권과 자유를 규정한다. 법의 지배를 보호하는 원칙과, 투표권, 참정권, 양심의 자유, 사상과 결사의 자유 등이 여기에 속한다.

첫째와 둘째 사항들 사이에는 중요한 차이가 있다. 첫째 부류의 사항들은 다양한 방식으로 구체화될 수 있다. 대표적인 예를 들자면 대통령제로 구체화될 수도 있고 의원내각제로 구체화될 수도 있다. 그럼에도 불구하고 정부구조는 경험에 비추어 정치적 정의 혹은 일반이익을 고려하여 변경될 수 있을 뿐, 당파적인 이익에 의해 멋대로

을 내포하는 것이 당연한바, 그들 사이의 장기간에 걸친 질서정연한 경쟁이야말로 가장 합당한 것을 발견할 수 있는 가장 신빙성 있는 방식이다(1993, 227).

변경되어서는 안 된다. 정부구조 변경에 대한 논의가 당파적 이익에 의해 촉발될 경우 입헌정부가 불가능할 정도로 정치적 동요가 발생할 가능성이 있기 때문이다.

둘째 부류의 사항들은 비교적 작은 차이만이 허용될 수 있다. 양심의 자유, 결사의 자유, 언론자유와 같은 정치적 자유, 공직출마의 권리 등은 모든 자유 체제에서 비슷하게 보장되는 권리들로서 이들 중 어느 하나라도 보장되지 않는다면 자유주의 사회로서의 성격에 큰 하자가 발생할 수밖에 없다.

다음으로는 헌법적 필수사항들에 못지않게 공적 이성의 중요한 대상이 됨에도 불구하고 헌법에 안치시킬 수 없는 기본적 정의의 문제들이 있다. '공정한' 기회의 평등, 사회경제적 불평등 및 자본의 사회적 토대와 같은 문제들이 기본적 정의의 문제에 속한다. 모종의 기회의 원칙 ─ 예컨대 최소한 이주의 자유와 직업선택의 자유를 요구하는 원칙 ─ 은 확실히 둘째 부류에 속하는 헌법적 필수사항이지만, '공정한' 기회평등의 원칙은 단순한 기회의 평등을 넘어선 것으로 헌법적 필수사항에 속하지 않는다(1993, 228). 또한 이와 비슷하게, 모든 시민들의 기본적 필요를 충족시켜 주는 사회적 최소치(social minimum)의 보장은 헌법적 필수사항이 될 수 있지만, '차등의 원칙'을 실현시키는 것은 그보다 훨씬 더 까다로울 뿐만 아니라 헌법적 필수사항에도 속하지 않는다.

이와 같은 롤즈의 구분법은 다음과 같은 의문을 불러일으킨다. '공정한' 기회평등의 원칙은 왜 헌법적 필수사항이 될 수 없는가? 마찬가지로 '차등의 원칙'은 왜 헌법적 필수사항이 아닌가? 이와 같은 의문을 해소하기 위해 롤즈는 헌법적 필수사항과 기본적 정의의 문제들을 구분하는 다음과 같은 네 가지 기준들을 제시한다.

a. 두 부류의 원칙들은 기본구조의 상이한 역할들을 명시한다.

b. 기본적 자유들을 다루는 헌법적 필수사항들을 확립하는 것이 더 긴급하다.

c. 헌법적 필수사항들은 그 실현 여부를 판단하는 것이 훨씬 더 용이하다.

d. 아주 구체적인 상세 항목이 아니라 주요 윤곽에 관하여, 기본적 권리와 자유의 내용에 관한 합의에 도달하는 것이 훨씬 더 쉽다 (1993, 230).

이상의 기준들을 살펴보면, 기본적 자유에 관한 원칙들과 사회경제적 불평등에 관한 원칙들의 차이는 첫째 원칙들이 정치적 가치들을 표현하는 데 반해 둘째 원칙들은 그렇지 않다는 데 있는 것이 아니다. 두 부류의 원칙들 모두 정치적 가치들을 표현한다. 사회의 기본구조는 등가적인 두 가지 역할들을 수행해야 하는데, 그 한 가지는 기본적 자유들에 관련된 역할(혹은 원칙)이며, 다른 한 가지는 사회경제적 불평등의 처리에 관련된 역할(혹은 원칙)이다. 첫째 역할을 수행함으로써 기본구조는 시민들의 평등한 기본권과 자유를 구체화하고 보호하며 정의로운 정치적 절차들을 제도화한다. 그리고 둘째 역할을 수행함으로써 사회의 기본구조는 자유롭고 평등한 존재로서의 시민들에 적합한 정의로운 사회적, 경제적 배경제도들을 확립한다.

그런데 기본구조의 두 가지 역할은 일단 그 내용에 의해서 구분될 수 있지만, 각 역할의 실현 여부가 얼마나 확실하게 판단될 수 있는가에 따라서도 구분될 수 있다. 이 기준에 따를 경우, 정치권력의 획득과 제한에 관련된 첫째 역할은 비교적 쉽게 그 실현 여부를 판단할 수 있다. 기본적 권리와 자유에 관계된 헌법적 필수사항들이 충족되었는지의 여부는 헌법적 장치들(constitutional arrangements)과 그것들이 실제 운영되는 것을 보면 어렵지 않게 확인할 수 있기 때문이다. 반면에 사회경제적 불평등을 관할하는 원칙들은 그 실현 여부를 확인하는 것이 훨씬 더 어렵다. 이런 문제들에 대해서는 항상 상당한 의견차이가 존재한다. 이런 문제들에 대한 평가는 복잡한 추론과 직관적 판단에 의존하는 경우가 많기 때문에 평가자의 입장과 관점에 따라 판이하게 달라질 수밖에 없다. 그러므로 이 두 부류의 문제들 모두 정치적 가치들에 비추어 논의·평가되어야 하겠지만, 기본적 권리와 자유에 관련된 원칙들이 사회경제적 정의에 관련된 원칙들보다는 훨씬 더 그 실현 여부를 판단하기 쉽다(1993, 229-230). 그러므로 이 두 부류의 원칙들을 구분하는 기준은 어떤 원칙들이 더 옳고 중요한가 하는 것이 아니라 단순히 원칙들이 성취되었는지를 확인하는 데 있어서의 난이도의 차이다.

이 기준을 통해 보면, 기본적 정의에 관련된 문제들은 헌법적 필수사항들에 비해 그 실현 여부를 판단하기 어려운 정치적 문제들로서 논쟁의 여지가 많다. 때문에 이런 문제들을 관할하는 원칙들이 헌법적 필수사항으로 안치될 경우, 그 실현 여부에 대한 해석 자체가 극한 논쟁의 대상이 됨으로써 헌법 자체의 유효성 및 권위가 훼손될 가능성이 크다. 따라서 기본적 정의의 문제들은 본질상 더욱더 세부적인 심의를 통해 입법될 필요가 있으며, 상황변화에 따라 달리 적용될 수 있도록 적용의 융통성을 높일 필요가 있다. 더구나 그 원칙들은 실현 여부를 판단하는 것이 지극히 어렵기 때문에 그 중요성에도 불구하고 헌법의 필수사항으로 안치되는 것은 바람직하지 않다.

게다가 너무 많은 정치적 사항들을 사법부의 결정에 맡긴다는 것은 민주적인 정치적 가치들— 정치적 자유 및 정의감의 행사와 연관된 가치들— 에 대한 심각한 훼손을 초래할 수 있다는 점도 지적할 필요가 있다(Michelman, 2003, 404). 이런 측면에서 보면 너무 많은 사항들을 헌법적 필수사항으로 안치시키는 것도, 너무 적은 사항들을 헌법적 필수사항으로 안치사키는 것도 모두 심각한 문제를 일으킬 수 있다. 예컨대, 양심의 자유나 출판의 자유와 같은 권리들을 헌법적 필수사항에서 제외시킬 경우 사리분별력 있는 시민들은 그런 체제를 용인하지 않을 것이다. 반대로 정치적 정의에 관한 모든 구체적인 세목들까지 헌법적 필수사항에 포함시킬 경우에는 그 원칙들의 적용과 해석에 있어서 엄청난 논란을 야기할 수 있다. 다시 말해 그 경우에는 정치적 정당성 원리가 근본적으로 부정될 수 있는 불투명성(untransparency) 문제가 야기될 수 있다(Michelman, 2003, 405).

롤즈에 따르면, 한 체제의 수락 가능성은 그 체제의 질서정연한 작동을 위해 필요한 최소치의 원칙들 ─ 헌법적 필수사항들 ─ 을 도출해 낼 수 있는 합당하거나 옳은 배경 ─ 원초적 상황(original position) ─ 의 구성을 전제한다. 때문에 최소치의 원칙들이 너무 많거나 너무 불투명하여 (적용의 기술적 복잡성 때문에) 그 실현 여부를 판단하는 것이 어렵게 되는 것은 바람직하지 않다. 이것이 기본권은 헌법적 필수사항에 포함시키고 차등의 원칙은 포함시키지 않는 중요한 이유다. 다시 말해 이 구분에는 적용의 투명성에 대한 관심이 작용하고 있는 것이다(Michelman, 2003, 405-406). 이것이 바로 이주의 자유와 직업 선택의 자유 및 시민들의 기본적 필요를 위한 사회적 최소치가 헌법적 필수사항들로 간주되는 반면, 공정한 기회의 원리와 차등의 원칙은 헌법적 필수사항으로 간주되지 않는 이유다.

헌법적 필수사항과 기본적 정의의 문제들을 구분하는 근거로서 불투명성의 기준 외에도 결코 무시할 수 없는 또 다른 근거가 있다. 그것은 자유주의 사회가 민주주의에 보내는 지지와 연관되어 있다. 자유민주주의 사회에서 민주적 참여의 권리는 (민주적 절차 혹은 과정을 구성하는 '권리들'을 포함하지만) 반드시 보장되어야 하고 실현되어야 할 가치라는 점에서 시민들이 직접 참여하여 민주적으로 의사를 결정할 수 있는 비교적 광범위한 영역이 존재해야 한다. 그리고 그 영역에는 정치적으로 중요한 문제들이 반드시 포함되어야 한다.

그렇지 않을 경우 그 체제는 민주적 정당성을 담보할 수 없는바 결코 민주체제(democratic regime)라고 명명하기 어렵기 때문이다. 그러므로 기본적 정의의 문제들을 헌법적 필수사항에 포함시키지 않는 것은 실질적인 의미에서 민주주의가 적용되는 영역을 넓히는 효과를 갖게 되며, 비로소 그 체제를 민주적이라 부를 수 있는 근거가 된다. 만일 모든 중요한 정치적 문제들을 모두 헌법적 필수사항으로 안치하여 사법부의 해석과 적용에 따르게 한다면, 그 체제를 진정한 민주주의 체제라 부르기 어려울 것이다.

하지만 민주주의에 관한 롤즈의 이해는 다소 모호하다. 그는 민주주의를 다수 시민들에 의한 정치적 참여를 뜻하는 절차적 의미로 사용하면서도, 시민권의 평등한 실현이라는 실질적 의미로도 사용하기 때문이다. 만일 시민들의 참여라는 절차적 측면을 강조할 경우 롤즈의 민주주의 개념은 정치적 문제들에 의한 시민들의 심의과정을 정당성의 원천으로 강조해야 한다. 반면에, 실질적 의미로 민주주의를 이해할 경우에는 헌법에 대한 사법적 해석이 정당성의 원천으로 강조될 수 있을 것이다. 그러므로 민주주의에 대한 롤즈의 이해는 그의 입헌민주주의의 내용과 구체적 특징을 이해하는 데 중요한 열쇠가 된다.

민주주의를 절차적 심의민주주의로 이해할 경우 기본적 정의와 관련된 정치적 문제들은 민주시민들의 공적 이성을 통해 최종적인 해결을 기대해 볼 수 있을 것인바 그 체제의 민주적 성격이 더 강화될 수 있다. 하지만 이 해석은 롤즈가 동시에 옹호하는 실질적 민주주의와는 상충하는 측면이 있다. 때문에 기본적 정의의 문제들을 헌법에 안치시키지 않는 것이 반드시 절차민주주의를 강화시킬 것이라 속단할 수는 없다.

5. 롤즈의 입헌민주주의에서 사법심사제도

롤즈는 사법심사제도를 갖춘 입헌체제에서의 공적 이성과 관련하여 두 가지 명제를 제시한다(1993, 231). 첫째는 공적 이성은 최고의 '사법적' 해석자인 연방대법원의 이성이 되어야 하지만 연방대법원의 이성은 상위법(higher law)의 '최종적' 해석자의 이성으로는 적합하지 않다는 것이고, 둘째는 최고법원은 공적 이성의 가장 모범적인 예라는 것이다. 롤즈는 먼저 입헌주의의 다섯 가지 원칙들 및 입헌주의와 민주주의의 관계를 조명함으로써 첫째 명제의 의미를 구체적으로 설명한다.

입헌주의의 첫째 원칙은 로크의 『정부론』 2편에 나오는 원칙으로, 새로운 체제를 수립하는 인민의 구성적 권력과 정부관리들 및 선거구민들이 일상정치에서 행사하는 보통 권력(ordinary power)을 구분하는 원칙이다. 통상 인민의 구성적 권력은 권력을 규제하기 위한 틀을 세우며 기존의 체제가 해체되고 새로운 체제를 수립할 때만이 작동한다.

둘째는 상위법과 일반법(ordinary law)을 구분하는 원칙이다. 상위법은 인민이 소유하는 구성적 권력의 표현으로, 우리 인민(We the People)의 의지라는 상위의 권위를 갖는다. 반면에, 일반적인 제정법은 의회의 일상적 권력과 선거구민들의 일상적 권력이 지닌 권위를 갖고 또 그것을 표현한다. 상위법은 일상 권력을 구속하고 안내한다(1993, 231).

셋째는 민주적 헌법은 인민의 자치라는 정치적 이상을 상위법의 원칙으로 표현한 것이며, 공적 이성의 목표는 그 이상을 명백하게 드러내는 것이라는 원칙이다. 정치사회의 목적들 중 일부 ― 정의를 세우고 일반적 복지를 증진하는 것 ― 는 서문에 진술될 수 있고, 어떤 제약들은 권리장전에서 확인할 수 있으며, 적법절차와 동등한 법률의 보호와 같이 정부의 틀 속에 함축되어 있을 수도 있다(1993, 232). 이런 사항들은 모두 정치적 가치들과 공적인 이성에 속한다. 상위법의 원칙들은 광범위한 지지를 확보할 수 있어야 하며 여러 가지 이유 때문에 구체적인 세부사항들과 조건들(details and qualifications)을 달아 두지 않는 것이 최상이다. 그리고 기본적 제도들 속에서 그것의 필수원칙들을 확인하는 것이 가능해야 한다.

넷째는 권리장전을 갖춘 민주적으로 비준된 헌법을 통해 시민들은 최종적으로(once and for all) 일정한 헌법적 필수사항들을 정해 놓아야 한다는 원칙이다. 예컨대, 동등한 정치적 권리들과 자유들, 언론과 결사의 자유, 거주의 자유와 직업선택의 자유 및 법의 지배의 보호와 같이 시민들의 안전과 독립을 보장해 주는 권리들과 자유들은 반드시 포함되어야 한다. 이 조건은 일반법들이 자유롭고 독립적인 존재로서의 시민들에 의해 일정한 방식으로 제정되는 것을 보장한다. 이런 확립된 절차들을 통해 국민들은 심사숙고된 민주적 의지를 표현할 수 있다. 이런 절차들이 없다면 국민들이 그런 의지조차 갖지 못할 것이다(1993, 232).

다섯째는 입헌정부 하에서는 궁극적 권력을 입법부나 심지어 (헌법에 대한 최고의 사법적 해석자일 뿐인) 대법원에 맡겨 둘 수 없다는 원칙이다. 궁극적 권력은 서로 적절히 규정된 관계를 이루고 있으며 인민에 대해 책임을 지고 있는 세 부서에 나누어져야 한다(1993, 232).

입헌주의의 다섯 가지 원칙들을 설명한 후 롤즈는 민주주의와 입헌주의 사이에 존재할 수 있는 긴장관계를 조명함으로써 연방대법원이 상위법의 최고의 '사법적' 해석자라는 첫째 명제에 대한 설명을 완료한다.

롤즈의 관점에서 보면 입헌주의와 민주주의 사이의 긴장관계는 근본적으로 선거인들 중 강력한 다수가 헌법을 그들의 정치적 의지에 일치시켜 개정하거나 폐지할 수 있는 가능성과, 어떤 입법적 제도나 절차도 이와 같은 남용을 완전히 막을 수 없다는 사실에서 발생한다. 롤즈는 이와 같은 민주주의의 과잉 또는 남용으로부터 기본권 체계를 포함하는 헌법적 원칙들을 보호할 수 있는 최후의 제도적 보루로서 사법심사권을 제시한다(1993, 233-234). 롤즈에 의하면, 옳고 정의로운 헌법 혹은 기본법이라는 아이디어는 가장 합당한 정치적 정의관에 의해 확인되는 것이지, 민주주의의 과잉 또는 남용이 나타날 수 있는 실제적인 정치과정에 의해 확인되는 것이 아니다.

롤즈는 미국 헌정사에 대한 애커만(B. Ackerman)의 이중적(dualist) 해석틀을 원용하여 연방대법원이 헌법에 대한 최고의 사법적 해석자라는 뜻의 최종적 의미를 설명한다.[16] 롤즈가 수용한 애커만의 헌정사 해석틀에 의하면, 권력은 궁극적으로 민주적 인민에게 귀속되는 구성적 권력과 헌법적 틀 내에서 일상적으로 행사되는 일상적 권력으로 구분되며, 이에 따라 법 역시 인민의 상위법과 헌법적 틀 내에서 입법체가 제정한 일반법으로 구분된다. 따라서 미국 헌법에 대한 애커만 식의 이중적 해석에 따르면 의회의 최고성은 인정되지 않는다.

이와 같은 이중적 입헌민주주의라는 아이디어 속에서 최고법원인 연방대법원은 상위법을 보호하는 최후의 제도적 보루 역할을 한다. 연방대법원은 공적 이성을 활용함으로써 상위법이 일시적인 다수(transient majorities)의 입법에 의해 침해되는 것을 방지한다. 혹은 자신의 목표를 능란하게 성취할 수 있는 잘 조직화된 이익집단들의 로비에 의해 위헌적인 법이 제정되는 것을 방지한다. 법원이 이 역할을 효과적으로 수행한다면 그 역할이 꼭 반민주적이라고 볼 수는 없다(1993, 233-234).[17] 연방대법원은 의회에서 제정된 법률의 일부를

---

16) 애커만의 다음 책을 볼 것. Bruce Ackermann, *We the People: Foundations* (Cambridge, MA: Belknap, 1991).

위헌이라고 선언할 수 있는 권한이 있기 때문에 일반법에 관련해서는 반(反)다수결주의적인 측면이 있다는 것도 사실이다. 하지만 더 상위에 있는 인민의 권위는 그와 같이 반민주주의적으로 보이는 연방대법원의 역할을 인정해 준다. 연방대법원의 결정이 헌법과 그 수정조항들 및 정치적으로 위임된(mandated) 해석들에 무리 없이 부합하는 한 결코 반민주적이라고 보지 않는 것이다(1993, 234).

롤즈는 미국 헌정사에서 가장 중요했던 시기들인 건국기, 재건기, 뉴딜 시기에 연방대법원이 공적 이성을 사용하여 정치적 가치들을 어떻게 적용했는지를 설명한다. 미국 헌정사에서 이 세 가지 혁신은 전적으로 공적 이성의 정치적 가치들에 의존하여 이루어진 것으로 해석된다. 헌법과 그 수정절차, 노예제도를 제거했던 재건기의 수정 노력들, 그리고 현대의 적극주의적인 뉴딜 복지국가는 그런 평가를 받기에 적합하다고 판단한다. 이런 평가를 통해 롤즈가 부각시키고자 하는 점은, 연방대법원(Court)을 이 상위법 체계에 대한 최고의 '사법적' 해석자(highest judicial interpreter)로 볼 경우, 공적 이성의 정치적 가치들이 연방대법원의 헌법해석을 위한 기초가 된다는 것과, 정치적 정의관은 그와 같은 정치적 가치들을 확립해 준다는 것이다(1993, 234).[18]

---

17) 물론 이 말이 연방대법원이 항상 이 역할을 잘 수행했다는 뜻은 아니다.
18) 이에 대해 다음과 같은 반론들을 예상해 볼 수 있다. 그 한 가지는 권리장전을 갖추지 않은 의회의 최고성(parliamentary supremacy)이 미국의 이중적 체제보다 더 우수할 수 있다는 반론이다. 즉, 의회의 최고성은 이중적 체제하에서 헌법이 보호하고자 하는 가치들을 더 확고하게 보호해 줄 수 있다는 것이다. 또 다른 반론은 독일 헌법의 경우처럼 기본권의 목록을 아예 수정될 수 없도록 안치시키는 것이 낫다는 주장이다. 독일 헌법은 그 기본권이 수정될 수 없도록 더구나 인민에 의해서도 수정될 수 없도록 안치시켜 놓았다. 독일 연방대법원은 그 권리들을 적용함에 있어서 비민주적이라고 말할 수 있다. 안치는 그런 비민주적 효과를 갖는다. 롤즈는 합당한 정치적 정의관의 가치들에 의해 판단해 볼 때, 이런 기본적 문제들에 대한 해결에 있어 이런 체제가 미국식의 이중적 체제보다 우월할 수도 있다는 것을 부인하지 않는다. 단지 이 맥락에

이제 법원이 공적 이성의 가장 모범적인 예라는 둘째 명제를 살펴보자. 롤즈에 의하면, 법원은 기본적 권리와 자유들을 보호해 줄 뿐만 아니라 (공적 이성의 모범적인 제도로 복무함으로써) 계속적으로 공적 이성에 실효성을 주는 역할을 한다(1993, 235). 이 주장의 의미는 첫째, 공적 이성은 법원이 행사하는 유일한 이성이자 그 자체가 공적 이성의 산물이라는 것이다(1993, 235). 시민들과 입법체는 헌법적 필수사항들과 기본적 정의에 관련된 문제들이 아닐 경우 그들의 포괄적인 가치관에 입각하여 적절히 투표할 수 있다. 그런 행위들에 대해 그들은 공적 이성을 통해 정당화할 필요가 없으며 따라서 그들 결정의 전 영역에 걸쳐서 헌법적 원칙들에 일치시킬 필요가 없다. 하지만 대법관들은 결코 그렇게 해서는 안 된다. 그들은 정치적 이유나 가치들 외에 다른 이유나 가치들에 호소해서는 안 된다. 법원이 공적 이성의 범례라고 말하는 것은, 대법관들이 헌법과 헌법 판례들에 대한 심사숙고된 이해를 통해, 그들이 할 수 있는 최선의 헌법해석을 개발하고 표현할 수 있도록 모든 노력을 경주해야 한다는 것을 의미한다. 그 과정에서 대법관들은 공적 이성의 광범위하고 교육적인 역할의 일부분을 담당한다(1993, 236).[19]

서 롤즈가 강조하고자 하는 것은 정치적 정의관의 내용은 공적 이성의 가치들을 포함하는바, 이런 가치들에 호소함으로써 세 종류의 체제들이 갖고 있는 상대적 장점들을 판단해야 한다는 것일 뿐이기 때문이다.

19) 이런 노력을 경주함에 있어 대법관들은 공적 구상(public conception, 정의관)과 그것의 정의(justice)가 함축하는 정치적 가치들 및 공적 이성의 정치적 가치들에 호소해야만 한다. 이런 가치들은 대법관들이 선의로 믿고 있는 가치들이며, 시민성이란 의무가 요구하듯이, 합당하고 합리적인 시민들이 합당하게 지지하리라고 기대되는 가치들이다(1993, 236). 하지만 그것이 헌법의 세부적 해석에 있어 대원관들 사이에 반드시 의견일치가 일어난다는 것을 의미하지는 않는다. 그것은 단지 헌법을 정치적 정의관의 적절한 부분의 관점에서 해석해야 한다는 것을 의미할 뿐이다. 헌법에 대한 최고의 사법적 해석자로서의 대법관들의 역할이 전제하고 있는 점은 정치적 정의관들과 헌법적 필수사항들에 대한 판사들의 견해가 기본적 자유들의 중앙 범위를 다소간 동일한 위치에 자

연방대법원이 공적 이성의 범례라는 명제의 또 다른 의미는 연방
대법원이 공공의 포럼에서 공적 이성에 생생함과 활력을 불어넣는
역할을 수행한다는 것이다. 판사들은 근본적인 정치적 문제들에 대해
권위 있는 판결을 내림으로써 공적 이성에 계속적인 생명력과 활력
을 부여한다. 나아가서 연방대법원은 중차대한 정치적 논쟁의 중심에
서 광범위한 공적 토론을 주도하여 원칙에 따른 민주적 토론과 심의
를 활성화하는 역할도 한다. 이것은 일면에 있어 연방대법원의 사법
심사권이 '반민주적인 난점'을 갖고 있다는 비켈(A. Bickel)의 지적에
도 불구하고(Bickel, 1986, 16-23), 다른 면에 있어서는 민주적 토론
과 심의를 자극하는 일정한 민주적 역할도 수행할 수 있음을 뜻한다.
미국 헌법의 수정을 둘러싼 논쟁에서 연방대법원이 수행한 역할은
바로 그런 역할이었다.

헌법 수정의 한 가지 의미는 기본적인 헌법적 가치들을 변화된 정
치적, 사회적 환경에 알맞게 조정하는 것이거나, 헌법 속에 그런 가
치들에 대한 더욱 폭넓고 포괄적인 이해를 포함시키는 것이다. 여성
에게 투표권을 부여하는 제19수정조항, 동등권리 수정조항 등은 그런
수정과정의 산물이었다. 건국 시기에 독립선언문과 헌법에 나오는 평
등 원리와 당시 시행되었던 피지배 인종에 대한 동산 노예제(chattel
slavery of subjugated race) 사이에는 분명한 모순이 있었다. 그리고
투표권에 대한 재산권 규정이 있었으며 여성에게는 선거권이 전적으
로 거부되었다. 하지만 시간이 지나고 환경이 변함에 따라 헌법은 최
초의 약속에 일치하는 방향으로 수정되어 갔다.

헌법 수정의 또 다른 의미는 사회의 기본제도들의 약점을 헌법적
실제에 맞게 수정하는 것이다. 제18수정조항을 제외한 많은 수정조항

리매김하고 있다는 것이다. 이런 경우들에 있어서는 최소한 대법원의 결정들
이 가장 기본적인 정치적 문제들을 해결함에 있어 성공하고 있다고 볼 수 있
다.

들은 정부의 제도적 설계에 관련되거나 대통령의 임기를 2회로 한정시키는 것(수정조항 22) 등이었다(1993, 239).

이와 같은 헌법 수정의 과정은 결코 순탄하지 않았다. 때로 격렬한 반대에 직면했으며 이 반대를 극복하기 위한 공적인 논쟁이 불가피했다. 이 과정에서 연방대법원은 핵심적인 역할을 수행했다. 연방대법원은 헌법 개정을 둘러싼 논쟁을 최종적으로 종결짓는 역할을 수행하는 데 그치지 않고, 그 논쟁과정 전체를 주도하고 이끄는 역할도 수행했던 것이다. 연방대법원의 역할은 정치적 토론을 원칙에 따른 토론이 되도록 이끌었고, 헌법적 문제들을 정치적 가치들에 따라 다루도록 유도했다. 그 과정에서 연방대법원은 시민들에게 공적 이성의 사용법을 교육시켰으며, 시민들의 관심을 기본적인 헌법적 문제들에 집중시킴으로써 정치적 가치들을 교육시킬 수 있었다(1993, 239).[20]

6. 입헌주의와 민주주의의 관계

이 절에서는 현대 입헌민주주의의 스펙트럼에서 롤즈의 입헌민주주의가 차지하고 있는 위상을 확인하기 위해 그의 입헌민주주의에서 입헌주의와 민주주의가 맺고 있는 관계를 조명해 보기로 한다.

주지하듯이, 롤즈의 입헌민주주의 이론은 '민주사회(democratic society)'와 '민주체제(democratic regime)', 그리고 '심의민주주의(deliberative democracy)'라는 세 가지 요소를 포함하는 '민주사회' 개념을 배경으로 하여 구성되었다(Cohen, 2003, 87). 때문에 그의 정의관

---

[20] 지금까지의 주장은 사법심사제도 그 자체에 대한 옹호는 아니다. 일정한 역사적 상황과 정치문화의 조건들에 비추어 볼 때 그 제도를 옹호할 수는 있지만 반드시 모든 자유주의 체제에서 사법심사제도를 채택할 필요성은 없다. 그것은 단지 공적 이성 사용의 모범적인 예로서 대법원을 살펴본 것이다. 이런 점에서 법원이 특별하긴 하지만, 다른 정부 부서들 또한 헌법적 문제들을 논의함에 있어 법원과 함께 원리의 포럼이 될 수 있다(1993, 240).

은 민주사회의 자유시민들 사이의 존재방식 — 그 한 가지는 자유롭고 평등한 존재들이 심의를 통해 중요한 헌법적 결정에 이르는 존재방식 — 을 반영하지 않을 수 없다. 그러므로 정의의 제1원리에 포함되어 있는 정치적 자유들은 베버와 슘페터 식의 '최소주의적' 민주주의 개념 — 엘리트들을 선출하는 선거제도로서의 민주주의 — 이상의 '적극적인' 내용을 담아내야 했다.

혹자는 정의의 원리들에 의해 규제되고 있는 롤즈의 질서정연한 사회에서는 민주주의가 정의관의 제약을 받으므로 종속적인 지위를 갖는 것으로 생각할 수도 있다. 하지만 코헨이 적절히 지적하고 있듯이 정의의 원리들 자체가 '민주사회'에 대한 관념(자유롭고 평등한 시민들의 공정한 협력체계)을 반영하기 때문에, 이런 전제에 입각하여 구성된 정의관에 의해 민주주의가 상당한 제약을 받는다고 판단할 근거는 약해 보인다(Cohen, 2003, 102-103).

사실 롤즈의 『정의론』에서는 정의관 자체가 심의민주주의의 기본적 조건과 틀 속에서 구성되었다고 해도 무리가 없다. 롤즈의 정의원칙들은 심의민주주의가 작동할 수 있는 공정하고 평등한 절차적 조건 속에서 계약 당사자들이 자유로운 이성의 공동행사를 통해 도달한 결과물이다. 따라서 그 결과물로서의 정의관은 우선적으로 이상적인 민주사회의 존재방식에 맞도록 구성될 수밖에 없는바 시민들의 이성능력 발휘를 보장하는 공적인 심의를 통해 합의된 것이다. 그리고 이런 심의적 절차는 헌법구조의 결정과정뿐만 아니라 입법과정과 정책결정과정, 그리고 시민들이 정의관에 입각하여 그들의 대의원들을 판단, 평가하는 과정을 통해서도 실현된다고 할 수 있다. 그러므로 정의관이 제1원리에 규정하고 있는 기본적 자유들 중 정치적 참여의 권리, 곧 민주적 권리는 다른 경제사회적 권리들과 마찬가지로 매우 중요한 기본적인 권리들이기 때문에 다른 권리들의 최대한의 실현을 위한 경우에 한하여 부분적으로만 제약될 수 있을 뿐, 정치적 자유들이 다른 경제사회적 자유들에 비해 그 중요성이 떨어진다고 볼 이유가 없다.

하지만 롤즈가 최종적으로 도달한 입헌민주주의 이론은 민주주의 로부터 롤즈 스스로가 기대했던 창의성과 혁신성을 상당 부분 앗아가 버리고 있다. 그 이유는 롤즈가 그의 계약주의적 구성방법에 내재된 심의민주주의의 급진적 성격을 충분히 인지하지 못했기 때문이다. 그는 법의 지배와 사법심사권의 수립을 통해 다수결 민주주의가 침해할 수 있는 개인의 기본권을 보장하는 데만 지나친 주의를 기울였던 것이다.

입헌민주주의적 정의사회를 구성하는 롤즈의 계약주의적 방법은 이미 심의민주주의를 전제하고 있다. 이 심의민주주의의 틀에서 보면 시민들은 민주적 게임의 규칙들을 논의하고 구성하며 필요할 경우 또다시 재구성할 수 있는 능력과 자격이 있는 것으로 간주된다 (Bellamy, 2006, xxi). 하지만 롤즈의 정의관 및 헌법적 기본권들은 일단 헌법정치의 차원에서 민주적인 합의를 통해 수립되면 더 이상 민주적 심의의 대상이 되지 않는다. 헌법적 기본사항들이 최종적으로 결정되면 그 이후의 일상적인 차원의 정치에서는 그 사항들이 불변적 원칙들로 준수되어야 하기 때문이다.[21] 만일 기본권에 관련된 분쟁이 발생한다면 그것은 광범위한 민주적 심의와 결정에 맡겨지는 대신 사법심사제도와 같은 전문적인 사법기구에 맡겨져야 한다. 이렇듯 롤즈의 심의민주주의는 일상정치의 수준에서는 그 본래적인 역할을 상실하거나 급격히 위축됨으로써 소수 판사들의 전유물이 된다.

하지만 추상적인 정의관에 대한 사람들의 의견차이는 다원주의 사

---

21) 물론 이론적으로는 혁명기나 근본적인 변혁기에 다수 인민은 원래의 정체 구성적 능력을 회복하고 발휘함으로써 낡은 헌법질서를 폐기하고 새로운 헌법을 수립할 수 있다. 하지만 일상적인 정치에서는 지나치게 소극적인 지위로 물러나 있다.

회의 불가피한 현실로서 끊임없는 논쟁의 대상이 되고 있을 뿐만 아니라, 사람들의 진화하는 관심과 필요 및 이상 때문에 계속적인 재해석의 대상이 된다. 건국과 같은 어떤 특정한 역사적 순간에 특정한 이상과 목적을 가진 입법자들이 민주적 심의를 통해 결정한 헌법적 기본사항들은 그 현재적 의미가 발견 또는 재해석되어야 한다. 따라서 입헌정치와 정상정치의 구분을 전제한 롤즈의 입장은 심의민주주의의 근본정신에 배치되는 것이다. 그것은 근본적으로 민주주의를 개인의 공적인 합리성이 반복적으로 실현되고 확인되는 본유적인 가치활동으로 인식하기보다는 어떤 다른 가치 — 모든 시민들에 대한 동등한 헌법적 기본권을 실질적으로 보장해 줌으로써 실현되는 가치 —를 확인하고 보장하기 위한 수단이나 방법으로 이해하는 것이다.

그 기본구조에 있어 롤즈의 것과 유사한 입헌민주주의 형태를 제시한 드워킨의 논의는 입헌주의와 민주주의의 관계에 대한 롤즈의 입장을 더 분명히 이해하는 데 도움이 된다. 드워킨은 입헌민주주의에 대한 계약주의적 정당화 방법을 채택하지 않는다는 점에서 롤즈와 구분된다. 하지만 '동등한 관심과 존중'이라는 자유주의의 근본적 도덕원리를 입헌민주주의가 실현하고자 하는 실질적 가치로 본다는 점에서는 롤즈와 같다. 즉, 그 근본 가치를 원초적 상황에서의 계약의 산물로 보든지, 계약 이전의 원초적 상황에 이미 전제되어 있는 가치로 보든지, 그것이 입헌민주주의가 실현해야 할 근본 가치라고 보았다는 점에서는 차이가 없다.

헌법에 대한 도덕적 해석론에 입각하여 사법심사제도의 정당성을 옹호하는 가운데 드워킨은 민주주의의 목적을 "집단적 결정이 그 구조와 구성 그리고 실제가 공동체의 모든 구성원들을 개인들로서 동등한 관심과 존중을 가지고 대하는 정치제도들에 의해 이루어지게 하는 것"이라고 규정한다(Dworkin, 1996, 24). 그는 민주주의를 사법심사제도를 갖춘 권리 중심적 입헌민주주의와 다수결로 집단적 의사결정을 하는 '기계적' 또는 '통계적' 민주주의로 구분한다. 드워킨은 이 두 가지 민주주의의 정당성 혹은 우수성은 민주적인 권리들을 보호하고 증진하는 효과에 따라 평가되어야만 한다고 주장한다. 그런 점에서 그의 입헌민주주의는 절차 중심적이기보다는 실질적인 민주주의 개념에 가깝다.

드워킨에 의하면 다수결 민주주의는 민주주의의 기본가치들을 침해하는 모순적인 경향이 있다. 이 민주적 가치들은 정치공동체의 구성원들이 그 공동체의 '도덕적 일원'으로서 동등한 관심과 존중을 받을 수 있는 자격, 곧 시민으로서의 동등한 지위(equal status)를 누리게 해주는 조건들이다. 이를테면 정치적 의제설정과 의사결정에 영향을 미칠 수 있는 적절하고 동등한 기회라든지, 결정과정에서 동등한 가치가 있는 존재로서 고려되어야 한다는 원칙이나, 다소 논쟁적이긴 하지만 집단적인 결정에 의해 부당한 간섭을 받지 않음으로써 자신의 삶에 대해 책임을 질 수 있는 자유가 보장되어야 하는 등의 조건들이다. 하지만 다수결주의는 단순히 개인들의 이익을 취합, 흥정(trade-off)함으로써 중요한 원칙의 문제를 부차적인 지위로 밀어내 버리는 타협을 촉진하는 경향이 있다(Dworkin, 1996, 30).

자유주의적 입헌민주주의 체제의 근본적 정치도덕을 가장 정확하고 일관되게 해석할 수 있는 기관으로서 사법심사제도의 중요성을 강조하는 드워킨에게는 광범위한 시민들의 정치참여와 다수결주의적인 결정방식 자체보다는 '평등한 관심과 존중'이라는 실질적인 민주적 가치가 실현되는 것이 더 중요하다. 그러므로 다수결주의 자체는 민주주의의 근본적인 목적이 아니라, '평등한 관심과 존중'이라는 근본적 가치를 실현하는 한 가지 수단 혹은 방법에 불과하다. 따라서 그것을 민주주의 자체와 혼동해서는 안 된다. 그런 관점에서 보면, 경우에 따라서 소수의 연방대법원 판사들이 민주주의의 실질적 가치를 수호하는 데 훨씬 더 효과적인 역할을 수행할 수 있다. 이것이 바로 드워킨이 헌법적인 기본사항들에 대한 논의를 소수의 판사들에게 전담시킴으로써 심의민주주의의 범위와 기능을 축소한 입헌민주주의 이론을 제시하고 있는 이유다.

물론 일라이(J. Ely)가 해석하듯이 사법심사제도를 소수자들의 민주적 기본권을 보장해 줌으로써 민주정치과정에서 소수자들도 동등한 민주적 지위를 누릴 수 있도록 감시하는 제도로서, 말하자면 심의민주주의의 온전한 유지에 기여할 수 있는 보조적 제도로 이해할 수도 있다(Ely, 1981). 하지만 『권리의 존중(*Taking Rights Seriously*)』(1978)에서 공동체 혹은 국가에 대한(against) 개인의 권리(rights as political trumps)를 강조했던 드워킨의 입장을 두고 볼 때, 드워킨이 옹호하는 사법심사제도를 민주주의 '과정'을 감시하기 위한 보조기구로 이해하는 것은 지나치게 친(親)민주주의적인 해석이다. 더구나 「도덕적 독해」(1996)에서 헌법적 기본권의 범위에 관련하여 개진된 드워킨의 아래와 같은 견해는 판사들의 권한은 크게 확대하는 반면 민주적인 심의의 역할은 현저히 위축시킬 수 있는 함의를 갖고 있기 때문에, 그의 사법심사제도를 일라이처럼 민주정치과정을 감시하는 보조제도로 이해하는 것은 지나친 확대해석이다.

> 정부는 모든 국민을 정치적, 도덕적으로 동등한 존재로서 대우해야 한다. 다시 말해 국민 모두를 동등한 관심을 가지고 대우해야 한다. 그러한 목적에 필수적인 것은, 개인의 자유는 무엇이나 존중해야 한다. 그리고 그것은 언론이나 종교의 자유처럼 구체적으로 명시된 자유에만 국한되어서는 안 된다(Dworkin, 1996, 113).

일상정치를 배경으로 할 경우, 이와 같은 드워킨의 입헌민주주의 이론은 롤즈의 것과 거의 차이가 없다. 다만 롤즈는 미국 헌정사에 대한 애커만의 이해 틀을 공유하기 때문에, 이론상 헌법정치(constitutional politics)의 시기 동안에는 다수 인민의 적극적 정치참여와 판단 및 합의가 최종적인 정치적 권위를 지닐 수 있다는 개연성을 인정하고 있으며, 이런 개연성은 이론상 원초적 상황에서의 심의와 계약으로 표현되고 있는 것이다.

그런데 일상정치의 수준에서 다수결 민주주의의 적용 범위를 한정시키고자 하는 롤즈의 입장은 세 가지 중요한 매디슨주의적인 특징을 갖고 있다(Wallach, 2002, 226). 첫째, 매디슨처럼 롤즈도 선출되거나 선출되지 않은 정부관리들 — 입법자들과 판사들 — 은 전형적으로 일반 시민들의 일시적이고 덜 이성적인 판단들에 대한 중립적인 여과장치로 작용(행위)한다고 본다. 둘째, 매디슨처럼 롤즈도 공적인 덕성(public virtue)이 필요하다고 믿지만 소극적인 의미에서만 그렇다. 다시 말해, 일반 시민들의 여과되지 않은 의견들이 정치적 불안정을 초래하지 않도록, 일반 시민들이 정치적 공간(political arena)에서 개진할 수 있는 의견들에 일정한 절차적 제한을 부과한다. 셋째, 매디슨, 롤즈, 그리고 애커만은 민주주의를 개인적 자유의 보호를 위한 도구로 간주한다. 그 결과, 롤즈와 애커만이 이론화한 입헌민주주의 형태는 평등에 비해 자유에, 민주주의와 공동체의 권리에 비해 프라이버시와 재산권에 상대적으로 더 높은 비중을 둔다. 그런데 이런 치우침의 결과, 매디슨, 롤즈, 애커만이 지지하는 입헌민주주의 형태는 민주주의의 유지에 필요한 민주적 덕성의 함양을 저해한다(Wallch, 2002, 227).

월드런(J. Waldron)과 벨라미가 지적하듯이 다수결주의의 위험에 대한 롤즈와 드워킨의 우려는 사법기관과 판사에 거는 기대에 비교해 볼 때 지나친 감이 없지 않다(Waldron, 1993, 20-91; Bellamy, 2006, xiv-xvi). 사실 다수결주의에 의한 최종적인 의사결정은 모든 시민들의 평등한 지위를 존중해 주는 최선의 방식일 수 있다. 다수결주의가 채택하고 있는 1인 1표 주의는 모든 개인들이 의사결정과정에서 동등한 역할을 해야 하고 그 의사결정에서 동등한 비중으로 고려되어야 한다는 민주적 원칙들을 반영하며, 그 과정에서의 '타협'이라는 것도 결국은 모든 개인들의 동등한 비중과 역할을 고려해 볼 때 상호적인 양보가 불가피하다는 원칙을 반영한 것이기 때문이다 (Bellamy, 2006, xiv).

물론 다수결주의 그 자체가 민주적 기본가치들의 온전한 실현을 보장해 주지는 않는다. 다시 말해, 다수결주의는 의사결정과정으로부터 영향을 받는 모든 구성원들의 참여를 보장해 주지 않으며, 유권자들의 일부 또는 상당수가 비민주적인 편견과 선입견(external prejudice)을 표현할 수 있는 가능성을 차단해 주는 것도 아니고, 일부 소수집단의 권익이 침해되지 않도록 보장해 주지도 않는다. 하지만 이 점은 사법심사제도도 마찬가지다. 헌법재판소의 판사들도 의견차이가 존재하며 따라서 궁극적으로 다수결주의적 결정을 피할 수 없다. 그들도 각종 여론의 압력이라든지 정치적 압력 및 기업가들의 압력이나 요구로부터 자유로울 수 없다. 따라서 그들의 결정이 다수결주의에 의한 결정보다 반드시 더 나으리라는 보장은 없다. 그리고 설혹 그들의 결정이 대중들의 집단적 결정보다 질적으로 더 우수하다고 하더라도, 월드런이 지적하듯이 사법심사제도는 일반 시민들의 평등한 시민권과 능력에 대한 불신을 담보하고 있다는 점에서 민주적 관점에서는 일종의 원죄를 짓는 것이다.

7. 맺음말

미국적 사법심사권 제도를 갖춘 입헌민주주의 형태에 대한 롤즈의 정당화는 입헌주의 원리와 민주주의 원리를 균형 잡으려는 노력의 귀결이다. 그는 입헌주의 원리를 법의 지배 원칙으로부터 발전적으로 도출하는 한편 입헌주의 원리를 통해 법의 지배를 완성시키려고 시도하면서도 입헌주의의 토대가 되는 정치적 정의관과 헌법적 필수사항들을 원초적인 민주적 심의의 산물로 이해함으로써 입헌주의와 민주주의를 통합시켰다.

롤즈가 제시한 입헌민주주의 형태는 입헌주의로 민주주의의 과잉과 남용을 제약하면서도, 민주주의가 작동할 수 있는 상당한 영역 — 헌법적 필수사항들이 아닌 것들의 영역 — 을 남겨 둠으로써 입헌주의와 민주주의의 타협적 공존을 가능하게 한다. 그리고 공적 이성은 이런 구조 속에서 작동함으로써 공동체의 정치적 가치들을 지속적으로 보호·실현하는 기능을 수행하는데, 연방대법원은 공적 이성 행사의 가장 모범적인 예로서 제시된다.

이와 같은 구조적 특성을 갖는 롤즈의 입헌민주주의 형태는 입헌민주주의의 스펙트럼에서 중도적인 위상을 차지하는 것으로 평가할 수 있다. 그 오른쪽에는 소위 자유지상주의자들이라 할 수 있는 노직, 하이에크, 호스퍼스(J. Hospers), 랜드(A. Rand) 등이 지지하는 입헌민주주의 형태가 있다. 이 형태는 롤즈의 입장에 비해 입헌주의 원칙의 적용 범위 혹은 강도를 확대하는 한편 민주주의 적용 범위 혹은 강도를 대폭 축소한 입헌민주주의다. 특히 이 형태는 시장 관련 기본권의 보장을 가장 중요시하고 있으며 민주주의에는 매우 제한된 지위 — 예컨대 대의원 선출을 주요 내용으로 하는 — 를 부여하고 있기 때문에 보수적 입헌민주주의 혹은 자유지상주의적 입헌민주주의라 칭할 수 있다.

반면, 그 왼쪽에는 입헌주의의 원리보다 민주주의의 원리를 더 강화시킨 입헌민주주의 형태가 존재한다. 월드런과 벨라미가 옹호하는 형태의 입헌민주주의가 그것이다. 월드런과 벨라미의 입장에서 볼 때, 롤즈의 입헌민주주의는 광범위한 민주적 심의 혹은 다원주의적 민주정치의 역동적 균형이 헌법적 원리들을 보호하는 데 결정적인 역할을 한다는 점을 간과했다. 그럴 수밖에 없었던 이유는 롤즈가 애커만의 이중적 헌법해석에 갇혀 있었기 때문이다. 애커만처럼 롤즈 역시 헌법정치의 시기에 활성화되는 민주적 참여와 심의의 기능을 일상정치 영역에서는 주로 사법부의 특권으로 위임해 버렸다. 그리하여 일상적인 차원에서는 다수 인민이 많은 정치적 결정과정에서 주도적인 역할을 수행할 수 없게 만들어 버렸다.

롤즈의 중도적인 입장은 헌법적 필수사항으로 안치시킬 요소들 혹은 원리들을 지나치게 과도하거나 과소하게 상정해서는 안 된다는 주장에 의해 확인된다. 주지하듯이 롤즈는 동일한 정치적 가치들의 상대적 비중을 달리 설정함으로써 상이한 형태의 입헌민주주의가 정당화될 수 있다는 것을 인정한다(1993, 235). 비록 해석의 폭을 상당히 제한하고는 있지만, 온건한 자유지상주의적 입헌민주주의와 민주주의 원리를 약간 확장시킨 입헌민주주 형태도 롤즈가 정당하다고 인정할 수 있는 범위에 있는바, 롤즈의 입헌민주주의는 좌우의 입헌민주주의 형태들을 조명할 수 있는 유리한 준거적 위치를 점하고 있다.

이에 덧붙여 헌법적 필수사항과 관련된 정치적 문제들의 최종적 결정 권위에 대해 한 가지 지적할 필요가 있다. 헌법해석은 입헌주의와 민주주의의 관계를 가교하는 역할을 하기 때문에 그 자체 중요한 정치적, 제도적 함의를 갖는다. 대체로 입헌주의 원리를 강조하는 자들은 궁극적인 헌법해석의 권위를 여론으로부터 절연된 판사들의 손에 쥐어 주려 하는 경향이 있는 반면(롤즈와 드워킨), 좀 더 민주주의 원리를 강조하는 이론가들은 헌법해석의 궁극적 권위를 국민들이 직접 선출한 관리들, 곧 입법자들에게 부여하려는 경향이 강하다(월드런과 벨라미). 하지만 실제에 있어서는 대부분의 입헌민주주 국가들이 해석권력을 다소 넓게 분산해 놓고 있다. 민주주의보다 입헌주의 원리가 우세하다고 하는 독일의 판사도 전능하지 않고, 민주주의가 헌정주의에 비해 우위에 있다고 하는 영국의 판사도 결코 무능하지 않다. 헌법해석은 행정관들이나 입법자들이 종종 하는 일이다. 경찰마저도, 혐의자를 체포할 것인가, 혐의자에게 무엇을 물을 수 있을 것인가, 그리고 구금기간을 결정함에 있어서, 헌법해석에 참여한다. 일부 관리들이 별다른 생각 없이 행위하는 것은 사실이지만, 그것이 다양한 부서의 다양한 관리들이 헌법해석 권력을 공유한다는 사실을 결코 부정하지는 못한다.[22]

이렇게 본다면 헌법적 문제들에 대한 최종적인 결정 권위를 사법부(연방대법원)로 일원화하려는 롤즈의 시도는 실제와 다를 뿐만 아니라 민주주의 원리와도 부합하지 않는다.[23] 그러므로 헌법적 문제들에 대한 최종적 결정 권위를 사법부에만 독점시키는 것보다는 입법부 그리고 나아가서는 행정부에게도 일정 부분 인정해 주는 것이 바람직할 수 있다. 캐나다는 좋은 예를 제공한다(Donohue, 2002). 캐나다에서는 입법부와 사법부가 상호 견제하고 보완할 수 있도록 역할을 분담시킨다. 그리하여 이 두 부서가 일종의 민주적 대화(dialogue)를 수행하도록 하여 헌법에 보호된 시민의 권리와 자유를 보호하는 데 극대의 효과를 산출하도록 유도한다(Donohue, 2002, 277).[24]

캐나다 식의 양극적 입헌민주주의 모델이 갖고 있는 매력은 자유에 대한 지지와 다른 중요한 관심사들을 균형 지을 수 있다는 것이다. 캐나다에서는 의회에 다양한 사회적 고려사항들(social consid-

---

22) 입법자들, 행정관료들, 혹은 판사들은 모두 해석적 임무를 수행하지만 그 방법과 내용은 서로 다르다. 재선을 희망하는 선출직 관리들은 임기가 정해진 판사들보다는 여론에 훨씬 더 민감할 가능성이 크다. 하지만 선출된 해석자들에게 가장 큰 유혹은 헌법을, 그들이 믿기로, 선거구민들이 원하는 바대로 헌법의 의미를 파악하는 것이며, 선거구민들에게 책임지지 않아도 되는 사람들에게 가장 큰 유혹은 자신들이 원하는 바대로 헌법의 의미를 파악하는 것이다.
23) 물론 각주 18)과 20)에서 밝힌 바와 같이, 롤즈는 이론상으로는 사법부 이외의 기관들이 헌법해석에 대한 최고 권위를 가질 수 있다는 것을 인정한다. 하지만 전체적인 주장을 보면 사법부가 최고의 헌법해석 권위를 갖는 미국식 체제를 선호한다.
24) 캐나다의 경우는 입법부와 사법부 중 어디가 최종적인 발언권을 가져야 한다고 명시하지 않는다.

erations)을 참작하여 권리와 자유의 범위를 조정할 수 있는 권한을 주고 있다. 하지만, 동시에 사법부에게 입법에 대한 사법심사권을 부여함으로써 양 부서 사이에 일종의 '반성적 평형'을 산출하도록 유도하여, 입법부에 의한 헌법적 기본권의 수정이 결코 권리의 부정으로 나아가지 않도록 한다(Donohue, 2002, 277).

롤즈도 인정하듯, "근본적 권리들과 이익들을 어떻게 보호할 것인가에 관한 문제를 해결할 수 있는 보편적으로 최상인 방법은 없다." (1993, 235) 때문에 롤즈가 정당화한 입헌민주주의 형태의 적실성과 응용 가능성에 대해서는 각 정치체의 전통, 현재적 상황, 그리고 규범적 지향에 따라 상이하게 평가될 수 있을 것이다. 아마도 미국의 특수한 정치전통은 미국식 사법심사권을 갖춘 입헌민주주의 체제를 선호하도록 영향을 미칠 것이다. 하지만 미국과는 다른 정치전통과 역사를 가진 사회에서는 (헌법해석 권력에 있어) 피라미드식 권위구조를 갖고 있는 미국식 입헌민주주의 체제보다는 양극적 혹은 다극적 권위구조를 갖는 입헌민주주의 체제가 더 적합할 수도 있다. 특히 과거에 권력집중이 심했던 국가들일수록 그럴 가능성은 더욱 클 것이다.

마지막으로 입헌민주주의 체제의 궁극적 한계에 대해 유념할 사항이 있다. 그것은 민주주의와 입헌주의는 단독으로든 함께든 유토피아를 약속해 줄 수는 없다는 점이다. 그 둘은 민주적 다수의 횡포와 정부의 전제적 지배의 위험을 막아 주는 동시에 어느 정도의 민주적 자치와 개인적 자유(권리)의 실현을 가능하게 해준다. 유토피아란 관점에서 본다면 이와 같은 입헌민주주의 약속은 매우 불만족스러울 것이다. 인간의 내재적 능력과 결함을 적절히 감안하고 절충하여 일정한 제한 속에서만 개인의 자유와 정치권력 행사를 허용하기 때문이다. 하지만 입헌민주주의는 지금까지 존재했던 어떤 정치원리보다도 더 자유와 안전을 동시에 보장해 주는 정치원리임이 입증되었다. 때문에 각국은 각기 채택하고 있는 입헌민주주의 체제를 수정하고 보완함으로써 현실적으로 최선의 형태로 가꿔 가는 노력을 경주하는 것이 중요하다. 그럼에도 불구하고 모든 입헌민주주의 체제들이 다 똑같은 축복을 누릴 수는 없다. 입헌민주주의를 축복의 힘으로 만드는 것은 궁극적으로 공동체 구성원들의 도덕적 자질과 노력에 달려 있기 때문이다.

참고문헌

김비환(2005), 『자유지상주의자들, 자유주의자들 그리고 민주주의자들』(성균관대학교 출판부).

____(2006), 「현대자유주의에서 법의 지배와 민주주의의 관계: 입헌민주주의의 스펙트럼」, 『법철학연구』 제9권 2호.

Allan, Trevor, R. S.(2003), *Constitutional Justice: A Liberal Theory of the Rule of Law*(Oxford: Oxford University Press).

Bellamy, Richard(2006), "Introduction", in *Constitutionalism and Democracy: The International Library of Essays in Law and Legal Theory*, 2nd series(Dartmouth Publishing Company).

Bickel, Alexander(1986), *The Least Dangerous Branch: The Supreme Court at the Bar of Politics*, second edition(New Haven: Yale University Press).

Cohen, Johen(2003), "For a Democratic Society", in *The Cambridge Companion to Rawls*, edited by Samuel Freeman(Cambridge: Cambridge University Press).

Donohue, Brian(2002), "Judicial Hegemony: Dworkin's Freedom's Law and the Spectrum of Constitutional Democracies", *Ratio Juris*, vol. 15, no. 3(September 2002).

Dworkin, Ronald(1996), "Moral Reading", in *Freedom's Law*(Cambridge, MA: Harvard University Press).

Ely, J. H.(1981), "Toward a Representation-reinforcing Model of Judicial Review", *Modern Law Review* 37.

Gordon, Scott(1999), *Controlling the State: Constitutionalism from Ancient Athens to Today*(Cambridge, MA: Harvard University Press).

Holmes, Stephen(1995), *Passions and Constraints: On the Theory of Liberal Democracy*(Chicago: Chicago University Press).

Michelman, Frank I.(2003), "Rawls on Constitutionalism", in *The Cambridge Companion to Rawls*, Samuel Freeman ed.(Cambridge: Cambridge University Press).

Rawls, John(1971), *A Theory of Justice*(Cambridge: Harvard University Press).

____(1993), *Political Liberalism*(New York: Columbia University Press).

Waldron, Jeremy(1993), "A Rights-Based Critique of Constitutional Rights", *Oxford Journal of Legal Studies* 13.

Wallach, John R.(2002), "American Constitutionalism and Democratic Virtue", *Ratio Juris*, vol. 15, no. 3(September 2002).

롤즈 정의론의 형이상학적 문제들

정원규

서울대 사회교육과 교수

1. 머리말

롤즈(John Rawls)의 정의론이 윤리학의 울을 넘어 경제학, 법학, 사회학 등에서 폭넓게 논의되는 이유는 실적주의와 사회적 평등이라는 극단적 가치가 대립하고 있는 현대사회에 '정의의 두 원칙'이 던진 규범적 호소력에서 찾을 수 있다. 하지만 정의론의 호소력은 여기에 그치지 않는다. 정의원칙에 대한 롤즈의 정당화 이론들은 20세기 초반을 풍미했던 윤리 상대주의(ethical relativism) 이론들에 맞서 규범윤리학(normative ethics)의 학문적 위상을 복원하는 전환점 역할을 하고 있다. 물론 그에 대한 역풍도 만만치 않아서 롤즈는 자신의 정당화 이론을 전면적으로 교정하는 수고를 아끼지 않아야 했지만, 원초적 입장, 반성적 평형, 중첩적 합의에 이르는 그의 정당화 이론들은 세인들에게 자신의 정의론을 특정한 정의론(the theory of justice)이 아니라 정의의 일반이론(a theory of justice)으로 주장하기에 충분할 정도의 인상을 주는 데 성공했다.

하지만 이론적으로 볼 때, 후기 롤즈, 즉 『정치적 자유주의』 이후 롤즈의 행보가 꼭 성공적인 것인지에 대해서는 의문의 여지가 있다. 『정치적 자유주의』는 정의론에 대한 공동체주의자들의 비판을 정당화의 차원에서 수용한 저작으로 볼 수 있는데, 설령 그러한 면에서의 보완이 성공적으로 이루어졌다 하더라도 그것이 『정의론』에 대한 또 하나의 비판, 즉 형이상학 없는 정의론이 가능한가에 대한 비판에 대해서도 충분히 대답하고 있는가에 대해서는 여전히 회의적이기 때문이다. 필자는 롤즈가 후기에서도 여전히 형이상학의 문제를 외면함으로써 회의론을 수용하거나 아니면 자유주의자로서 자신의 정체성을 부정하지 않을 수 없는 딜레마 상황에 처하게 되었으며, 이를 극복하기 위해서는 정의의 문제를 진위판명이 가능한 명제의 차원이 아니라 제안의 차원으로 낮추어 봄으로써 정당화의 부담을 더는 대신에 그에 걸맞은 형이상학적 입장을 제시할 필요가 있다고 생각한다.

이에 대한 논의는 먼저 윤리학에서 '형이상학'이 어떤 의미를 지니는지를 살펴보는 것에서 시작할 것이다. 각자가 의미하는 '형이상학'이 서로 다르다면 형이상학적이라거나 그렇지 않다는 식의 모든 논의가 무의미해질 것이기 때문이다(2절). 3절에서는 이러한 '형이상학'의 의미에 비추어 롤즈의 시도가 과연 탈형이상학적인지, 그렇지 않다면 어떠한 형이상학적 요소를 내포하고 있는지 살펴볼 것이다. 잠정적 결론이 될 수밖에 없겠지만 기존의 비판자들과 달리 필자는 롤즈가 탈형이상학적 입론을 제시하는 데 반드시 실패한 것은 아니라고 생각한다. 하지만 이러한 탈형이상학적 윤리이론을 주장함으로 인해 치러야 할 희생은 적지 않다. 무엇보다 롤즈의 정의론은 회의론을 받아들이거나 아니면 자유주의자로서 자신의 정치적 정체성을 부정하는 결과를 수용해야 한다. 이에 대한 논증은 4절에서 제시될 것이며, 마지막으로 5절에서는 롤즈의 이러한 오류는 정의론을 윤리학적 제안이 아니라 사회규범으로 제시한 데에서 비롯된 것이라는 사실이 간략히 언급될 것이다.

2. 롤즈와 '도덕 형이상학'

전술한 것처럼 롤즈 정의론에서 형이상학이 어떤 위치를 점하고 있는지를 파악하기 위해서는 먼저 '형이상학'이 어떤 의미를 지니고 있는지를 검토해야 할 것이다. 이것만으로도 상당한 분석이 필요하다는 것은 주지의 사실이나, '형이상학'의 사전적 의미는 대체로 다음과 같이 네 가지 정도로 요약될 수 있다.

(1) 존재자로서의 존재에 관한 학
(2) 기본적 존재자로서 물질과 정신 및 그 관계에 관한 학
(3) 기초적 존재자로서 인간에 관한 학
(4) 최고 존재자로서 신에 관한 학

그렇다면 도덕 형이상학은 이와 관련하여 어떤 맥락에서 논의될 수 있는가? 우선 존재자로서의 존재와 관련된 측면에서 형이상학의 모습은 하이데거(Martin Heidegger)에서 가장 잘 나타난다. 존재는 존재자를 존재자이게끔 하는 것이라는 측면에서 존재는 존재자를 통해 자신을 개시한다. 그리고 인간은 이러한 개시를 스스로 파악할 수 있는 유일한 존재자라는 측면에서 가장 기초적인 존재자다. 하지만 이러한 개시를 인간이 스스로 행하는 것은 아니므로 하이데거에서 윤리학은 별도로 존재하지 않으며 본질학으로서의 존재론만이 남는다. 하이데거에서는 존재론이 곧 윤리학이고 인식론이며, 철학 전부인 것이다.[1]

기본적 존재자로서 물질과 정신 및 그 관계에 대한 논의는 근래에 활발히 이루어지고 있는 도덕 실재론(moral realism)과 관련된 논쟁에서 그 예를 찾을 수 있다. 도덕 실재론 논쟁은 한편으로 도덕적 언

---

1) 박찬국(2002), pp.34-35 참조.

명들이 참·거짓을 논할 수 있는 성격의 것들인가를 판정하는 인식론적 문제이지만, 다른 한편으로 도덕적 사실이 도대체 존재할 수 있는가, 또 존재할 수 있다면 그것들과 자연적 사실과의 관계는 어떠한가 등의 존재론적 차원을 함축하고 있는 것이다.[2]

세 번째로 기초적 존재자로서의 인간에 대한 윤리학적 논의는 윤리학에서 가장 활발히 논의되고 있는 측면이다. 매킨타이어(Alasdair MacIntyre)의 표현을 빌리면 윤리학은 "우연히 존재하는 인간"이 어떻게 하면 "자신의 본성을 실현하면 될 수 있는 인간"으로 이행할 수 있는가를 밝혀 주는 학문이다.[3] 물론 '우연히 존재하는 인간'과 '자신의 본성을 실현하면 될 수 있는 인간'에 대한 윤리학자들의 해석은 매우 다양하다.

네 번째는 각종 종교적 교설이나 각자의 독특한 세계관에 근거한 윤리적 입장들이다. 자동차 뒤 유리에서 흔히 볼 수 있는 '네 덕, 내 탓'은 특정한 세계관을 공유하지 않으면 이해하기 힘든 내용을 담고 있다. 그러나 이것을 신봉하는 사람들은 사회적으로 통용되는 규범 이상으로 그것을 강하게 실천하기도 한다. 이 모두는 그들의 독특한 세계관, 롤즈식으로 이야기한다면 각자의 포괄적 교설(comprehensive doctrine)을 통해서만 설명될 수 있다.

형이상학에 대한 이러한 해석들 중에서 롤즈 정의론과 특히 관련이 깊은 것은 인간학으로서의 형이상학과 포괄적 교설의 일부분으로서의 형이상학이다. 롤즈의 정의론으로부터 유추해 볼 수 없는 것은 아닐지 모르나 실제로 롤즈는 존재자로서의 존재에 대한 언급은 전혀 하고 있지 않으며, 정의원칙의 정당화와 관련하여 메타윤리학적(metaethical) 논의들을 포섭하고 있기는 하지만 그것은 주로 인식론과 관련된 내용일 뿐, 도덕적 사실의 인정 유무에 대해서는 아무런

---

2) 정원규(1995), pp.96-97.

3) MacIntyre(1984), p.52.

언급을 하고 있지 않기 때문이다. 반면에 포괄적 교설들에 대해서는 부정적 측면에서 매우 강하게 언급하고 있다. 포괄적 교설들의 개별적 타당성 여부와 무관하게 자신의 정의론은 포괄적 교설의 형태로 제시되지 않았다는 것이다.[4] 아울러 인간학으로서의 형이상학과 관련하여 롤즈는 자신의 인간관과 사회관을 명시적으로 제시하고 있음에도 불구하고 자신의 정의원칙을 형이상학적인 것이 아니라 정치적인 것이라고 규정하고 있다.[5] 형이상학에 대한 롤즈의 이런 입장에 근거하여 자연스럽게 다음 절에서 살펴보아야 할 문제도 따라 나온다. 정의론이 인간관과 사회관을 포함하고 있음에도 불구하고 롤즈는 자신의 정의론을 손상시키지 않으면서 그것이 포괄적 교설 중의 하나가 아니라고 주장할 수 있는 것일까?

3. 샌들의 비판에 대한 롤즈의 대응과 그 한계

앞 절에서 제기되었던 문제를 좀 더 상세히 논의해 보도록 하자. 롤즈는 특정한 종교나 철학, 나아가 도덕적 입장에 기반한 정의관은 거부한다. 현대 다원주의 사회에서 특정한 입장만이 타당한 것으로 수용될 수도 없거니와, 그것은 바람직하지도 않기 때문이다. 그러나 정의원칙이 아무런 전제 없이 무조건 제안되고 수용되는 것은 아니다. 그것은 나름의 인간관과 사회관을 전제하며, 롤즈가 정치적으로 배제했던 바로 그 포괄적 교설들[6]에 의해 정당한 것으로 지지될 필요가 있다. 그러나 롤즈의 그러한 인간관과 사회관, 나아가 정의원칙은 모두 포괄적 교설들이 결과적으로 합의하는 것이지, 동일한 근거에서 채택하는 것은 아닐 수도 있다는 점에서 특정한 포괄적 교설의

---

4) Rawls(1993), Lec. IV, §5.
5) Rawls(1993), Lec. I, §5.
6) 물론 이때의 포괄적 교설들은 합당성의 기준을 충족시키는 것이어야 한다.

일부를 구성하는 것은 아니다. 그런 면에서 롤즈 정의론의 인간관과 사회관은 형이상학적이 아니라 정치적이라는 것이 롤즈의 주장이다.[7]

이러한 롤즈의 주장에 대해 많은 비판이 제기되어 왔다. 그리고 특히 그 중에서 가장 주목할 만한 것은 샌들(Michael J. Sandel)의 주장이다. 샌들은 우선 『정의론』의 원초적 입장에서 등장한, 무지의 베일을 쓰고 상호 무관심한 자아는 바로 인간의 실질적 측면을 배제한 무연고적 자아(unencumbered self)이며, 이러한 자아로부터는 실질적 측면을 담고 있는 차등의 원칙이 도출될 수 없다고 주장했다. 또 『정치적 자유주의』에서와 같이 정치적 인간관을 가정한다면 이러한 비판을 비껴 갈 수 있을지 모르나, 그럴 경우 로티(Richard Rorty)의 주장처럼 롤즈의 담론은 역사주의적이거나 반보편주의적인 것으로 간주될 수 있다는 것이다.[8]

필자는 『정의론』에 대한 샌들의 비판은 롤즈가 전제하지 않은 자아관을 설정하고 있기 때문에 부당하다고 생각한다. 그러나 그렇다고 해서 샌들의 비판에 대한 롤즈의 반응이 적절한 것은 아니다. 먼저 왜 『정의론』에 대한 샌들의 롤즈 비판이 적절하지 않은지부터 살펴보도록 하자. 우선 샌들이 『정의론』에 대한 비판에서 롤즈의 자아관을 무연고적 자아로 규정하는 것은 원초적 입장의 당사자들이 각자의 목적, 관심, 애착 등과 분리되어 있기 때문이다. 이러한 자아는 당연히 좋음에 대한 옳음의 우선성을 긍정하게 되지만 이로부터 차등의 원칙이 정당화될 수는 없다. 차등의 원칙을 정당화하기 위해서는 자산의 공유와 공동 분배를 지양한다는 점에서 목적, 관심, 애착을 고려하지 않을 수 없기 때문이다. 그러나 샌들이 지목하는 원초적 입장의 당사자는 질서정연한 사회의 시민과 마찬가지로 공정으로서의

---

7) Rawls(1993), Lec. IV §5.
8) Sandel(1994), p.1775.

정의관에 속하는 것이지,[9] 그 자체가 독립적인 인간관을 구성하는 것은 아니다. 원초적 입장의 당사자는 경험적 존재도 아니며 이상적 존재도 아닌 것이다. 나아가 이는 정치적 인간관에서 이야기하는 자유롭고 평등한 시민의 개념에도 그대로 적용된다. 경험적 인간은 롤즈적 의미에서 전체적으로 자유롭고 평등하지 못할 수 있으며, 롤즈가 의미한 자유롭고 평등한 시민이 바람직한 인간상을 대변한다고도 볼 수 없다. 자유롭고 평등한 인간은 인간의 모든 측면을 고려한 개념이 아니라, 정의원칙의 구성에 필요한 최소한의 조건을 보여주는 이념형적 개념에 불과하기 때문이다. 만일 그러한 자아관으로 인해 차등의 원칙이 정당화될 수 없다면, 원초적 입장 안에서 차등의 원칙을 정당화해 줄 수 있도록 해주는 조건을 추가하면 된다. 적어도 『정치적 자유주의』에서 설명된 원초적 입장은 정의원칙이 무엇을 의미하는가를 보여주는 장치이지 정의원칙을 정당화하는 장치가 아니기 때문이다.[10]

충분한 설명 없이 롤즈의 글을 인용하며 롤즈를 역사주의자로 규정한다는 측면에서 『정치적 자유주의』에 대한 샌들의 비판은 적절하지 못한 것이 사실이다. 하지만 무연고적 자아에 대한 샌들의 비판과 달리 여기에는 중요한 단서가 포함되어 있다. 주지하다시피 롤즈의 중첩적 합의는 모든 포괄적 교설들의 합의가 아니라, 합당한 포괄적 교설들의 합의다. 따라서 합당성(reasonableness)의 내용을 분명히 하면 합당한 포괄적 교설들이 모두 긍정할 수 있는 정의관의 내용도 분명해진다. 그런데 롤즈는 합당성에 대해 충분한 설명을 하고 있지 않다. 다만 "협동의 공정한 조건과 관련된 정의원칙을 제안할 의도" 정도로 묘사되어 있을 뿐이다.[11] 그렇다면 우리는 합당성의 내용이 무

---

9) Rawls(1993), p.34.
10) Rawls(1993), Lec. I, §4.
11) Rawls(2003), pp.6-7, p.82.

엇인지 계속 물을 수 있고, 그것은 샌들이나 로티가 주장한 것처럼 롤즈가 속한 사회의 역사적 경험에 근거한 것으로 해석될 수 있는 것이다.

이처럼 롤즈에게서 합당성의 내용이 적절히 제시되지 못하고 있는 것은 롤즈가 형이상학에 기반한 인간관을 제시하지 못하고 있다는 사실과 밀접한 관련이 있다. 예를 들어 인간을 이성적 존재(rational being)로 규정한다면 이때 합당성은 합리성(rationality)을 근거으로 할 것이다. 또 인간을 감성적 존재(sentient being)로 규정한다면 공감(sympathy)이 합당성의 주요 내용을 구성할 수도 있다. 그러나 인간관이 제시될 수 없다면 합당성도 규정될 수 없으며, 결국 롤즈의 잘못은 샌들이 지적하는 것처럼 자유주의적 인간관을 갖고 있다는 사실에 있는 것이 아니라 인간관 자체를 충분히 제시하지 못했다는 사실에서 찾을 수 있는 것이다.

사실 롤즈의 정의론은 전체적으로 순환논증의 구조를 띠고 있다. 원초적 입장에서 정의원칙이 도출되지만 원초적 입장은 정당화 장치가 아니기 때문에 이러한 정의원칙은 다른 정당화 장치, 즉 반성적 평형이나 중첩적 합의를 필요로 한다. 그런데 반성적 평형이나 중첩적 합의 모두 합당한 다원주의의 사실을 긍정한다는 점에서 롤즈의 정의원칙은 유사한 정의관을 가진 사람들의 절충 또는 합의다. 결국 롤즈가 보여준 것은 여전히 자신이 제안한 정의원칙과 관련된 핵심 개념들의 연관관계이지 통상적인 의미에서 이루어진 정당화는 아닌 것이다.

4. 탈형이상학적 정의론의 딜레마

롤즈가 인간학으로서의 형이상학을 포기함으로써 어떤 문제가 발생하는지 구체적으로 살펴보도록 하자. 우선 정치적 규범과 관련하여 정당화의 양상은 대체로 두 가지 형태로 이루어진다는 사실에 주목할 필요가 있다. 그 하나는 이상적 사회상을 상정하고 그로부터 그러한 사회에 걸맞은 정치적 규범을 제시하는 경우다. 대체로 공동체주의나 집단주의적 이론이 이러한 정당화 방식을 구사한다. 그리고 다른 하나는 이상적 인간상을 설정하고 이러한 인간상에 도달하게끔 사회 규범이나 제도를 조율하는 방식이다. 대부분의 개인주의적 이론이 이러한 형태를 취하고 있다. 이에 대한 일반적 평가를 하기는 어려운 점이 있지만, 현대사회의 다원주의적 상황을 전제하면 집단주의적 입장을 취하기는 곤란한 점이 있다. 우선 공통적으로 추구할 만한 이상적 사회상이나 바람직한 인간상을 설정하기 어렵고, 또 설령 추상적인 차원에서 그러한 설정이 가능하다 하더라도 각자 그것을 해석, 수용하는 방식에 차이가 있을 수 있기 때문이다.

그런데 롤즈 정의론은 형이상학적으로 아무런 인간상을 설정하지 않고 있다. 따라서 롤즈 정의론은 집단주의적 입장을 취하고 있는 것으로 보아야 할 것이다. 물론 롤즈는 이러한 모든 해석을 부인할 것이다. 하지만 형이상학 없는 정의론의 집단주의적 특성은 도처에서 드러난다. 우선 정치적 인간관은 원초적 입장의 당사자들을 자유롭고 평등한 시민으로 규정한다. 그런데 이러한 자유와 평등은 원초적 입장의 당사자들의 자기 규제적 특성을 시사하는 것이 아니라 대타적(對他的) 특성만을 부각시킨다. 자유로운 것은 다른 어떤 사람들의 강제로부터 자유롭다는 것이며, 평등하다는 것은 다른 어떤 사람들과 평등하다는 것이다. 따라서 원초적 입장의 당사자들이 자유롭고 평등하다는 이유로 인해 행동에 특정한 방향성이 설정되는 것은 전혀 아니며, 다만 다른 사람들과 정치적으로 어떤 관계를 맺을 수 있는지만 나타날 뿐이다. 나아가 롤즈는 질서정연한 사회의 개념을 통해서도 하나의 협력체계만을 강조한다. 이는 사회가 적어도 정의관과 관련하여서는 일정한 방향성을 지닐 수밖에 없다는 것으로, 샌들이 이야기하는 것처럼 롤즈는 자신이 철학에 적용하는 관용의 규범을 정의에는 적용하지 않고 있다. 그리고 이는 그러한 정의원칙이 적용되는 사회가 하나의 기본단위로 생각되어야 한다는 전제의 방증이라 할 수 있다.12)

형이상학 없는 롤즈 정의론의 또 다른 문제는 그 회의론적 성격에서 드러난다. 물론 롤즈는 회의론적 입장을 명시적으로 부인하고 있고, 필자가 롤즈의 정의론의 회의론적 성격을 들추는 것도 흔히 이야기되듯이 롤즈 자신이 정치적 정의관은 진리라고 주장하지 않기 때문만은 아니다. 롤즈는 진리 개념 대신에 객관성(objectivity)이라는 개념을 차용하여 자신의 정치적 구성주의가 이러한 객관성의 기준을 충족시킨다고 주장하고 있다.13) 하지만 롤즈는 스스로 이러한 실천이성에 적합한 객관성이 반드시 이론이성에 적합한 객관성은 아닐 수 있다는 점을 인정한다.14) 이러한 입장은 이론이성과 실천이성의 진리관을 동일한 합의론으로 설명하는 하버마스(Jürgen Habermas)의 담론이론과 같은 견해에 비하면 확실히 비일관적이고, 나아가 이론이성에 우위를 두는 철학자들로서는 도저히 수용할 수 없는 태도임에 분명하다. 하지만 롤즈의 입장을 존중하여 이것을 이론학의 진리 개념에 상응하는 실천학의 객관성 개념으로 긍정한다 하더라도 여전히 심각한 문제가 남는다. 그것은 바로 롤즈가 자신의 정의원칙이 객관적이라고 이야기하기 위해서는 인간관, 즉 형이상학적 개념을 전제하지 않을 수 없다는 사실을 망각했기 때문이다. 롤즈는 실제로 정치적 확신들의 객관성에 대해 다음과 같이 서술하고 있다.15)

---

12) Sandel(1994), p.1783.
13) Rawls(1993), Lec. III, §5
14) Rawls(1993), p.146.
15) Rawls(1993), p.148.

만약 합당하고 합리적인 인간들, 즉 실천이성의 능력들을 실행하기에 충분할 만큼 지적이고 양심적이며, 추론에 있어 일상적인 결함도 드러내지 않는 추론능력을 지니고 있는 이들이, 결과적으로 그러한 정치적 확신들을 지지하거나 확신들에 대한 차이점들을 의미 있게 좁혀 나간다면, 이 확신들은 객관적이 될 수 있는 것이다.

이러한 롤즈의 주장이 실질적인 의미를 지니려면 우선 합당하고 합리적인 인간들이 어떤 사람들인지가 충분히 설명될 수 있어야 한다. 하지만 전술한 것처럼 롤즈는 합당성에 대해 충분한 설명을 하고 있지 않으며, 인간관 전체에 대해서도 얇은 이론(thin theory)만을 제시하고 있다. 이러한 상황에서라면 롤즈는 계약론에 대한 오래된 비판들에도 답할 수 없다. 가령 합당하고 합리적인 인간들은 이상적 인간들인가, 아니면 실제 시민들인가? 전자라면 이는 가상적 정당화에 불과하거나 롤즈가 그렇게 배격하려고 했던 인간과 사회에 대한 형이상학적 개념을 도입해야 할 것이고, 후자라면 다원주의적 현실 속에서 실천적으로 합의 가능한 객관성이 존재할 수 있는지에 대해 여전히 의문이 제기될 수 있는 것이다.

5. 맺음말

이상에서 살펴본 것처럼 정당화의 문제와 관련하여 롤즈 정의론은 좀처럼 형이상학과 관련된 딜레마적 상황을 벗어나지 못하고 있다. 종국적으로는 형이상학 없이 집단주의적 입장을 고수할 것인지, 아니면 형이상학적 개념을 도입함으로써 정의의 선차성을 부정할 것인지를 선택해야 하는데 롤즈로서는 어떠한 경우도 수용할 수 없는 것이다. 그런데 롤즈 정의론의 최대 아이러니는 정당화와 관련하여 발생하는 이러한 문제들에도 불구하고 그의 정의론이 여전히 많은 사람들의 관심을 끌고 있다는 사실이다. 필자는 이러한 현상이 그의 정당화 이론의 타당성이나 정교함에 근거하는 것은 아니라고 생각한다. 뉴턴의 만유인력의 법칙이 수많은 반증 사례들에도 불구하고 점점 더 많은 사람들에게 수용되었던 것처럼, 롤즈 이론의 매력은 정당화가 아니라 그 귀결로서 정의의 두 원칙, 특히 차등의 원칙(the Difference Principle)의 독창성과 직관적 호소력에 있기 때문이다.

그런 면에서 롤즈는 이론적 전략을 잘못 수립한 것으로 보인다. 다원주의의 사실을 전제한다면 그로부터 도출되는 직접적 원리들 외에는, 어떤 이론적 주장도 정당화되기 어렵다. 물론 그렇다고 해서 어떤 이론적 제안도 불가능하다고 생각할 필요는 없다. 다양한 제안이 가능하고, 다원주의적 사실을 긍정하는 범위에서 그러한 제안들은 사회적으로 민주적 절차에 따라 평가받게 될 것이다. 롤즈의 정의론도 이런 맥락에서 예외적일 수 없기는 마찬가지다. 롤즈의 정의론을 정당화하기 위해 필요한 것은 한 사회에서 어떤 정의론을 채택해야 하는가의 문제에 대한 실천적 논증이 아니라, 이론적으로 그럴듯해 보이는 학문적 구성이어야 한다. 롤즈 자신이 긍정하고 있는 것처럼 정의원칙이 헌법에 반영되거나 법률의 형태로 시행되는 것은 윤리학적 논의와는 다른 차원의, 즉 문자 그대로 정치적, 민주주의적 차원의 문제인 것이다. 따라서 그의 정의론은 탈형이상학적 원칙이 아니라 민주주의 사회에서 합의 가능한 한 가지 포괄적 교설의 형태로 제시되었어야 한다. 그 점을 긍정했다면 인간과 사회에 대한 형이상학적 주장을 포기할 필요도 없었고 정당화와 관련하여 이러한 난맥상을 드러낼 필요도 없었을 것이다.

참고문헌

박찬국(2002), 『하이데거와 윤리학』(철학과현실사).

정원규(1995), 「도덕실재론에 대한 비판적 고찰」, 『철학논구』 제22집(서울대
학교 철학과).

MacIntyre, Alasdair(1984), *After Virtue: A Study in Moral Theory*(2nd ed.)
(University of Notre Dame Press).

Rawls, John(1971), *A Theory of Justice*(Harvard University Press). 황경식
옮김, 『사회정의론』(서광사, 1989).

____(1974), "The Independence of Moral Theory", *Proceedings and Add-
resses of the American Philosophical Association*, vol. 48.

____(1980), "Kantian Constructivism in Moral Theory", *The Journal of
Philosophy*, vol. LXXVII(January-December, 1980).

____(1985), "Justice as Fairness: Political, not Metaphysical", *Philosophy
and Public Affairs*, vol. 14, no. 3(Princeton University Press).

____(1993), *Political Liberalism*(Columbia University Press). 장동진 옮김,
『정치적 자유주의』(동명사, 1998).

____(2003), *Justice As Fairness: A Restatement*, Erin Kelly ed.(The
Belknap Press of Harvard University Press).

Sandel, Michael, J.(1985), *Liberalism and the Limits of Justice*(Cambridge
University Press).

____(1994), "Political Liberalism by John Rawls", *Harvard Law Review*,
vol. 107, no. 7(May, 1994).

중첩합의, 정의의 우위? 선의 우위?

이양수

한양대 철학과 강사

1. 들어가면서

현대 민주주의 사회의 특징은 개인의 다양한 가치를 존중하는 데 있다. 다양한 삶은 서로 어우러져 공통의 가치를 창출하고 정치공동체를 지속시킨다. 그런 점에서 현대 민주주의 사회는 다양한 사회성원의 삶을 자양분으로 삼아 인간의 새로운 삶을 모색한다. 그러나 다양한 삶의 가치가 항상 사회 안정에 기여하는 건 아니다. 다양함이 빚는 온갖 갈등과 오해는 사회체제를 불안정하게 만드는 요인이기도 하다. 또 다양한 삶 자체가 정의사회 구현을 보장할 수는 없다. 따라서 민주주의 체제는 항상 미완성의 상태이며, 불완전하다.

이런 맥락에서 자유주의자들은 그 근본 목표를 인간의 다양한 선의 실현이라고 주장해 왔다. 동시에 사회체제를 통한 합당한 자유의 제약을 역설해 왔다. 특히 정치적 자유주의를 옹호한 롤즈는 단호하게 이런 입장을 피력한 바 있다. 그에 따르면, 사회성원의 불가침 권리를 훼손하지 않는 정의로운 사회협력은 사회성원의 선의 구현을 정의로운 체제의 제약 밑에 둘 때 가능하다. 허용, 금지의 도덕적 기준에 따라 일상의 삶을 영위하듯, 정의로운 사회제도는 각 개인의 선의 범위를 결정하는 울타리다. 그러므로 정의는 인간이 추구해야 할 다양한 삶의 가치를 규제하는 한계선이다.

이것이 바로 '선에 대한 정의의 우위' 논증이다. 롤즈 스스로 이 논증을 『정의론』에서 "가장 핵심적인 논의"라고 말한 바 있다. 그래서 이 논증은 롤즈의 정의관을 이해하는 핵심으로 간주되어 왔다. 논쟁적이긴 하지만, 이 논증은 후기 저작 『정치적 자유주의』에서도 중추 역할을 한다. 필자의 생각에는, 이 논증은 롤즈의 신념에 가깝다. 그는 많은 비판에도 굴하지 않고 한평생 이 생각을 고수했다. 그 이유는 주로 사회계약의 입장에서 문제를 설정했기 때문이다. 자유주의의 출발점은 밀이 이른바 "개체성" 원리라고 부른 것이다.[1] 자유주의 이념의 최우선 목표는 각 개인의 책임 있는 삶의 실현이다. 이 맥락에서 다양한 삶의 가치를 아우르고 통합할 수 있는 가능성은 오로지 사회성원의 자발적인 동의하에서만 있을 수 있다. 그러나 사회성원의 동의를 얻지 못한 사회규범은 불안정할 수밖에 없고, 오래 지속될 수 없다. 서로 아우를 수 없는 가치의 갈등은 필연적으로 폭력과 강압의 통치를 부른다. 이런 맥락에서 개인의 선보다 정의가 우선한다는 주장은 사회 안정의 필수조건이 정의에 토대한 가치들의 조화임을 강조한 것이다. 롤즈는 『정의론』에서 다음과 같이 말하고 있다. "정의로운 사회체제는 개인의 목표를 발전시킬 영역을 규정한다. 그 사회체제는 권리, 기회의 준거, 만족의 수단을 제공한다. 그 안에서 개인의 목적들이 공평하게 추구될 수 있다. 정의가 우선한다는 주장의 일면은 정의를 위반하는 이해관계가 아무런 가치를 갖지 못한다는 뜻이다."[2]

---

1) John Stuart Mill, *On Liberty*(Oxford: Oxford University Press, 1959) 개체성의 논의는 주로 3절에서 개진되고 있다. 롤즈도 밀의 '개체성' 원리를 자유주의 사상의 출발점으로 삼고 있다는 데 별 이의가 없다.

그러나 정의의 우선성 문제는 롤즈의 후기 저작에서 크게 주목받지 못했다. 『정의론』과 다른 개념들을 정립하고 있기도 하지만, 무엇보다도 현대 민주주의 사회의 특징인 가치의 '다원성' 문제를 한층 강조했기 때문이다. 정치사회에서 가치가 다양하다는 것, 나아가 다양한 가치들이 서로 조화를 이루어야 한다는 것을 반복해서 강조한다. 예를 들면 『정치적 자유주의』의 핵심 개념 중 하나인 '중첩합의 (overlapping consensus)'는 임시방편의 잠정협정을 넘어서는 지속적인 합의와 조화의 필요성을 담고 있다.[3] 이때 롤즈의 기본 논구가 완전 바뀌었다고 보기도 한다. 하지만 롤즈는 여전히 정의의 우위를 지켜야 한다고 강변한다. 다음의 말은 이 점을 분명하게 지적하고 있다.

정의의 우위는 선[가치관]을 회피해야 한다는 뜻이 아니다. 그건 불가능하다. 정의의 우위란 활용된 관념들이 정치적이어야 한다는 뜻이다. 선은 정치적 정의관이 부여한 제약을 따르고, 정치적 정의관이 허용한 공간에 적합해야 한다.[4]

정치적 정의원칙은 허용 가능한 삶의 방식을 제한한다. 따라서 이 제한을 벗어나려는 시민들의 요구는 결코 중요하지 않다.[5]

---

2) John Rawls, *A Theory of Justice*(Cambridge, Mass.: The Belknap Press of Harvard University Press, 1971), p.31, 1999년 옥스퍼드 출판부가 이 책의 개정판을 출간했다. 이 논문에서는 초판본을 사용했고, 인용문은 필자의 번역이다. 다음부터 이 책을 TJ라고 약칭하여 표기한다.

3) 중첩합의가 『정치적 자유주의』 이후 지속적인 관심의 대상이 되긴 했지만, 이 개념은 이미 『정의론』에서 활용되고 있다. TJ, pp.387-388을 참조. 물론 이 개념은 롤즈 후기 저작에서 비로소 독자적인 정치 개념으로 활용되고 있다.

4) John Rawls, *Justice as Fairness: A Restatement*, ed. Erin Kelly(Cambridge, Mass.: The Belknap Press of Harvard University Press, 2001). 다음부터 이 책은 R로 약칭하여 표기한다.

5) John Rawls, *Political Liberalism*(New York: Columbia University Press, 1996), p.174. 다음부터 이 책은 PL로 약칭하여 표기한다.

필자는 후기 저작의 핵심 개념인 중첩합의 논의에서도 여전히 정의의 우위가 롤즈 철학의 중요 전제라고 강조할 것이다. 그 차이는 다만 사회 안정을 이룩하기 위한 필수조건으로서 강조되고 있는 것뿐이다. 이런 관점에서 중첩합의와 정의의 우위 문제를 연결하는 고리는 롤즈 철학을 이해하는 매우 중요한 단서인 셈이다. 정의와 선의 적절한 관계를 가늠해 볼 수 있고, 철학의 케케묵은 난제를 새롭게 조망하는 계기가 된다. 이론과 실천의 상호관계와 밀접하게 연관되기 때문이다.

이 글은 중첩합의와 정의의 우위를 둘러싼 논쟁을 살펴보고, 정의의 우위가 유지될 수 있는 근거들을 찾아볼 것이다. 이 과정에서 중첩합의가 내포하는 여러 개념들을 유기적으로 조합하고, 정의와 인간 가치의 관계를 새로운 관점에서 설정해 볼 것이다. 특히 중첩합의에 나타난 잠정협정(modus vivendi)과 헌정 합의(constitutional consensus)의 차이점을 주목하고, 롤즈의 가능한 근거를 찾아 비판해 볼 것이다. 필자는 롤즈의 공식 입장은 정의의 우위라고 생각한다. 다만 헌정 합의와 중첩합의의 내적 연관성에 다른 해석이 가능하다고 본다. 따라서 이 글의 의의는 롤즈의 공식 입장을 지탱하는 일련의 논거를 찾아보고 그 일관성을 타진해 보는 데 있다. 논의를 위해『정치적 자유주의』에 초점을 맞출 것이다. 그러나 필자는 정의의 우위 문제를『정의론』의 연장선상으로 볼 것이다. 이것이 롤즈의 논의를 따르는 가장 충실한 방식이기 때문이다.

2. 이상적 정의관과 유토피아

롤즈 논의에서 가장 우선 주목해야 할 사실은 정의의 우위를 개념 문제로만 바라보지 않았다는 점이다. 오히려 그의 의도는 아주 실천적이다. 사회 부정의 척결과 정의로운 사회를 위해 실현 가능한 정의

원칙의 필요성을 전혀 의심하지 않았다. 각 개인의 개성과 책임은 현대 민주주의 사회의 한 축이라고 할 때, 사회규범의 도출은 잠정적 타협에 머물고 만다. 그 이상의 합의를 이끌어 내긴 힘들다. 사회성원의 이해관계나 가치관이 다르기 때문에 불평등과 불공정을 완전히 척결하기에는 한계가 있다. 더욱 주목할 것은 각 개인의 가치관만으로는 사회의 불공정이나 불평등을 철폐할 수도 없고, 시정 가능한 실마리도 찾을 수 없다는 것이다. 오히려 갈등을 부추겨 지속적인 사회 안정을 훼손하는 경우가 비일비재하다.

민주주의 사회는 역설적이고 이질적인 성격을 띤다. 개인의 개성과 삶의 다양한 가치를 강조하면서도, 특정집단의 가치나 선을 제한하는 공권력 사용을 인정하고 있다. 이 이중구조는 민주주의 사회의 장점과 취약점을 보여준다. 이른바 인민주권의 근간인 개성과 가치의 다양성에서 정치권력의 기반을 찾는 점은 장점이다. 하지만 그릇된 공권력 집행은 사회체제를 하루아침에 붕괴시킬 수 있는 괴물이고, 권력의 원천인 각 개인의 삶과 가치를 무시할 수 있는 취약점이 있다. 상이한 삶의 태도나 이질적인 가치들이 서로 충돌할 때 어떻게 해야 하는가? 이 문제는 민주주의 체제의 아킬레스건이다.

민주주의 체제의 탈출구는 도덕적 관점 또는 사회규범의 가능성을 모색하는 것이다. 롤즈도 도덕적 관점의 가능성에서 답을 찾고 있다. 사회성원의 합의를 도출할 수 있다고 판단했기 때문이다. 도덕적 관점의 강조는 두 가지 점에서 설명된다. 첫째, 도덕적 관점은 개인의 이해관계를 떠나 독자적인 영역을 세울 수 있다는 점, 둘째, 사회성원 모두의 동의를 얻어 낼 수 있다는 점이다. 현실의 불평등과 불공정이 대개 각 개인의 사적 이해의 대립에서 비롯되는 것을 감안하면, 사적 이해를 벗어날 수 있는 가능성을 내포한 도덕적 관점은 사회제도의 주춧돌이 될 수 있다는 것이다. 더욱이 정의원칙이 사회성원의 보편적인 합의를 얻어 낼 수 있다면, 도덕적 관점의 성립 자체는 바로 보편적인 정의원칙의 도출 가능성과 일치한다. 롤즈는 그 이론적 가능성을 '원초적 입장'의 성립에 걸고 있다.[6]

민주주의 체제의 또 다른 문제는 사회 불안정이다. 사회 안정을 해치는 사회 갈등은 상호 이해관계의 대립에서 비롯된다. 이해관계의 무한한 조합도 가능하지만, 대립 또한 무한하다. 사회체제 내에서 자기 몫을 결정하는 치열한 분배 논쟁은 끝이 없다. 생존과 밀접하게 연관되기 때문이다. 특히 분화되고 산업화된 사회체제에서 경제·사회 문제는 알게 모르게 분배문제와 직결된다. 분배원칙은 사회협동의 큰 축이다. 우리의 희망은 한층 정의로운 사회로의 진입이고, 정의로운 사회제도를 통해서 달성될 수 있는 것이다. 따라서 사회성원 모두가 동의하는 정의원칙이 필요하다. 그러나 이 정의원칙의 도출은 이상사회의 결과물이다. 플라톤의 이상국가가 현실 민주정의 실패를 지적하는 기준점이듯, 이상사회는 현실사회 개혁의 이정표다. 목표가 없는 절차는 껍데기에 불과하고, 방향타 없는 사회 개혁의 결과는 끝없는 혼란뿐이다. 롤즈는 이상사회의 역할을 다음과 같이 강조하고 있다.

정의로운 사회질서의 구조적 원리를 포함하지 않는 순수 절차적 이론은 하등 쓸데없는 것이다. 이 세상의 정치적 목표는 부정을 척결하고 공정한 기본구조로 나아가도록 개혁하는 것이다. 정의관은 필요한 구조적 원리를 구체화하고, 정치행위의 전반적인 방향을 제시해야 한다. 이 같은 이상적인 형태의 제도(배경적 제도)가 없다면, 정의를 지속적으로 유지하기 위해 필요한 사회과정의 조정, 팽배한 부정을 척결할 합리적 근

---

6) 원초적 입장의 성립 여부와 도덕적 관점과의 일치 문제는 이미 『정의론』에서 포함되어 있다. 지면상 이 논문에서는 이 문제를 다루지 않을 것이다. 다만, 이에 대한 킴리카(Will Kymlicka)와 드워킨(R. Dworkin)의 문제제기가 여전히 여러 주석가의 입에 회자되고 있음을 지적하고 싶다. 후기 저작의 핵심 쟁점이 된 중첩합의에서 정의의 우위는 정의원칙의 정치적인 정당화 문제를 제기하고 있다.

거가 없다. 이상이론은 완벽하게 정의로운 기본구조를 정의한다. 그리고 이상이론은 이상이 아닌 이론[현실이론]에 필요한 보완물이다. 이상이론이 없으면 개혁의 욕망도 그 목표를 상실한다.[7]

흔히 우리는 정의의 문제를 과거 오류의 시정작업으로 이해한다. 과거의 모순을 극복하는 것이 정의의 기본 문제라는 것이다. 그러나 롤즈에게 정의의 문제는 단순히 과거의 잘못을 바로잡는 일만은 아니다. 미래의 불공정과 불평등을 해소할 수 있는 현재 집단 행위의 정의로움에 그 초점이 더 맞추어져 있다. 현재 행위의 정의로움이 과거의 불평등과 불공정을 점진적으로 해소해 가면서 미래의 또 다른 불공정을 시정할 방향타가 된다는 판단 때문이다.

롤즈에게 철학적 논구란 과거 행위에 대한 역사적 평가를 내리는 것만이 아니다. 오히려 철학적 논구는 특정 시간의 제약을 받지 않는 지속적이고 일관된 정의원칙을 찾아보는 것이다. 도덕적 관점에 주목하는 것도 특정 역사적 상황이 아닌 '사회의 기본구조'의 정의로움을 평가할 지속적이고 일관된 원칙을 찾기 때문이다. 철학적 논구는 그런 점에서 이상적인 성격을 띤다. 역사적 전개에 매몰되지 않은 독립적인 관점을 찾으려 한다. 그 관점은 이상적이긴 하지만, 현실 개혁의 원동력이어야 한다는 실천적인 요구를 충족하고 있다.

과거 잘못을 바로잡는 것은 미래 비전을 제시하는 것이기도 하다. 각각의 민족국가들은 이 작업을 수행하고 있다. 그 방식은 매우 역동적이다. 그러나 모든 문제가 과거 속에서 다루어지는 것은 아니다. 현재는 항상 새로운 문제에 직면한다. 미처 생각하지 못했던 색다른 이슈와 논란들이 제기된다. 좀 더 예리하고 통찰력 있는 관점으로 현안을 다룬다고는 하지만, 여전히 임시변통의 성격이 묻어나곤 한다. 그때 지속적이고 일관된 정의원칙이 더욱 절실해진다. 가령 최근 우

---

7) PL, p.285.

리 사회의 문제로 떠오른 존엄사를 생각해 보자. 어떤 결정이 정의로운 것인가? 존엄사를 다룰 법의 근간은 무엇이고, 어떻게 사회적 논란을 잠재울 수 있는가? 우리의 특수한 상황을 배제하고도 정의롭다고 판단할 수 있는 법이 있는가? 이 물음에 대한 대답은 쉽지 않다. 그럼에도 철학자는 역사적 상황이나 문화적 편견에서 벗어나 누구든지 동의할 수 있는 지속적이고 일관된 정의원칙을 찾으려고 한다. 긴 시간을 두고 이 원칙을 실현하다 보면 정의로운 사회로 한 걸음 나아갈 수 있다는 믿음 때문이다.

이상이론에는 늘 실현 가능성과 지속성 문제가 따라다닌다. 아무리 완벽해도 이행할 수 없는 이론은 그림의 떡처럼 무용지물이다. 롤즈는 "현실적 유토피아(realistic utopia)"의 가능성을 통해 이상이론의 어려움을 벗어날 수 있다고 본다.8) 유토피아는 말 그대로 '어디에도 없는'이란 뜻을 담고 있기 때문에, '현실적'이란 수식어가 이 문제를 푸는 중요한 열쇠말이다. 현실적 유토피아의 목표는 이론적인 조건을 충분히 만족시키면서도, 현실 정치 및 사회 조건과 조화를 이루는 것이다. 다시 말하면 정의의 필요성이나 우위는 그 자체로 충분히 정당화되면서, 현실 조건과 맞아떨어질 수 있어야 한다는 것이다.

현실적인 정의원칙은 사회성원이 실제로 행할 수 있는 것이어야 한다. 그러기 위해서는 무엇보다 마땅히 행해야 할 법은 인간들이 실제 할 수 있어야 한다. "해야 함은 할 수 있음을 암시한다."는 칸트의 말과 같다. 좀 더 직설적으로 말하면, 정의의 토대인 정의감은 개인들의 가치관과 일치할 수 있어야 한다. 특히 정의원칙이 합의의 대상이기 때문에, 개별 가치관의 일치 여부는 매우 중요하다. 루소『사회계약론』첫 장의 유명한 구절을 인용하면서, 롤즈는 이 문제를 다음과 같이 다루고 있다.9) 정치사회의 목표는 정당하고 확고한 정부 원

---

8) John Rawls, *The Law of Peoples*(Cambridge, Mass.: Harvard University Press, 1999), p.13.

칙의 모색이다. 이 목표는 두 가지 관점, 즉 실제 있는 사람들의 본성과 있을 수 있는 법이 일치할 수 있는 방식으로 달성된다. 법의 방식과 실제 있는 사람의 방식의 불일치는 그 논구를 유토피아 이론에 가깝게 한다. 따라서 실제적인 도덕 심리적 본성이 가능한 법의 방식과 일치할 수 있는지에 초점이 맞춰진다. 현실적 유토피아의 조건은 두 가지다. 사회정치제도의 골격 틀에서 인간 심리에 맞는 도덕 심리적 본성, 그리고 가능한 법의 방식과 그 본성의 일치다. 당장 완전히 일치하지 않더라도 점진적으로 일치할 수 있는 가능성은 열려 있어야 한다. 반면 실현 불가능한 정의원칙은 그 자체로 타당해도, 타인의 동의를 얻기 어려워 지속적인 합일 가능성은 매우 낮다. 이상은 단지 이상일 뿐 결코 현실일 수 없다. 처음부터 롤즈는 정치사회제도에 적용할 수 있는 정의원칙을 원했고, 어떤 현실 정의원칙보다 우월한 정의원칙을 모색한다. 따라서 원초적 입장에서 도출한 정의원칙을 현실 민주주의 체제의 성원들이 수용할 수 있는지는 중요한 문제다. 롤즈의 대답은 이른바 정의와 선의 합치 가능성 논증이다.[10)]

현실적인 이론의 더 중요한 특징은 사회제도에 적용된 당위 형태의 법이 지속성을 유지하는 것이다. 그러기 위해서는 사회 변화에도 사회성원의 지속적인 지지를 얻어 낼 수 있어야 한다. 바로 '올바른 이유로 안정된' 체제가 필요한 이유가 여기 있다.『정의론』에서 제시된 정의와 선의 완전한 합치 가능성 논증은 칸트의 도덕적 자율 개념에 크게 의존하고 있다.[11)] 인간의지의 합리성을 인간의 자유와 일치

9) 같은 책, p.13.
10) 이 논의는 롤즈 정의관의 핵심인 원초적 입장의 성립 가능성 논란, 원초적 입장에서 도출한 정의원칙들의 합당성 논란과 함께 롤즈 철학에서 중요한 논란 중의 하나라고 해도 결코 지나친 말이 아니다
11) 정의와 선의 합치 가능성에 대한 설득력 있는 해석은 많은 주석가의 중심 논제였다. 예를 들면 Samuel Freeman, *Justice and the Social Contract: Essays on Rawlsian Political Philosophy*(Oxford: Oxford University Press, 2007). 특히 제5장 "선과 정의의 합치 가능성" 설명은 매우 일관되고 롤즈의 논의를 충

시키려 했던 칸트의 도덕적 자율처럼, 정의원칙과 정의감의 일치 가능성은 다름 아닌 인간이성의 도덕적 능력에 기반한다. 인간의 도덕적 능력은 이해타산이 아닌 자기 진정성의 관점에서 사고할 수 있는 능력, 현실의 이해관계를 떠나 타인의 관점을 수용하는 능력이다. 사회협력이 가능하고 정의원칙을 준수할 수 있는 것도 이 같은 인간의 능력과 그 '고차적인' 관심에 달려 있다. 바로 이 고차적 능력으로, 우리는 적절한 조건과 제약 하에서 정의원칙을 도출할 수 있다. 또 현실에서도 정의원칙을 자신의 선과 일치시킬 수 있다. 바로 이 도덕적 본성이 이상이론의 현실성을 담보하면서 안정성을 이끌어 낸다.

문제는 이러한 설명방식이 여전히 특정의 가치체계를 가정한다는 점이다. 가령 칸트의 도덕론 입장을 지지한 사람은 롤즈의 정의원칙을 쉽게 받아들일 수도 있다. 믿음의 유사성이 쉽게 나타나기 때문이다. 그러나 다른 가치관이나 믿음을 가진 사람은 어떤가? 그 가치를 믿지 않는 사람들조차 롤즈의 정의원칙을 동일하게 받아들일 수 있을까? 현대 민주주의 사회에는 합당하고 이성적인 다양한 가치가 있을 수 있다. 가령 칸트의 도덕론은 받아들이면서 롤즈의 정의원칙은 거부할 수도 있다. 아니면 칸트 도덕론 자체를 거부할 수도 있다. 다양한 가치는 이견의 가능성을 키운다. 또 정의원칙을 수용한다고 해도 일시적이거나 잠정적일 수 있다. 지속적인 지지를 보낸다는 보장이 없기 때문이다. 그래서 칸트나 롤즈의 정의원칙이 이끌어 내는 안정 상태는 매우 일시적이고 제한적일 수 있다. 사회성원의 지속적인 지지를 얻지 못한 사회체제는 불안정할 수밖에 없다. 롤즈는 바로 이 문제를 『정의론』이 미처 담지 못한 '내적 문제'로 파악하고 새로운 논의를 모색한다. 설사 선과 정의의 합치 가능성이 인간의 도덕적 능력에 있어도, 현실 민주주의 체제에서 과연 지속적인 정치적 안정을 이끌어 낼 수 있는가? 여기엔 또 다른 설명이 필요하다는 것이다. 이

실히 따르고 있다.

에 대한 만족한 설명을 제시하지 못하면, 롤즈의 이론은 이론 내부에서 어딘가 빗장이 어긋난 유토피아 사상일 뿐이다.

3. 정치적 정의관과 정의관의 안정성

물론 이때 말하는 안정은 특정 정권의 안정이 아니다. 『정의론』의 내적 문제로 거론된 안정(stability)은 헌정민주주의 체제의 도덕적 기반과 관련된 안정 문제다. 다시 말하면, 현 정치체제의 권력의 균형점을 찾는 사회 안정의 문제가 아니라, 정치사회가 지속적이고 안정적인 상태로 정의원칙을 준수할 수 있는지 여부의 문제다. 더욱이 지속적인 안정의 문제는 선과 정의의 합치 문제와 다를 수 있다. 그래서 안정 문제를 두 가지 관점에서 파악하고 있다.

안정 문제는 두 물음을 포함한다. 첫째, 정의로운 제도하에서 자란 사람들이 그 제도를 기꺼이 받아들이기에 충분한 정상적인 정의감을 갖고 있는가? 둘째, 민주주의의 공적 정치문화를 규정하는 일반적 사실 특히 합당한 다원주의라는 사실을 인정할 때, 정치적 정의관이 중첩합의의 대상일 수 있는가? 내 가정은 이 같은 합의가 합당한 포괄적 교설로 구성되어 있으며, **시간이 흘러도 정의로운 기본구조 내에서 지속적인 지지를 얻게 될 것이라는 점이다.**[12]

첫 번째 물음은 도덕적 의미의 안정의 문제로, 『정의론』에서 탐색했던 정의감과 정의원칙의 일치 문제와 연관된다. 두 번째 물음은 정치적 의미의 안정 문제로, 합당한 포괄적 교설과 정의원칙의 일치, 지속성 여부를 다룬다. 양자 모두 인간의 가치(善)와 정의 또는 옳음의 일치, 우선성 문제를 다루고 있다는 점에서 공통분모를 갖고 있다. 그러나 전자는 일치 그 자체만으로 체제가 안정된다고 가정한 반면,

---

12) PL, p.141, 강조는 필자의 것이다.

후자는 일치의 지속성을 요구한다. 이 차이는 가치의 다원성을 인정할 때 쉽게 이해된다. 서로 다른 가치가 있다. 정의원칙이 어떤 포괄적 교설의 가치에 일치했다고 치자. 그 정의원칙이 전혀 상이한 가치에도 일치할 수 있는가? 더 나아가 지속적인 일치를 이끌어 내어 그 사회를 안정시킬 수 있는가?

롤즈의 문제설정은 헌정 민주주의 체제의 특성과 맞물리면 후자의 물음에 직면할 수밖에 없다. 민주주의 체제의 세 가지 근본 특징을 고려하면 체제의 지속성과 안정성의 문제는 전면에 등장한다. 민주주의 체제의 첫 번째 특징은 사회성원이 받아들일 가치가 다양하고 나름대로 합당하다는 것이다.13) 민주주의 체제에서 선 또는 다양하고 합당한 가치가 있는 이유는 이성적인 판단들도 불일치할 수 있기 때문이다. 이른바 "판단의 부담(burdens of judgment)"이 그 근원이다.14) 여기에 정치사회의 두 근본 특징이 덧붙여진다. 우선 정치사회는 임의적으로 가입, 탈퇴가 가능한 사회직능집단과 다르다. "태어나면서 죽을 때까지 같이 갈 수밖에 없는 것"이다. 그리고 정치사회는 다양한 가치가 충돌하면 합법적인 공권력을 활용해 충돌을 조정, 조화시킨다. 바로 이 특징이 정치권력의 정당성 문제(the legitimacy of political power)를 제기한다. 특정 정권에 권한과 권위의 정통성이 요구되듯, 정치사회도 공권력 사용에 대한 정당성이 요구된다.15)

---

13) 이 사실에서 비이성적인 가치도 다양할 수밖에 없다는 사실이 나온다. 롤즈는 분명히 이 사실은 알고 있었지만, 안정의 문제에서 크게 다루지 않고 있다. 그 이유는 선과 정의의 일치가 어떻게 지속될 수 있는가라는 문제에 천착하고 있기 때문이다. 그러나 앞으로 살펴보겠지만, 비이성적인 가치의 다양성의 인정은 또 다른 사회체제의 불안정을 불러일으키는 요인이라는 점을 주목해야 한다.

14) PL, pp.54-58. 이 판단의 부담은 민주주의 체제의 일반 사실에서 도출된다. 그리고 판단의 부담은 '이성의 부담(burdens of reason)'이라고 부르기도 한다. John Rawls, "The Domain of the Political and Overlapping Consensus", in *Collective Papers*, Samuel Freeman ed.(Cambridge, Mass.: Harvard University Press, 1999), pp.475-478 참조. 다음부터 이 책은 CP로 약칭하여 표기한다.

이런 일반 사실에 의거할 경우 『정의론』에 제시된 정의관이 윤리, 철학적 믿음, 또는 포괄적 교설의 일부임은 분명하다. 이 경우 자유주의를 신봉하는 시민들은 자유주의 정의원칙에 동조할 수 있지만, 다른 정치관이나 철학관, 상이한 포괄적 교설을 믿는 시민들이 롤즈의 정의관을 받아들일 근거는 매우 미약하다. 다시 말하면, 특정 포괄적 교설을 믿는 시민들이 자유주의 정의원칙을 항상 받아들인다는 보장은 없다. 가령 불교신자와 기독교신자가 동일한 근거로 칸트 도덕론의 입장을 지지하는 정의원칙을 받아들인다는 보장은 없다. 분명한 것은 지속적인 지지에 대한 확실한 보장이 없기 때문에 자유주의 정의원칙에 근거한 사회체제는 그만큼 불안정해질 수밖에 없다.

『정치적 자유주의』에서 롤즈는 이 문제가 매우 심각한 결과를 초래할 수 있다고 생각했다. 정의원칙은 다양한 가치들을 존중하고, 이해갈등을 경계해야 한다. 그런데 정의원칙을 포괄적 교리에 호소할 경우, 정의원칙은 중립성을 상실하고 임의적인 선의 일부가 되는 악순환에 빠지게 된다. 정의원칙은 현실사회의 부정의를 타파하기 위한 일종의 기준이고, 최적의 사회협동이 이루어지도록 하는 조절원칙이다. 정의원칙은 연역적 추론의 결과가 아닌 사회성원의 동의의 산물임을 주목해야 한다. 중요한 것은 정의원칙이 사회성원의 가치관과는

---

15) 필자는 특정 정권의 안정을 묻는 정통성 논의와 정치권력의 근본적인 안정을 묻는 정당성 논의로 구분하는 것은 타당하다고 생각한다. 롤스 스스로 이 구분을 하고 있기도 하지만, 롤즈가 제시하고 있는 자유주의 정치권력의 정당성 논의의 특성을 살펴보는 데 매우 중요하기 때문이다. 자유주의 정치권력의 정당성 문제는 많은 지면을 요구하는 어려운 문제다. 특히 공적 이성의 발휘와 밀접하게 연관시켜 정의의 우선성을 다룰 수 있다는 점에서 중요하나 이 논문에서는 이 문제를 깊이 논의하지 않을 것이다. 그럼에도 자유주의 정치권력의 정당성을 정의하는 롤즈의 방식이 미묘하지만 뉘앙스의 차이를 보여주고 있다는 데 주목할 필요가 있다. PL, p.217, p.393, "The Idea of Public Reason Revisited", in *The Law of Peoples*, p.137 참조. 논문의 저술 시기에 따라 미묘한 뉘앙스 차이를 드러내고 있다. 시간이 흐르면서 롤즈는 상호성 원리를 강조하는 쪽으로 기울고 있다.

동떨어져 독립적으로 성립하는 동시에 사회의 다양한 합당한 가치관과 일치할 수 있어야 한다는 점이다. 개인의 가치관보다 정의에 우위를 둔 것은 사회가치들의 적절한 타협으로는 객관적인 정의원칙을 확보할 수 없다고 판단했기 때문이다. 더욱이 믿음체제의 근거가 아예 다를 경우, 공정한 판단을 내릴 기준은 없다.

이 악순환의 고리를 끊는 방식은 포괄적인 교설이 아닌 방식으로 정의원칙을 정당화하는 것이다. 포괄적인 교설과 동떨어져 정의원칙을 정당화하지 못하면, 원초적 입장에서 채택한 자유주의 정의원칙은 여타 포괄적인 교설에 근거한 정의원칙과 마찬가지로 상대적인 정의원칙으로 전락할 위험이 있다. 그래서 먼저 해야 할 일은 자유주의 정의원칙을 정치적인 개념에만 기대어 정당화하는 것이다. 특정 포괄적 교설에서 벗어난 자유주의 정의원칙은 '그 자체로(pro tanto)' 정당화되어야 한다. 즉 '정치적' 정의원칙인 것이다. 여기서 '정치적'이란 수식어가 중요하다. 자유주의 정의원칙이 시민들의 믿음체계에서 추출한 것이 아니고, 정치적 개념만으로 정의원칙 성립을 정당화할 수 있음을 보여주기 때문이다.

정치적 정의원칙의 독립적인 정당화 가능성은 어떤 선보다 정의가 우선한다는 주장을 뒷받침한다. 무엇보다 포괄적 교리라는 사회가치에서 벗어나 정치 개념만으로 정의원칙을 정당화할 수 있음은 어떤 선보다도 정의가 우선함을 강조하는 것이기 때문이다. 그러나 모든 문제가 해결된 것은 아니다. 정치 개념에 의거해 정의원칙을 정당화해도 여전히 다양한 가치관을 가지고 있는 시민들이 이 정치적 정의원칙을 지속적으로 지지하리라는 보장은 없다. 정치적 정의원칙이 안정성을 얻으려면 상이한 포괄적인 교설을 믿는 시민들이 이 정의원칙을 받아들일 것이라는 근거를 제시해야 한다. 그 근거는 『정치적 자유주의』에서 제시되고 있다. 이때 강조점은 "시간이 흘러도 지속적인 지지를 얻게 될" 사회체제다. 이 근거는 사회규범을 사회성원들이 충분히 납득하고 받아들일 수 있는 이유에서 찾을 수 있을 것이다. 물론 내용까지 일치할 수 있는 실질적 합의라면 금상첨화겠지만, 롤즈는 실질적인 합의가 아닌 이론적인 합일 가능성을 거론한다. 정의원칙과 합당한 포괄적 교설과의 이론적인 합일과 지속 가능성은 민주주의 체제의 도덕적 기반의 견실함과 지속성을 보여주는 매우 중요한 논의다.16)

정치적 정의원칙과 포괄적 교설의 일치, 지속 가능성을 설명하려는 롤즈의 시도가 바로 '중첩합의'다. 중첩합의는 '올바른 이유'의 안정이다. 이 같은 안정은 이미 롤즈의 안정 개념에 포함되어 있다.

두 가지 경우에 한 정의관이 다른 정의관보다 더 안정적이다. 하나는 정의관에서 생기는 정의감이 간헐적인 경향을 잠재울 가능성이 더 강하거나 높을 때고, 다른 하나는 정의관이 허용하는 제도가 부당하게 행동할 충동과 유혹의 조장이 더 낮을 때다. 한 개념의 안정성은 동기의 균형에 달려 있다. 즉 한 개념이 고양하는 정의감과 독려하는 목표가 통상 부정을 저지를 성향을 이겨 내야 한다. 한 개념의 안정성(그 개념이 정의하는 질서정연한 사회의 안정성)을 평가하기 위해 대립하는 상대적인 힘을 검토해야만 한다.17)

위의 인용구만 놓고 판단하면, 롤즈는 안정성을 철저히 정의관 자체의 내적 정합성의 관점에서 서술하고 있다. 그러나 다양하고 합당한 포괄적 교설이 있기 때문에, 이 내적 정합성만으로 정치적 의미의 안정은 달성될 수 없다. 무엇보다 정의관 자체는 홀로(freestanding) 정당화될 수 있어야 하고, 이 조건하에서 정치적 정의원칙이 합당한

---

16) 롤즈는 정치적 안정을 폐쇄적인 정치사회의 안정으로 바라보고 있다. 그런 점에서 국제사회와의 연결을 시도하고 있지 않는 점도 주목해 볼 만하다. 그런 점에서 칸트가 말한 '영구평화'가 전제하고 있는 국가 간의 지속적인 평화 상태와는 다르다.

17) TJ, pp.454-455. 강조는 필자의 것이다.

포괄적 교설과 동기의 균형을 이룩해야 한다. 롤즈의 중첩합의와 공적 이성의 논의에서 여전히 정의의 우위가 강조되는 것도 이 때문이다.

4. 중첩합의와 정의의 우선

정치적 정의원칙의 입장에서 보면, 롤즈의 정의원칙은 칸트의 철학도, 밀의 철학도, 어떤 추상적인 현실 이론도 필요로 하지 않는다. 이제 필요한 것은 정치생활에 필요한 기본 개념을 중심으로 정의원칙을 정당화하는 일뿐이다. 이런 롤즈의 전략 이면에는 원초적 입장에서 도출한 정의원칙을 고수하면서도, 현대 다원주의 민주주의 체제와 조화시키려는 의도가 짙게 깔려 있다. 현대 민주주의의 도덕적 기반을 지키면서도 사회정의를 확산시키려는 정치목표가 분명하게 나타나고 있는 것이다. 이상이 아닌 실현 가능한 철학이 되려면, 실질적인 도덕, 정치신념과 정의원칙이 합일 가능하고 지속성이 있어야 한다. 중첩합의는 현실적인 가치와 정의원칙과의 조화를 의미하고, 이 조화를 통해 정치공동체의 지속적인 안정을 이룩한다.

물론 모든 현실 정치체제의 목표는 사회 안정이다. 사회 안정 없는 개혁은 항상 파도에 휩쓸리는 모래성처럼 덧없다. 사회 안정은 사회 성원 내부의 높은 지지로 인정받는 정책을 통해 달성되지만, 말처럼 쉬운 일이 아니다. 외부의 침입을 막고 새로운 상황에서 탁월한 리더십을 발휘해야 하기 때문이다. 그러나 롤즈의 목표는 이 같은 현실사회 안정이 아니다. 롤즈의 관심은 다원주의 민주주의 사회의 도덕적 기반에서 가능한 정치 안정이다. 다양한 삶이 인정되면서도 지속적인 정의원칙을 준수할 근거를 제시하는 것이다.

물론 사회 안정 문제를 도외시하는 것은 아니다. 공정한 정의원칙은 사회 안정의 충족을 전제로 정치적인 의미의 안정을 이룩할 수 있다. 사회 안정 없는 사회는 항상 반목과 갈등으로 점철된다. 민주주의 체제의 가장 무서운 내부의 적으로 사회 불안정을 드는 것은 민주주의 체제 자체를 거부할 수도 있기 때문이다. 물론 이해의 충돌 자체가 항상 부정적인 결과만을 낳는 건 아니다. 공정한 절차와 합리적 토론은 갈등을 조화시키는 순기능적 측면도 있다. 롤즈도 이 점을 부인하지 않는다. 정의로운 사회제도 아래에서 합당한 절차와 합리적인 토론은 갈등을 완성된 민주주의 사회로 나가는 계기로 만들 수도 있다.

정치적 의미의 안정은 정치사회의 필수요건이다. 그러나 우연적인 힘의 균형에 따른 일시적인 안정은 정치적 의미의 안정일 수 없다. 더 지속적인 안정이 필요하다. 그렇게 하자면 잠정적인 힘의 균형이 아닌 '올바른 이유들의 균형'에서 안정되어야 한다. 이 이유들의 균형이 다름 아닌 중첩합의다. 중첩합의는 현실 힘의 균형단계에서 지속적인 발전단계를 거쳐 안정을 이룩하는 것이다. 따라서 중첩합의를 이루는 세 단계를 세밀하게 검토하는 것이 중요하다.

첫 단계인 현실 민주주의 체제에서 정치 안정은 이해관계의 접점을 찾아 사회를 안정시키는 것이다. 즉 정치 현안이나 정책에서 타협을 통해 합의에 이르는 것이다. 정치 안정은 협상의 정도와 방식에 달려 있다. 이 같은 정치 안정이 힘의 균형에 의한 잠정협정(modus vivendi)이다. 그러나 결코 '진정한' 안정일 수 없다. 진정한 사회 안정의 기준점이라 할 수 있는 "사회화합"을 이루고 "공공생활의 도덕적 능력" 향상에 기여할 수 없기 때문이다.[18]

이해관계의 타협이 중첩합의가 될 수 없음은 분명하다. 이런 타협은 자기 이해나 집단 이해관계를 반영하지만, 중첩합의는 자기 이해나 집단의 이해에서 벗어나야 하기 때문이다. 예를 들어 노사정의 타협을 생각해 보자. 이 타협은 사회 안정에 어느 정도 기여하지만, 이

---

18) PL, pp.146-147.

타협의 선행조건이 자기 이해에서 비롯된 까닭에 진정한 정치 안정은 아니다. 언제든 이해관계가 달라지면, 타협은 무용지물로 전락하고 갈등은 다시 더욱 심화된다. 이해관계의 타협은 일시적이고 표면적이다. 근본적이고 심층적인 차원의 안정을 이룩할 수 없다. 가시적인 성과만을 노려 목표한 성과를 얻지 못하면 타협은 중도 파기되기 일쑤다. 많은 경우 이해관계의 타협은 정치협상의 부산물로 나타난다. 그러나 중첩합의는 정치협상의 부산물이 아니다. 다음 롤즈의 언급은 이 점을 강조하고 있다.

> 각 시민의 포괄적인 교설 내에서 볼 수 있는 이유들의 균형이지, 상황이 야기하는 타협이 아니다.
> 어느 누구도 정치적 타협이 이끈 정치적 개념을 받아들이지 않는다. 물론 수용은 어떤 조건에 달려 있다. … 그러나 교설을 조건들의 요구에 맞추는 것, 세계의 비이성, 잔혹한 힘의 개입은 정치적 타협이 아니다. 그건 정상적인 인간사회의 일반조건에 맞추는 것이다. 여느 정치 견해들이 그래야 하는 것처럼[19]

두 번째 단계의 안정은 헌정질서의 수립을 통한 안정, 즉 헌정 합의(constitutional consensus)다. 합리적인 절차와 제도를 매개시켜 합의한다는 점에서 실질적인 합의를 위한 선결단계라고 할 수 있다. 적어도 사회성원들이 동의할 수 있는 헌정체제의 수립은 단순히 힘의 균형만으로 달성할 수 없는 지속성을 보여준다. 헌법이 보장한 기본권을 옹호하고, 여러 해석의 가능성을 열어 두면서, 사회체제의 안정을 도모하기 때문이다. 그럼에도 헌정체제를 통한 질서수립이나 합의는 중첩합의를 달성한 단계는 아니다. 여전히 정치적 타협의 산물이라는 점에서 그 지속성이 매우 제한적이기 때문이다.

마지막 단계인 중첩합의는 올바른 이유를 받아들일 때 나타나는

---

19) PL, p.169, p.171.

합의다. 중첩합의의 성립 가능성은 롤즈 후기 철학의 중요한 문제다. 중첩합의가 그저 유토피아 사상이 아닌 현실적인 대안으로 자리매김할 수 있는지 가늠해 볼 수 있기 때문이다. 롤즈는 묻는다. 정치적 정의관이 그 자체로 정당화될 수 있으면서 삶의 다양한 가치들과 조화를 이룰 수 있는 근거는 무엇인가? 여기에서 중요한 것은 정치적 정의관과 일상적 가치관의 접점이다. 롤즈의 다음 언급은 그 실마리를 제공한다.

> 합당한 중첩합의라고 부른 개념, 즉 정치적 자유주의의 다른 종류의 합의는 정치적 정의관을 자립적으로 작동시킨다는 것이다. 이 자립적인 정치적 정의관은 현존하는 포괄적 교설을 언급하거나 맞추려 노력하지 않아도, 심지어 포괄적 교설의 본질을 몰라도 그 자체로(pro tanto) 정당화될 수 있다. 중첩합의는 모든 합당한 이론의 길에 방해물을 놓지 않는다. 정치관에서 정치적인 것을 넘어가는 생각과 모든 포괄적 교설이 합당하게 승인할 것이라 기대할 수 없는 (상호성의 원리를 위반한) 생각을 제거할 때 정치관은 승인된다. 정치관이 이 조건을 만족하고 그래서 완결되면, 합당한 시민이 받아들일 합당한 포괄적 교설이 정치관을 지지할 것이고, 정치관이 그 방향으로 합당한 포괄적 교설을 형성할 능력을 가질 것이다. 이것이 우리의 희망이다.[20]

인용에서 강조하고 싶은 부분은 정치적 정의원칙이 우선 그 자체로 정당화되어야 한다는 점이다. 그 다음, 삶의 가치나 포괄적 교설과의 조화를 모색한다. 정치적으로 정당화될 수 있는 정의원칙이 없다면 삶의 가치나 포괄적 교설과 조화될 수 없다. 그 이유는 정의원칙이 확립되지 않은 사회체제는 특정집단의 이해에 맞추어 사회 효율성이나 생산성이 평가되기 때문이다. 물론 사회 생산성을 높이고 효율성을 높이는 것은 나쁠 것 없다. 문제는 그 생산성과 효율성이 사회 불평등을 심화시키고 일상 믿음의 공정성을 훼손시켜도 근본적

---

20) PL, p.389. 의미를 명확하기 위해 원문을 대폭 수정하여 번역했다.

인 해결 방도가 없다는 것이다. 롤즈의 입장에서 보면, 사회의 생산성과 효율성은 반드시 불평등을 해소하고 인간다운 삶의 조건을 만족시켜 주어야 한다. 그래야만 사회협력이 지속될 수 있을 것이고, "시간이 지나도 지속될 수 있는" 사회적 안정을 이루기 때문이다. 이런 맥락에서 사회 효율성이란 미명하에 사회성원의 권리와 인간의 존엄성을 훼손하려는 어떤 시도도 용납될 수 없다. 기존 체제의 편견과 불의들은 정의 부재의 결과다. 중첩합의는 정치적 개념에 기대어 정의원칙이 우선 그 자체로 정당화되고, 합당한 포괄적 교리가 종교, 도덕, 철학적 믿음을 떨쳐 버리고 오로지 정치적인 것(the political)에 기댈 때 가능하다. 그런 점에서 중첩합의에서 정치적 정의원칙은 실질적인 내용을 담고 있는 구성적인 것이 아니라 규제적인 것이다. 중첩합의는 결코 포괄적 교설의 합당한 이유의 총체도 아니다.

선과 정의는 동전의 양면처럼 서로 떨어질 수 없다. 선보다 정의가 우선하지 않으면, 정의는 한갓 선의 추상물일 뿐이며, 선과 정의의 조화도 공허할 뿐이다. 반면 선과 정의가 조화되지 않는 정의의 우위는 마치 누구도 따르지 않는 독불장군과 같다. 조화될 수 없는 정의는 선에 대한 어떤 통제나 규제도 불가능하다. 그런 점에서 선과 정의의 조화 가능성은 롤즈의 정의관에서 반드시 적절한 자리매김이 필요하다. 여기서 강조되어야 할 점은 중첩합의에서도 여전히 정의가 우위에 있다는 것이다. 다시 말하면, 중첩합의는 선의 배제를 뜻하는 것이 아니라, 삶의 가치와 정의의 조화를 정의의 우위 위에서 보여주는 것이다.

롤즈의 중첩합의는 공적 정당화(public justification)의 일환이다. 이 점은 되풀이해도 지나치지 않는다. 공적 정당화는 정의의 우선성을 전제로 공적 이성의 역할을 정치적인 것에 국한시키고 있기 때문이다. 공적 정당화는 오로지 간접적으로만 옹호된다. 롤즈는 하버마스와의 논쟁과정에서 이 점을 분명하게 밝히고 있다.

공적 정당화는 정치사회의 모든 합당한 성원들이 여러 합당한 포괄적 교설에 공유된 정치관을 체화해 정당화할 때 발생한다. 이 경우 합당한 시민들은 정치관을 승인하는 합당한 포괄적 교설을 갖고 있음을 서로 보여주고, 이 상호 설명이 정치사회의 공공문화의 도덕적 자질을 형성한다. 여기서 핵심사항은 **정치사회의 정치관의 공적 정당화가 합당한 포괄적 교설에 달려 있지만 이 정당화는 단지 간접적으로만 가능하다는 것이다. 즉 이 교설의 표현 내용은 공적 정당화에서 어떤 규범적 역할도 하지 않는다. 시민은 타인의 교설의 내용을 살펴보지 않으며, 정치적인 것의 한계 내에서만 머문다.** 오히려 시민들은 합당한 중첩합의 자체의 — 존재 — 사실만을 강조한다.[21]

지금까지 논의를 미루어 보면 중첩합의에 대한 롤즈의 공식적인 설명은 '위로부터의 조화' 가능성을 염두에 두고 있다. 다시 말하면 일상 믿음의 추상을 통해 공통분모를 찾아가는 작업과는 정반대의 입장을 취하고 있다. 선과 정의와의 명시적인 조화는 이른바 정치적 정의관의 전제하에서 작동한다. 선에 대한 정의의 우위를 강조하는 이유도 이 점에 착안하고 있다. 정의의 우위를 상정하지 않으면, 선과의 어떤 조화도 단순히 포괄적 교설의 일부로만 작동할 수 있다. 그런 점에서 '다원주의' 사실을 고려할 때 정치적 정의관은 현실규제나 개혁의 원동력이 될 수 없다. 선에 대한 정의의 우위는 『정의론』으로 대변되는 롤즈의 입장을 후기까지 가장 일관되게 적용할 수 있는 정합적인 논리임에 확실하다. 그러나 여전히 물음이 남는다. 『정의론』에서 탐색한 선과 정의의 완전한 합치 가능성을 포기한 것인가? 혹은 '밑으로부터 조화'를 이끌어 낼 수는 없는 것인가? 이 두 물음은 얼핏 보기엔 전혀 다른 것처럼 보이지만, 실은 매우 밀접하게 관련되어 있다.

---

21) PL, p.387. 강조는 필자의 것이다.

5. 헌정 합의와 중첩합의: 밑으로부터 조화?

정의의 우위를 두면서 선과의 조화를 모색하려는 롤즈의 시도는 이른바 인간과 사회의 일반적 특징에 기반하고 있다. 즉 인간의 도덕적 능력과 가치는 다양하게 발휘되고 고차적인 관심을 추구한다는 점, 고차적인 능력의 발휘과정에서 자신의 가치관을 수정, 보완할 수 있다는 점, 사회협력의 필요성을 깨닫고 정의원칙을 준수하려고 한다는 점을 강조하고 있다. 이 같은 특성 뒤에는 합리성(the rational)과 다른 '합당성(the reasonable)'이 중요하게 작동한다. 정치적 정의원칙이 작동하는 사회의 합당한 조건과 포괄적 교설의 합당성 조건을 찾아가다 보면 정의와 선의 조화가 가능하다는 것이다. 롤즈는 다음과 같이 말한다.

> 다원주의라는 사실을 인정하자. 자유로운 공적 이성이 조화를 모색하고 일반적이고 포괄적인 교설에 의존하지 않은 경우는 두 가지다. 첫째, 자유롭고 평등한 시민들의 상호 존중에 일치하는 범위에서 공정한 사회협력의 규준을 표현하는 정치적 가치의 근본적 역할을 확인하는 것이다. 둘째, 중첩합의에서 나타난 정치적 가치나 다른 가치 중에서 충분히 내포된 일치점을 드러내는 것이다.[22]

중첩합의는 방금 언급한 두 가지 경우를 모두 아우르는 말이다. 전자의 경우가 정치적 가치의 자립성을 강조한다면, 후자의 경우는 정치적 가치와 포괄적 교설과의 일치를 강조하고 있다. 지금까지 분명한 것은 정치적 가치의 자립성이 우선함일 뿐, 어떻게 포괄적 교설과 일치할 수 있는지에 대해서는 말한 바 없다.

또 하나 분명한 사실은 정의와 선의 완전한 일치가 후기 저작의 전유물이 아니라는 점이다. 이미 정의와 선의 가능한 일치를 '반성적

---

22) CP, p.440.

평형(reflective equilibrium)'에서 찾고 있다. 논란이 일었던 반성적 평형은 정의원칙과 일반 선의 일치 가능성을 보여준다. 물론 그 개념은 다소 애매모호하다. 주석가나 비판가의 입장에서 이 애매모호함을 말하는 것이 아니다. 롤즈 논의 자체에서도 그 애매함이 드러난다. 가령 『정의론』의 반성적 평형을 생각해 보자. 롤즈는 원초적 입장에서 선택한 자신의 정의원칙이 반성적 평형을 통해 정당화될 수 있다고 주장한다. 이 전략은 물론 정의원칙이 궁극적으로 일상의 믿음과 상충되지 않고 조화될 수 있음을 강조하기 위한 것이지만, 정의원칙이 역사적 선택에서 발생한 우연적 요소를 포괄해야 한다는 생각도 담고 있다. 물론 이 반성적 평형에서 중심축은 여전히 원초적 입장에서 선택한 정의원칙이다. 정의원칙은 잠정적인 고정점이며, 이 고정점을 통해 밀고 당기는 식의 변증법적 통합을 모색하고 있다.

더욱이 반성적 평형은 일상에서 숙고한 믿음과 상통해야 한다. 일상의 정의감이 궁극적으로 정의원칙의 토대다. 가령 노예제도에 대한 비판이나 관용에 대한 존중은 일상의 정의감과 일치하며, 정의원칙에도 포함되어 있는 개념이다. 이 말은 롤즈의 중첩적 합의가 원론상의 합의 이상임을 내포하고 있다. 다시 말하면 정의와 선이 궁극적으로 일치할 수 있다면, 실천적으로 정의가 우위에 있다 해도 여전히 현실의 선이 어떤 측면에서 정의와 일치할 수 있는지 설명할 필요가 있다.

정의와 선의 조화가 궁극적인 목적이지만, 이 조화가 타협의 대상이 아니라는 점을 누차 강조했다. 이 말은 롤즈의 근본 의도를 이해하는 데 중요하다. 다시 말하면 중첩합의는 현실의 삶의 가치나 믿음의 총체에서 각 사회구성원이나 집단의 공통분모를 추출해 얻을 수 있는 것이 아니다. 중첩합의는 단순 정치적 타협이 아니기 때문이다.

그럼에도 롤즈가 정치적 타협을 통한 정치 안정을 부정하고 있다고 보긴 힘들다. 적어도 텍스트상으로는 그렇다. 이미 주석가들이 밝한 것처럼, 롤즈가 부정하고 있는 것은 '얄팍한(mere)' 잠정협정 (modus vivendi)이다. 정치적 타협 자체를 거부하고 있는 것은 아니다. 이런 점에서 헌정 합의의 역할을 좀 더 면밀하게 살펴볼 필요가 있다.

롤즈에 따르면 헌정 합의는 정치적 타협의 소산이며, 그런 점에서 중첩합의가 아니다. 롤즈는 헌정 합의와 중첩합의의 차이를 깊이와 범위에 한정시켜 다음과 같이 논의하고 있다.

> 중첩합의는 깊이를 요구한다. 즉 정치적 원리와 이상이 공정으로서 정의가 설명한 대로 사회와 사람의 근본이념을 사용하는 정치관에 토대해야 한다. 그 범위는 민주주의 절차의 제도화 원리를 넘어 전 기본구조를 포괄하는 원리를 포함한다. 그래서 이 원리들은 어떤 본질적인 필요를 포함하는 공정한 기회균등 원리는 물론, 양심의 자유와 사상의 자유와 같은 실질적인 권리를 확립해야 한다.[23]

이런 맥락에서 현행 민주주의 체제는 여전히 정치적 타협의 산물이지, 분명히 중첩합의 단계는 아니다. 민주주의 헌법의 수호가 헌정 합의를 통해 이루어진 정치적 안정이긴 하지만, 질서정연한 사회의 공적 이성에는 아직 이르지 못했다. 예컨대 민주주의 체제는 정적(政敵)을 타협의 대상으로 끌어들여 제도적 장치와 절차를 모색한다. 이 과정으로 정치적 안정을 도모한다. 물론 이때 정적은 계급과 이해관계의 대립을 뜻하기도 하지만, 자유주의 정의원리에 대한 상이한 관점을 지니고 있을 때도 성립된다. 중요한 것은 헌정질서의 수립을 통한 정치적 안정이 주로 언론의 자유, 집회의 자유를 포함한 정치적 자유는 물론, 투표권과 같은 민주적인 절차에 필요한 기본권에 대한 합의에서도 도출된다는 점이다.[24] 그러나 이러한 합의는 불안정하다.

---

23) PL, p.164.
24) 민주주의 이론가들은 이 과정을 절차적 민주주의를 기반으로 실질적 민주주의

"자유주의적 원리를 주장하는 사람들 사이에서도 그 이상의 자유와 권리를 기본적인 것으로 간주해야 하는지, … 헌법으로 보장받고 있지 못할 때에도 법적으로 보장해야 할지 의견이 일치하지 않기" 때문이다.[25] 종합하면, "헌법적 합의는 깊지도 넓지도 않다. 그 영역은 좁고 기본구조를 포함하지 않으며 단지 민주정부의 정치적 절차만을 포함한다."[26]

안정된 헌정질서 수립은 정치적 기본권과 자유의 내용을 고정시키고, 그 자유와 권리에 특별히 우선권을 부여해야 한다. 이렇게 되면 특정 정치 현안에서 벗어나 사회 이해관계의 산술을 넘어서 정치경쟁의 규칙을 철저하게 확립할 수 있다. 다시 말하면 "이 문제를 사회 현안에서 벗어나게 하지 못하면 사회에 잠재된 깊은 분열을 영속화시킬 것이고, 나중에 상황이 호전되어도 이 같은 적대관계를 부활시켜 좀 더 나은 입장으로 나아갈 수 있다는 희망의 준비단계를 등져 버리게 된다."[27]

롤즈는 헌정 합의에서 중첩합의로 나아갈 수 있는 가능성을 전면 부정하고 있지 않다. 오히려 헌정 합의에 기초한 정치적 타협은 중첩합의로 나아갈 수 있는 가능성을 열어 놓고 있다. 예를 들어 롤즈는 헌정 합의의 역사적 특성을 설명하면서 다음과 같이 묻고 있다.

시간이 흘러 이 자유주의 정의원칙을 만족시키는 본의 아닌 헌법상의 동의가 어떻게 이 원리 자체가 긍정한 헌정 합의로 발전될 수 있었는가?[28]

를 달성해 가는 과정으로 보고 있다. 이 과정에서 시민들의 적극적인 의사참여와 통치자 행위의 책임성(accountability)이 중요한 역할을 한다. Robert Dahl, *On Democracy*(New Haven: Yale University Press, 1998), pp.37-38에 나타나는 민주주의 기준을 참조하라.

25) PL, p.159.
26) PL, p.159.
27) PL, p.161.

그 대답은 놀랍게도 긍정적인 함의를 내포한다. 즉 헌정 합의도 중첩합의가 될 수 있다는 것이다. 중첩합의의 근거는 합의의 지속성이다. 그런 점에서 헌정 합의는 중첩합의의 가능성이 있다. 중첩합의가 유토피아가 아닌가라는 비판을 염두에 두면서 롤즈는 다음과 같이 말하고 있다.

점차적으로 계속 정치적 협력이 성공하면, 시민들은 점차 신뢰와 확신을 서로 얻게 된다. 이것이 중첩합의가 유토피아라는 비판에 대해 답할 수 있는 전부다.[29]

물론 여기서 롤즈는 가능성 자체를 인정하고 있을 뿐이다. 가능성이라는 말은 여러 단서조건들이 만족될 때에만 그 요구를 충족할 수 있다는 뜻이다. 다시 말하지만, 헌정 합의는 '심층적이지 않고 광범위하지 않은' 경우가 많다. 특히 '사회의 기본구조'를 바꾸기보다는 민주정부의 '정치절차'만을 바꾸는 경우가 허다하다. 대통령이 바뀌면 정부의 이데올로기나 통치 스타일을 바꾸는 것도 이와 같은 맥락이다. 이런 경우는 물론 롤즈가 말한 중첩합의와는 거리가 멀다. 힘의 균형을 목표로 한 단순 타협의 경우라고 해야 할 것이다.

그럼에도 신뢰와 확신이 증가한다는 것은 결국 중첩합의에 도달할 가능성이 높다는 말과 같다. 더욱이 반성적 평형처럼 숙고된 믿음을 비판적으로 수용하면서 헌정에 반영할 경우, 어렵기는 하지만 중첩합의의 가능성이 있다. 롤즈의 중첩합의 논의에서 이 같은 밑으로의 길이 활짝 열리지 않았지만, 그렇다고 완전히 닫혀 있다고 볼 수 없다. 종교적 관용을 찾아가는 서구 근대성의 경우처럼, 지속적이고 안정적인 헌정 합의가 이루어진다면, 중첩합의의 가능성은 좁지만 열려 있

---

28) PL, p.159.
29) PL, p.168. 강조는 필자의 것이다.

다고 봐야 한다. 다시 말하면, "정의로운 헌정체제의 가능성에서의 합당한 신앙의 옹호"30)가 가능하다. 이 경우 문제는 선보다 정의가 우선한다는 기본 생각이 작동할 수 있는지이다. 헌정 합의는 기존의 현실적 문제를 해결하지 않고는 한 걸음도 나아갈 수 없기 때문이다. 물론 이때 여전히 정치적 가치를 최우선으로 해야 한다고 말할 수 있다. 그러나 이때 말하는 가치는 역사적 우연성에 노출된, 그러나 그 당시로는 너무도 중요한 선을 담보할 때에만 인정받을 수 있다. 그런 점에서, 인류 역사상 정치적 변혁과 헌정 합의의 토대는 항상 특정의 역사적 사건과 선의 개입을 전제로 하고 있다. 각 사회의 문화적 기반이 중요한 까닭도 여기에 있다.

롤즈의 가능한 대답은 선을 내포한 포괄적 교설들이 합당한 조건을 충족하는 의미에서 가능하다는 것이다. 그렇다 해도 각 사회나 문화의 합당한 가치가 무엇인지 분명하지 않다. 예를 들어, 서구 근대성에서 우리가 받아들일 수 있는 합당한 선의 개념은 무엇이고, 어떻게 롤즈의 정의원칙과 일치할 수 있는가? 이 물음은 적어도 이론적 가능성을 내포하고 있다는 점에서 그 가능한 대답이 필요하다.

6. 중첩합의로의 이행: 역사적 선택의 문제

지금까지 살펴본 롤즈의 공식적인 견해는 선에 대한 정의의 우위다. 개인이나 단체들은 철저히 자유를 향유할 수 있지만, 정의의 제약하에 선을 추구할 수 있다는 것이다. 그러나 이 정의의 우위는 그 실현성을 두고도 거센 논란이 일어 왔던 것이 사실이다. 물론 선이 정의로운 사회를 지지해야 함은 두말할 것도 없다. 과연 정의원칙이 역사적 상황에 놓인 특정 개인이나 국가의 선과 일치할 수 있을 것인가? 이 때문에 롤즈의 중첩합의가 역사적 상황에서 정의로움을 충족

---

30) R, p.172.

226

할 이론적 기반인지의 문제가 불거진 것이다. 롤즈의 공정성 개념은 칸트의 인격 개념의 반영물이고, 사회제도에 확장 적용시켰다는 점을 빼면 서구문화의 지적 산물이다. 롤즈의 정의원칙을 곰곰이 살펴보면 기존 가치들을 숙고하여 얻어 낸 확신에 가깝다. 거듭 지적했듯이 기존 전통적 가치들에 기대어 정당화시킨다면 정의원칙의 메타적인 역할은 악순환에 빠질 위험이 있다. 고정점으로서 정의원칙이 독립적으로 정립될 수 없기 때문이다.

이러한 순환에 빠지지 않는 방법은 숙고된 확신을 일종의 잠정적 고정점으로 받아들이는 것이다. 잠정적인 헌정질서의 안정을 토대로 인간 경험을 확장하는 방법이다. 예를 들어 칸트의 인간존중사상도 서구 근대성의 오랜 역사적 전통에서 얻어 낸 것이다. 특히 황금률 전통의 인간 상호관계를 개체 존엄의 관점에서 승화시키고 있다. 공정성이라는 정의도 비슷하다. 인격을 그저 수단이 아닌 목적으로 대우하라는 도덕적 의미를 배제한다면 무슨 의미가 있을까? 정치적인 중립을 훼손할지 모르지만 롤즈의 공정성은 서구 역사의 가치를 고스란히 반영하고 있다. 공정성 개념은 정치적 정의관을 지탱하는 도덕적 개념이다. 이 개념이 사회체제에 적용될 때 정치적인 개념이 된다. 그렇다면 이 가치는 새로운 도덕적 확신으로 나아갈 수 없을까? 이 가치를 고정점으로 새로운 인간 삶의 경험을 반영하는 숙고된 확신으로 바꿀 수 없을까? 정치적 정의관과 중첩될 수 없을까? 합당한 포괄적 교설이 중첩합의를 이룰 수 있듯이, 이 가치도 중첩합의가 가능할 수 있다. 중요한 것은 특정 조건하의 지속적인 비판이다. 헌정질서의 상대적인 안정을 기반으로 비판을 확대하는 것이다. 밑에서부터 가능한 중첩합의를 열어 놓은 것이다. 사실 엄밀한 의미에서 절대적으로 확실한 도덕적 직관은 찾기 어렵다. 가령 도덕 직관주의를 주창했던 로스(W. D. Ross)도 좋음과 옳음의 판단 과정은 직관적일 수 없음을 실토하고 있다.

옳음과 좋음, 무엇이 옳은지 무엇이 좋은지 그 사실들을 생각하는 것보다 더 직접적인 접근방식은 없다. 사려 깊고 잘 교육받은 사람의 도덕적 확신이 윤리학의 자료다. 마치 감각 지각이 자연과학의 자료인 것처럼. … 가장 훌륭한 사람의 도덕적 확신 체계는 수많은 세대를 거친 도덕적 반성의 축적물이다. 이 축적물은 도덕적 차이를 평가하는 매우 미묘한 힘을 계발한다.[31]

로스의 주장대로라면, 좋음과 옳음의 문제는 역사적 평가의 대상이 될 수 있다. 사실 정치가 그렇다. 정치는 바로 역사적 선택의 연속이다. 지금 닥쳐오는 경제혼란에서 중심을 잡고 미래로 나아가려고 하는 것은 이 시대의 문제가 해결되지 않으면 어떤 정의도 실현될 수 없다는 위기감 때문이다. 물론 이때 타협이 이루어진다면, 롤즈의 지적대로 그 지속성을 담보하긴 어렵다. 그럼에도 이 타협과 또 다른 타협을 시도하는 것이 정치다. 물론 역사적 과정에서 현명한 사람의 판단이길 바라는 것은 정의를 꿈꾸는 것과 비슷하다. 현 시점에서 확실한 것은 살아오면서 확신을 가졌던 것이고, 이 확신이 행위를 이끈다. 롤즈는 이 시점에서 정치적 정의관이 이 같은 신뢰를 줄 수 있기를 기대했다.

그러나 롤즈가 충분히 주목하지 못한 부분은 인간의 우연적 성격과 정치의 역사적 특성이다. 이론적으로 정의의 우위를 지키는 것은 매력적일 수 있다. 그러나 현실의 불의와 싸우는 일은 머릿속 추상으로 가능한 것이 아니다. '이건 아닌데'라는 막연한 생각에서, 확신 있게 다가서는 이유가 행동의 활력을 불어넣는다. 이성적이기 때문에 행할 수도 있지만, 각 개인의 부정의감은 우연적인 사건에 의미를 부여하고 정의를 요구한다. 역사 정치 행위에서 선택은 중요하다. 가령

31) W. D. Ross, *The Right and the Good*, ed. Philip Stratton-Lake(Oxford: Clarendon Press, 2002), pp.40-41; Gary Foster, "Rawls and Ricoeur on Reconciling the Right and the Good: An Overlapping Consensus or an Ethical Aim?", *Philosophy Today*(Summer 51:2, 2007), p.612에서 재인용

2008년 촛불 정국에서 '정당이냐? 운동이냐?'라는 논쟁과 절차적 민주주의와 실질적 민주주의의 논쟁은 우리 문화에서 역사적 경험의 중요성과 그 반성능력을 새삼 깨우쳐 주는 계기가 되었다. 물론 이 과정에서 관용, 폭력, 법, 대의민주주의에 대한 깊은 반성의 기회를 얻게 되었다. 이 경험은 헌정체제 질서 확립과 체제 안정에 매우 중요하고 우리의 정의 개념에 일정 정도 이바지할 것이다.[32]

롤즈의 정의관은 양쪽 방향을 추구하면서도 여전히 정의의 우위를 강조한다. 정의원칙이 현실 부정의를 시정하고 해소할 수 있기를 바라기 때문일 것이다. 그러나 이런 방식의 정의 옹호는 여전히 이상적이라는 비판을 피하기 어렵다. 롤즈가 옹호하고 있는 이론은 질서정연한 사회(a well-ordered society)의 시민을 전제하고 있다. 바로 그 때문에 이성적인 시민과 교설을 전제하고, 그들의 포괄적 교설과 정치적 정의원칙의 중첩합의를 모색하고 있다. 그러나 우리가 살고 있는 사회가 항상 이성적인 사람과 교설만이 있는 것은 아니다. 여전히 비이성적인 사람과 비이성적인 교설이 있다. 우리의 삶에서 비이성적인 것과의 대결은 오랜 역사의 투쟁사다. 우리 인간 역사가 바로 비이성의 극복과정이라면, 설사 중첩합의의 가능성이 있다 해도, 역사투쟁이 반드시 롤즈가 말한 올바른 이유의 안정만을 위한 것은 아니다. 역사투쟁은 동시대인과 미래세대의 의미부여에서 정당화된다. 헌정사에 피와 땀의 역사는 인간 의미의 역사가 아니고 무엇인가? 그런 점에서 '이상의 추구'는 이론적인 매력이 있지만, 그 활력은 매우 제한적이다. 현실에 감추어진 폭력과 그 의미는 무한하다. 인간이라는 조건, 지구라는 조건은 이상보다 받아들이기 힘든 현실이 앞선다. 평등과 정의의 갈망은 현실의 부정의에서 싹튼다. 그래서 벌린은 오류 가능하고 인간적인 관점에서 정치철학을 바라볼 것을 강조했다. 그의

---

32) 이 문제에 대해서는 최장집, 박찬표, 박상훈, 『어떤 민주주의인가』(후마니타스, 2007)를 참조하라.

다음 말은 지금도 우리에게 많은 점을 지적한다.

　가치의 충돌은 본래 가치의 정체성과 인간의 정체성의 충돌이다. 누군가가 모든 선들이 원칙상 조화된 완전한 세계에서 이 모순이 해결될 수 있다고 말한다고 하자. 그러면 이 사람들에게 말하자. 그 가치에 붙인 의미는 우리의 의미가 아니라고. 갈등을 일으키지 않는 세계는 우리의 범위를 넘어서는 세계라고. 다른 세계에서 조화되는 원리는 일상 삶에서 친숙하게 알 수 있는 원리가 아니기 때문이다. 가치들이 변형된다 해도 지구상의 인간이 알 수 없는 개념이 된다. 그러나 우리는 지구에 살고 있고 여기서 믿고 행동할 수밖에 없다.[33]

　인간의 유한한 입장에서 보면 플라톤이 말한 동굴에 갇힌 사람들이 우리의 모습이다. 절대자의 입장에서는 우리는 거짓의 세계에 갇혀 있다고 생각할 수 있다. 그러나 유한한 인간의 입장에서는 플라톤이 묘사하고 있는 동굴의 죄수처럼 자신의 느낌과 이미지를 진실이라고 믿는다. 진실은 어디에 있는가? 진정성을 담보로 타인과의 소통만이 남아 있지 않는가? 자신의 숙고된 확신을 타인의 관점에서 투영하고 그 진실성을 시험하는 방법밖에는 없다. 롤즈의 지적대로 정치적 정당화는 "타당한 추론을 찾는 것이 아니라, 타인에게 개방된 [옳은] 추론을 찾는 것이다."[34] 전제가 참이어도 결론은 다를 수 있다. 그렇지만 전제가 참이라면 지속적인 삶의 경험의 축적은 정의와 선의 합치, 나아가 선들의 합치를 가능하게 해준다. 이때 필요한 것은 상호성의 원칙을 준수하는 것이다. 그러나 상호성의 원칙이 단지 타인의 주장을 듣고 말하는 것뿐인가? 아니면 무언가 다른 공통적인 것을 이끌어 내는 것일까? 롤즈는 합당한 시민들의 합당한 포괄적 교설

33) Isaiah Berlin, "The Pursuit of the Ideal", in *The Crooked Timber of Humanity: Chapters in the History of Ideas*, ed. H. Hardy(London: John Murray, 1990).
34) CP, p.594. 이 정의는 공적 정당화를 설명하는 것이다.

에 담긴 정치적인 것의 중요성을 강조했다. 그러나 그 가능성은 오히려 현실의 삶을 매개로 인간 삶의 통일을 열어 놓고 있다. 중첩합의의 진정한 의미는 선의 직접 개입을 통한 삶의 통일인지 모른다. 비록 롤즈 스스로 이 길을 강조하지 않았지만, 적어도 중첩합의가 궁극적으로 노리는 선과 정의의 완전한 합치상태는 선과 정의 한쪽의 우위로 얻을 수 있는 것은 아니다. 그런 점에서 중첩합의는 역사적 상황에 놓여 있는 개인들의 현실과의 부단한 투쟁 속에서 자신의 정체성을 온전하게 보존하려는 노력을 강조하고 있는 셈이다.

정치는 과정이다. 역사적인 체험을 제도화시켜 가는 과정이다. 이때 선은 단순히 정의의 울타리에 머물러 있지 않다. 제도의 울타리를 넘어서려고 하면서도 제도권으로 진입하려고 한다. 롤즈의 논의에서 부족한 점은 정치의 이 긍정적인 측면과 역사적 선택의 중요성을 부각시키고 있지 않다는 것이다. 그 이면에는 롤즈가 사용하고 있는 '정치' 개념이 매우 한정된 의미로만 사용되고 있다는 데도 그 이유가 있다. 정치사회의 폐쇄적 성격과 공권력의 정당화에만 치중하고 있는 것이 그 이유다.[35]

그러나 서구의 종교적 관용의 역사는 역사의 투쟁인 동시에 정치투쟁이기도 하다. 관용은 그저 하늘에서 떨어진 것이 아니다. 정의로운 것이기 때문에 사람들이 받아들인 것이 아니다. 오랜 시간이 흐르

---

35) 롤즈는 정치 개념을 매우 제한적으로 사용하고 있다. 헌법과 정의의 기본 문제에만 공적 이성(public reason)이 적용된다. 따라서 비공적인 것과 공적인 것의 연속성에는 크게 주목하지 않았다. 그러나 정의감에 앞서 부정의가 팽배하지 않는가? 특히 현실사회에는 비이성적인 인간과 교설이 많이 있다. 그런 점에서 질서정연한 사회의 합당한 시민들의 정의감을 이상이론에 일치시키기에 앞서 현실에 팽배한 부정의의 의미를 다양한 문화적 맥락에서 해석할 필요가 있다. 여기서 중요한 것은 공적인 것과 비공적인 것의 연속성을 설명해 줄 이론이다. 이 문제의 체계적인 논의는 공적 이성과 헌정질서의 확립에 주목한 롤즈의 논의와 비교되어야 할 것이다. 그러나 이에 대한 설명은 이 지면을 넘어선다.

면서 역사적 숙고의 축적과정에서 얻어 낸 값진 열매다. 중요한 것은 이러한 숙고된 확신이 앞으로 다가올 미래의 초석이 될 수 있다는 점이다. 해석학의 용어로 표현하자면, 숙고된 확신이 '선이해의 지평'이 된다. 정치적 과정은 이러한 선이해의 지평의 융합과정이다. 이 과정에서 롤즈의 정치적 정의관과의 중첩합의가 가능할 수 있다. 비록 더디고 거센 파고의 고통이 따르기 하겠지만. 우리의 슬픈 현실을 감내하면서 정의의 투쟁을 마다하지 않는 것은 이러한 합의의 가능성이 가까운 미래에 달성될 수 있다는 선지자적 믿음에 근거하고 있는 것이 아닐까? 롤즈의 정치적 정의관을 지금도 논의하고 비판하는 이유는 양쪽의 가능성을 모색해야 할 당위성과 맞닿아 있기 때문인지 모른다.

공적 이성과 정치적 정의관

정 원 섭

건국대 교양학부 강의교수

1. 실마리

"민주주의적 사회를 위한 가장 적합한 도덕적 기초"를 제공하고자 저술된 롤즈의 『정의론』은 1970년대 이후 정치철학, 넓게 말해 규범 윤리학 분야에 혁명적인 영향을 미치며 주요 논쟁의 주제가 되고 있다.[1] 1980년 이후 롤즈는 『정의론』에 대한 다양한 비판에 대응하는 과정에서 '공정으로서 정의'라는 자신의 정의관을 단순히 하나의 포괄적 교설(a comprehensive doctrine)이 아니라 상충하는 다양한 합당한 포괄적 교설로부터 중첩적 합의를 받을 수 있는 정치적 정의관(a political conception of justice)으로 재정식화하고자 한다. 이 글은 롤즈의 이러한 정치철학적 전환 시도가 정치철학 분야에 초래한 또 하

---

[1] John Rawls, *A Theory of Justice*(Cambridge, Mass.: The Belknap Press of Harvard University Press, 1971), p.viii. 황경식 옮김, 『사회정의론』(서광사, 1977). 이 책의 개정판이 1999년에 출판되었으며, 개정판 역시 황경식에 의해 『정의론』(이학사, 2003)으로 번역되었다. 이하 인용에서는 TJ로 줄여 표기한다. 롤즈의 정의론 이후 주요 논쟁에 대해서는 졸고, 「영미 윤리학의 최근 연구 동향과 도덕 교육」, 『윤리교육연구』 14집(2007. 12) 참조.

나의 혁명적 변화에 대해 주목하고자 한다.[2]

롤즈의 두 번째 혁명, 즉 '공정으로서 정의'라는 자신의 정의관을 정치적 정의관으로 새롭게 제시하고자 하는 시도는 두 가지 두드러진 특징을 지니고 있다. 첫 번째 특징은 그의 정치적 자유주의가 특정한 철학적 원칙들에 근거하여 자유주의적 정치철학을 정당화하고자 한 전통적인 자유주의적 시도를 거부하는 모종의 메타 철학적 입장을 함축하고 있다는 점이다. 두 번째 특징은 자유주의 이론가들이 실질적 철학적 원칙(substantive philosophical principles)과 독자적으로 자신들의 정치관을 정당화해야 하는 것과 마찬가지로, 자유주의적 민주시민 역시 특정한 철학적 입장에 의존하지 않으면서 그들의 정치적 담론을 개진하여야 한다는 점에서 모종의 시민적 입장(civic doctrine)을 담고 있다는 점이다.

롤즈의 이러한 두 번째 혁명 역시 첫 번째 혁명과 마찬가지로 자유주의 정치철학의 새로운 가능성을 제시하는 것 못지않게 새로운 논쟁을 불러일으키고 있다. 이 가능성과 논쟁의 중심부에 위치하고 있는 것이 바로 공적 이성(public reason)이라는 개념과 중첩적 합의(overlapping consensus)라는 개념이다.[3] 중첩적 합의란 그 사회의 정치적 정의의 원칙이 그 사회 내에 존재하는 모든 합당한 포괄적 교설로부터 중첩적으로 동의를 받아야 한다는 발상이다(PL, p.144). 반면

---

2) 롤즈 철학을 전기와 후기로 구분하고자 하는 여러 시도가 있다. 이 글에서는 편의상 롤즈가 정치적 전환(political turn)을 명백히 보여주고 있는 1985년 논문을 롤즈 후기 철학의 시발점으로 삼고자 한다. John Rawls, "Justice as Fairness: Political not Metaphysical", *Philosophy and Public Affairs*, 14 (1985), pp.223-252. 롤즈는 1993년 『정치적 자유주의』를 출간하였다. John Rawls, *Political Liberalism*(New York: Columbia University Press, 1993). 장동진 옮김, 『정치적 자유주의』(동명사, 1998). 1996년 롤즈는 서문과 하버마스의 비판에 자신의 답변("Reply to Habermas", 1995)을 추가하여 개정판을 발간하였다. 이하에서는 PL로 약칭하여 표기한다.
3) Robert B. Talisse, "Stout on Public Reason", Democracy and Tradition Symposium(2004), 발표 자료.

공적 이성이란 중첩적 합의가 민주국가의 자유롭고 평등한 시민이 공유하고 있는 이성에 기초하여 정당화되어야 한다는 것이다(PL, p.223). 그렇다면 왜 공적 이성이 롤즈의 두 번째 혁명에서 새롭게 문제되는가?

이 문제에 답하기 위하여 먼저 롤즈의 정치적 자유주의를 뒷받침하고 있는 두 가지 버팀목, 즉 합당한 다원주의의 사실(the fact of reasonable pluralism)과 자유주의적 정당성 원칙(the liberal principle of legitimacy) 개념에 주목하고자 한다. 우리는『정의론』이래 "민주주의적 사회를 위한 가장 적합한 도덕적 기초"를 제공하고자 한 롤즈의 일관된 시도가 자신의 정의관을 포괄적 교설이 아니라 정치적 정의관으로 다시 제시하는 것을 통해 성공적인지를 평가해 보고자 한다.

2. 정치적 자유주의의 핵심 문제

롤즈의 정의론이 지닌 가장 큰 호소력은 '불가침의 인권'이라는 자유주의의 전통적인 도덕적 직관과 '최소 수혜자 우선성'으로 대변되는 강력한 평등주의를 결합하여 '공정으로서 정의'라는 독특한 정의관을 제안하고 있다는 점이다.4) 주지하다시피 롤즈는 '자유 우선성 원칙'이라는 정의의 제1원칙과 '최소 수혜자 우선성 원칙'으로 대변되는 제2원칙에 대한 다양한 비판에 대해 응수하는 과정에서 정의의 두 원칙이 그 내용에 있어서는 동일하지만 다만 현대의 합당한 다원주의라는 사실에 맞게 그 제시 방식이 변화되었을 뿐이라고 지속적으로 주장한다.5) 따라서 공정으로서 정의라는 자신의 정의관을 정당

---

4) 황경식,「롤즈의 자유주의적 평등주의」,『사회정의의 철학적 기초』(문학과지성사, 1985), p.454.

5) PL, p.xvi, p.7, p,177.『정의론』개정판 서문에서 롤즈는 차등의 원칙에 대한 초판의 설명 방식 내지 정당화 방식에 대해서만 불만족을 표현하고 있을 뿐 내용에 대한 수정은 없다.『정의론』, pp.18-20. 그러나 박정순은 중첩적 합의

화하는 롤즈의 논변은 항상 다음과 같은 두 가지 차원에서 진행된다.

(1) 첫 번째 차원은 공정으로서 정의의 실질적 내용(contents)과 관련된 것이다. 이를 위해 롤즈는 원초적 입장을 활용하여 여기서 일반적인 인간관 및 사회관을 제시하고, 정의의 두 원칙을 통해 '공정으로서 정의'의 구체적 내용을 개진한다.

(2) 두 번째 차원은 공정으로서 정의의 제시 방식(mode of presentation)과 관련된 것이다. 즉 원초적 입장에서 합의된 정의의 원칙들이 무지의 베일이 제거된 후에도 사회적 계약의 대상이 될 수 있을 뿐만 아니라 그 계약이 지속적으로 준수될 수 있다는 점을 보여줌으로써 정의로우면서도 안정적인 사회가 가능하다는 점을 보여주고자 하는 것이다(PL, pp.xv-xxi).

그렇다면 합당한 다원주의의 상황에서 정의관은 왜 포괄적 교설이 아니라 '정치적 정의관'으로 제시되어야 하는가? 롤즈가 로크, 칸트, 밀의 자유주의를 포괄적 교설로 규정하면서 자유주의의 이러한 "지배적인 전통에서 대답하고자 한 질문은 전혀 대답되지 않았다."고 비판하는 근거는 무엇인가(PL, p.135)? 롤즈가 말하는 포괄적 교설이란, 가령 공리의 원칙을 개인 행위와 관련된 주제들부터 사회 전반과 나아가 국제적 사안에까지 적용하고자 하는 공리주의처럼, 하나의 원칙

의 핵심인 입헌적 요체에서 정의의 두 원칙 중 공정한 기회균등의 원칙과 차등의 원칙이 배제되기 때문에 롤즈의 입장이 더 이상 평등주의가 아닐 수도 있다는 입장을 제시한다. 박정순, 「정치적 자유주의의 철학적 오디세이」, 『철학연구』 제42집(1998) 참조.

롤즈의 제1원칙상에 나타난 변화 과정에 대한 논의는 다음 논문 참조. 김도균, 「John Rawls의 자유론에서 분석적 차원과 규범적 차원」, 『법철학연구』 제5권 1호(2002), p.5; 박정순, 「자유주의 정의론의 철학적 오디세이: 롤즈 정의론의 최근 변모와 그 해석 논쟁」, 『현대의 윤리적 상황과 철학적 대응』(제5회 한국 철학자연합대회, 1992), pp.573-599.

을 모든 사안에 일관되게 적용하고자 하는 상당히 정교화된 이론체계를 말한다(PL, p.13). 롤즈는 합당한 시민들의 이성이 자유롭게 개진되고 '이성의 부담(the burdens of reason)'을 진지하게 수용할 경우, '합당한 다원주의의 사실', 즉 합당하지만 서로 상충하는 다양한 포괄적 교설이 경합하는 상황은 현대 자유민주주의 사회의 영구적인 특징일 수밖에 없다고 가정한다(PL, pp.54-57). 이런 다원주의 상황에서는 특정한 하나의 포괄적 교설에 대해 그 사회의 자유롭고 평등한 시민들이 "최후의 1인에 이르기까지" 합의할 것이라고 기대하는 것은 불가능하다는 것이다.6) 따라서 롤즈는 현대 민주주의 사회에서 정치적 정의의 가장 기본적인 문제를 다음과 같이 정식화한다.

　민주사회의 정치문화는 상충하면서 화해 불가능한 다양한 종교적, 철학적, 도덕적 교설들을 항상 포함하고 있다. 이런 교설들 중 일부는 완벽하게 합당하며 합당한 교설들 간의 이와 같은 다양성을 정치적 자유주의는 인간의 이성의 힘이 자유로운 제도들 내부에서 발휘된 불가피한 결과로 간주한다. … 이처럼 합당한 종교적, 철학적, 도덕적 교설들에 의해 심각하게 분열되어 있는 자유롭고 평등한 시민들의 정의롭고 안정적인 사회가 상당 기간 존속되는 것이 어떻게 가능한가(PL, pp.3-4)?

이와 같은 정치적 자유주의의 근본 문제, 즉 현대 자유민주주의를 위한 정치적 정의관에 대한 합의를 모색하는 롤즈의 작업은 상충하는 다양한 합당한 교설들이 공유하는 이성에 따라 함께 승인할 수 있는 (자유주의적) 입헌민주정체를 위한 정치적 정의의 정치적 헌장을 고안하는 것이다.7) 이를 위해 『정치적 자유주의』에서 중첩적 합의와 공적 이성이라는 두 가지 핵심적 관념을 도입한다. 롤즈는 공정으로

---

6) Jeremy Waldron, *Liberal Rights*(Cambridge: Cambridge University Press), p.37.

7) John Rawls, "Introduction to the Paperback Edition", in PL, pp.xxxvii-lxii, p.xli.

서 정의가 정치적 정의관으로서 중첩적 합의의 초점이 되고 공적 이성에 의해 정당화될 때 다원주의 사회의 시민들이 공정으로서 정의를 받아들일 것이라고 주장한다.8)

3. 공적 이성과 자유주의적 정당성 원칙

롤즈의 정치적 정의관의 바탕이 되는 '공적 이성(public reason)'이란 관념은 1985년 논문에서 그 모습이 처음 드러난다.9) 역사적으로 볼 때, 이와 유사한 발상은 국가의 역할과 교회의 역할을 구분하는 토마스 아퀴나스의 사상에서 나타나고 있다. 아퀴나스에 따르면, 영혼의 구원을 목표로 하는 교회와는 달리 국가의 법률이나 정부기관이 할 일은 그 구성원들 간의 평화와 정의를 유지하는 것으로 제한된다는 점에서, 공적 영역(res publica)은 그 구성원을 완벽히 선하도록 하고자 하는 교회의 영역과는 구분된다. 그뿐만 아니라 아퀴나스는 정치공동체의 선을 위해 요구되는 바를 결정하고 이를 집행하는 과정에서 국가의 입법가들과 통치자들은 이러한 요구를 특정 종교적 믿음이나 문화적 관행과 상관없이 그 정치공동체 내의 모든 이가 이해할 수 있는 실천적 원칙의 요구에 맞게 제시하여야 한다고 주장하고 있다는 점에서 롤즈의 공적 이성 관념의 선구를 형성하고 있다 해도 과언이 아니다.10)

---

8) John Rawls, "Reply to Habermas", *The Journal of Philosophy*, pp.142-147.

9) John Rawls, "Justice as Fairness: Political not Metaphysical"(1985), pp.223-252. 그러나 공적 이성에 대하여 롤즈가 처음 중점적으로 다룬 것은 1990년 멜든 강연(the Melden Lectures)이다. 그 후 공적 이성은 S. Lloyd, G. Santas, L. Solum, G. Watson, P. Weithman, S. Freeman, P. de Marneffe, D. Estlund 등 여러 학자들의 조언과 토론, 비판을 거쳐 『정치적 자유주의』의 6장의 주제로 등장한다.

10) 여기서 말하는 '공통된 실천 원칙(communia principia rationis practiae)'이란 관념은 롤즈의 공적 이성과 매우 유사하다. 그뿐만 아니라 아퀴나스는 정부의

칸트 역시 이성의 '공적 사용'과 '사적 사용'의 구분을 시도한다는 점에서 롤즈의 접근방식과 유사하다. 칸트는 이성의 '공적 사용'과 이성의 '사적 사용'을 구분한 후, 이성의 '사적 사용'이란 "한 개인에게 맡겨진 특수한 지위에서 이성을 사용하는 경우"로 규정하고 이 경우 계몽의 과정을 방해하지 않도록 종종 엄격히 제한될 수 있다고 주장한다.[11] 반면 이성의 '공적 사용'이란 "어떤 사람이 한 사람의 학자로서 독자 대중 앞에서 이성을 사용하는 경우"이며, "오로지 이성의 공적 사용만이 계몽을 가능하도록 한다."고 주장한다.[12] 이 점에서 칸트에 있어서 이성의 공적 사용이란 사회적, 정치적 생활의 다양한 분야에 영향을 미치는 정책 및 법률에 대하여 공개적이고 비판적으로 토론하기 위해 이용되는 공적 추론 방식이라 할 수 있을 것이다. 롤즈에 있어서 공적 이성 역시 간단히 말하자면 국가권력의 승인을 거쳐 서로에게 규칙을 부과하는 평등한 시민들에게 적절한 추론 방식이라 할 수 있다.[13]

역할과 교회의 역할을 구분하면서 정부의 핵심은 자유민의 지배(the rule of a free people)이며, 법률의 핵심은 자유로운 국민이 서로를 대등한 존재로 대우하도록 하는 법률을 통해 자발적으로 조화하는 것이라고 주장한다. 나아가 그는 모든 행위는 그 목적에 적절한 방식으로 추구되어야 한다는 점에서 그 적절성을 평가할 수 있는 전문적 논의 방식을 고안할 것을 제안한다. John Finnis, *Aquinas: Moral Political, and Legal Theory*(Oxford University Press, 1998) 참조.

11) 칸트, 이한구 옮김, 「계몽이란 무엇인가에 대한 답변」, 『칸트의 역사철학』(서광사, 1992) 참조.

12) 이렇게 볼 때 칸트의 주장은 일종의 계몽주의적 기획의 일환으로서 오늘날 흔히 말하는 합리적 비판적 사고의 중요성을 강조하고 있는 것이라 할 수 있을 것이다. 또한 칸트는 이성의 공적 이용에 참여하기 위해서는 첫째, 다른 이에 의존함이 없이 스스로 생각하여야 하며, 둘째, 자신의 사고를 확장하여 보편적 관점에 이르러야 하며, 셋째, 일관적으로 생각하여야 한다고 제안한다. 같은 글 참조.

13) John Rawls, *Justice as Fairness: A Restatement*(Cambridge: The Belknap Press of Harvard University Press, 2001), p.92.

그러나 롤즈의 공적 이성 관념을 칸트적인 의미의 계몽사상과 곧바로 연결시키는 것은 성급한 일이다. 그 이유는 많은 학자들의 문제제기에도 불구하고 롤즈가 자신의 기획을 계몽주의적 기획과 결부하는 것에 대해 강한 거부를 표명하고 있을 뿐만 아니라, 공적 이성이라는 표현 자체가 이미 전형적인 계몽주의적 기획과의 결별을 함축하는 것이라 할 수 있기 때문이다.14) 더욱이 칸트가 '이성의 사적 사용'을 언급하였지만 그가 말하는 이성과 진리는 결국 공적이며, 따라서 이성의 공적 사용이 사적 사용에 비해 인식론적으로 우월할 뿐만 아니라 당연히 이성의 공적 사용으로 나아가야 한다는 계몽주의적 신념에 항상 충실하였다는 점을 부정할 수는 없을 것이다. 따라서 우리는 공적 이성에 대한 칸트의 입장을 언젠가는 보편적 진리를 발견할 수 있다는 희망을 포기하지 않으면서 이성의 공적 사용을 지향하고 있다는 점에서 규범적 입장이라 할 수 있을 것이다.

이에 비해 홉스의 입장은 매우 대조적이다. 홉스의 경우 공적 이성이 등장하는 것은 인식론적이거나 도덕적인 이유가 아니라 명백히 현실적인 이유 때문이다. 홉스에 따르면, 자연상태에서 개인들은 옳고 그름과 관련된 규범문제나 좋고 나쁨과 관련된 가치문제들에 대해서 뿐만 아니라 심지어 사실적 문제에 대해서도 서로 다른 사적인 판단을 하기 때문에 심각한 갈등에 놓이게 된다. 여기서 홉스가 제안하는 해결책은 서로 경쟁하는 여러 이해당사자를 압도하는 강력한 중재자, 곧 리바이어던을 통해 사적 이성을 대체할 수 있는 공통된 이성을 제시하도록 하는 것이다.15)

홉스의 경우 공적 이성과 사적 이성의 구분이 이 양자 사이에 어떤 인식론적 우열이나 규범적 정당성에서 차이가 존재한다는 것을 의미

---

14) Fred D'Agostino and Gerald F. Gaus eds., *Public Reason*(Dartmouth Publishing Company, 1998), p.xii 참조.
15) Thomas Hobbes, *Leviathan*, chap.15.

하는 것은 아니다. 다만 개인들이 각자 자신들의 사적인 이성에 의존할 경우 화해 불가능한 갈등이 부단히 등장할 수 있다는 점을 강조하고 있을 뿐이다. 따라서 만일 우리가 다함께 평화롭게 살고자 한다면 특정 상황에서 어떤 해결책을 제시할 수 있는 공통되면서도 공적인 추론 방식, 곧 모종의 공적 이성이 필수불가결하다는 것이다. 따라서 홉스의 공적 이성은 실용적 관념일 뿐 진리를 함축하는 것은 아니라는 점에서 도구적 입장이라 할 수 있다.

공적 이성에 대한 칸트의 규범적 입장과 홉스의 도구적 입장은 "왜 우리가 공적 이성에 따라야 하는가?"라는 당면 문제에 대하여 상이한 답변을 제시한다. 홉스의 경우 그 답안 역시 도구적이다. 즉 "우리가 공통된 공적 이성을 받아들인다면, 우리는 평화롭게 살 수 있다."는 것이다. 홉스의 이런 입장은 슘페터와 고티에 등 소위 선호 병집 민주주의(aggregative democracy)를 주장하는 현대 자유주의 정치철학의 선구가 된다. 반면 동일한 질문에 대하여 칸트의 답은 매우 다르다. 칸트의 입장에서 보자면 계몽은 진리를 발견하는 것이며 이것은 자유로운 공적 이성을 발휘함으로써 가능하다.

이 점에서 칸트의 경우 인식론적 이유뿐만 아니라 도덕적 이유에서도 의당 공적 이성을 따라야 한다. 만일 우리가 다른 이들을 존중하고자 한다면 그들에게 정당화될 수 없는 도덕적, 정치적 주장을 펴지 말아야 하기 때문이다. 그런데 도덕적, 정치적 주장에는 항상 어떤 반론이나 의혹이 따르기 마련이다. 달리 표현한다면 정당화라는 것은 이런 의혹을 떨쳐 내는 작업이라 할 수 있는데, 이렇게 하기 위해서는 결국 다른 이들 역시 합당한 이유에서 다같이 수락할 수 있는 것들만 주장하여야 한다. 레이먼은 이를 다음과 같이 표현한다. "다른 이의 도덕적 주권을 존중하고자 할 경우, 결국 우리는 공적 이성에 따라 사고하게 된다."16)

---

16) Jeffrey Reiman, *Justice and Modern Moral Philosophy*(New Haven: Yale

롤즈는 공적 이성을 민주주의 국민의 특징, 즉 평등한 시민이라는 지위를 공유하는 시민들의 이성으로 규정하면서 이때 공적이라는 의미를 다음 세 가지로 규정한다. 첫째, 공적 이성은 평등한 시민 집단 전체(equal citizens as a collective body)의 이성이라는 점에서 공공의 이성이며, 둘째, 공적 이성은 그 주제가 공공의 선(the good of the public)과 근본적 정의의 문제라는 점에서 공적이며, 셋째, 공적 이성은 그 특성과 내용이 그 사회의 정치관이 표방하는 제반 원칙과 이념을 통해 주어진다는 점에서 공적이라는 것이다. 따라서 공적 이성이 부과하는 제약 사항은 모든 정치적 사안에 적용되는 것이 아니라 오로지 헌법의 핵심 내용과 기본적 정의의 문제로 한정됨으로써, 합당한 다원주의의 상황에서 그 합의의 대상을 정치적 정의관으로 한정함으로써 이에 대한 다양한 합당한 포괄적 교설의 합의를 용이하도록 한다(PL, pp.215-216).

이 점에서 롤즈는 이중의 배제의 전략을 취한다고 할 수 있다. 첫 번째 배제는 합의의 대상에서의 배제다. 즉 모든 도덕적 사안을 해결할 수 있는 어떤 일반적인 원칙에 대한 포괄적인 합의를 시도하는 것이 아니라 핵심적인 정치적 사안, 즉 정의의 기본적 문제와 헌법의 핵심적 내용으로 그 합의의 대상을 한정하는 것이다. 가령 환경의 보존의 문제나 국제문제는 합의된 원칙을 확장하는 문제로 간주되어 논의에서 일단 배제된다. 두 번째 배제는 합의의 주체를 모든 포괄적 교설이 아니라 합당한 포괄적 교설, 다시 말해 그 사회의 모든 구성원 혹은 관련 당사자 모두로 하는 것이 아니라 합당성과 합리성이라는 두 가지 도덕적 능력을 지닌 자유롭고 평등한 시민으로 한정하는 것이다. 이중의 배제 전략의 바탕에 공적 이성의 개념이 자리하고 있다.

이러한 배제의 전략은 다음과 같은 문제를 제기한다. 왜 시민들은 가장 기본적인 정치적 문제에 대해 토론하면서 공적 이성의 한계를

University Press,1990), pp.1-2.

수용하여야 하는가? 기본적인 정의의 문제가 대두되었을 때 시민들이 자신들이 진리라고 생각하는 바가 아니라 오로지 정치적 정의관에만 호소하는 것을 합당하다고 할 수 있는가? 즉 가장 근본적 문제라면 당연히 공적 이성의 한계를 넘어 가장 중요한 진리에 호소하는 것이 당연하지 않겠는가? 롤즈는 이 문제를 외견상의 패러독스일 뿐이라고 주장하면서 민주주의 체제에서 시민 상호간의 정치적 관계에 주목한다. 보통의 경우 시민은 그 사회에서 태어나 그 기본구조 내에서 일생을 보내며 정치적 관계를 형성한다. 그런데 민주주의 체제에서 권력이란 공중의 권력, 즉 하나의 집단으로서 평등하고 자유로운 시민의 권력이다. 따라서 이 "정치권력은 자유롭고 평등한 모든 시민이 그들의 공통된 이성에 따라 수락할 만한 제반 이념과 원칙에 비추어 승인할 것이라고 합당하게 기대할 수 있는 헌법의 핵심 내용에 따라 행사되었을 때에만 정당하다는 것이다."(PL, p.137) 이것이 롤즈가 말하는 자유주의적 정당성 원칙(the liberal principle of legitimacy)이다.

그런데 정치권력 행사 자체가 정당하기 위해서는, 시민들이 근본적 문제에 관해 자신들이 옹호하고자 하는 원칙이 공적 이성의 정치적 가치들을 통해 어떻게 뒷받침될 수 있는가에 대해 서로에게 설명해 줄 수 있어야 한다는 것이다. 바로 이 점 때문에 시민으로서 의무(duty of civility)가 발생하며 이것은 타인의 의견에 기꺼이 귀 기울이고자 하는 자세뿐만 아니라 자신의 의견을 서로 조정할 필요가 있을 때 공정한 태도를 취하는 것과 결부되는 것이다(PL, p.217). 이 점에서 롤즈는 마치 형사재판에서 도청이나 기타 불법적인 방법으로 수집된 증거를 제한하듯이 자유롭고 평등한 시민이 공적 이성이라는 이상을 정치적 절충의 결과나 잠정협정(modus vivendi)으로서가 아니라 자신들의 포괄적 교설 내부로부터 받아들이게 된다고 주장한다(PL, p.218).

4. 세 가지 비판

공적 이성에 대한 롤즈의 이러한 설명에 대해 제기된 다양한 비판을 다음과 같은 세 가지 방식으로 정식화해 볼 수 있을 것이다.

(1) 다원주의를 진지하게 수용할 경우 롤즈의 정치적 정의관은 절차주의적일 수밖에 없다. 그러나 롤즈의 정치적 정의관은, 특히 차등의 원칙에서 보듯, 그 내용에 있어서 절차주의를 넘어서는 실질적 정의관이다(J. Cohen, S. Hampshire, J. Habermas).

(2) 롤즈의 정치적 정의관은 현실에서 실현 가능하지 않다. 왜냐하면 다원주의 사회에서 모든 사람이 동일한 정치적 정의관에 합의할 수는 없기 때문이다(B. Brower, J. Habermas, M. Walzer).

(3) 롤즈의 공적 이성 개념은 비현실적인 인간관에 기초하고 있다 (A. Scheffler, S. Macedo).[17]

롤즈를 비절차주의자로 이해하고 있는 비판 중 우선 주목할 학자는 햄프셔다.[18] 롤즈에 대한 그의 비판은 그 초점이 현대 자유주의 사회의 특징으로 간주하고 있는 다원주의에 있다는 점에서 매우 전형적인 것이다. 그의 입장은 정치적 자유주의에 대한 롤즈의 옹호 논변이 도덕적 다원주의 및 그 정치적 합의에 대한 잠재적 영향들에 주

---

17) 이 글에서는 첫 번째 비판과 두 번째 비판에 한정하여 다루고자 한다. 세 번째 비판에 대한 논의는 다음 기회로 미루고자 한다.

18) 절차주의에 대한 햄프셔의 이해에 대하여서는 다음을 참조. S. Hampshire, *Innocence and Experience*(Cambridge, MA: Harvard University Press, 1989). 롤즈에 대한 햄프셔의 다른 비판은 다음을 참조할 것. S. Hampshire, "Liberalism: The New Twist", *New York Review of Books*(August 12, 1993). 하버마스 역시 롤즈가 충분히 절차주의적이지 못하다고 비판한다. J. Habermas, "Reconciliation and the Public Use of Reason", *The Journal of Philosophy* XCII(1995), pp.109-131 참조.

목하고 있다는 점에서 시사하는 바가 매우 크다.

햄프셔는 정치적 합의의 가능성에 대한 롤즈의 입장을 일종의 낙관론으로 규정한 후 이런 낙관론에 반대한다. 햄프셔의 논변은 다음과 같은 점에서 코헨의 논변과 많은 부분 유사하다. 즉 "도덕적 다원주의는 민주주의적 정치적 게임의 규칙에 대한 합의와는 양립 가능하다. 그러나 그것이 실질적 합의와 양립할 수는 없다."19) 햄프셔는 다원주의 사회에서 어떤 도덕적 입장을 가진 이들이건 절차적 정의를 옹호할 것이라고 주장한다. 왜냐하면 모든 도덕적 교설은 논쟁을 해결할 필요를 인정하며, 다른 도덕적 교설 지지자들로부터 인정과 관용을 받고자 하기 때문이다. 그런데 이 두 가지 이유 때문에 절차주의적 의무가 절대적인 것이 된다.20)

햄프셔는 이러한 인정에 대한 욕구에서 서로 다른 도덕적 입장을 지지하는 이들이 그들의 견해 차이를 공정하게 조정할 수 있는 절차에 대한 합의로 나아간다고 주장한다.21) 그뿐만 아니라 그는 심지어 다원주의가 실질적 합의와는 양립할 수 없다는 주장까지 한다. 햄프셔의 이런 주장을 코헨은 다원주의 사회에서 실질적 합의의 불가능성을 주장하는 입장으로 이해한다.

정의에 대한 어떤 실질적 해명이건 그것은, 그에 대한 정당화를 위해서는, 좋음에 대한 포괄적 입장에 의존하게 되기 때문이다. 자신의 실질적 입장을, 그것이 자유주의적인 것이든 전통적인 것이든, 공정한 타협

---

19) J. Cohen, "Pluralism and Proceduralism", *Chicago-Kent Law Review*, vol. 6 (1994), p.607. 이 글에서 코헨은 햄프셔의 입장을 다루면서 이에 대하여 만일 롤즈가 답변을 제시한다면 예상되는 답변까지 제시하고 있다.

20) J. Cohen(1994), p.607; S. Hampshire(1989), pp.140-146.

21) "보편적 합의는 합리성의 이름 아래에서 기대될 수 있다. 그러나 그 합의 대상은 공정한 합의의 방법뿐이다. 이런 방법은, 공적인 목적과 사회제도를 위하여 하나의 답안이 필요할 때, (실질적인 정의의) 문제에 대한 상이한 답안을 조정하게 될 것이다."(S. Hampshire(1989), p.108)

의 요구사항보다 위에 두고자 하는 것은 광신적 태도다.[22]

여기서 코헨이 주장하고자 하는 것은 다원주의 사회에서 서로 다른 포괄적 교설을 가진 사람들이 다함께 정치과정에 참여하기 위해서는 공정한 정치적 절차가 갖추어져야 한다는 점이다. 만일 어떤 포괄적 교설을 가진 자가 정치적 합의 과정에 참여하고자 하면서 공정한 제반 민주적 절차의 제도화가 지닌 중요성을 인정하지 않는다면 그는 소위 수행적 모순(performative contradiction)을 범하게 된다. 따라서 다원주의의 상황은 정치적 절차를 넘어서는 심화된 합의, 즉 실질적 정의관에 대한 합의를 배제한다는 것이다.

그렇다면 롤즈의 입장을 어떻게 옹호할 수 있는가? 그 길을 롤즈가 일면 절차주의자이며 일면 그렇지 아니하다는 사실, 즉 절충된 절차주의자라는 사실에서 찾아보자.[23] 우선 햄프셔가 말하는 순수 절차주의가 전혀 준수될 수 없을 뿐더러, 논쟁의 소지를 다분히 안고 있는 도덕적 가치에 의존하고 있다는 점에 주목하여야 한다. 절차가 힘을 지닐 수 있는 실질적인 근거는 그 절차가 인간 사고방식의 기초라고 할 수 있는 이른바 보편적으로 수락 가능한 도덕적 가치에 근거한다는 점이다. 따라서 자칭 순수 절차주의자의 접근방식은 사실인즉 절충적 절차주의를 택하고 있는 롤즈의 접근방식과 다를 바가 없다. 즉 정치적 정의관에 대한 수락 가능성은 그것이 자명하다든지 혹은 인간 본성에 부합한다는 사실 때문이 아니라, 자유 및 평등의 관념

---

22) J. Cohen(1994), p.591.

23) 보만은 롤즈를 '불완전한 절차주의자(impure proceduralist)'라고 한다. James Bohman, *Public Deliberation*(Cambridge, MA: MIT Press, 1996), p.7. 절충적 절차주의자라는 표현은 보만의 용어와 매우 유사하다. 물론 엄격하게 말하자면, 절충적 절차주의란, 절차주의가 그 정의상 오로지 그 절차에 대한 주장만으로 한정한다는 점에서, 절차주의는 아니다. 그럼에도 불구하고 이 용어를 사용하는 것은 롤즈 역시 절차와 관련된 주요한 입장을 택하고 있다는 점을 보여주기 위한 것이다.

그리고 공정한 협력체계로서 사회라는 발상에서 비롯되는 것이다. 이런 관념이 자유민주주의의 사회, 정치, 문화 근저에 있다는 점에서 이런 관념은 (정의의 원칙에 대한) 실질적 정치적 합의 및 (공적 이성의 관념에 비추어) 참여 절차에 대한 합의를 위한 적절한 근거가 된다.

롤즈는 절차의 정의와 그 결과의 정의를 구분한 후 절차의 정의는 결과의 정의에 의존한다고 주장한다.[24] 절차는 그 결과가 공정할 때 공정하다. 따라서 절차를 수락할지 여부는 부분적으로는 그로부터 귀결되는 실질적인 결과를 수락할 것인지 여부에 의존한다. 만일 심의에 대한 제약 조건에 사소한 변경을 가할 경우 다른 결과, 즉 다른 정의관이 등장하게 되며, 또한 심의의 절차가 변경될 경우 심의의 결과 역시 변경될 수 있다는 점을 인정한다.[25] 다만 그는 이런 심의 절차가 임의적인 것이 아니라는 점을 분명히 한다. 다시 말하면 심의 절차는 자유민주주의 사회의 정치적 가치에 비추어 정의로운 결과를 산출할 수 있는 방향으로 모형화되어 있는 것이다. 정치적 자유주의의 심의 절차는 자유 및 평등의 관념과 그리고 사회를 공정한 협력체계로 이해하는 방식과 일관적이기 때문에 정의롭다. 정치적 자유주의의 심의 절차가 자명한 것은 물론 아니다. 오히려 정치적 자유주의의 정의는 자유, 평등, 공정한 협력체계로서 사회라는 관념들에 암암리에 내재되어 있는 이념을 수락하는 것으로부터 도출된다 할 것이다.

대체로 절차주의자들은 실질적 정의관을 제시하는 것을 매우 기피하면서, 절차 자체를 제시하는 것으로 스스로 제한하며 현실 공동체

---

24) J. Rawls(1995). 롤즈는 이 입장과 관련하여 베이츠에게 많은 부분 의존하고 있다. Charles Beits, *Political Equality*(Princeton: Princeton University Press 1989), 4장 참조.

25) 대표적으로 오킨이 이런 비판을 제기한다. 오킨은 원초적 입장이 여성의 이해 관심과는 상충하는 방식으로 모형화되어 있다고 비판한다. Susan Moller Okin, *Justice, Gender, and the Family*(New York: Basic Books, 1989), chap.5.

가 그들의 구체적인 정치 현실을 반영하여 실질적 정의관을 구성하여야 한다고 주장한다. 이 점과 관련하여 롤즈는 두 가지 방식으로 대응한다. 첫째, 이미 살펴보았듯이 절차가 정의로운지 여부는 그 절차의 실질적 결과가 정의로운지 여부에 의존한다. 따라서 엄격히 말하자면 어떤 절차주의도 순수하다고 말할 수는 없다. 둘째, 롤즈가 오로지 절차를 제안하는 데 머물러야 할 특별한 이유는 없다. 그럼에도 불구하고 단순히 절차만을 제안하는 것으로 이해한다면 그것은 정의의 두 원칙으로 대변되는 롤즈의 정의론이 지닐 수 있는 다양한 장점을 무시하는 결과를 낳고 말 것이다.

롤즈의 정의론이 정치적 합의와 관련하여 지닐 수 있는 잠재적 장점은 중첩적 합의의 관념에서 찾아볼 수 있다. 만일 사회 구성원이 정의로운 심의 절차에 동의할 수 있다면, 그들은 실질적 정의관에 대하여서도 당연히 동의할 수 있을 것이다. 코헨은 정치적 참여 절차에 관한 헌법상의 합의가 사실상 실질적 결과에 대한 합의를 함축한다고 주장한다는 점에서 롤즈를 옹호한다.26) 사회성원들이 심의 절차에 합의할 때 그들은 가령 이 절차가 함축하는 이상이라든지 혹은 그 개방성의 정도 등에 대하여 합의한다. 어느 경우이건, 사회 구성원들은 실질적인 정치적 사안에 대한 합의를 하게 되는 것이다. 심의 절차에 대한 헌법상의 합의가 실질적 합의를 함축한다는 점에서, 코헨과 롤즈는 중첩적 합의가 단순한 절차에 대한 합의 이상을 넘어선다고 해서 비현실적인 것은 아니라고 주장한다.27) 코헨과 롤즈는 실질적 정의의 문제에 대하여 결정하는 것보다 그에 대한 절차를 정당화하는 일이 용이하다는 절차주의자들의 가장 기본적인 주장을 거부한다. 이점에서 코헨과 롤즈 양자 모두 실질적 합의를 모색하고 있는 것이다.

롤즈의 정치적 자유주의에 등장하는 자유, 평등, 공정한 사회적 협

---

26) J. Cohen(1994), p.610.

27) J. Rawls(1995), p.171n; J. Cohen(1994), p.610.

력과 같은 이념이 완벽하게 보편적인 것이라 할 수는 없다. 그렇다고 해서 이런 이념이 이상적인 자유민주주의 이론의 기초로 적합하지 않은 것으로 배제되어야 할 이유도 없다. 햄프셔나 하버마스 같은 절차주의자들은 정치적 절차를 정당화하기 위하여 이를테면 담론의 구조처럼 사람들 간의 특정한 상호작용 방식을 일반화하여 활용하고자 한다. 물론 어떤 이념도 자연적 필연성을 가질 수는 없다. 그렇다고 해서 보편적 이념이 자연적으로 발생하지 않는다는 사실 때문에 이념에 대하여 살펴보지 말아야 할 이유 역시 없다. 우리가 구상해 보고자 하는 것은 결국 이상론일 수밖에 없다. 이상론을 모색한다는 점에서 그 사회에 철저히 기반하고 있는 이념뿐만 아니라 매우 보편적인 이념을 함께 고려하는 것이 현실적 방안이 될 것이다.[28]

하버마스 역시 공적 이성의 우선성에 대한 흥미로운 문제를 제기하며 롤즈의 민주주의관을 비판한다. 하버마스의 질문은 이렇다. "이제 막 시작하는 중첩적 합의에 합류할 것인지 여부를 결정할 때 시민들은 무엇을 활용할 수 있는가? 이때 시민들은 비공적 이성을 가지고 있는데 이것은 그들의 포괄적 교설에서 비롯되는 것이다. 이런 비공

---

28) 절차주의적 비판에 대하여 롤즈는 다음과 같은 방식으로도 대응한다. 즉 롤즈는 절차주의적 민주주의론은 합법성(legitimacy)이라는 관념으로 정의의 관념을 대체하고자 한다고 주장한다. 그러나 합법성과 정의는 동일한 관념이 아니다. 롤즈는 "민주적 결정과 법률은 … 정의롭지 않으면서도 합법적일 수 있다."고 주장한다. 그 이유는 합법성은 절차와 맞물려 있는 것이지만 정의는 결과와도 맞물려 있기 때문이다. 따라서 롤즈는 "절차적 합법성이라는 관념에 대하여 … 심각한 의혹"을 품고 있다(J. Rawls(1995), pp.175-176). 보만은 사회의 법률이 오로지 절차적으로 하자 없이 제정되었을 때 등장할 수 있는 문제를 다음과 같이 설명한다. "절차상의 고려 사항이 … 유리한 입장의 시민에게 공정한 민주적 제도를 악용할 수 있는 길을 항상 밝혀 주는 것은 아니다. 그렇다고 하여 이런 고려사항이 불리한 시민이 계속 협력하여야 하는 이유를 밝혀 주는 것도 아니다."(J. Bohman(1996), p.51). 이 논변에 따르면, 절차주의 그 자체는 염려할 바가 아니지만, 오로지 절차주의만으로는 질서정연한 사회를 모형화하는 데 불충분하다는 것이다.

적 이성들이 정치적 정의관을 정당화할 수 있을 것이다. 물론 시민들은 공적 이성에 의해 정당화될 수 있는 일부 정의관에 대하여 알고 있다. 공적 이성을 통해 시민들은 사회에 대해 객관적이며 공정하고 이를테면 도덕적이라 할 만한 시각을 지니게 된다. 그러나 시민들이 그들의 포괄적 교설의 시각을 통하여 공정하게 되는 것도 아니며 또한 공적 이성의 우선성을 인정하게 되는 것도 아니다."[29]

여기서 하버마스가 제기하고자 하는 문제는 왜 다양한 포괄적 교설을 지닌 시민들이 공적 이성을 존중하고자 하며, 가장 합당한 정의관을 채택하며, 중첩적 합의에 합류하고자 하는지 그 이유가 불명료하다는 점이다. 또한 왜 시민들이 정의감에 대한 그들의 능력을 심의적 입장에서 실현하고자 결심하게 되는지 역시 여전히 불명료하다는 것이다.

롤즈는 갈등 상황에서 정치적 가치들이 다른 모든 가치를 압도한다고 생각하는 시민들 사이에서만 중첩적 합의가 가능하다는 점을 인정한다 (PL, p.139). 그러나 이것은 시민들의 '합당함'으로부터 귀결되지 않는다.[30]

정치적 가치의 우선성은 실천이성의 요구다. 즉 이것은 공평성의 요구이며 다른 곳에서는 도덕적 관점의 형태로 표현된다. … 다른 사람들의 종교적, 형이상학적 신념에 대하여 동의하지 않는다는 점을 인정하면서도 그들을 공정하게 대우하고자 하는 '합당한' 사람의 자세가 모든 이가 공유하는 도덕적 입장을 함축하는 것은 아니다.[31]

29) J. Habermas, *Die Einbeziehung des Anderen, Studien zur Politischen Theorie* (Suhrkamp, 1996); " 'Reasonable' vs. 'True' or The Morality of Worldviews", *The Inclusion of the Other*, trans. C. Cronin and P. Degreiff(Cambridge, MA: MIT Press). 황태연 옮김, 『이질성의 포용: 정치이론 연구』(나남출판, 2000). 이 글에서는 *The Inclusion of the Other*, trans. C. Cronin and P. Degreiff (Cambridge MA: MIT Press)을 기준으로 삼겠다.

30) 같은 책, p.19.

하버마스의 이러한 비판은 다른 사람들이 공평한 시각을 존중할 것이라는 점에 대하여 개인들이 확신을 가질 수 없다는 주장을 하고 있다는 점에서 홉스의 주장과 유사하다. 하버마스가 제기하는 이러한 문제는 홉스식의 도덕 및 정치 철학에 고유한 것이다. 사람들이 자기중심적 관점에서 공평한 도덕적 관점을 자유롭게 선택한다는 논증을 전개하는 것은 결코 쉬운 일이 아니다. 대체로 홉스주의자들은 개인적 이해관심과 공동의 이해관심이 상충하는 상황에서 개인들은 할 수만 있다면 자신들의 이해관심을 증진하기 위해 공동의 이해관심을 유린할 수 있다고 주장한다. 홉스주의자들의 이런 주장에 대한 일반적인 비판은 대부분 도덕적 관점을 전제하고 있다는 점에서 논점 선취의 오류를 범하거나 동정심, 공감 등과 같은 도덕 감정 따위를 개인 판단에 개입시키는 것이었다. 혹은 이런 개인의 선택이 진정 자유로운 선택이 아니라는 주장 역시 그 비판으로 제시되었다. 그런데 하버마스는 롤즈가 홉스주의자들과는 달리 논점을 선취하고 있는 것은 아니라고 일견 롤즈를 두둔하는 듯하지만, 그러나 그 결과 롤즈는 왜 사람들이 중첩적 합의에 합류하고자 하는지를 설명하지 못한다고 주장한다. 이렇게 볼 때 하버마스의 비판은, 역설적으로 들릴 수도 있지만, 홉스주의자들의 비판과 상당히 유사한 부분이 있다.

롤즈가 홉스적 요소를 그의 이론에 끌어들이고 있다고 해석하는 것은 도덕에 대한 홉스식의 논변이 매우 강력한 것이라는 점에서 설득력이 없지 않다. 홉스식의 논변은 질서정연한 사회에 합류하는 것에 대하여 도덕적으로 회의주의적 태도를 취하는 이들을 확신시키는 과정에서 활용될 수도 있다. 그러나 이것은 롤즈에 대한 최선의 해석은 아니다. 『정치적 자유주의』가 다루고자 하는 문제는 『정의론』에서 정치적 심의가 원초적 입장에서 합리적 의사결정절차처럼 제시되어 그 특성이 제대로 부각되지 못하였다는 점이다. 따라서 『정치적

31) 같은 책, p.19.

자유주의』에서 롤즈는 정합적인 구성주의를 개진하고자 하며 이것은 정치적 구성주의라는 이름으로 구체화된다(PL, 3강연 참고).

엄격히 말하자면 『정치적 자유주의』에서는 정치적 정의관의 문제가 『정의론』에서처럼 도덕적 선택의 문제로 제시되는 것은 아니다. 그 대신 합당함이라는 관념은 다른 이들과 함께 어떤 공통의 공적 이성에 기꺼이 합류하고자 하는 자세를 함축한다. 하버마스의 표현을 빌리자면, 합당함이란 상충하는 포괄적 교설에 대하여 부과된 일종의 규제다.[32] 포괄적 교설은 합당할 수도 있고 그렇지 않을 수도 있으며, 합당하지 못한 교설의 경우 적절히 변형되거나 그렇지 못할 경우 배제된다. 롤즈의 입장은 이미 합당한 자들만이, 혹은 적어도 중첩적 합의를 모색하는 과정에서 자신의 교설을 합당하게 수정하는 자들만이 공적 이성에 우선성을 부여하여 중첩적 합의에 합류할 것이라는 점을 함축한다.

롤즈에 있어서 합당하다고 하는 것은 정의감을 갖고자 하는 욕구를 함축한다. 이것은 다른 이들과 어울려 어떤 정의관에 합의하는 과정의 첫 단계다. 그러나 상식적 정의감에 비추어 논지를 전개하고자 할 때 우리는 먼저 우선 공적 이성에 우선성을 부여할 수밖에 없다. 이 점에 있어서 공적 이성은 어떤 특정 내용을 지니지 않는다. 왜냐하면 하버마스가 지적하는 것처럼 공적 이성이 중첩적 합의와 무관한 추론에까지 특수한 제약 사항을 부과하는 것은 아니기 때문이다. 공적 이성의 관념은 중첩적 합의의 기초가 되는 정치적 정의관에 의해 그 내용이 채워져야 한다. 그러나 공적 이성의 우선성이라는 관념 그 자체는 합당함이라는 관념에 이미 암묵적으로 존재하고 있다.

『정치적 자유주의』에서 롤즈는 하버마스가 굳이 결부시키고자 하는 이런 문제에 대하여 이미 손을 놓고 있다고 하는 것이 정확할 것이다. 구성주의의 방법을 택한 결과 그는 도덕적인 성향이 없는 이들

32) 같은 책, p.19.

이 왜 중첩적 합의에 합류하고자 하는지를 설명할 수 없게 되었다. 따라서 롤즈는 근대 자유주의 사회에서 실제로 많은 사람이 합당하지 않다는 현실 때문에 모든 사람이 중첩적 합의에 합류하고자 하는 것은 아니라는 주장에 대하여 효과적으로 대답하기 힘들다. 이렇게 본다면 정치적 자유주의는, 합당한 사람뿐만 아니라 그렇지 아니한 사람까지 포함하여 모든 사람이 질서정연한 사회의 충실한 구성원이 될 것이라는 점을 보여주는 데 성공적이라 할 수는 없다. 따라서 이 상론으로 간주될 수 있는 이런 요인으로 인하여 정치적 자유주의가 현대의 정치 현실을 충분히 반영하고 있지 못하며 따라서 정치사회의 공동선을 공고히 하는 과정에서 도움이 되지 않는다는 비판까지 받게 된다.

이상론이라는 비난을 받을 수 있는 의혹에도 불구하고 롤즈의 정치적 정의관에 대한 이런 해석은 그 나름의 일관성을 유지하고 있다. 롤즈는 공적 이성에 대한 자신의 입장이 "어떤 의미에서는 루소의 사회계약론을 연상하도록 한다."는 점을 인정한다(PL, p.219). 롤즈와 루소 두 사람 모두 정치 참여가 자기 이해관계에 기초한다는 주장에 반대하면서, 투표를 포함하여 주요한 정치 참여는 '공동선'을 표현하는 것이어야 한다고 주장한다(PL, pp.219-220).

나아가 다음과 같은 점에서도 루소와 롤즈는 흡사하다. 루소는 좋은 사회에 살고 있는 사람들은 스스로를 존중하기 때문에 이런 사회는 유덕한 사람들을 요구한다고 주장한다. 루소의 경우 정의로운 국가는 그 구성원의 일반 의지를 제도화한다. 국가가 그 구성원의 성품을 반영한다는 점에서, 그 구성원이 정의로울 때만 국가는 정의롭게 된다. 만일 구성원이 정치적으로 요구되는 정도만큼 충분히 유덕하지 못하다면, 그들의 자치를 통해 좋은 사회로 나아갈 수는 없을 것이다. 부정의한 사람들이 행하는 자치는 부정의한 국가로 귀결되고 말 것이다.[33)]

롤즈는 정치적 정의의 필요조건은 사회의 구성원들이 공동선을 지향하는 성향을 가지고 있어야 한다는 점을 전제한다는 점에서 루소와 의견을 같이한다. 시민들이 정의를 지향하는 성향을 가지고 있다는 것은 그들이 공적인 정치적 영역에서 비공적 이성들에 대한 공적 이성의 우선성을 자유의사에 따라 받아들인다는 점을 함축한다. 공적 이성에 대한 우선성을 부여할 경우 사람들은 사회의 공동선에 따라 움직이게 되며, 이것은 롤즈의 표현을 빌리자면 정치적 정의관에 대한 중첩적 합의에 해당한다.34)

5. 간섭주의

더욱 중요한 비판은, 롤즈의 공적 이성 개념에 충실하고자 할 경우 현실 정치과정에서 시민들의 실제 합의 내용이 공적 이성의 제약 조건들에 의하여 거부될 수도 있다는 점이다. 이 점은 정치적 자유주의가 양심의 자유나 노예제의 거부 등을 '이미 올바르게 해결된 것으로 간주하여' 정치적 의제(political agenda)에서 처음부터 제외하여 다수결과 같은 정치적 논의 과정에서 발생할 수 있는 그에 대한 왜곡으로부터 보호하고자 한다는 점에서 분명하다.35) 이것은 정치적 정의관에 대한 중첩적 합의를 용이하도록 한다는 점에서는 매우 긍정적이지만,

---

33) J. J. Rousseau, *On the Social Contract, or Principles of Political Right*, 이환 옮김, 『사회계약론』(서울대학교 출판부, 1999), 4권 1장 참조.

34) 물론 롤즈와 루소 사이에는 공동선의 구체적 내용과 관련하여 상당한 견해차이가 존재한다. 이를테면, 다원주의가 공동 의지를 배제하지 않는다는 롤즈의 주장은 정의는 단일한 포괄적 교설에 동의하는 사람들에 의존한다는 루소의 생각과는 매우 다른 것이다.

35) PL, p.151, fn.16. 롤즈는 이런 사안이 정치적 의제에서 배제된다 하더라도, 정치적 정의관은 그 이유를 간명하게 설명하여야 한다는 점을 분명히 한다. 다만 이에 대한 다양한 포괄적 교설 사이에 이루어지는 더욱 풍부한 논의를 배경적 정치적 문화의 일부로 유보할 뿐이다.

이런 배제의 과정에서 어떤 내용이 누구에 의해 결정될 수 있는지에 대한 문제를 야기할 수밖에 없으며, 그 결과 국민주권에 상당한 위협이 되는 것처럼 보인다.

이런 점 때문에 롤즈의 정치적 정의관에 대해 매카시와 그리나왈트 등 적지 않은 학자들이 일종의 간섭주의(paternalism)라는 비난을 제기한다.36) 일반적으로 입헌민주주의란 "헌법이 시민의 주권과 권한을 표현하고 이를 유지하도록 고안될 때 민주적 권위의 매개체"라는 생각을 말한다.37) 헌법은 법적, 정치적 질서의 기본구조를 확립한다는 점에서 특별한 지위를 갖는다. 물론 대부분의 민주국가에서 헌법의 핵심 내용이 (거의) 만장일치로 제도화 혹은 폐기되어 온 역사적 사실에서 보듯이, 그 핵심 내용은 언제나 매우 엄격한 절차를 통해 정당화되어 왔다.38)

그런데 롤즈의 입헌민주주의는 '정치적 영역'이라는 관념을 특별히 강조한다는 점에서 일반적인 입헌민주주의와 구별된다. 즉 롤즈의 입헌민주주의는 헌법의 핵심 사항에 대한 심의를 공적 이성에 한정시킴으로써 입헌 원칙을 보장하는데(PL, p.162), 이것은 질서정연한 사회의 안정성에 대한 우려를 반영한 결과라 할 수 있다. 사실 롤즈는 헌법의 핵심 내용을 '최종적으로(once and for all)' 확정해 두어야 할 시급한 필요성을 정치적 편의에서 찾고자 한다. 즉 헌법의 핵심 내용을 미리 보장함으로써 결국 정치과정에서 있을 수도 있는 정치적 절충이나 타협으로 인해 그 핵심 내용이 침해받지 않도록 하고자 하는 것이다. 그리고 공적 이성만이 적용되는 정치적 영역의 범위를 엄격

---

36) Thomas McCarthy, "Constructivism and Reconstructivism: Rawls and Habermas in Dialogue", *Ethics* 105(1994), pp.44-63; K. Greenawalt, *Private Consciences and Public Reasons*(Oxford: Oxford University Press, 1995).

37) S. Freeman, "Original Meaning, Democratic Interpretation, and the Constitution", p.15.

38) 같은 글, pp.11-15.

히 제한할 경우 정치적 질서를 정당화하는 것은 한결 수월해진다.[39]

롤즈의 입헌민주주의가 간섭주의라는 비판은 그 외형상 몇 가지 서로 다른 형태로 나타난다. 그러나 이런 비판은 엄격히 말하자면 롤즈의 입헌민주주의 및 그 핵심이 되는 정치적 영역이라는 발상에 대한 동일한 비판에서 파생된 것이라고 할 것이다.

우선 매카시의 주장을 보자. 그는 "정치적 자유주의는 공동의 기초를 발견하는 과제를 정치 참여자들에게 남겨 두지 않고 있기 때문에 간섭주의"라고 한다.[40]

정치과정에 대한 롤즈의 이해는 개방적이지 않다. 왜냐하면 여기서 헌법의 내용은 이미 처음부터 정치학자들에 의해 통제되고 있기 때문이다. 여기서 문제의 근원은 롤즈의 입헌민주주의다. 왜냐하면 정치학자들에 의해 제안되는 정치적 정의관이 공적 이성의 심의적 제약 조건에 의하여 이미 보장되어 있으며 따라서 비판 혹은 토론 너머에 존재하기 때문이다. 정치적인 것의 영역은 정치적 의제에서 일부 문제를 '최종적으로(once and for all)' 제거함으로써 정치적 정의관을 보장한다는 점에서 지나치게 제한적이다.[41]

그러나 정치적 정의관을 고안하는 과정에서 공적 이성을 통해 상당한 정도의 통제가 부과될 수 있다는 점 그 자체가 크게 염려할 바는 아니며, 정치적 자유주의에 간섭주의적 요소가 있다는 점은 부정하기 힘들다. 여기서 기본적 발상은, 일단 중첩적 합의가 이루어지면 이 합의의 결과인 헌법의 핵심 내용이, 사회 전체의 광범위한 지지를 이미 받고 있는 정치적 원칙과 같은 경우, 이후의 심의과정에서 특권

---

39) "정치적인 것의 영역은 이런 보장을 정치적 의제로부터 벗어나 사회적 이해관계에 대한 계산 너머에 위치시켜 결과적으로 정치적 경쟁의 규칙을 명확하고도 확고하게 확립하게 된다."(PL, p.161)

40) Thomas McCarthy(1994), p.61.

41) Thomas McCarthy(1994), p.61; PL, p.151.

적 지위를 누리도록 한다는 점이다. 롤즈는 이 점을 다음과 같이 명확하게 설명하고 있다.

> 정치적 정의관은 우리가 정치적 합의에 도달하는 과정에서 도움이 될 수 있는 심의와 성찰을 안내하는 얼개 정도에 지나지 않는다(PL, p.156).

그뿐만 아니라 정치이론을 통해 다양한 정치적 문제를 미리 해결할 수 있다고 롤즈가 생각했다고 가정하는 것은 설득력이 없다. 이와는 달리 롤즈의 입헌민주주의는 다음과 같은 이유에서 간섭주의적일 수 있다. 즉 그의 입헌민주주의는 헌법의 다른 핵심 내용과 마찬가지 방식으로 공적 이성 역시 보장하고자 하기 때문이다. 롤즈는 일부 핵심 정치적 원칙을 논의 대상에서 제외해 두어야 한다고 생각한다. 다시 말하면 그는 이런 원칙이 일단 제도화되고 나면 정치적 절차를 통해 보장될 것이라고 생각하는 것이다. 헌법의 핵심 내용이 정치적 절차에 의해 보장되어야 한다는 롤즈의 주장에 입헌민주주의자라면 누구나 동의할 것이다. 그런데 롤즈는 이를 넘어 이런 보호 장치가 헌법의 핵심 내용에 대해 유익하다고 주장한다는 점에서 다른 입헌민주주의자와 구분된다. 결국 롤즈는 헌법의 핵심 내용이란 관념이 정의의 원칙 및 이와 관련된 논변에까지 확장되어야 한다고 주장하는 것이다. 그 결과 정치적 자유주의에서 정치적인 것의 영역은 헌법의 핵심 내용을 보장하는 것뿐만 아니라 공적 이성(그리고 이와 관련된 정치적 정의의 원칙)에 특권적인 위치를 부여하는 것이다.

롤즈에 대한 매카시의 두 번째 비판은 공적 이성을 헌법의 핵심 내용과 같이 간주하는 것이 과연 현실성이 있는가 하는 점이다. 매카시는 "어떤 사안이 정치적 의제에 포함되며 어떤 사안이 제외되는가를 영원히 결정할 수 있는 길이란 존재하지 않는다."고 주장하면서 헌법의 핵심 내용에 관한 심의를 배제하는 정치적 영역이란 관념을 비판한다.42) 이런 비판은 충분히 제기될 수 있는 비판이다. 그러나 매카시는 다음과 같은 점에서 롤즈를 오해하고 있다. 즉 그는 만일 누가 질서정연한 사회의 정치적 의제를 통제한다면, 바로 학자들이 그렇게 한다고 생각한다. 왜냐하면 정의관을 고안하는 것은 바로 전문 학자들이기 때문이다. 그러나 이것은 오해다. 왜냐하면 공적 추론이 학자들에 의해 통제되는 것은 아니기 때문이다. 정의관을 해석하고 적용하는 일은 학자들에 의해 이론적으로 미리 결정될 수 없는 상대적으로 공개적인 실천적 과정이기 때문이다. 따라서 질서정연한 사회에서 정치적 의제는 특정 개인이나 특정 집단에 의해 통제되지 않는다. 오히려 반성적 평형의 과정이 정치적 의제를 결정한다고 해야 할 것이다. 공적 정치적 추론의 내용에 의해 헌법의 핵심 내용을 다루는 것이 통제될 것이다. 만일 한 사회의 구성원들이 충분하게 검토해 본 연후에도 다같이 헌법상의 어떤 핵심 내용을 바란다면, 이 부분에 대한 정치적 합의는 정치적 의제에서 벗어나게 될 것이다.

롤즈 역시 이와 같이 해석하고자 할 것이다. 『정치적 자유주의』에서 롤즈는 노예제 및 농노제에 대한 금지는 정치적 의제에서 제외될 수 있다고 주장한다. 이것은 질서정연한 사회에서 노예제나 농노제를 옹호하는 어떤 논변도, 자유와 평등이라는 관념과 명백하게 상반된다는 점에서, 공적 정치적 논의의 장에서 언급될 수 없다는 것을 의미한다(PL, pp.151-152). 이렇게 볼 때 롤즈의 주장은 일종의 독단론으로 후퇴하는 것처럼 보인다. 그러나 롤즈의 입장의 기저에 놓여 있는 생각은 "정치적 입장이란 다양한 정치적 교설과 그 배경 문화의 일부인 포괄적 교설에 존재하는 그 바탕들 간에 존재하는 여러 문제에 대하여 더욱 많은 논의를 통해 나타나는 결과"라는 것이다(PL, pp.151-152).

따라서 롤즈에 있어서 입헌민주주의는 두 가지 상충하는 계기를

---

42) Thomas McCarthy(1994), p.62.

승인하고 있는 것처럼 보인다. 한편으로 보자면 헌법은 시민 집단에 대하여 매우 강력한 신뢰를 반영하고 있는 것으로 간주된다. 이렇게 되기 위해서는 정치과정이 공적 이성의 이념을 지향하는 거의 모든 논변에 대하여 개방되어 있어야만 한다. 다원주의 사회에서 이런 다양한 논변은 서로 모순되는 경우가 없을 수 없다. 이것은 롤즈의 입헌민주주의에 존재하는 민주주의적 계기다. 즉 민주주의라는 관념을 충족하기 위해서는 정치과정이 개방되어 있어야만 한다. 다른 한 편, 헌법은 질서정연한 사회의 정치적 합의를 보장하고 또한 유지하여야 한다. 롤즈는 이에 대한 공적인 정치적 토론을 배제함으로써 시민들의 통합된 공적 의지를 보장하고 유지할 수 있다고 생각한다. 입법가들이 자의적 합의를 통해 노예제를 합법화할 수 없는 것과 마찬가지로, 일부 선출직 공직자 역시 자의적으로 공공 의지의 주권을 침해할 수는 없을 것이다. 그러나 문제는 담론 과정에서 헌법의 일부 핵심 내용을 보장하는 공적인 정치적 영역을 확립하는 일이 결과적으로 정치과정을 폐쇄 내지 협소화시킬 수 있다는 점이다.

따라서 롤즈의 입헌민주주의론은 그 자체 내부에 긴장 관계를 품고 있다. 왜냐하면 공중의 의지를 공개 토론으로부터 보장하는 것은 변화될 수도 있는 정치과정을 폐쇄시키기 때문이다. 이렇게 폐쇄한 결과 통일된 공공의 의지가 간섭주의적 방식으로 침해당하는 사태가 얼마든지 발생할 수 있다. 물론 롤즈의 경우 시민의 주권 의지를 보장할 목적에서 정치과정을 폐쇄한다는 점에서 선의의 간섭주의라 할 것이다.

질서정연한 사회는 정체되어 있지 않으면서도 또한 안정적이다. 질서정연한 사회가 안정적인 이유는 그 구성원들이 중첩적 합의를 승인하기 때문이다. 물론 중첩적 합의의 핵심은 정치적 정의관이다. 그러나 시간이 흐르면서 중첩적 합의의 내용이 변화할 수도 있고 그렇기 때문에 질서정연한 사회가 정체된 것도 아니다. 이런 변화를 가능하도록 할 수 있는 것은 공적 이성에 대한 발전적 토론이다. 자유, 평등, 사회적 협력 등과 같은 핵심 개념을 성공적으로 응용하기 위해서는 가능한 여러 응용 방식을 끊임없이 상호 조정하는 것이 필요하다. 질서정연한 사회라 해서 정치적 문제가 모두 사라지는 것도 아니기 때문이다. 자유주의를 표방하는 다원주의 사회라면 사회의 기본구조와 관련된 여러 갈등, 이를테면 "기본적 자유의 범위 … 나아가 분배적 정의의 요구에 대한 해석 방식 등과 관련된 여러 갈등은 끊임없이 지속될 수밖에 없다."(PL, p.152) 그럼에도 불구하고 롤즈는 "일부 특정 문제는 정치적 의제에서 영원히 벗어날 수 있다."고 생각한다(PL, p.152n).

매카시가 제기하는 논점을 다시 한 번 보자. 그는 롤즈에 있어서 어떤 안건이 정치적 의제에서 제외되는가를 결정할 수 있는 방법이 없다고 주장한다. 그렇다면 롤즈가 제시하고 있는 특수한 방식의 입헌 절차는 어떻게 인정될 수 있는가? 누가 결정하는가? 그리나왈트는 헌법의 핵심 내용을 정치적 의제에서 제외하고자 하는 것이 실천적으로 가능하지 않다는 점을 보여주기 위해 두 가지 논변을 제시한다. 그는 "사람들이 그들이 논의하고 있는 주제가 헌법의 핵심 내용인지 여부를 항상 확신할 수는 없다."는 점을 지적한다.[43] 또한 그는 "롤즈가 헌법의 핵심 내용에 대한 해석이 일상의 정치적 논변을 감염시키는 문제와 마주하지 않았다."고 지적하면서, 정치적 토론이란 그 특성상 헌법의 핵심 내용과 비핵심적 내용이 혼합되어 진행된다고 주장한다.[44]

그러나 그리나왈트의 입장이 실천적 관심에서 볼 때 타당한 지적이기는 하지만, 헌법의 핵심 내용과 비핵심적 내용에 관한 심의를 상호 분리하는 어려움이 질서정연한 사회의 정치적 이상에 방해가 될

---

43) K. Greenawalt(1995), p.118.
44) 같은 책, p.119.

수밖에 없는지는 확실하지 아니하다.45) 헌법의 핵심 내용이 개념상으로 정치적 토론에서 보장될 수 있는 가능성이 완전히 배제되어 있는 것은 아니다. 가령 오늘날 독일에서 나치즘을 반대하는 것을 살펴보자. 독일 헌법은 나치의 연설뿐만 아니라 나치당을 불법으로 간주하고 있다. 나치의 연설 금지는 모든 공적인 정치적 토론에서 나치를 배제하는 결과를 초래한다. 나치에 대한 독일의 이처럼 강력한 반대 입장은 이상적인 독일 시민상을 독일인들이 어떻게 이해하고 있는가를 어느 정도 보여주는 셈이다.

독일 입법부에서 이와 같은 법안을 제정하는 것이 정당화되었는가? 아니면, 이런 법안 제정은 민주주의적 정치과정을 간섭주의적으로 폐쇄한 조치인가? 이것이 정당화되었다는 것은 사실이다. 또한 이것이 간섭주의적인 것도 사실이다. 정당화되었다고 하는 이유는 이 법안을 통과시킬 당시 이 법안은 나치를 영원히 폐기할 필요가 있다는 점을 국민들에게 확신시키고자 한 독일 정부의 다양한 노력의 일환이었기 때문이다. 이런 식으로 볼 때 이 법안은 롤즈가 주장하는 중첩적 합의로 나아가는 전 단계에서 이루어진 정치적 잠정협정의 일부라고 할 수 있을 것이다.46) 그 당시 독일 헌법이 시민들의 공적 의지를 단순히 반영하고 있었던 것만은 아니다. 즉 독일 헌법은 시민들의 정치적 이상을 일관적으로 해석하고자 함으로써 공적 의지를 형성하는 데 기여하였다. 이것은 명백히 간섭주의적이며, 심각하게 분열된 사회에서 어쩌면 필연적 과정일 수도 있다.

만일 시민들이 이미 합당하며 중첩적 합의를 영속화하고자 하는 태세를 갖추고 있다면, 굳이 정치적인 것의 영역을 강제하여야 할 필

---

45) John Rawls, "The Idea of Public Reason Revisited", *University of Chicago Law Review* 64(1997), pp.777-778.

46) 여기서 그 독일 사회가 질서정연한 사회였는지 여부는 이런 서술과 전혀 별개다.

요는 없다. 즉 이상적으로 질서정연한 사회에서는 정치과정을 폐쇄하기 때문에 안정성이 지속하는 것이 아니다. 왜냐하면 이런 사회의 시민들은 정치적 합의를 훼손하고자 하는 의향을 지니고 있지 않기 때문이다. 바로 이런 이유 때문에 정치적 의제에서 헌법의 핵심 내용을 제외하는 것은 "시민들이 공동의 지위를 누린다는 점에 대한 확고한 신념을 보여준다(a firm commitment about citizens' common status)."고 주장하는 것이다(PL, p.152n).

롤즈의 이 주장이 지닌 도덕적 장점을 도덕적 손실과 비교하여 살펴보자. 정치과정에서 설령 아무리 적은 부분이라 할지라도 폐쇄된다면 그것은 엄청난 도덕적 손실을 초래한다. 그 이유는 민주주의가 지닌 도덕적 가치 때문이다. 시민들의 공적 의지라 할지라도 시간이 지나면 변화되기 마련이며 그 변화는 헌법에 반영되어야 한다. 그런데 이런 변화가 헌법에 반영된다는 점을 보장할 수 있는 길이 바로 민주주의가 지닌 도덕적 가치이기 때문인 것이다. 따라서 헌법의 핵심 내용을 정치적 의제에서 배제할 경우, 헌법은 그 사회 시민들의 공적 의지에서의 변화를 제대로 반영할 수 없게 될 뿐만 아니라 그 결과 시민들의 권한을 침해할 수 있는 위험을 안고 있다. 이 경우 정치적 자유주의의 간섭주의는 더 이상 선의의 간섭주의가 될 수는 없다.

이 점과 관련하여 발언을 제한하는 규칙에 따라 진행되는 토론과 연관지어 생각해 볼 수도 있다.[47] 여기서 발언을 제한하는 규칙은 한 사회가 공적 이성을 사용하여 정치적 토론을 수행하도록 하기 위해 고안된 것이다. 롤즈가 발언을 제한하는 규칙을 옹호하는 것은 아니지만, 정치적 과정에서 벗어나 있는 영역을 설정하고자 한다는 점에서 이와 무관하다고 할 수는 없다. 발언 제한 규칙은 일종의 절차주

---

47) Stephen Holmes, "Gag Rules or the Politics of Ommission", eds., J. Elster and R. Slagstad, *Constitutional Democracy*(Cambridge: Cambridge University Press, 1987) 참조.

의적 동기에서 비롯된 것이라 할 수 있다. 만일 합당하지 못한 정치적 발언을 금지하는 법안이 적절하다면, 그 규칙에 따라 이루어지는 정치적 토론의 결과가 정의로울 것이라는 점이 보장된다.

만일 공적 이성을 사용하고자 하는 선택이, 발언 제한 규칙의 경우처럼, 법률에 의해 강제된다면, 공적 이성을 사용한다고 해서 그것이 도덕적으로 큰 의미를 지니는 것이라 할 수는 없다. 설령 도덕적 덕목과 법률적 의무가 이론상 서로 부딪치지 않는다 할지라도, 시민들이 법률적 의무를 수행할 때 그 동기 중 상당수는 도덕적인 것이 아니게 된다. 마찬가지로 롤즈의 입헌민주주의와 관련해서도, 헌법의 핵심 내용 중 일부를 정치적 과정에서 제외하는 것은 이런 원칙에 대한 논의가 도덕과는 연결고리를 갖지 못한 채 법률적으로 보장된다는 것을 의미한다. 법률적으로 보장된 원칙을 따르는 것을 두고 시민들이 정치적 합의에 대한 그들의 집단적인 신념을 표현하고 있다고 말할 수는 없다. 오히려 시민들이 탈정치화된 원칙을 따를 때 그들이 국가에 의해 간섭주의적 방식으로 입법화된 질서를 단순히 따를 뿐이라고 생각하지 말아야 할 이유는 없다.

따라서 롤즈의 입헌민주주의에 내재하고 있는 간섭주의적 요인은 정치적 합의 뒤에 숨겨져 있는 도덕적 힘의 중요성을 역설적으로 시사하는 것이다. 헌법의 핵심 내용 중 일부를 정치적 의제에서 제외함으로써 시민들이 공유하고 있는 바가 고양되었다고 하기보다는 오히려 민주주의적 시민상에 대한 시민들의 인식을 약화시키는 결과를 초래할 개연성이 훨씬 높다. 다시 말하자면, 헌법의 핵심 내용이 정치적 의제에서 제외됨으로써 공적 이성에 참여하고자 하는 시민들의 의욕은 감소할 수 있는 것이다.

제3부 비판적 대조

드워킨의 권리기초론과 롤즈 해석

극대화와 공리주의적 평등 개념

마르크스의 『자본』과 롤즈의 『정의론』 사이의 대조·비교:
롤즈와 비시장 사회주의적 좌익들과의 대화

드워킨의 권리기초론과 롤즈 해석

염수균

조선대 철학과 교수

1. 머리말

로널드 드워킨(Ronald Dworkin)이 현대 영어권의 법철학과 정치철학 분야에서 가장 영향력 있는 학자 중 한 명임을 부정할 사람은 없다. 드워킨의 법철학은 입법이나 사법 판결들을 포함한 공동체의 결정과는 관계없이 성립하는 법이 존재한다고 보는 자연법 이론도 아니고, 법이 무엇인지를 결정하는 것에는 도덕이 개입될 수 없다고 주장하는 법실증주의와도 다르다. 그는 공동체의 과거의 결정들이 각각의 사안에서 지시하는 것으로서의 법을 정하기 위해서는 그러한 결정들이 전제하고 있거나 그것들을 정당화해 주는 도덕원칙들을 참고해야 한다고 주장하고 실제로 법관들이 그와 같은 방식으로 법을 정하는 사례들을 보여준다.

법이 무엇이어야 하는가에 대해서가 아니라 법이 무엇인지를 정하는 것에서도 도덕이 들어갈 수 있다고 보는 드워킨은 법관들이 올바른 판결을 하기 위해서는 반드시 도덕철학적 기반을 갖고 있어야 한다고 주장한다. 그리고 그 자신 정치철학 및 도덕철학적 논의에도 뛰어들어 자신의 철학을 정립하고자 노력하였다.1) 그의 철학은 존 롤즈 (John Rawls)와 이사야 벌린(Isaiah Berlin)과 함께 자유주의의 전통 속에 있으면서도, 다원주의적 가치론의 입장을 갖고 있는 벌린으로부터 구분되고 윤리의 문제로부터 독립한 정치철학을 추구했던 후기의 롤즈와도 구분된다.

드워킨의 정치철학의 두드러진 특징들 중의 하나는 권리의 문제가 그의 철학의 핵심을 구성하고 있다는 점이다. 권리의 문제는 다양한 측면에서 다루어질 수 있는데, 드워킨은 소위 의사설이나 이익설 등의 권리론적 이론들이 대답하고자 하는 문제를 다루지는 않는다. 그러한 이론들이 대답하고자 하는 문제는 권리 자체가 무엇인가에 관한 문제라고 한다면 드워킨이 다루는 문제는 권리 자체에 대한 문제라기보다는 국가가 보장해야 하는 개인의 정치적 권리에 대한 것으로서 그것들에는 어떤 것들이 있으며 그 권리들의 근거가 무엇인가의 문제가 중점적으로 다루어진다. 그 문제는 본질적으로 정치적 도덕에 관한 정치철학적 문제로서 가치중립적 입장에서 권리가 갖는 본질적인 특성이나 유형들에 대해 다루는 문제와는 다르다. 권리에 대한 그의 견해를 기능주의적 권리론으로 보기도 하지만 그의 견해들이 권리 일반에 대한 이론이 되기 위해서는 보완되어야 할 점들이 많다.

정치적 권리에 대한 드워킨의 관심은 특정한 정치적 권리들을 옹호하는 것을 넘어서 권리에 대한 견해를 이론의 출발점으로 삼는 도덕철학의 구상에까지 이르고 있다. 1973년에 발표되었고 *Taking Rights Seriously*에 수록된 "Justice and Right"2)라는 논문에서 그는

---

1) 드워킨은 지금 자신의 윤리학 및 정치철학을 총정리한 단행본의 출판을 준비하고 있다. 2008년 11월에 방한한 드워킨은 방한 직전에 한국의 학자들에게 그 책의 초고를 보냈고 한국 법철학회 학자들을 중심으로 그 책의 내용에 대한 세미나가 한국학술협의회 주관으로 이루어진 바 있다.
2) 원래는 *The University of Chicago Law Review*에 "The Original Position"이라

롤즈의 원초적 입장을 비판하고 하나의 도덕이론으로서 권리기초론 (right-based theory)을 제시한다. 그곳에서 제시된 권리기초론은 비록 철학계의 주목을 받지는 못했지만 만일 그 이론이 드워킨이 주장하는 것처럼 다른 유형의 이론과 구분되는 이론으로 성립할 수 있다면, 새로운 유형의 윤리설에 대한 주장으로 의미가 크다고 할 수 있다. 이 글은 그 권리기초론을 중심으로 권리에 대한 드워킨의 견해를 살펴보는 것을 목적으로 한다.

2. 으뜸패로서의 권리

전통적으로 자유주의 정치철학은 다수의 의지나 전체의 이익이라는 명분이라 하더라도 훼손할 수 없는 개인의 권리를 인정하고 있다. 그러한 개인의 권리를 국가가 인정할 경우 국가는 그 권리를 보장하도록 노력해야 하며 그러한 점에서 개인의 권리의 보장은 국가의 정치적 목적(aim)들 중의 하나가 된다. 그런데 그것은 예를 들어 국가의 방위나 시민 전체의 이익과 같은 정치적 목적들과는 구분된다. 드워킨은 개인의 권리와는 다른 그러한 정치적 목적들을 목표(goal)로 표현하는데, 목표에는 완전 고용과 같이 상대적으로 특수한 것들이 있는가 하면, 전체적 복지를 증진시키는 것이나 좋은 삶에 대한 특정한 견해에 따라서 유토피아를 만들어 내는 것같이 상대적으로 추상적인 것들도 있다.

목표들은 전체로서의 국가 차원에서 실현되는 정치적 목적이라면 권리들은 시민들 개인에서 실현되는 개별화된(individuated) 정치적 목적이다. 개인의 권리라는 정치적 목적은 경우에 따라서는 국가 전체의 이익 같은 목적과 충돌할 수 있다. 그런데 만일 그렇게 충돌할 때마다 개인의 권리가 유보될 수 있다면 그러한 국가에서는 개인의

_____

는 제목으로 게재되었다.

권리가 존재한다고 말할 수 없다. 권리가 존재한다고 말할 수 있기 위해서는 그 권리에 따른 행위가 전체의 이익과 관련된 정치적 목표들에 피해를 준다고 하더라도 그 행위를 허용하지 않는 것이 잘못이어야 한다.[3] 예를 들어 자유로운 정치적 언론에 대한 권리를 인정할 경우 어떤 개인이 자신의 정치적 소신을 발언하는 것이 설사 국가 전체에는 피해를 줄 수 있다고 하더라도 그 발언을 금지할 수 없다. 드워킨은 권리를 으뜸패(trump)라고 주장하는데, 그것은 정치적 결정을 정당화하는 근거로서 개인의 권리가 전체의 이익 같은 목표를 누를 수 있는 근거라는 것을 의미한다.

이러한 점에서 일반적으로 권리는 목표에 우선하는 정치적 목적이라 할 수 있다. 그렇지만 권리라고 해서 언제나 어떤 목표든지 누를 수 있는 것은 아니다. 드워킨에 따르면 "재앙을 피하기 위해서 또는 명백하고 커다란 공공의 이익을 얻기 위해서 필요할 때"는 개인의 권리를 무시할 수 있다. 예를 들어 국가가 전쟁 상태에 있을 경우에는 정치적 언론의 권리가 제한받을 수 있다.

그렇다면 개인의 권리를 유보할 수 있는 전체의 이익은 어느 정도 중요하고 긴급한 것이어야 하는지의 문제가 제기될 수 있다. 드워킨은 "우리는 만일 어떤 정치적 목적이 집단적 목표 전체에 대해서 갖는 특정한 문턱 비중(threshold weight)을 갖지 않는다면, 그 정치적 목적을 권리로 부르지 말 것을 약정할 수 있다."[4]고 말한다. 그것은 곧 어떤 것이 권리라고 말해지기 위해서는 최소한 어느 정도의 전체의 이익은 무시될 수 있어야 한다는 것이다. 개인의 권리가 누를 수 있는 전체의 이익의 정도는 권리에 따라서 다를 수 있을 것이다. 다만 그 이익이 어느 정도라도 희생될 수 있다는 것을 인정한다면 권리

---

3) Ronald Dworkin, *Taking Rights Seriously*(Harvard, 1978), p.169. 이후부터는 TRS로 약칭하여 표기함.

4) TRS, p.92.

로 볼 수 있으며 특정한 권리의 중요성은 그것을 보장하기 위해 감수할 수 있는 전체 이익의 정도에 따라서 달라진다.

개인의 권리는 긴급하고 중요한 목표에 의해 제한될 수 있을 뿐만 아니라 경쟁하는 다른 권리에 의해서도 제한받을 수 있다. 그런데 개인의 권리에 경쟁하는 권리는 개인의 권리가 아닌 사회의 권리나 다수의 권리가 될 수는 없다.[5] 드워킨에 따르면 민주사회에서 어떤 것을 개인의 권리로 인정한다는 것은 비록 어떤 것을 하는 것을 다수가 잘못이라고 생각할 때라도, 그리고 그것을 함으로써 다수가 더 불행해진다 하더라도 보장해야 한다는 것을 의미한다.[6] 대부분의 결정들이 다수의 뜻에 의해서 정해지는 민주사회에서 개인의 권리를 인정한다는 것은 다수의 의지가 결정할 수 있는 범위를 정한다는 것을 의미한다. 따라서 사회의 권리나 다수의 권리라는 말이 성립한다면 그것은 개인의 권리와는 다른 의미에서의 권리가 된다.

3. 자연적 권리와 법적 권리

국가가 인정해야 하는 정치적 권리로는 무엇보다도 먼저 법적 권리를 들 수 있다. 실용주의적 법철학자들은 법적 권리도 진정한 권리로 인정하지 않지만 법치의 원칙이 확립되어 있는 국가에서는 법적 권리가 권리라는 것은 대체로 인정되고 있으며 학자에 따라서는 법적 권리 이외의 권리는 없다고 주장하기도 한다.

법적 권리는 법에 근거하여 성립하는 권리다. 그러한 법적 권리를 대부분의 사람들이 인정하고 있더라도 법적 권리의 존재가 자명한 것은 아닌 것은 법 준수 의무가 자명한 의무가 아닌 것과 마찬가지

---

5) 물론 다수의 권리는 아니라고 하더라도 다수에 속한 사람들이 개인으로서 갖는 권리는 존재한다(TRS, p.194).

6) TRS, p.194.

다. 어떤 법이 단지 법이라는 이유로 준수할 의무가 있는지의 문제는 소크라테스 이래로 지금까지 논란이 되고 있는 문제다. 또한 현대의 법철학 이론들 중에서 실용주의 법철학은 법관들에게 전체의 이익에 부합하지 않을 경우에는 법의 근거가 되는 과거의 결정들을 무시하는 것을 허용한다. 물론 대부분의 경우에는 법적 권리를 인정하는 것처럼 행위할 것을 권유하기도 하는데, 만일 법적 권리를 인정하는 것처럼 보이는 것이 더 이익이 되기 때문에 그 권리를 인정한다면 그것은 진정한 인정이라고 할 수 없으며, 그런 방식으로 인정되는 법적 권리는 의사권리(as-if right)에 지나지 않는다.[7]

법적 권리가 자명한 권리가 아니라는 것은 그것의 존재를 주장하기 위해서는 그에 대한 근거를 제시해야 한다는 것을 의미한다. 드워킨은 『법의 제국』에서 법적 권리의 존재를 인정하지 않는 실용주의 법철학을 비판하고 법적 권리의 존재의 근거로 통합성(integrity)이라는 도덕적 덕목과[8] 공동체의 이념을 제시한다. 마치 한 가정에서 부모와 자식들 사이에 어떤 의무가 성립하듯이 공동체의 구성원들에게는 그러한 성격의 의무가 성립할 수 있는데 드워킨에 따르면 법 준수 의무는 바로 그러한 단체적 의무의 성격을 갖는다. 그런데 만일 단지 법이라는 이유로 성립하는 의무가 그러한 성격을 갖는 의무라고 한다면 단지 법이라는 이유로 보장해야 하는 권리 또한 그러한 성격을 갖는 권리로 볼 수 있다.

법적 권리는 공동체에 근거를 두고 있지만 모든 공동체에서 법적 권리가 성립하는 것이 아니라 진정한(true) 공동체에서만 법적 권리가 성립한다. 그런데 어떤 공동체가 진정한 공동체가 되기 위해서는

---

7) 실용주의 법철학에 대해서는 로널드 드워킨, 장영민 옮김, 『법의 제국』, pp.217-221을 참조.

8) 통합성은 원칙에서의 일관성으로 규정된다. 공동체가 원칙의 측면에서 일관적인 모습을 보이는 것은 정의나 공정성의 덕목과는 다르다. 드워킨은 그러한 통합성을 정의나 공정성과는 다른 정치적 덕목으로 인정한다.

그 공동체는 인간의 구성원들을 평등하게 배려하는 공동체가 되어야 한다. 드워킨은 평등한 배려와 존중에 대한 권리를 가장 근본적인 권리로 보는데 그것에 대한 보장은 법적 권리가 성립할 수 있는 전제가 된다.

평등한 배려와 존중에 대한 권리는 법이나 공동체의 인정과는 관계없이 성립하는 권리이며 그런 점에서 도덕적 권리라 할 수 있다. 드워킨은 입법부나 사법부의 결정 같은 공동체의 결정과 관계없이 성립하는 자연적인 법의 존재는 인정하지 않지만, 그러한 결정과 관계없이 성립하는 자연적인 권리의 존재는 인정한다. 그때 자연적 권리라고 말할 때 '자연적'이라는 말의 의미는 오직 "그것들이 어떤 입법이나 위원회나 가설적 계약의 산물이 아닌"[9] 또는 "숙고적인 사회적 결정이나 정치적 결정의 산물이 아닌"[10]이라는 의미를 갖는다.

드워킨은 자신이 옹호하는 자연권 이론을 전통적인 자연법 사상들과 구분한다. 그가 "옹호하는 개인의 권리의 이념은 어떤 유령적 형태도 미리 전제하지" 않으며 "사실상 그 이념의 형이상학적 성격은 지배적 이론[11]의 주요 이념들의 형이상학적 성격과 다른 성격을" 지니지 않는다. 그 권리의 이념이 집단적 목표와 비교되어 정의되고 있다는 점에서 "공동체 전체의 집단적 목표라는 공리주의의 주 이념에 기생하고 있다."[12]고 할 수 있다. 또한 드워킨은 그러한 자연적 권리가 존재한다는 견해는 존재론적 주장이라기보다는 "우리의 정치적 신념들을 결합하고 설명할 수 있는 그 가정의 능력 때문에 이루어져야 하고 또 검토되어야 하는 하나의 가정일 뿐이고, 정합성과 경험에 의한 검사를 받게 하기 위한 하나의 기본적인 프로그램적 결정일

---

9) TRS, p.176.
10) TRS, 서문, p.8.
11) 법실증주의와 공리주의를 의미함.
12) TRS, 서문, p.11.

뿐"13)이라고 말한다.

드워킨은 만일 어떤 자연적인 도덕적 권리를 인정한다면 그것을 침해하는 법에 대해서는 복종하지 않을 권리가 성립한다고 본다. 그에 따르면 불복종 권리는 자연적 권리들에 추가하여 성립하는 또 다른 자연적 권리가 아니라 자연적 권리를 인정하는 것과 동시에 인정되는 권리다.14)

특정한 자연적 권리를 인정하는 것은 그것을 침해하는 법에 대한 불복종 권리를 인정하는 것이라는 주장은 자연적 권리가 법적 권리보다 더 중요한 권리라는 것을 함축한다. 그런데 불복종 권리에 대한 그러한 주장에서는 불복종 권리가 모든 부정한 법에 대해서 성립한다는 주장이 아니라는 점이 중요하다. 불복종 권리는 오직 도덕적 권리로 인정된 것을 침해하는 경우에만 성립하는 것이고, 도덕적 권리가 성립하는 경우는 모든 도덕적 이유가 아니라 평등한 배려나 인간의 존엄성 같은 특별하게 중요한 이유와 관련된 경우뿐이다.

4. 권리기초론과 평등권

드워킨은 TRS에서 자연적인 개인의 권리의 존재를 인정할 뿐만 아니라 그러한 권리에 대한 명제를 이론의 출발점으로 삼는 도덕 일반론의 가능성을 제시한다. 그에 따르면 정치 도덕에 대한 이론에는 세 가지 유형이 있는데, 그것들은 각각 목표에 기초한(goal-based) 이론, 의무에 기초한(duty-based) 이론, 권리에 기초한(right-based) 이론이다.15) 목표에 기초한 이론은 개인의 선택과는 관계없이 전체의 이익으로 약정된 어떤 사태에서의 증진을 옳은 행위의 기준으로 보는

---

13) TRS, p.177.
14) TRS, p.190.
15) TRS, p.171 이하 참조.

이론인데, 드워킨은 이런 이론의 예로 전체주의적 이론과 공리주의적 이론, 그리고 아리스토텔레스의 이론 같은 완전주의적 이론을 든다. 이런 이론들과는 달리 권리기초론과 의무기초론은 모두 개인을 중심에다 놓고 개인의 결정과 행위를 근본적으로 중요한 것으로 간주한다. 그렇지만 그 두 이론은 개인을 다른 관점에서 조명하는데, 의무에 기초한 이론들은 개인의 행위의 도덕적 성질과 그 규범에 대한 준수에 관심을 갖지만, 권리에 기초한 이론들은 개인의 독립(independence)에[16] 관심을 갖고, 개인의 사유와 선택(individual thought and choice)의 가치를 전제하고 보호한다. 또한 의무에 기초한 이론들은 행위의 준칙들을 본질적인 것으로 취급하지만, 권리에 기초한 이론들은 행위의 준칙들을 도구적인 것으로 취급한다. 즉 다른 사람들의 권리를 보호하기 위해서는 필요한 것이지만 그것들 자체로서는 본질적인 가치를 갖고 있지 않는 것으로 취급한다.

만일 의무와 권리가 상관적인 개념이라면 이런 구분은 무의미할 수 있다. 왜냐하면 권리를 기초로 한다는 것은 곧 의무를 기초로 하는 것을 의미할 수도 있기 때문이다. 그렇지만 드워킨은 의무와 권리가 상관적이라는 것을 인정한다고 하더라도 그것이 마치 동전의 양면처럼 그렇게 상관적인 것은 아니라고 말한다. 예를 들어 재산권과 그에 상응하는 불법침입을 하지 말아야 할 의무는 사회적으로 효율적인 국토의 이용이라는 더 기본적인 목적에 의해서 함께 정당화될 수 있다. 그와 같이 하나의 권리와 그에 상응하는 의무가 하나의 더 기본적인 목적에 기여하는 것으로 정당화될 수 있으며, 많은 경우 하나가 다른 것으로부터 파생되기도 한다. 기만을 당하지 않을 권리를 갖고 있기 때문에 거짓말을 하지 않을 의무를 갖고 있다고 볼 수도

---

16) 드워킨은 개인의 존엄성과 자유에서 독립의 유지와 인정을 핵심적인 요소로 본다(TRS, p.128). 독립으로서의 자유에 대해서는 TRS, pp.262-263을 참조할 것.

있고, 거짓말을 하지 않을 의무를 갖고 있기 때문에 기만을 당하지 않을 권리를 갖고 있다고 볼 수도 있는데 그 두 개의 주장들은 서로 다른 성질의 주장들이다.[17] 그런 차이점은 권리를 기본적인 것으로 간주하는 이론과 의무를 기본적인 것으로 간주하는 이론의 차이점으로 전이된다.

드워킨은 권리에 기초한 도덕이론을 제시하고자 하며, 그 이론에서 가장 기본적인 권리를 평등권에서 찾으려고 한다. 그때 평등의 의미는 재산이나 권리의 평등한 분배에서 성립하는 평등이 아니라 평등하게 배려하고 존중하는 것(equal concern and respect)에서 성립하는 평등이다. 그것은 추상적인 평등으로서 평등한 자(equals)로서 대우받을 권리로 말해지기도 한다.

5. 인간의 존엄성의 원칙

드워킨은 1977년에 출판된 TRS에서부터 평등한 배려와 존중을 받을 개인의 권리의 이념을 인간의 존엄성의 이념과 연결시키고 있다.[18] 그리고 2006년에 출판된 *Is Democracy Possible Here?*에서는 좀 더 구체화시켜 인간의 존엄성에서 핵심적인 사항을 두 가지 원칙으로 제시한다.[19]

첫 번째 원칙은 내재적 가치(intrinsic value)의 원칙으로서 각각의

---

17) TRS, p.171.
18) "민주주의 사회에서 국가가 개인의 권리를 인정하게 된 것은, 법의 많은 부분들이 공동선에 대한 다수의 견해를 반영할 수밖에 없는 상황에서 무시될 수 있는 소수의 존엄성과 평등이 존중될 수 있도록 하기 위한 것이다."(TRS, p.205)
19) 이 두 원칙은 2000년에 출판된 *Sovereign Virtue*에서 윤리적 개인주의의 두 원칙으로 제시된 것들을 재해석한 것이다. 이에 대해서는 *Sovereign Virtue*의 한국어 번역본인 『자유주의적 평등』(염수균 옮김, 한길사, 2005), p.55 참조. 그곳에서는 평등한 중요성(equal importance)의 원칙과 특별한 책임(special responsibility)의 원칙으로 표현되었다.

인간의 삶이 중요하며 그렇기 때문에 그것이 일단 시작했다면 실패하는 것이 아니라 성공하는 것이 중요하다는 원칙이다.[20] 이 원칙을 받아들이는 사람은 다른 사람의 삶도 자신의 삶과 동등하게 중요한 것으로 간주해야 한다. 왜냐하면 다른 사람의 삶의 본래적 중요성을 부정하는 것은 자기 자신의 존엄성에 대한 모욕으로 볼 수 있기 때문이다.[21]

두 번째 원칙은 개인적 책임의 원칙으로서 각자는 자기 자신의 삶의 성공에서 특별한 책임을 갖고 있다는 원칙이다.[22] 드워킨은 이 원칙에서 자신의 삶에서의 가치를 확인하고 그것을 창조하는 것에서의 개인의 책임을 강조한다. 자신의 삶을 책임지는 것에서 무엇보다도 중요한 것은 어떤 삶을 좋은 삶으로 볼 것인지를 정하는 것으로서 이 원칙을 존중할 경우 다른 사람에게 좋은 삶에 대한 자신의 견해를 강요할 수 없다. 또한 이 원칙에 입각한다면 국가는 국민들에게 특정한 윤리적 견해를 강요할 수 없기 때문에 종교의 자유나 언론의 자유 같은 중요한 자유주의적 자유들의 도덕적 근거가 이 원칙으로부터 도출될 수 있다.

드워킨은 이러한 존엄성의 두 원칙들로부터 정당한(legitimate) 정부의 기준을 도출해 낸다. 그에 따르면 정부는 오직 그것이 지배하는 모든 사람들의 운명에 대해서 평등하게 배려하고 그들의 삶에 대한 그들의 개인적 책임을 평등하게 존중할 때만 정당할 수 있다. 정당하지 않은 정부에 대해서는 시민들이 복종할 의무를 갖지 않는다.

정당한 정부라 하더라도 그 정부의 명령이 정의롭지 않을 수 있다. 따라서 정의로움은 정당성의 필요조건이 될 수 없다.[23] 어떤 정부가

---

20) Ronald Dworkin, *Is Democracy Possible Here?*(Princeton University, 2006), p.9.
21) 같은 책, p.16. 이것은 인간을 수단이 아니라 목적으로 대하라는 칸트의 정언 명법이 함축하고 있는 것이기도 하다.
22) 같은 책, p.10.

정당하기 위한 조건은 정의로움이 아니라 평등한 배려와 평등한 존중(equal concern and respect)이다.[24] 즉 정부가 시민들의 삶을 평등하게 배려하고[25] 자신의 삶에 대한 그들의 책임을 존중한다면 정당한 정부로 볼 수 있다는 것이다.

드워킨은 2000년에 출판된 *Sovereign Virtue*에서는 평등한 존중을 언급하지 않고 오직 평등한 배려의 이념만 포함된 추상적인 평등의 원칙을 제시한 바 있다.

> 내가 이 대담한 주장을 하는 것은 이제 우리는 추상적인 평등주의적 원칙(the abstract egalitarian principle), 즉 정부는 그것이 통치하는 사람들의 삶을 더 좋은 삶이 되도록 노력해야 하고 정부는 각 개인의 삶에 대해서 평등한 배려를 보여주어야 한다는 원칙을 받아들이는 것에서 통일되었기 때문이다.[26]

그는 이러한 추상적인 평등주의 원칙에서 출발하여 자유에 대한 견해나 경제적 평등에 대한 견해를 도출해 내었지만, 최근에는 다시 평등한 존중의 이념을 처음부터 전제하고 그것으로부터 자유의 이념을 직접 도출해 낸다. 2008년 방한하여 한 강의에서 그는 평등한 존중의 이념을 이용하여 복지의 평등론을 간단하게 비판하였다.[27] 정부가 행복을 비롯한 복지의 개념들이 어떤 것을 의미하는지를 정하는

---

23) Ronald Dworkin, *Is Democracy Possible Here?*, pp.95-96.
24) Ronald Dworkin, "Do People Have A Human Right to Equality?", 2008 제 10회 석학연속강좌 발표문(한국학술협의회, 2008), p.88.
25) 정부가 시민들을 평등하게 배려한다는 것은 그들의 삶들을 동일하게 중요한 것으로 간주해야 한다는 것을 함축하는 것이며 그것은 존엄성의 첫 번째 원칙에서 도출된다. Ronald Dworkin, *Is Democracy Possible Here?*, p.97.
26) 로널드 드워킨, 『자유주의적 평등』, p.221.
27) 드워킨은 자신의 평등론을 복지의 평등론과 구분하여 자원의 평등론이라고 규정한다. 그 두 평등론은 평등의 척도를 복지로 보는가, 아니면 재산 같은 자원으로 보는가에 따라서 다르다.

것은 자신의 삶에 대한 개인의 책임을 존중하지 않는다는 이유에서
이다. 그렇지만 1981년에 발표한 논문[28]에서는 평등한 존중의 이념
을 이용하지 않고 매우 복잡한 논변을 통해서 복지의 평등론을 비판
했다.

6. 롤즈 정의론과 권리기초론

드워킨의 정치철학은 평등한 배려와 존중에 대한 권리를 가장 근
본적인 권리로 인정하는 권리기초론이라 할 수 있다. 그는 그와 같은
견해를 가진 대표적인 사람으로 토머스 페인(Thomas Paine)을 든
다.[29] 그리고 계약론적 이론은 비록 그 이론의 주창자들이 명시적으
로 주장하지는 않았다고 하더라도 모두 권리기초론적인 심층이론
(deep theory)을 전제하고 있다고 주장한다. 그러한 그의 주장은 그가
계약론적 정의론을 지지한다는 것을 의미하지는 않는다. 그와는 반대
로 그는 롤즈의 원초적 입장을 비롯해서 계약론적 정치이론을 받아
들이지 않는다. 그가 주장하고자 하는 것은 다만 계약론적 정치이론
은 권리기초론을 전제했을 때만 의미가 있을 수 있다는 것이다.

드워킨에 따르면 사회계약은 모든 당사자들에게 거부권(veto)을 제
공하고 있다. 왜냐하면 어떤 계약이든지 어떤 한 당사자가 동의하지
않으면 계약은 성립되지 않기 때문이다. 그런데 사회의 구성에서 그
러한 계약의 이념은 전체의 이익이라는 목표에 기초한 이론에서는
설 자리가 없다. 목표에 기초한 그 어떤 이론도 정의의 원칙을 정할
적절한 장치로 계약을 선택할 수 없는데, 그 이유는 계약을 통해서만
그 이론이 정한 어떤 전체적 목표가 가장 잘 증진될 수 있다고 볼 수

---

28) "What is Equality?" part 1, *Philosophy and Public Affairs*(1981). 이 논문은
    *Sovereign Virtue*에 "Equality of Welfare"라는 제목으로 수록되었다.
29) TRS, p.172.

없기 때문이다. 또한 어떤 의무나 의무들을 근본적인 것으로 간주하는 이론도 계약론을 지지할 수 없다. 왜냐하면 그 이론은 계약론처럼 정의로운 제도는 각각의 사람들 모두의 이익에 기여하는 제도라고 가정할 그 어떤 근거도 제공할 수 없기 때문이다. 그렇지만 권리에 기초한 심층이론에서는 그러한 계약의 이념이 의미가 있다. 드워킨은 계약론은 권리기초론적 심층이론의 자연적 발전이라고 주장한다.[30]

롤즈의 이론은 전통적인 계약론과 다르기는 하지만 드워킨이 볼 때 롤즈의 원초적 입장도 권리에 기초한 심층이론을 전제할 때만 성립할 수 있으며, 원초적 입장은 평등한 배려와 존중에 대한 권리를 전제하고 있다.

원초적 입장은 특정 계급의 구성원들이나 특정 재능 또는 특정 이상을 지닌 사람들을 다른 사람들보다 좀 더 배려하고 존중하는 … 제도들은 평등한 배려와 존중을 보여주지 못하는 제도들이라고 가정하는데 그것은 합당하다. 원초적 입장은 이 가정에 의존해서 계약에 참여한 당사자들을 무지한 것으로 만든다. 자신들이 어떤 계급에 속하는지 알지 못하는 사람들은 의식적으로든 무의식적으로든 그들 자신의 계급에 유리하게 제도들을 고안할 수 없다. 자신들의 가치관에 대해 알고 있지 못한 사람들은 한 이상을 지닌 사람들을 다른 이상을 지닌 사람들보다 선호하도록 행위할 수 없다. 원초적 입장은 **평등한 배려와 존중에 대한 추상적 권리를**[31] 보장하도록 잘 짜여 있으며, 이 추상적 권리가 롤즈의 심층이론에서 근본 개념이라고 이해되어야 한다.[32]

여기에서 언급되는 평등한 배려와 존중에 대한 추상적인 권리는 원초적 입장에서 산출하는 것으로 주장되고 있는 구체적이고 특수한 자유들에 대한 권리와는 다른 것으로서 계약을 구상하면서 가정되는

---

30) TRS, p.176.
31) 강조는 인용자에 의한 것임.
32) TRS, p.181.

권리다. 물론 롤즈는 그러한 권리를 포함하는 어떤 심층이론을 명시적으로 전제하지는 않았다. 그렇지만 드워킨은 롤즈 자신이 그러한 추상적인 평등에 대한 권리를 인정하고 있다고 주장하고 그에 대한 근거로 아래와 같은 롤즈의 말을 제시한다.

> 일부 학자들은 특정한 가치들의 분배와 관련해서 끌어들이는 평등과 … 사회적 지위와는 무관하게 인격체들이 받아야 할 존중(respect)에 적용되는 평등을 구별해 왔다. 첫 번째 종류의 평등은 정의의 2원칙에 의해서 규정된다. … 그러나 두 번째 종류의 평등은 근본적인 것이다. 그것은 정의의 1원칙과 상호 존중의 원칙 같은 자연적 의무들에 의해서 정의된다.[33]

드워킨은 롤즈가 여기에서 말하는 근본적인 평등을 "개인들을 지배하는 정치제도들을 설계하고 관리하는 것에서 평등한 배려와 존중을 받을 권리"[34]로 해석한다. 그렇지만 원초적 입장이 그 권리를 반영하고 있다는 드워킨의 해석에 대해서 롤즈 자신은 전적으로 동의하지는 않는다. 그는 1985년에 발표한 한 논문의 주석에서 그에 대해서 다음과 같이 말한다.

> 원초적 입장은 평등한 배려와 존중에 대한 자연적 권리의 힘이 아니라 이러한 근본적인 직관적 이념들의 힘을 형상화하는 표현의 장치다.[35]

여기에서 말하는 직관적 이념들(ideas)이란 자유롭고 평등한 사람의 이념, 좋은 질서의 사회의 이념, 공정한 협동체계로서의 사회의 이념 등으로서 롤즈는 그러한 이념들이 민주적 문화 속에 들어 있는

---

33) John Rawls, *A Theory of Justice*(Harvard University Press, 1971), p.511.

34) TRS, p.180.

35) John Rawls, "Justice as Fairness: Political not Metaphysical", *Philosophy & Public Affairs*(1985), p.236, 주 19.

것으로 본다. 롤즈의 후기 정의론은 이러한 이념들을 기초로 하여 정의원칙들을 구성해 내는데 롤즈는 이념들 중에서 가장 근본적인 이념을 공정한 협동체계로서의 사회의 이념으로36) 본다.

롤즈는 또한 드워킨처럼 도덕이론들을 권리기초론, 의무기초론, 목표기초론으로 구분하는 것은 지나치게 협소하여 많은 이론들을 담을 수 없을 것이라고 주장한다. 그에 따르면 권리와 의무 그리고 목표와 같은 것들은 그가 민주적 문화 속에 들어 있다고 보는 이념들을 토대로 해서 구성되는 이상적인 정치적 견해들(idealized conceptions)의 요소일 뿐이다.

롤즈는 평등한 배려와 존중에 대한 추상적 권리를 부정하지는 않지만 그것보다 더 근본적인 것으로 위에서와 같은 이념들을 제시한다. 드워킨은 *Is Democracy Possible Here?*(2006)에서 평등권을 포함하여 모든 정치적 권리의 원천으로 인간의 존엄성의 이념을 제시하는데, 그것은 그 이념이 권리보다 더 근본적인 원리라는 것을 함축하며, 그런 점에서 그것은 권리기초론적 이론에 대한 수정으로 볼 수 있다.

7. 롤즈 철학의 비판적 계승

법철학계에서의 드워킨의 성공은 윤리학계에서의 롤즈의 성공과 같이 불가사의한 측면이 있다. 왜냐하면 롤즈가 철학계의 양대 전통으로 볼 수 있는 관념론 철학이나 언어분석철학 어느 진영에도 속하지 않은 것과 같이 드워킨도 법철학계의 양대 전통이라 할 수 있는 자연법주의나 법실증주의에 속하지 않았으면서도 성공을 거두고 있

---

36) 롤즈는 사회를 공정한 협동체계로서 보는 이념을 자신의 정의론에서 근본적인 조직이념(the fundamental organizing idea)이라고 표현한다. John Rawls, *Political Liberalism*(Columbia, 1996), p.15.

기 때문이다. 그의 법철학은 또한 미국 법철학계에서 하나의 조류를 형성하고 있는 법현실주의와도 다른 철학이다. 기존의 강력한 세 학파들 중 어떤 입장에도 속하지 않는 하나의 독창적인 이론을 제시하면서 그 학파들과 이론적 전투를 벌이고 있는 드워킨의 법철학이 가는 길은 심플레가데스가 있는 길을 피해 카리브디스와 스킬라가 기다리는 험로를 뚫고 나가는 오디세우스의 항로에 비유할 수 있다.

물론 아직 그의 철학의 성공을 말하기는 이르다. 그렇지만 적어도 그의 철학이 학계에 큰 반응을 일으켰고 학문적인 논의의 깊이나 폭을 넓혀 주었다는 것은 부정할 수 없다. 만일 드워킨의 철학이 어느 정도 성공을 인정할 수 있다면 나는 그 성공의 요인을 그의 학문 방법론에서 찾는다.

드워킨의 철학의 방법은 기본적으로 상식적 신념들과 경험적 사례를 기반으로 이루어지는 귀납적 방법이다. 법철학계를 주도하고 있는 실증주의에 대한 그의 비판이 힘을 갖는 것은 그 비판이 실제로 재판에서 이루어진 법관들의 판결문들에 반영되어 있는 상식적인 신념들에 근거한 것이기 때문이다. 그러한 드워킨의 방법론은 예를 들어 권위의 의미에 대한 그럴듯한 이론을 구성하고 그것으로부터 연역적으로 논변을 전개하는 라즈(Joseph Raz)의 방법과 대비된다. 드워킨이 대표적인 실증주의자로 거론하는 하트나 라즈의 법철학에서 사용되는 방법은 분석법학의 개념 분석적 방법으로 볼 수 있는데, 립스타인(Arthur Ripstein)은 법철학에서 하트의 개념 분석(conceptual analysis of law) 방법을 거부한 것이 드워킨의 가장 두드러진 특징이라고 주장한다.[37]

드워킨의 이러한 학문 방법론은 롤즈의 방법론과 일맥상통한다. 그는 롤즈의 방법론의 핵심 개념이라고 할 수 있는 반성적 평형의 이념

---

37) Arthur Ripstein, "Introduction: Anti-Archimedeanism", *Ronald Dworkin*, ed. Arthur Ripstein(Cambridge University Press, 2007), p.3.

을 자신의 것으로 수용하고 발전시킨다.[38] 그는 반성적 평형의 기법이 전제하고 있는 정합론적 도덕이론을 자연적 모델과 구성적 모델로 구분한다. 그리고 정합론의 구성적 모델이 재판에서 결론을 내리는 과정에서 가장 적합하며 또한 보통법 재판과 같은 경우에 흔히 적용되는 방법론으로 본다.[39] 그는 롤즈의 정의론의 방법도 구성적 모델로 해석해야 한다고 주장한다.

드워킨은 롤즈에게서 많은 영향을 받았을 뿐만 아니라 롤즈에 대한 존경심을 표현하는 것에 주저하지 않는다. 그는 롤즈의『정의론』이 출판된 후 그 책의 존재를 근거로 미국의 법률가들이 철학의 문제들을 다루어야 하는 하나의 이유로 제시한다.

법률가들이 도덕철학, 특히 권리들에 대해 말하는 철학자들에 의한 오염을 두려워하는 것은 이해할 만하다. 왜냐하면 그 개념의 유령 같은 그림자들이 이성의 묘지를 배회하고 있기 때문이다. 그러나 이제 법률가들이 기억하는 것보다 더 좋은 철학이 있다. 예를 들어 하버드의 롤즈 교수는 정의에 관한 하나의 추상적이고 정교한 책을 출판하였는데 어떤 헌법 법률가도 그것을 무시할 수 없을 것이다.[40]

또한 드워킨은 롤즈와 법에 관한 주제로 열린 한 세미나에서 자신의 법철학적 입장들이 롤즈의 철학에 의해서 지지를 받을 수 있다고 주장하면서 다음과 같이 고백하고 있다.

여러분들 중 약간은 내가 롤즈의 논변들이 지지한다고 말하는 법철학의 입장들과 내가 옹호하고자 노력했던 입장들 사이에 상당한 일치가

---

38) 드워킨 방법론과 롤즈 방법론의 연속성과 차이에 대해서는 같은 글, p.8을 참조할 것. 롤즈의 방법론에 대해서는 염수균, 『롤즈의 민주적 자유주의』(천지, 2001), 10장을 참조할 것.
39) TRS, p.160.
40) TRS, p.149.

있다는 것을 알아차리게 될 것이고, 이것은 결코 우연이 아니라고 생각할 것입니다. 그래서 저는 여러분들에게 고백해야겠습니다. 물론 사과를 하는 것은 아닙니다. 위대한 철학자들의 저작은 해석을 통해서 도용하는 것을 허용하기에 충분할 정도로 풍부합니다.[41]

이러한 드워킨의 말에서 알 수 있듯이 드워킨이 롤즈에게 보이는 존경심은 매우 크다. 그렇지만 롤즈의 원초적 입장의 이념을 비판하고 차등의 원칙도 받아들이지 않는 그를 롤즈주의자로 볼 수는 없을 것이다.[42] 더욱이 그는 롤즈가 후기에 윤리이론으로부터 독립된 정치철학을 구성하고자 한 것에 대해서 비판하고 윤리설에 근거한 정치철학을 제시하기 위해서 노력하고 있다. 물론 그러한 차이점들에도 불구하고 그의 철학과 롤즈의 철학 사이에는 유사한 점들이 더 많다는 것은 분명하다. 무엇보다도 그의 정치철학은 롤즈의 철학과 마찬가지로 자유주의적 평등주의의 입장에서 그것의 철학적 기초를 찾고 제시하고자 하였고 바로 그런 점에서는 롤즈의 계승이라고 할 수 있을 것이다.

8. 맺는 말

드워킨의 철학은 그에 관한 글을 모아 출판한 단행본만도 이미 다섯 권이 넘을 정도로 학계에 많은 관심을 불러일으켰고, 대학의 법철학과 정치철학의 강의에서 중요한 부분을 차지하고 있다. 물론 그의 이론에 대해서는 부정적인 시각을 가진 사람들이 많으며 때로는 그

---

41) Ronald Dworkin, "Keynote Address: Rawls and The Law", *Fordham Law Review* 72(2004), p.1405. 이 논문은 Ronald Dworkin, *Justice in Robes*(Harvard, 2006)에 수록되었음.

42) 드워킨과 롤즈의 정의론의 차이점에 대해서는 염수균, 「드워킨의 자원의 평등론」, 『범한철학』 35집(2004), p.126 이하를 참조할 것.

비판이 신랄하다. 어떤 비판자들은 그의 글쓰기가 비일관적일 뿐만 아니라 그러한 비일관성에 대하여 아무런 해명도 발견할 수 없다는 점, 그리고 자신이 비판하거나 논의하는 이론들에 대한 정확한 이해가 부족하다는 점을 지적하면서 학자적 성실성의 문제를 제기하기도 한다.[43]

그의 철학이 갖고 있는 여러 가지 문제점에도 불구하고 그의 철학이 지속적으로 학계에서 논란이 되고 있는 것은 그가 제기하고 제시한 문제들과 생각들이 어느 정도 설득력을 갖고 있기 때문이다. 비록 그의 이론을 받아들이지 않는다고 하더라도 그가 학계에 끼친 긍정적 기여에 대해서는 부정하는 사람들이 거의 없다. 문제는 그의 철학의 미래에 대한 것인데, 그에 대해서는 극단적으로 의견이 갈린다. 그가 제기한 문제들이 그가 죽은 후에도 지속적으로 논의될 것이라고 보는 견해가 있는가 하면, 그의 법철학은 이미 그 시효를 다했다고 보는 견해도 있다.[44]

나는 드워킨의 철학이 시효를 다했다는 견해에 동의하지 않는다. 오히려 그의 철학은 아직 완성되지 않았다고 보는 것이 더 정확할 것이다. 그는 지금 비록 70대 후반의 노령이지만 지금까지 간헐적으로 피력했던 윤리 및 도덕 철학을 포함하여 진리론에 대한 자신의 견해를 집대성한 하나의 책[45]을 준비하고 있다. 그가 방한하기 전에 한국의 학자들에게 보냈던 그 초고를 읽으면서 내게 가장 인상 깊었던 것은 회의주의를 비판하는 자신의 견해를 아마추어적 견해(amateur

---

43) Robert N. Moles, "The Decline and Fall of Dworkin's Empire", in *Reading Dworkin Critically*, ed. Alan Hunt(New York: Berg, 1992), pp.112-113 참조.

44) 대표적인 학자는 "The End of Empire"라는 글을 발표한 라이터(Brian Leiter)일 것이다. 필자는 2007년 미국의 텍사스 대학에 객원연구원으로 있으면서 라이터 교수의 Jurisprudence의 강의를 청강하였다. 그의 강의는 예상 외로 드워킨의 법철학을 비중 있게 다루고 있었다.

45) 책의 제목은 *Justice for Hedgehogs*와 *Truths for Hedgehogs* 중 하나로 정해질 가능성이 있다. 그 제목들은 각각 그가 보낸 두 개의 초고들의 제목이다.

opinion)로 표현하는 대목이었다.

드워킨에 대한 심한 비판들은 스스로가 표현하고 있듯이 아마추어적인 느낌을 주는 글들 때문일 수도 있다. 그렇지만 나는 간혹 그러한 느낌을 주는 그의 글들은 그의 철학이 서 있는 곳이 강단이 아니라 현실이라는 것에 대한 간접적인 증거일 수도 있다고 생각한다. 그는 자신의 사회경력을 핸드 판사의 서기로 출발하였으며, 실무 변호사의 일을 접고 로스쿨에서 학생들을 가르치면서도 사회적으로 중요한 문제들이 제기되었을 경우 빠짐없이 그것들에 대한 자신의 견해를 밝혔다. 극단적인 평가들이 존재하고 있을 뿐만 아니라 여전히 새로운 글들을 발표하고 있는 드워킨의 철학에 대해서 지금 정확하고 정당한 평가를 내리는 것은 매우 힘들지만, 그의 철학은 강단철학에서는 나오기 힘든 풍부한 아이디어와 영감으로 가득 차 있다는 것은 분명하다.

드워킨은 정치이론과 실제적 논쟁의 상호 의존성을 강조하면서 정치적 이론에서 무엇보다도 중요한 것은 "일반 철학으로 끝나게 되는 그 논변을 우리의 삶과 경험 속에서 시작해야 한다는 것"이라고 주장한다.46) 왜냐하면 "오직 그때만이 그것은 구체적인 모습을 갖추어서 궁극으로 우리를 도울 수 있을 뿐만 아니라 우리가 구름 속으로까지 따라 들어갔던 그 문제들이 지적으로도 거짓 문제가 아니라 진정한 문제였다는 점을 우리에게 납득시킬 수 있기 때문이다."

드워킨의 관심에는 학문적 논의에서 발생하는 문제를 해결하는 것보다는 현실에서 제기되는 문제들에 대한 해답을 제시하는 일이 더 앞서는 것처럼 보인다. 그의 글들은 학자의 글이라기보다는 논객의 글이라고 볼 수 있을 정도로 주장이 선명하며 그런 만큼 더욱 강한 반론을 초래하였고 지금까지 법철학계의 주류를 형성하고 있는 하트의 제자들이나 포스너 판사와 스칼리아 판사 등 기라성 같은 이론가

---

46) 로널드 드워킨, 『자유주의적 평등』, p.53.

들과 이론적 혈투를 벌여 왔다. 그가 2008년 가을 우리나라를 방문했을 때 한 소장학자가 그에게 자신의 피곤한 노선에 대해 후회한 적이 없는지를 물어보았는데, 이에 대해 그는 단호한 어조로 "결코 없다."고 대답하였다.

노령에도 불구하고 마지막 역작이 될 수도 있는 도덕철학적 저작을 심혈을 기울여 준비하고 있는 그에 대해 지금 우리가 할 수 있는 것은 비판적 평가보다는 그 저작이 성공적인 모습으로 출판되는 것을 기원하는 것이 더 적절할 것이다.

극대화와 공리주의적 평등 개념 *

강준호

경희대 철학과 연구박사

1. 들어가는 말

도덕적 개인주의(moral individualism)는 사회정치적 제도의 평가에 있어서 중심적 고려사항은 개별 행위자들과 그들의 이해관계라는 주장에 기초한다. 도덕적 개인주의는 지난 반세기 동안 출판된 자유주의적 권리론자들의 저술에서 핵심적 위치를 차지하였으며, 동시에 공리주의에 대한 가지각색의 비판들에 확실한 구심점을 제공하였다. 그 구심점이란 공리주의는 개인들의 차이와 독립성에 내포된 도덕적 의의를 간과한다는 비판이다.[1] 다시 이러한 비판은 공리주의는 개인 내적인 교환(intrapersonal trade-offs)의 구조를 개인 간의 교환(interpersonal trade-offs)의 구조로 전용(專用)한다는 관찰에 기초한다.

대표적인 도덕적 개인주의자인 롤즈(John Rawls)와 노직(Robert

---

* 이 글은 필자가 같은 제목으로『대동철학』27집(2004년 9월)에 게재한 논문을『대동철학』의 양해를 얻어 실은 것이다.

1) H. L. A. Hart, "Between Utility and Rights", in Alan Ryan ed., *The Idea of Freedom*(Oxford: Oxford University Press, 1979), pp.77-98. 하트는 이런 유형의 비판을 "명백하게 현대적인 공리주의 비판"으로 지목한다.

Nozick)에 따르면 이러한 전용은 개인적인 관점에서의 합리성과 모든 사람의 관점에서의 합리성 사이의 잘못된 유추에서 비롯된다.[2] 한 개인이 미래의 만족을 위하여 현재의 만족을 희생하고 그리하여 그의 만족의 총량이 증가한다면 이는 정당하고 현명한 선택이다. 그러나 타인의 만족 혹은 전체 사회복지의 증가를 위하여 그의 만족을 희생하라는 것은 그릇된 요구다. 전자의 경우 교환은 한 개인의 삶 내부에서 발생하며, 미래의 증가된 만족은 그의 현재의 희생을 보상할 수 있다. 후자의 경우 교환은 여러 개인들의 삶을 가로질러 발생하며, 불특정 타인들의 수혜는 그의 희생을 보상하지 않는다. 따라서 한 개인의 삶에 적합한 교환구조를 여러 개인들의 삶을 가로질러 적용하는 것은 부적합하고 불공평한 것이다.

롤즈는 단지 개인 내적인 교환에서의 적합성을 근거로 극대화는 개인 간의 교환에도 적합할 것이라는 주장은 심각한 착오이며 이러한 착오를 범하는 것은 목적론적 도덕론의 특징이라고 논한다. 그에 의하면 공리주의는 원칙적으로 목적론적이다. 특히 고전적 공리주의는 존재에 대한 아리스토텔레스의 완전설적 설명으로까지 거슬러 올라가는 장구한 목적론 전통의 절정이었다. 극대화는 옳음에 대한 목적론적 개념을 정의한다: "좋음을 옳음과 상관없이 규정하고 그리고 옳음은 그 좋음을 극대화하는 것으로 규정한다."[3] 상이한 목적론적 도덕론들은 오직 어떻게 좋음을 규정하는가에 있어서만 다를 뿐이다. 공리주의는 좋음을 합리적 욕망들의 만족으로 설정하고, 그것의 목적론적 본성은 옳음을 그 만족의 총량을 극대화하는 것으로 정의한다.

만족극대화 체계로서의 공리주의에 대한 수많은 비판들의 주된 표

2) Robert Nozick, *Anarchy, State, and Utopia*(Oxford: Basil Blackwell, 1974), pp.32-33.

3) John Rawls, *A Theory of Justice*(revised edition, Cambridge, Mass.: Harvard University Press, 1999), pp.21-22. 이하 TJR로 약칭하여 표기한다.

적은 그것의 분배적 정의에의 무관심이다. 공리주의에서의 정의란 공리의 원칙으로부터 '파생된' 계율에 불과하다: "공리주의 정의관의 두드러진 특징은 이러한 만족의 총량이 개인들에게 어떻게 분배되는지에 대해 간접적으로만 문제 삼는다는 것이다."(TJR, p.23) 분배상의 평등과 그 절차의 공정성을 함축하는, 그래서 "당장 직감적으로도 옳음의 개념에 속하는 것으로 이해되는" 정의 개념이 단순히 전체 혹은 평균 선의 극대화를 위한 수단으로만 다루어진다. 따라서 정의는 비본래적 가치로 간주된다.

공리주의의 목적론적 본성에 대한 위의 분석을 가장 정면으로 부정하는 견해는 뜻밖에도 비공리주의자에 의해 제안되었다. 자신의 저서 『자유주의, 공동체, 그리고 문화』4)에서 킴리카(Will Kymlicka)는 전술한 롤즈의 분석을 다음과 같이 평한다: "나는 롤즈가 공리주의를 잘못 기술하였으며 그러므로 분배에 대한 논쟁도 잘못 기술되었다고 생각한다. 가장 본래적이고 주목할 만한 형태의 공리주의는 목적론적이지 않으며, 개인으로부터 사회로의 반개인주의적 일반화(anti-individualistic generalization)를 수반하지 않는다. 공리주의에 대한 롤즈의 설명은 기껏해야 그 학설의 한 해석에 불과하며, 그 학설의 수많은 정당화들 속에 내포된 중요한 요소, 전혀 목적론적이지 않은 요소를 간과한다. 롤즈는 공리주의가 지닌 상이한 요소들을 융합하여 공리주의에 대한 인위적인 목적론적 공식화를 창출한다."(LCC, p.24) 이런 맥락에서 그는 롤즈의 목적론/의무론 구분은 "심각한 혼동에 근거한다."고 비판한다(LCC, p.21). 결론적으로 그는 공리주의도 비공리주의적 권리론들 못지않게 개인의 '평등한 존중(equal regard)'과 '공정성(fairness)'의 이념을 설명하는 일종의 의무론으로 볼 수 있다고 논한다(LCC, p.26).

---

4) Will Kymlicka, *Liberalism, Community, and Culture*(Oxford: Oxford University Press, 1989). 이하 LCC로 약칭하여 표기한다.

최근 들어 "모든 사람은 하나로 고려되며 누구도 하나 이상으로 고려되지 않는다."는 벤담의 원칙에 대한 다수의 긍정적인 해석들이 제안되었다. 이 원칙의 지위와 역할, 특히 공리의 원칙과의 관계에 대한 물음은 공리주의자들과 그 비판가들 모두에게 상당히 난감한 물음이었다. 사실 킴리카도 만족스러운 해답을 제공하지는 않는다. 그럼에도 그는 벤담의 원칙이 담지한 평등주의적 내용을 아마도 가장 긍정적으로 재고해 볼 기회를 제공한다. 그러나 필자는 그의 해석이 롤즈의 '옳음의 우선성(the priority of right)' 개념뿐만 아니라 현대 공리주의의 기본 전략에 대한 심각한 오해를 포함한다고 논할 것이다. 후자를 설명하면서 '평등한 존중'에 대한 공리주의적 개념을 간략히 논의할 것이며, 이에 근거하여 목적론적 도덕론으로서의 공리주의에 대한 비판들이 가진 문제점을 지적할 것이다.

2. 목적론적 공리주의

킴리카는 '목적론적(teleological)' 공리주의와 '평등주의적(egalitarian)' 공리주의를 구분한다. 롤즈의 분석에 부합하는 목적론적 해석에 의하면 "가치의 극대화가 우선적이며 우리가 개인들을 평등하게 존중하는 것은 오직 그것이 가치를 극대화하기 때문이다. 우리의 최우선적 의무는 사람들을 평등하게 대우하는 것이 아니라 유익한 사태를 산출하는 것이다."(LCC, p.27) 그러므로 이러한 해석에서의 평등과 공정성은 "사회적으로 유용한 착각"에 불과하다(TJR, p.25). 목적론적 공리주의는 개인들이 아니라 특정한 사태들을 궁극적인 목적으로 설정한다. 킴리카는 이렇게 해석된 공리주의를 하나의 온전한 도덕론으로 인정하지 않는다: "적어도 우리의 일상적 견해로는 도덕성은 개인 간의 의무들— 우리가 서로에게 빚진 의무들— 이다. 그러나 우리는 누구에게 공리-극대화의 의무를 빚지고 있는가? 분명 그런 이론 속에서 흔히 등장하는 몰개인적인 이상적 관망자에게는 아닐 것이다. 왜냐하면 그는 존재하지 않기 때문이다. 그렇다고 최대 가치를 지닌 사태에게도 아니다. 왜냐하면 사태들은 도덕적 주장을 할 수 없기 때문이다."(LCC, pp.28-29) 요컨대 목적론은 전혀 도덕론이 아니다. 그것은 진정한 도덕적 의무와 주장의 담지자를 잘못 판별하기 때문이다. 만약 도덕적 의무가 전체 사회복지의 극대화로 규정된다면 "그것은 누구에 대한 의무인가?"(LCC, p.28) 킴리카의 도덕성 정의는 도덕적 의무와 주장의 진정한 담지자는 문화, 집단, 사회의 이해득실이 아니라 개별적 행위자들이라는 도덕적 개인주의의 가정을 함축한다. 이러한 도덕성 정의를 통하여 킴리카는 목적론적 공리주의는 정치윤리로서 심각하게 고려할 만한 학설이 아니라고 단언한다.

여기서 목적론과 결과주의(consequentialism)의 관계를 잠시 살펴보자. 모든 목적론은 결과론적인가? 결과주의는 모든 행위의 도덕적 가치는 그것의 결과에 달려 있다는 학설이다. 실은 행위만이 아니라 사회제도, 법률, 관행의 정당화도 그것들의 결과에 의존한다고 말한다. 그러므로 결과주의에서 어떤 행위의 옳음은 그것에 의해 야기된 결과의 좋음으로부터 도출된다. 이런 전형적 해석의 결과주의는 도덕적 평가의 대상들을 (예컨대 행위들을) 오직 비본래적 가치의 담지자로 취급한다. 윌리엄스(Bernard Williams)는 "공리주의의 몇몇 수용할 수 없는 특징들은 … 그것이 일종의 결과주의라는 점에", 즉 행위 자체와 그 동기가 지닌 본래적 가치를 부정하고 특정한 사태들만을 고려한다는 점에 있다고 논한다.[5]

아마도 가장 광범위하게 정의된 목적론은 행위들을 비롯한 도덕적 평가의 대상들이 본래적 가치를 담지할 수 있으며, 따라서 그것들의

---

5) J. J. C. Smart and Bernard Williams, *Utilitarianism: For and Against*(Cambridge: Cambridge University Press, 1973), p.79.

옳음은 그것들로부터 초래된 결과만이 아니라 부분적으로 그것들 자체의 본래적 가치를 통하여 결정된다고 인정할 수도 있다. 그런데 킴리카의 목적론 개념은 이처럼 포용적인 것이 아니라 윌리엄스가 정의한 결과주의에 상응하는 엄밀한 개념이다. 목적론적 공리주의의 최우선적인 의무는 가장 유익한 사태를 산출하는 것이다. "만약 내가 공리를 극대화하는 데 실패한다면 자신의 이해가 무시된 사람들은 나에게 특별한 불만을 가질 수 없다. 내가 가치의 극대화에 실패한 것에 대해서 그들에게 사과할 필요는 없다. 왜냐하면 … 나의 의무는 평등한 고려의 권리를 지닌 각각의 사람들에게 공평하게 응답하는 것이 아니기 때문이다."(LCC, pp.27-28)

목적론을 결과주의보다 한층 광범위하거나 적어도 외연적으로 동치인 개념이라고 가정하자. 당연히 모든 결과론은 목적론적일 것이다. 그런데 최근 30여 년 동안 '평등한 고려의 권리'를 결과론적 구조 안에서 설명하려는 상당수의 시도들이 있었다. 예컨대 스캔론(T. M. Scanlon)은 자신의 '2계층(two-tier)' 이론은 결과주의의 기본적인 설득력을 상실함이 없이도 온전한 평등 개념을 설명한다고 주장한다.[6] 그의 논변은 대략 다음과 같다. 만약 절차적 공정성과 분배적 평등 자체를 선(좋음)으로 간주한다면, 그것들은 예컨대 만족의 잔여량과 같은 다른 선들과 더불어 극대화되어야 할 종합적 성과의 가치를 결정하는 데 포함될 것이다. 그런 다음 실질적 권리들은 평등적 사태의 선을 증진하고 극단적인 결과론적 추리에 제한을 부여하기 위하여 결의론(決疑論, casuistry)의 단계에서 도입된다. 그 자체로 도덕적으로 유익한 사태들이 존재하며, 그러한 사태들의 최종적 가치는 만족의 잔여량과 더불어 공정성이나 평등의 선을 통하여 결정된다. 스캔

---

6) T. M. Scanlon, "Rights, Goals, and Fairness", in Samuel Scheffler ed., *Consequentialism and Its Critics*(Oxford: Oxford University Press, 1988). pp.74-92. 이하 RGF로 약칭하여 표기한다.

론은 이처럼 광의의 선 개념을 통하여, 그리고 실질적 권리들의 정당화는 결국 그것들이 증진하는 사태들의 가치에 의존한다는 의미에서, 자신의 '2계층' 이론을 결과론적이라고 논한다(RGF, p.75). '2계층' 이론은 증진해야 할 사태들의 가치를 계량함에 있어서 모든 개인의 이해를 평등하게 고려할 것을 요구함으로써 평등 개념을 결과론적 구조 안에서 설명하는 한 방식을 제안한다.

그런데 왜 스캔론의 '2계층' 이론은 목적론이 아닌가? 옳음을 좋음의 견지에서 정의하고 다시 좋음을 공정성이나 평등한 존중과 같은 도덕적 속성들로 정의하려는 목적론을 상정해 보자. 이런 목적론과 스캔론의 이론 사이에는 어떤 차이가 있는가? 그러나 롤즈의 용어법에 따르면, 스캔론의 이론은 명백하게 의무론적이다. 롤즈는 다음과 같이 진술한다: "그러나 한편 여러 선을 분배하는 그 자체도 또 하나의 선으로, 어쩌면 더 상위의 선으로 간주된다면 그리고 이러한 이론이 우리들에게 (타인들에게 분배될 선을 포함해서) 최대의 선을 산출하도록 지시한다면, 우리는 더 이상 고전적 의미에 있어서의 목적론적인 입장을 취할 수가 없게 된다. 분배의 문제는 당장 직감적으로도 옳음의 개념에 속하는 것으로 이해되며, 따라서 이러한 이론에는 선에 대한 독립적인 정의가 있을 수 없는 것이다."(TJR, p.22) 요컨대 목적론은 좋음을 공정성이나 평등한 존중과 같은 도덕적 속성들로 정의할 수 없다. 만약 좋음을 본래 옳음의 개념에 속하는 속성들로 정의한다면, 그 결론적 이론은 좋음을 옳음의 견지에서 정의할 것이다. 그러한 이론은 정의상 (목적론은 좋음을 옳음으로부터 독립적으로 설정한다는 정의에 의하여) 목적론이 아니라 의무론이다.[7]

---

7) David O. Brink, "Utilitarian Morality and the Personal Point of View", in *Journal of Philosophy*, 83(1986), pp.420-421. 브링크는 좋음과 옳음을 동일시하는 악순환에 빠지지 않고도 좋음을 특정한 도덕적 속성들을 참조하여 정의할 수 있는 목적론이 가능하다고 생각한다.

롤즈는 의무론을 "좋음을 옳음과 상관없이 규정하지 않거나 혹은 옳음을 좋음의 극대화로 해석하지 않는 입장"이라고 정의하며, 자신의 "공정으로서의 정의는 두 번째 의미에 있어서의 의무론에 속한다."고 말한다(TJR, p.26). 명백히 스캔론의 이론은 첫 번째 의미로 의무론적이다. 그것은 공정성과 평등을 도덕적 목적(moral goal)으로 설정하면서, 결국 좋음을 부분적으로 옳음과 결부시켜 규정하기 때문이다. 그런데 그의 이론은 두 번째 의미로도 의무론적인가? 필자의 견해로는 스캔론의 이론은 결과주의를 표방하는 만큼 모종의 극대화를 수용한다. 물론 공리주의적 극대화는 아니다. 나아가서 그는 한 보편적 목적, "우리의 삶에 관련된 중요한 요소들의 통제력에 대한 수용할 만한 분배를 증진하려는 목적"을 설정한다. 이 목적은 우리의 핵심적인 도덕적 관심사이며, 이것을 가장 효과적으로 성취하는 사태들은 실질적 권리들의 정당화와 해석에 있어서 중요한 역할을 수행한다(RGF, pp.86-87). 이런 의미에서 스캔론의 이론은 하나의 결과론 혹은 광의의 목적론이며, 모종의 극대화 개념이 내부에서 작용한다고 볼 수도 있다.

3. 평등주의적 공리주의

롤즈의 목적론/의무론 구분의 본래적 역할은 목적론적 공리주의와 자신의 의무론적 정의론의 차이를 선명하게 밝히는 것이다. 킴리카의 목표는 롤즈의 구분이 그 본래적 역할을 수행할 수 없음을 증명하려는 것이다. 킴리카에 의하면 평등주의적 공리주의는 의무론적 도덕론의 본질적인 조건, 즉 그것의 제일원칙이 개인을 평등하게 대우하는 방식을 정식화해야 한다는 조건을 만족시킨다. "공리주의는 개인들의 이해와 욕망을 결집하기 위한 절차, 어떤 교환이 용납할 만한가를 상술하고 사회적 선택을 결정하기 위한 절차다. 그것은 사람들을 평등하게, 평등한 관심과 존중을 가지고 대우하려는 도덕론이다. 그것은 모든 사람을 하나로 고려하며 그리고 누구도 하나 이상으로 고려하지 않음으로써 그렇게 한다."(LCC, p.25) 평등주의적 공리주의는 각 개인의 선호에 (그 선호가 무엇에 관한 것이든) 동등한 비중을 부여함으로써 개인을 평등하게 대우한다는 개념을 포용한다. 그리고 이 개념은 사회적 결정절차의 공정성을 위한 공리주의적 기반을 제공한다. 이 절차에 따라 행동하여 모든 개인의 이해를 평등하게 고려한다면, 공리의 극대화가 수반된다. 그러나 이 절차를 채택함에 있어서 최우선적 목표는 공리의 극대화가 아니다: "극대화는 단지 사람들의 선호를 공평하게 결집하려는 결정절차의 부산물(by-product)로서 발생한다."(LCC, p.25) 여기서의 평등은 우리의 의무를 규정하는 결정절차의 본질적 속성이다. 그러므로 우리는 모든 개인의 선호를 평등하게 고려할 '의무' 하에 있다고 말할 수 있다.

요컨대 롤즈식 정의론과의 우열을 떠나서 공리주의도 도덕적 관점으로부터 개인들의 이해의 중요성을 설명하는 한 방식이다. 공리주의는 "다른 어떤 이론들만큼이나 의무론적이다. 왜냐하면 그것은 각 개인을 존중되어야 하며 고유하고 평등한 지위를 가진 것으로 보기 때문이다."(LCC, p.26) 평등주의적 공리주의의 제일원칙은 벤담의 원칙이다. 그 원칙에 기초하는 사회적 결정절차는 사회윤리적으로 옳은 행동을 무조건 만족의 극대화로 규정하지 않으며, 각 개인이 평등한 고려의 대상이며 고유한 도덕적 주장의 담지자라는 사실을 부정하지 않는다.

롤즈의 공리주의 비판은, 공리주의는 각 개인이 타산적인 목적론자라는 사실을 일반화하여 사회적 선택에 적용한다는 분석에 근거한다. 킴리카는 이러한 분석을 단순히 거짓으로 단정하며 고전과 현대 공리주의자들의 실제 논변과는 거리가 멀다고 주장한다. 목적론은 개인들의 선호와 이해의 합리적 결집을 위한 사회적 결정절차를 제공하지 않는다. 왜냐하면 그것의 관심은 철저하게 선의 극대화에 집중되기 때문이다. 마찬가지로 목적론적 공리주의는 한 개인의 경우를 여러 개인들의 경우로 일반화함으로써 개인의 선호와 이해를 결집하는 사회적 결정절차를 제안하지 않는다. 그것의 궁극적 목적은 "개인들의 이해의 추정적, 합리적 결집"이 아니라, "어떤 의미에서는 미적 이념과 유사하며 도덕과는 무관한 이념인" 전체적 사회복지의 극대화다(LCC, pp.29-31).

킴리카에 의하면, 롤즈는 공리주의의 두 해석들을 혼동하였다: "롤즈는 (평등주의적) 해석에서 사회적-선택의 요소를 취하고 그것을 목적론적 요소와 결합한 다음, … 사회적-선택 공리주의자들은 개인의 합리적 선택의 경우를 일반화함으로써 (개인들의 차이를 무시하는 일반화에 의해) 목적론적 공리주의자들이 된다고 말한다. … 그러나 그것은 공리주의의 인위적인 재구성이다."(LCC, p.31) 그 혼동은 대략 이러한 것이다. 만약 롤즈가 공리주의를 정치윤리로서 심각하게 고려하였고 그것을 자신의 정의론과 비교하려 했다면 그는 애당초 그것을 목적론적이라고 단정하지 말았어야 한다. 왜냐하면 목적론적 공리주의는 사회적-선택의 이론이 아니므로 그 비교는 무의미할 것이기 때문이다.

킴리카 자신은 롤즈의 '원초적 입장(original position)'이나 드워킨(Ronald Dworkin)의 '자원의 평등(equality of resources)'을 공리주의보다 잠재적으로 우월한 평등이론으로 확신한다.[8] 그러나 그것들의 비교는 후자에 대한 정당한 해석, 즉 공리주의도 개인의 평등한 존중

---

8) Will Kymlicka, "Rawls on Teleology and Deontology", *Philosophy and Public Affairs*, 17(1988), p.178. 킴리카의 기본적인 정치윤리적 입장은 반공리주의적이란 점에 유의할 필요가 있다. 그는 롤즈식의 정의론이 개인들의 실제적 삶의 차등에 더 강력한 제약을 부가한다는 의미에서 더욱 평등주의적이라고 확신한다. 다만 모든 도덕론들이 동일한 평등주의적 지평에 기반함을 밝힘으로써 롤즈의 목적론/의무론 구분을 무력화하려는 것이다.

에 대한 이론이며 개인을 도덕적 주장의 주체로 확인한다는 해석하에서 전개되어야 한다. 이러한 해석의 근거로서 킴리카는 하르사니(John Harsanyi), 그리핀(James Griffin), 헤어(R. M. Hare)와 같은 유력한 현대 공리주의자들의 이름을 열거하면서, 그들은 모두 공리주의는 개인의 평등한 존중이라는 근본 원칙에 의해서만 성립될 수 있다고 믿었다고 주장한다.

4. 롤즈는 공리주의의 두 해석들을 혼동하였는가?

킴리카의 논의는 대체로 공리주의에 집중되나 그 결론은 훨씬 근원적이다. 옳음보다는 좋음에 우선성을 부여하는 모든 이론은 결코 온전한 도덕론이 아니다: "옳음을 선의 극대화로 정의하는 것은 … 도덕적 관점을 완전히 단념하는 것이다."(LCC, p.40) 따라서 롤즈의 목적론/의무론 구분은 도덕의 영역 안에서 적용 가능하지 않다. 만약 공리주의가 온전한 도덕론이라면 그것은 롤즈의 정의론과 더불어 '평등주의적 지평(egalitarian plateau)'을 공유한다. '옳음의 우선성'에 관한 한 그들 사이에 아무런 불일치도 없다. 그들의 비교는 오직 두 경쟁하는 평등이론들 혹은 의무론적 도덕론들 사이의 비교로 이해되어야 한다. 따라서 공리주의에 대한 정당한 비판은 옳음 혹은 좋음의 우선성의 문제와는 전혀 다른 각도에서 접근하여야 한다.

롤즈는 진정 공리주의의 두 해석들을 혼동하였는가? 분명 그가 공리주의를 원칙상 목적론적이라고 지적한 유일한 철학자는 아니다. 다른 수많은 철학자들에 의해 공리주의는 도덕과 무관한 이념을 설정하고 그것의 적용을 변칙적으로 도덕의 문제로까지 확장한다고 논해져 왔다. 롤즈는 벤담의 원칙이 공리주의의 정당화에서 수행하는 역할에 대하여 분명하게 의식하고 있다: "흔히 공리주의는 개인주의적인 것으로 생각하며, 또한 분명히 이에 대한 정당한 근거들도 있다.

공리주의자들은 자유권과 사상의 자유의 강력한 옹호자였으며, 또한 그들은 사회의 선은 개인들이 누리는 이득에 의해 구성된다고 주장한다."(TJR, p.26) 그러나 그는 즉각 이것을 부정한다: "적어도 공리주의는 개인주의적이지 않다." 벤담의 원칙은 공리주의에게 개인주의적 외양을 제공한다. 그러나 공리주의의 목적론적 본성은 모든 사회 구성원들의 욕망 체계들을 융합하며, 그로 인해 도덕적 개인주의와는 본질적인 측면에서 구별되는 '원자적 개인주의(atomistic individualism)'로 귀결된다.

요컨대 목적론적 이념과 '평등한 고려'라는 원칙의 어떠한 조합도, 만약 양자가 동등하게 근본적이라고 주장된다면, 결국 정합적일 수 없다. 아마도 이것을 부정하기는 어려울 것이다. 극대화 원칙과 벤담의 원칙을 동등한 기본 원칙들로 취급하면서 그것들을 조합하려는 시도에도 동일한 요점이 적용된다. 킴리카는 다음과 같이 언급한다: "공리주의자들은 평등한 고려에 대한 자신들의 설명에의 직관적 반대들을 물리치기 위하여 암묵적으로 선-극대화 표준에 의지한다. 실제로 목적론적 정당화와 평등주의적 정당화를 혼합할 수 있다는 것은 공리주의의 고유한 장점일 수도 있다. 불행하게도 그 두 가지 표준들을 동일한 이론 속에 채용하는 것은 단순히 비정합적이다. 우리는 도덕성을 근본적으로 개인들의 평등한 고려에의 요구를 존중하는 것이라고 말하는 동시에 도덕성을 근본적으로 선의 극대화라고 말할 수 없다. 어떤 공리주의자는 양자가 충돌한다는 것을 인식하지 못하고 양자의 입장을 모두 받아들이는 것 같다."(LCC, pp.41-42)

그러나 필자는 롤즈도 이 점을 분명하게 인식하였다고 생각한다. 목적론적 공리주의는 철저하게 선의 극대화에 몰두하므로 개인들의 차이를 심각하게 고려하지 않는다. 이렇게 개인들의 차이를 심각하게 고려하지 않는 도덕론으로부터 분배적 평등이나 공정성에 대한 그럴듯한 이론을 기대할 수 없다. 아마도 롤즈는 목적론적 공리주의는 사

300

회적 결정절차를 정의하지 않는다는 킴리카의 주장에 동의할지도 모른다. 그러나 문제는 그 목적론적 공리주의자들이 한 개인의 사례를 여러 개인들의 사례로 일반화함으로써, 그리고 경우에 따라서는 분배에 관한 하위 원칙들을 채용함으로써 사회적 결정절차를 정의하려고 시도한다는 사실에 놓여 있다(TJR, p.164). 그렇게 정의된 사회적 결정절차는 원천적 결점을 내포하고 있다. 왜냐하면 그것은 분배적 체계들 사이의 우열을 가려 줄 수 없는, 즉 공정성의 문제에는 아무런 염려를 기울이지 않는 원칙에 기반하고 있기 때문이다.

처음부터 킴리카가 선택한 '혼동'이란 단어는 그다지 적절하지 않았다. 공리주의에 대한 롤즈의 기술은 킴리카가 주장하는 '심각한 혼동' ─ 공리주의에 관한 비정합적인 두 해석들을 조합하려는 오류 ─ 을 범하지 않는다. 오히려 그는 이러한 오류는 공리주의자들 자신이 범한다고 대응할 것이다. 그것의 궁극적인 목적이 '전 사회적' 복지에 관여하는 한, 공리주의는 그 목적의 달성에 부합하는 공적 정책결정의 원칙을 필요로 한다. 이러한 필요와 '합리성의 이상(the idea of rationality)'을 좇아 공리주의자들은 '합리적 타산의 원칙'으로부터 (개인적 선택을 위하여 그들이 이미 채택한 원칙으로부터) 그러한 공적 정책결정의 원칙을 도출하려 시도한다. 그러나 그렇게 도출된 원칙은 결코 사회적 선택의 원칙으로서 적합하지 않다: "여하튼 계약론의 입장에서 볼 때 우리는 합리적 타산의 원칙을 공평한 관망자에 의해 구성되는 욕구의 체계로 확대하는 것만으로 사회적 선택의 원칙에 이를 수 없는 것이다."(TJR, p.26) 엄격하게 말하자면 목적론적 공리주의는 사회적 선택의 이론이 아니라는 것이다.

결론적으로 '심각한 혼동'은 없었다. 롤즈의 주장은 그저 일반적으로 목적론으로 분류되는 공리주의는 온전한 사회적 선택의 이론이 전혀 아니라는 것이다. 권리에 관한 고전적 공리주의의 접근방식을 평등주의적으로 재해석하려는 최근의 시도들과 간접적 공리주의의 활발한 전개를 고려한다면, 물론 모든 형태의 공리주의를 원칙적으로 목적론적이라고 단정하는 것은 단편적이고 '인위적인 재구성'이라고 논할 수도 있다. 또한 개인들의 이해의 평등한 고려의 원칙으로서, 벤담의 원칙은 일정한 평등주의적 내용을 담지하고 있다. 그럼에도 고전적 공리주의에서 이 원칙의 역할은 "평등이 우리에게 가진 도덕적 중요성을 설명하기에는 지나치게 도구적"이라는 것이 전형적인 반응이다(RGF, p.80). 모든 공리주의자가 극대화를 욕망하는 것은 아니라고 말하면서, 킴리카는 자신의 평등주의적 해석을 지지하는 유력한 공리주의자들을 인용한다(LCC, p.25). 그러나 필자는 그가 인용한 공리주의자들의 기본적인 주장이 결코 그의 평등주의적 해석을 지지하지 않는다는 것을 보여줄 것이다.

5. 평등 개념의 단계와 역할

평등주의적 공리주의의 기본 목적은 공리의 극대화가 아닌 개인들의 이해의 평등한 고려라는 주장으로 돌아가자. 공리의 극대화는 단순히 모든 개인의 이해를 평등하게 고려함으로써 실현되는 부수적 사태에 불과하다. 이 주장이 의미하는 바는, 공리주의는 개인의 평등한 존중을 그것의 도덕적 입장을 정당화하는 논변의 대전제로 채택하므로 그것의 도덕적 입장은 본질적으로 비목적론적이라는 것이다. 다시 말하자면 공리주의는 '개인을 평등하게 대우한다는 것이 무엇인가', 의무론적 도덕론을 목적론적 도덕론으로부터 구별하는 도덕적 평등 개념을 설명한다.

예컨대 시지윅(Henry Sidgwick)은 공리의 원칙을 정당화하는 두 가지 '철학적 직관들'을 거론한다. '형평의 원칙(the Principle of Equity)'과 '공평한 이타심의 원칙(the Principle of Impartial Benevolence)'이 그것이다.

(1) 형평의 원칙 : "단지 그들이 두 상이한 개체들이라는 이유로 그리고 그들을 차별할 만한 합당한 근거로 진술될 수 있는 본성이나 여건상의 어떤 차이도 없는데도, B가 A를 대우하는 데 있어서 그릇된 방식으로 A가 B를 대우하는 것은 옳을 수 없다."[9]

(2) 공평한 이타심의 원칙 : "각 개인은 다른 개인들의 선을 자신의 것만큼 존중할 도덕적 의무가 있다."(ME, p.382)

이 두 자명한 '실천이성의 공리들'은 각각 공평성으로서의 평등 개념을 내포하고 있으며, '타산적 사려의 원칙(the Principle of Prudence)'과 더불어 공리주의 체계의 합리적인 기초를 수립한다(ME, p.387). 여기서 평등의 원칙들은 공리주의의 도출을 위한 대전제로 제시된다. 이와 유사한 맥락에서 헤어도 "(모든 개인의) 이해에 동등한 무게를 부여하는 것이 … 바로 공리주의가 요구하는 것"이라고 논한다.[10]

킴리카는 다음과 같이 논한다. 롤즈가 벤담의 원칙을 하나의 평등주의적 원칙으로 인식하지 못했던 것은, 그리고 공리주의 역시 개인들의 차이를 심각하게 고려한다는 점을 인정하지 못했던 것은, 그가 별다른 논거도 없이 공리주의를 목적론으로 단정했기 때문이다. 하지만 몇몇 유력한 형태의 공리주의 이론들이 공리의 원칙을 정당화하기 위하여 평등주의적 대전제에 의존한다는 것은 (설령 그것이 사실이라고 해도) 킴리카가 생각한 만큼 롤즈의 '공평한 관망자 논증'에 치명적이지 않다.

평등은 '다단계(multi-level)' 개념이다: 이 개념은 한 도덕관의 상

---

9) Henry Sidgwick, *The Methods of Ethics*(7th edition, London: Macmillan and Company, 1907), p.380. 이하 ME로 약칭하여 표기한다.

10) R. M. Hare, "Rights, Utility, and Universalization: Reply to J. L. Mackie", in R. G. Frey ed., *Utility and Rights*(Minneapolis: University of Minnesota Press, 1984), p.107.

이한 단계들에서 상이한 지위와 역할을 수행한다. 한 도덕관의 '기초적인' 혹은 '정당화'의 단계에서, 평등은 '공평성(impartiality)'의 해석으로서 제시된다. 그것은 '도덕적 관점' 자체를 구성하는 그런 심원한 공평성 개념에 대한 해석이다.11) 따라서 모든 온전한 형태의 도덕관들은 어떤 식으로든 모든 개인은 공평한 지위를 부여받아야 한다는 것을 제안한다. 또한 정당화 단계에서의 한 도덕관은 공평성으로서의 평등 개념을 설명할 고유한 관점을 포함한다. 예컨대 롤즈의 '공정으로서의 정의'의 고유한 관점은 '이상적인 계약자(Ideal Contractor)'의 관점이다. 이상적인 계약자는 민주주의 시민으로서의 우리 자신에 대한 관념 속에 내포된 것으로 추정되는 자유롭고 평등한 개인들과 사회협력의 이념을 함축하고 있다. 이 관점에 기초하여 롤즈는 그가 '원초적 입장'이라 명명한, 그 안에서의 모든 개인은 '무지의 베일' 뒤에서 평등한 지위를 갖는 절차를 구상한다. 그의 논증은 자신의 정의의 원칙들은 이러한 평등주의적 입장으로부터 획득될 수 있는 유일한 원칙들임을 강조한다.

정당화 단계에서의 공리주의도 공평성으로서의 평등 개념을 설명한다. 벤담의 원칙은 이 개념의 공리주의적 표현이며, 공리주의 도덕론의 정당화를 위한 대전제로서 보일 수 있다. 공평성으로서의 평등 개념을 설명하는 공리주의 고유의 관점은 '이상적인 관찰자(Ideal Observer)'의 관점, 롤즈나 다른 비판가들이 논하는 것처럼, 개인들의 차이를 사상하는 신적인 관점에 의존한다. 이 관점으로부터 공리주의는 모든 개인들의 이해를 단일한 도덕적 판단 속으로 융합하므로, 그것은 바람직하지 못한 몰개인성으로 빠져드는 공평성에 대한 부적격한 설명이다. 공평성에 대한 적격한 설명과 부적격한 설명을 가름하

---

11) James Griffin, "Towards a Substantive Theory of Rights", in R. G. Frey ed., *Utility and Rights*(Minneapolis: University of Minnesota Press, 1984), p.150. 이하 TSTR로 약칭하여 표기한다.

는 것은 무엇인가? 이것은 매우 중대한 물음이나, 여기서 논의할 구체적인 물음은 롤즈의 목적론/의무론 구분이 한 도덕관의 어떤 단계에서 작용하는가에 관한 물음이다.

평등한 존중은 '기초적인' 단계에서 도덕적 관점을 구성한다. 그러나 이 단계의 원칙들은 너무나 모호하여, 그리핀이 주장하는 것처럼, "공평성에 대한 이렇게 다소 공허한 관념들에 필수적인 내용을 제공하는 것은" 그 다음 단계의 원칙들이다(TSTR, p.151). 실제로 이상적인 관찰자와 이상적인 계약자의 관점은 너무도 모호하게 기술되어 있어서 그들 자체로 도덕적 관점을 확립하려는 경쟁적인 방식들로 보이지 않는다. 한편으로 이상적인 계약자의 합리성은 그 계약자를 롤즈의 두 원칙들이 아닌 '평균 공리주의(average utilitarianism)'로 인도할 것이라는 강력한 논변이 있다.[12] 다른 한편으로 이상적인 관찰자의 이타심은 타인을 위한 한 개인의 희생을 무제한적으로 허용하지 않을 것이라는 논변도 있다.[13] 공평성에 대한 이렇게 모호한 관념들을 구별하는 방법은 그것들로부터 도출되는 것, 말하자면 기초적인 단계의 원칙들 혹은 관점들을 사실에 적용한 결과로서 도출되는 '실질적인(substantive)' 도덕원칙들을 살피는 것이다.

이상의 설명은 부분적으로 킴리카의 평등주의적 해석과 부합한다. '평등한 존중' 개념은 모든 도덕론의 필요조건이다. 킴리카와 현대 공리주의자들은 공리주의가 이 조건을 만족시킨다는 확신을 공유한다. 그러나 그들의 견해에는 중대한 불일치가 있다. 가장 두드러진 현상은 킴리카의 논의는 공리주의의 '정당화' 단계에 국한되는 반면

12) R. M. Hare, "Rawls' Theory of Justice", in Norman Daniels ed., *Reading Rawls: Critical Studies on Rawls' A Theory of Justice*(Oxford: Basil Blackwell, 1975), pp.81-107.

13) B. J. Diggs, "Utilitarianism and Contractarianism", in H. B. Miller and W. H. Williams eds., *The Limits of Utilitarianism*(Minneapolis: University of Minnesota Press, 1982).

에, 현대 공리주의자들은 '실질적인' 도덕원칙들의 단계를 강조한다 (TSTR, p.152). 기초적인 단계에서의 평등한 존중에 대한 심원하고 모호한 관념이 확정적 형태를 갖추고 옳은 행위를 규정하는 도덕원칙들로 구체화되는 것은 '실질적인' 단계에서다. 후자의 단계에서의 원칙들이 실질적인 권리들 사이의 그리고 권리와 단순한 효율성 사이의 교환구조에 제약을 가함으로써 도덕적으로 허용할 만한 교환들이 무엇인지를 결정한다.

그런데 벤담의 원칙은 실질적인 단계에서 이런 역할을 수행하는가? 시지윅의 논증에서 공리의 원칙은 자명한 평등주의적 전제들, 즉 형평의 원칙과 공평한 이타심의 원칙으로부터 도출된다. 정당화의 단계에서 평등 개념을 포용하는 것은 도덕론의 필요조건이다. 그러나 이것이 의무론적 도덕론의 충분조건일 수는 없다. 흔히 공리주의는 타인을 위한 한 개인의 '무제한적' 희생을 허용한다고 논해져 왔다. 말하자면 '모든 개인을 하나로 고려함'은 실질적인 단계의 교환구조에 도덕적 제약으로서 작용하지 않는다는 것이다. 평등은 롤즈의 실질적인 정의의 원칙들 각각의 본질적 속성인 반면에, 공리의 원칙의 실질적인 내용은 어떤 평등 개념도 포함하지 않는다. 후자는 단순히 공리의 최종합산을 극대화하라고 말할 뿐이다. 옳은 행위는 선을 극대화한다는 것뿐이다(ME, p.411).[14]

이러한 의미에서 그리고 바로 이 단계에서 롤즈는 공리주의를 하

---

14) 시지윅은 공리의 원칙이 분배의 양식들 사이의 우열을 가려 줄 수 없다는 것을 분명하게 의식하고 있었다(ME, p.416). 그는 자신의 형평의 원칙과 공평한 이타심의 원칙에서 표현된 "순수 평등"을 "특별한 정당화를 필요로 하지 않는 유일한 것"으로 생각한다(ME, p.417). 또한 Amartya Sen, "Utilitarianism and Welfarism", in *Journal of Philosophy*, 76(1979), pp.463-489를 참조함. 여기서 센은 시지윅의 평등주의적 원칙들은 모든 공리주의의 공통 요소인 '성과 공리주의(outcome utilitarianism)'와 상충한다고 논한다. 이런 취지에서 그는 "시지윅은 공리 총합의 크기와 공리 분배의 평등 사이의 어떠한 교환의 가능성도 받아들이지 않았던 것 같다."고 지적한다(p.469).

나의 목적론적 도덕론으로 정의하는 것이다. 그것이 평등주의적 원칙에 의해 정당화되는가와 무관하게 공리주의를 하나의 목적론으로 해석하는 것은 행위와 사회제도의 평가에 적용되는 그것의 실질적인 기준이 어떠한 평등 개념도 담지하지 않는다는 점에 주목한다. 즉 공리주의의 정당화 단계에서 채용된 평등주의적 전제인 벤담의 원칙은 그 자체로 '옳은 행위의 원칙(a Principle of Right Conduct)'이 아니다. 프리만(Samuel Freeman)은 다음과 같이 말한다: "우리는 옳은 행위의 원칙들을 도덕적 추리의 원칙들로부터 구별해야 한다. (롤즈의 견해에서 이것은 그가 옳음(the Right)이라고 부른 것과 합당함(the Reasonable)이라고 부른 것을 구분한다.) 어떤 완전한 도덕론에서도 전자는 후자의 부분집합이다. … 도덕적 추리의 모든 원칙들이 옳은 행위의 기준을 제공하는 것은 아니다. 대신 그들은 무엇이 옳은 행위인가를 결정하기 위하여 우리가 의지하는 옳음의 원칙들을 발견하고 정당화하고 적용하도록 우리를 도와주는 별개의 역할을 수행한다. 이런 의미에서 평등한 고려에 대한 공리주의적 원칙은 전혀 옳은 행위의 원칙이 아니다."15)

논란의 여지없이 공리주의에 있어서 옳은 행위는 선을 극대화한다. 한편으로 킴리카의 평등주의적 해석에 따르면 극대화는 옳은 행위의 원칙이 아니다. 한 행위의 옳음은 그것이 선을 극대화하기 때문이 아니다. 다른 한편으로 프리만의 주장에 따르면 벤담의 원칙은 (혹은 시지윅의 논증에서 형평의 원칙과 공평한 이타심의 원칙은) 옳은 행위의 원칙이 아니라 기초적인 단계에서 작용하는 '도덕적 숙고(moral deliberation)의 원칙'이다. 이 원칙은 또한 우리가 해야 할 일들을 결정하기 위하여 공리의 원칙을 적용하는 데 있어서 작용한다. 그러나 그 자체로 옳은 행위의 원칙은 아니다. 왜냐하면 그것은 "도덕적 행

---

15) Samuel Freeman, "Utilitarianism, Deontology, and the Priority of Right", in *Philosophy and Public Affairs*, 23(1994), p.326.

위자가 그에 따라 행동할 수 있는 아무런 의무도 명시하지 않으며, 행위와 제도가 옳은지 혹은 정의로운지를 평가할 실질적인 기준을 제공하지도 않기" 때문이다.[16]

롤즈의 목적론/의무론 구분은 옳은 행위의 원칙들과 의무들을 명시하는 실질적인 기준의 단계에서 작용하도록 고안되었다. 앞서 설명한 것처럼, 킴리카는 공리의 극대화는 그 자체로 누구에 대한 의무도 아니므로 목적론적 공리주의는 온전한 도덕론이 아니라고 논한다. 그런데 그의 평등주의적 해석에 대하여 다음과 같이 되물을 수 있다. 공리주의에 있어서 '모든 개인의 이해를 평등하게 고려하라'는 것이 하나의 '의무'인가? 일부 공리주의자들이 행위의 옳음에 대한 선-극대화 표준을 거부하더라도, 그들이 '모든 개인의 이해를 평등하게 고려하라'를 옳은 행위의 원칙으로서 혹은 하나의 의무로서 제안할 것 같지는 않다. 이와 대조적으로 롤즈의 '공정으로서의 정의'가 의무론적인 것은 그것이 어떤 극대화 논리도 수용하지 않을 뿐만 아니라, "공정한" 제도에 대한 그것의 실질적인 기준이 "평등한 자유의 원칙(a Principle of Equal Liberty)"에 기반하며 "경제적, 사회적 불평등은 모든 사람의 이익을 가져오는 경우로 국한하기" 때문이다. "만족의 최대 순수 잔여량을 달성한다는 문제는 공정으로서의 정의에서는 결코 일어나지 않기" 때문이다(TJR, pp.26-27).

자신의 평등주의적 해석을 재구성하는 자리에서 킴리카는 "공리를 극대화하라는 요구는 전적으로 개인들을 평등하게 고려해야 한다는 선행하는 요구로부터 도출된다."고 말한다. 그의 논변은 대략 다음과 같이 전개된다:

(1) 개인들은 중요하다. 그리고 평등하게 중요하다.
(2) 그러므로 각 개인의 이해에 동등한 비중이 부여되어야 한다.

---

16) 같은 글, p.326.

(3) 그러므로 도덕적으로 옳은 행위는 공리를 극대화할 것이다.[17]

위의 논변은 "평등한 관심과 존중에 대한 권리"가 벤담의 원칙과 공리주의 자체로 인도하는 계율이라는 헤어의 생각과 상통한다.[18] 이 논변에서의 공리주의는 모든 개인의 평등한 존중을 도덕적으로 옳은 행위의 기준으로서 제안하는 동시에, 극대화는 모든 개인을 평등하게 존중하는 절차의 "부산물"이라는 주장을 재확인한다.[19] 그러나 만약 공리주의가 진정 평등주의적 학설이라면, 본질적으로 개인의 평등한 존중에 대한 학설이라면, 왜 그것은 도덕적으로 옳은 행위의 결과가 공리를 극대화할지를 염려하는가? 직관적으로 생각해 볼 때, 모든 개인의 이해에 동등한 비중을 부여하는 것이 항상 공리를 극대화하는 것은 아니다. 그럼에도 공리주의자들은 그렇게 하는 것을 도덕적으로 옳은 행위로 간주할 것인가? 단언하기는 어렵지만, 그들은 그러하지 않을 것이다. 요컨대 '모든 개인의 평등한 고려'라는 형식적 요청은 그 자체로 우리가 무엇을 해야 하는가에 대하여 그다지 많은 것을 함축하지 않는다.

6. 현대 공리주의의 전략에 대한 킴리카의 오해

분배의 문제들에 무신경하다는 비판에 대하여 공리주의자들은 이렇게 대응할 수도 있다: 공리의 원칙의 적용에 있어서 벤담의 원칙을 준수함으로써 공리주의는 모든 개인을 평등하게 존중하는 동시에 공정성과 분배의 문제에 깊이 관여한다. 이와 유사한 맥락의 논변을 현

---

17) Will Kymlicka, *Comtemporary Political Philosophy*(Oxford: Oxford University Press, 1990), p.31.

18) R. M. Hare, "Rights, Utility, and Universalization: Reply to J. L. Mackie", p. 107.

19) Will Kymlicka, *Comtemporary Political Philosophy*, p.35.

대 공리주의자들, 예컨대 헤어와 그리핀 등의 저술에서 발견할 수 있다. 킴리카는 바로 이들이 자신의 평등주의적 해석을 뒷받침한다고 믿는다. 그러나 그의 해석은 결코 그들의 텍스트로부터 예증되지 않으며, 그들의 기본 전략에 대한 그의 오해는 사소하지 않다.

무엇보다도 평등주의적 공리주의는 한 개인의 사례로부터 여러 개인들의 사례로 일반화하지 않는다는 킴리카의 주장과는 반대로, 현대 공리주의자들은 공리주의가 개인 내적인 교환구조를 개인 간의 교환구조로 전용한다는 사실을 부정하지 않는다. 차라리 그들의 전략은 이러한 전용이 결코 개인들의 차이와 독립성을 간과하지 않는다고 주장하는 것이다. 예컨대 헤어는 다음과 같이 논한다: 모든 개인의 이해를 평등하게 고려하려면 그들의 이해를 "타산적인 개인 자신의 현재와 미래의 이해를 취급하는 것과 동일한 방식으로" 취급하는 것은 어쩔 수 없다. 하지만 이렇게 하는 것이 개인들의 차이를 묵살하는 관점을 요구하지 않는다.[20] 공리의 극대화를 지향하면서 개인들의 이해를 융합한다 하더라도, 공리주의는 확실히 그들을 구별되고 독립적인 존재들로 본다. 이 정도는 이미 벤담의 원칙으로부터 보장된다.

또한 그리핀은 다음과 같이 적는다: "누구도 '독립성'이란 사실을 간과하지 않았으며 한 그룹의 개인들이 단일한 초인(super-person)이라는 망상 따위는 없으므로 공리주의자들이 독립성을 간과한다는 항의는 우리는 개인 내적인 교환모델을 개인 간의 교환으로 전용해서는 안 된다는 주장에 지나지 않는다. 이것은 평등한 존중에 대한 한 견해의 표현이기는 하나 그렇다고 이것을 선택할 이유는 아니다."[21] 요컨대 개인 내적인 교환구조를 개인 간의 교환구조로 전용하는 것

---

20) R. M. Hare, "Rights, Utility, and Universalization: Reply to J. L. Mackie", p.107.

21) James Griffin, *Well-Being*(Oxford: Clarendon Press, 1986), pp.169-170. 이후 WB로 약칭하여 표기한다.

자체가 평등한 존중에 대한 공리주의적 관념을 배제할 정당한 이유로 간주될 수 없다는 것이다. 공리주의는 개인들의 이해를 그것을 극대화하는 단일한 도덕적 판단 속으로 융합한다. 아마도 비판가들에게는 바로 이 부분이 평등한 존중에 대한 공리주의적 관념의 최대 결점일 것이다. 그러나 그들은 이것이 평등한 존중에 대한 하나의 견해라는 점을 인정해야 한다. 공리주의자들은 개인들의 이해를 단일한 도덕적 판단 속으로 융합하는 것이 그들 각각의 이해를 보호하는 최선의 정책이라고 생각한다. 개인 내적인 교환구조를 개인 간의 교환구조로 전용하는 것에 동반하는 기술적(技術的) 결함들이 무엇이든, 공리주의도 본질적으로 평등한 고려에 대한 하나의 이론이다.

둘째, 평등한 존중에 대한 공리주의적 관념은 극대화 기준 속에 내재되어 있다. 앞서 언급한 것처럼, 킴리카는 극대화 기준과 평등한 고려의 기준 모두를 동일한 이론 속에 결합하는 것에 반대한다(LCC, pp.41-42). 정합적인 공리주의적 입장은 둘 중의 하나만을 제일원칙으로 삼아야 한다는 것이다. 그러나 이러한 주장은 그 두 기준들을 불가분한 것으로 보지 않고, 서로 독립적인 아마도 서로 충돌하는 것으로만 보는 데서 기인한다. 공리주의가 단일 원칙적인 도덕론임을 부정하기는 어렵다. 벤담의 원칙은 공리의 원칙 위에 있거나 혹은 그것을 넘어서는 독립된 원칙이 아니다. 그것은 단순히 공리의 원칙의 적용에서 작용하는 한 부분일 뿐이다(WB, p.168). 개인들의 이해를 융합함에 있어서 공리주의의 목적은 명백히 그들의 이익을 극대화하는 것이며, 아마도 '그것이 누구의 이익일 것인가'에는 무신경할 것이다. 그럼에도 불구하고 공리의 원칙은 분배의 원칙이다. 옳거나 그르거나, 평등한 존중에 대한 공리주의적 관념은 "어떤 경우에 다른 개인들을 위한 한 개인의 희생이 정당화되는가?"에 대한 하나의 견해다.

이런 견지에서 그리핀은 "분배적 원칙들과 집합적 원칙들을 첨예하게 대비시키는 것은 그저 현대적 혼란일 뿐"이라고 말한다(WB, p.168). 이러한 혼란은— 보통 경제학자들이 하듯이 — 집합적 원칙들을 순전히 '효율성(efficiency)의 원칙'으로만 간주하고, 그 외의 원칙들을 공정성의 원칙으로 간주할 때 생겨난다. 한편으로 집합적 원칙들도 얼마든지 분배적 원칙들로 기능할 수 있다. 다른 한편으로 롤즈의 '차등의 원칙(the Difference Principle)'처럼 어떤 분배적 원칙도 아무런 집합적 경향도 없이 철저히 분배적일 수는 없다. 철저히 분배적인 원칙은 오로지 모든 사람들을 동일하게 참담한 수준으로 전락시킴으로써만 만족될 수 있다. 모든 그럴듯한 도덕론들은 "모든 사람은 평등하게 중요하다."는 관념을 전제한다. 그런데 여기서 "분배의 형식적 특징만을 강조하는 것은 '평등하게'를 생각하면서 '중요하다'라는 것을 망각하는 것이다."(WB, p.169) 이런 발언은 물론 공리주의는 공적 정책결정을 사회복지에 대한 집합적 개념에 종속시킨다는 롤즈식의 비판을 겨냥한 것이다. 철저히 집합적이라면 공리의 원칙은 다른 개인들 혹은 집단들을 위한 한 개인의 무제한적 희생을 방지할 선을 그릴 수 없을 것이다. 이에 대하여 가능한 공리주의적 응답은 공리의 원칙은 이중적 임무를 수행한다는 것이다: 그것은 집합적인 동시에 분배적인 원칙이다. 그리고 이러한 의미에서 공리의 원칙 역시 "개인의 평등한 존중이 요구하는 분배에 대한 또 하나의 관념을 제안한다."(WB, p.169) 많은 학자들이 공리의 원칙의 분배적 측면을 평등한 존중에 대한 다른 견해, 예컨대 계약론적 견해 위에서 반대하였다. 그러나 그 원칙을 철저히 집합적인 원칙으로 보는 것은 분명한 편견이다.

집합적 원칙과 분배적 원칙의 첨예한 구분에 반대하는 것은 목적론/의무론 구분을 약화시키는 효과를 가진 것처럼 보인다. 어쩌면 그렇게 하는 것은 공리주의를 다른 이론들만큼이나 의무론적이라고 말하는 것처럼 들릴 수도 있다. 그러나 필자는 킴리카의 평등주의적 해석에 동의하지 않는다. '극대화'는 개인들을 평등하게 대우하는 절차의 부산물이 아니다. 차라리 공리의 원칙은 평등한 존중의 메커니즘을 내장한 집합적 원칙이라고 말하겠다. 평등한 존중에 대한 공리주의적 관념을 평가하기 위하여 우리는 먼저 그것을 분배적 방침으로 수용하는 데 찬성하는 혹은 반대하는 이유들을 정리해야 한다. 그것을 시작부터 고려의 대상으로부터 배제하는 것은 공정한 태도가 아니다.

요컨대 킴리카의 평등주의적 해석은 롤즈와 현대 공리주의의 기본 전략에 대한 심각한 오해들을 내포하고 있다. 먼저 그의 해석이 기초하는 추론과정을 다음과 같이 정리해 보자: (1) 평등주의적 원칙에 의해 정당화된다는 것은 좋음이 아닌 옳음에 우선성을 부여한다는 것이다. (2) 좋음이 아닌 옳음에 우선성을 부여한다는 것은 의무론의 본질적 특성이다. (3) 공리주의의 정당화가 기초하는 벤담의 원칙은 본질적으로 좋음이 아닌 옳음에 우선성을 부여하는 평등주의적 원칙이다. (4) 그러므로 공리주의도 하나의 의무론으로 간주될 수 있다. 이 추론과정에서 평등주의적 원칙에 의해 정당화됨은 모든 도덕론의 필요조건인 동시에, 좋음이 아닌 옳음에 우선성을 부여함과 동일시된다. 다시 좋음이 아닌 옳음에 우선성을 부여함은 의무론적 도덕론의 결정적인 조건이다. 시종일관 킴리카는 의무론을 '옳음의 우선성'과 동일시한다. 그리하여 벤담의 원칙이라는 평등주의적 원칙에 의해 정당화된 공리주의 이론들은 의무론적 도덕론의 결정적인 조건을 만족시킨다.

그러나 위의 추론은 관련 문제들을 지나치게 단순화한다. 롤즈의 도덕론에 있어서 옳음의 우선성의 역할은 그 도덕론의 구조와 실질적인 내용을 기술하는 것이지, 그것의 절차적 정당화가 아니다. 옳음의 우선성은 도덕적으로 허용할 만한 목적들과 가치관들을 규정한다: "옳음의 원칙들이나 정의의 원칙들은 가치 있는 만족들의 한계를 설정하며, 무엇이 각자에게 있어서 합리적인 가치관인가에 대한 제한을 부여한다."(TJR, p.27) 이와 대조적으로 벤담의 원칙은 오직 공리의 원칙을 정당화하고 적용하는 데 관련된 형식적 원칙만을 제공한다. 그것은 "유사한 상황들을 유사하게 취급하라."든지 "한 개인은 무제한적으로 희생될 수 없다."는 식의 제1수준의 원칙들과 마찬가지로 내용적으로 공허하다. 그런 공허한 원칙들은 실질적인 도덕 관점을 고정하지 않는다. 그것들은 아마도 "너무 많은 것을 열어 두기 때문에 무언가 더 넣어 주기 전에는 그것들로부터 아무것도 나올 수 없다."(TSTR, p.152) 따라서 롤즈의 '옳음의 우선성' 개념에 상응할 만큼 벤담의 원칙이 우리에게 무언가를 말해 줄 것이라고 기대할 수 없다(TJR, p.28).

현대 공리주의의 기본 전략에 대한 킴리카의 오해는 이런 것이다. 겉보기와는 다르게 롤즈의 목적론/의무론 구분은 그다지 명료하지 않다. 예컨대 그 구분의 설명에서 중심적으로 언급되는 '개인들의 차이' 혹은 독립성이란 개념은 지독히도 모호한 개념이다. 롤즈의 구분은 그저 목적론의 한 해석과 의무론의 한 해석을 제공할 뿐이다. 이 구분은 집합적 원칙과 분배적 원칙의 구분과 평행선상에 위치한다. 그리핀이 주장하는 것처럼 후자의 구분이 그저 불행한 현대적 혼란이라면, 전자도 마찬가지다. 이런 식으로 현대 공리주의의 기본 전략은 공리주의를 다른 이론들만큼 의무론적이라고 주장하는 것이 아니라, 애초부터 그 특정한 구분 자체를 심각하게 받아들일 이유가 없었다는 것이다.

공리주의자들은 모든 실질적인 권리론들을 포용하는 광범위한 목적론 개념을 상정할 수도 있다. 예컨대 그리핀은 "권리에 대한 (모든) 실질적인 이론의 제1수준은 일반적으로 목적론적 골격(teleological framework) 안에서 구성된다."고 논한다(TSTR, pp.145-146). 자율성이나 자유와 같은 근본적인 가치들도 "목적론적 구조에 속하는 것으로 가장 잘 이해되며", 그 구조의 근본 목표는 "가치 있는 삶의 방식들"이다(TSTR, p.150). 한 실질적인 권리론이 되려면 공리주의 역시 그 권리들에 의해 보호되는 가치들을 포용하는 목적론적 골격을 공식화해야 하며, 이는 유연한 공리 개념의 정의를 통하여 얻어질 수 있다. 따라서 공리주의자가 제일 먼저 할 일은 공리 개념과 실질적인 가치들 사이의 연결고리들을 발견하는 것이다. 이러한 의미에서 공리주의는 다른 어떠한 실질적인 권리론들만큼 목적론적이다. 예컨대 스캔론의 권리론은 우리의 삶에 중요한 요소들에 대한 통제권의 수용할 만한 분배를 증진시키고 유지한다는 '일반적인 목적'을 설정하며, 이 일반적인 목적이 그의 권리론이 구성될 일종의 목적론적 골격이 된다고 말할 수 있다. 그리고 그 목적론적 골격 안에서 무언가가 극대화될 것이다. 모든 설득력 있는 분배적 원칙들은 집합적 요소를 가진다는 말은 이러한 의미에서다. 물론 스캔론과 여타 의무론자들이 말하는 것처럼 그 무언가는 "공정성과 평등이라는 목적이 이론 안에서 수행하는 역할에 비추어 볼 때, 단순히 개인들의 이익의 총합일 수는 없다."(RGF, p.86)

킴리카는 롤즈의 정의론과 공리주의 사이의 쟁점은 개인들이 서로 다른 도덕적 주장을 가질 수 있는지가 아니라 정의의 원칙을 정식화함에 있어서 어떻게 각 개인의 주장에 평등한 비중을 부여할 것인지에 대한 것이라고 주장한다. 필자는 이 주장에서만큼은 킴리카가 옳다고 생각한다. 그러나 공리주의는 공적, 사회적 정책결정을 위한 절차 속에서 어떠한 대가를 치르더라도 개인의 평등적 지위의 존중을 요구한다는 그의 주장은 공리주의 이론들 내에서의 극대화 원칙의 중요성을 지나치게 폄하하고 있다. 게다가 롤즈는 바로 '옳음의 우선성' 개념에 근거하여 개인들의 '이해'의 평등한 고려를 거부한다. 킴리카는 각 개인의 선호에 그 선호의 내용과 관계없이 동등한 비중을 부여함은 비록 최상은 아니지만 '평등한 고려'라는 개념을 설명하는 하나의 방식일 수는 있다는 주장을 반복한다. 그러나 롤즈의 '옳음의 우선성' 개념은 욕망과 선호의 내용에 깊이 관여한다. 그에 의하면 욕망들은 그저 주어지는 것이 아니며 그것들의 내용은 옳음의 원칙들과 호환되어야 한다. 만약 그것들이 옳음의 원칙들과 상충한다면, 그것들의 만족은 정치적 정책결정에 있어서 아무런 가치도 담지하지 않는다. 따라서 '옳음의 우선성'에 의해 제약됨이 없이 각 개인의 선호에 동등한 비중을 부여하는 것은 결코 평등한 존중의 개념을 설명하는 방식일 수 없다. 말하자면 킴리카는 '개인'의 평등한 존중과 '이해'의 평등한 존중 사이의 중대한 구분을 미처 인식하지 못했던 것이다.

일부 공리주의자들은 이러한 구분을 인정하지 않는다. 헤어는 "어떤 사람을 염려한다는 것은 그의 선을 추구하는 것 혹은 그의 이해를 증진시키려는 것이다; 그리고 모든 사람을 평등하게 염려한다는 것은 그들의 선을 평등하게 추구하는 것 혹은 그들의 이해에 평등한 비중을 부여하는 것이다."라고 말한다.[22] 이에 대한 의무론자들의 전형적인 대응은 '개인'은 복지나 공리의 견지에서 완전히 설명될 수 없는 측면들을 가진다는 것이다. 그들은 자율성(autonomy)이나 개인적 자유(personal liberty)와 같은 근본적인 가치들이 바로 복지나 공리의 개념으로 설명될 수 없다는 측면들과 연결되어 있다고 생각한다. 그래서 공리주의자들은 항상 이러한 가치들 혹은 측면들이 어떻게 공리 개념과 연결될 수 있는지를 증명할 부담을 안고 있다. 그러한 증명은 평등 개념에 대한 그들의 접근에서 제일보에 해당한다.

---

22) R. M. Hare, "Rights, Utility, and Universalization: Reply to J. L. Mackie", p.107.

7. 나오는 말

롤즈는 여러 철학적 도덕론들의 원칙들을 분류하기 위하여 "집합-배분의 이분법"을 채용한다(TJR, p.32). 이러한 이분법은 흔히 공리의 원칙을 순전히 집합적 원칙 혹은 '효율성의 표준'으로 특징짓도록 오용된다. 롤즈는 설득력 있는 도덕관은 집합적 원칙과 분배적 원칙 모두를 포함해야 한다고 생각하고 있다. 여기서 중대한 문제로 대두되는 것은 우선순위의 문제, 즉 "어떻게 이 두 원칙 상호간의 비중을 가려 줄 것인가"의 문제다(TJR, p.32). 그런데 그의 주장에 따르면 고전적 공리주의에서는 결코 우선순위의 문제가 발생하지 않는다. 왜냐하면 고전적 공리주의는 "단일 원칙적인 입장"이기 때문이다(TJR, p.36). 이 단일 원칙, 즉 공리의 원칙은 우리의 판단을 체계화하는 동시에 분배에 대한 "후속하는 모든 기준들을 불필요한 것으로 만들어 버린다."(TJR, pp.38-39) 그러나 이것은 롤즈와 여타 의무론자들 사이에서 지배적인 하나의 해석에 지나지 않는다. 공리주의가 단일 원칙적인 도덕론임은 틀림없는 사실이다. 그러나 평등한 존중은 이 단일 원칙의 필수적인 구성요소다. 평등한 존중은 극대화와 분리될 수 있는 별개의 목표가 아니다. 킴리카는 전자를 근본적인 목표로, 후자를 단순히 그 목표를 달성하려는 절차의 부산물로 보고 있다. 필자의 견해로는 이것은 심각한 오해다.

확실히 평등은 타산적 가치가 아니라 도덕적 가치다. 평등은 우리의 실질적인 권리들이 단순히 타산적 가치들 이상의 것에 기초하고 있음을 말해 주는 가장 좋은 사례다. 평등한 존중의 공리주의적 관념에 대한 표준적인 비판은 공리주의는 개인 내적인 교환구조를 개인 간의 교환구조로 전용한다는 롤즈식의 비판이다. 킴리카는 평등주의적 공리주의는 이러한 전용을 범하지 않는다고 응답한다. 하지만 지금까지 논의한 것처럼, 이러한 응답은 현대 공리주의의 기본 전략에 대한 심각한 오해다. 그 전략은 개인 내적인 교환구조를 개인 간의 교환구조로 전용하는 것을 인정한다. 극대화는 양자의 교환에서 공리주의의 기본 정책이며, 개인 간의 교환의 맥락에서 이 정책을 수행하기 위하여 개인들의 이해를 단일한 도덕적 판단 속으로 융합하는 것은 피할 수 없는 선택이다.

롤즈를 비롯한 자유주의적 권리론자들은 개인 내적인 교환과 개인 간의 교환의 차이, 즉 단수 개인의 사례와 복수 개인들의 사례 사이의 차이는 중대한 도덕적 함축을 지닌다고 생각한다. 그러나 필자의 견해는 이러한 차이가 그 자체로 개인 간의 교환에서 극대화 접근방식의 부적합성을 혹은 비극대화 접근방식의 적합성을 단정하는 근거일 수 없다. 개인 간의 교환에 대한 롤즈식의 평등주의적 제약은 '개인들의 차이' 자체에 함축된 도덕적 제약이다. 그러나 이것은 평등한 존중에 대하여 공리주의와 경쟁하는 한 관념의 표현일 뿐이며, 앞서 언급한 것처럼 지극히 모호하다. 극대화는 공리 계산의 상황에서 각 개인을 하나로 고려한다는 형식적 요구만을 포함한다는 점에서 평등한 존중을 위한 최상의 정책은 아니라고 보일 수도 있다. 그럼에도 불구하고 모든 개인의 선호에 평등한 비중을 부여함으로써 공리를 극대화한다는 것은 평등한 존중을 위한 하나의 정책인 동시에, 옳거나 그르거나 분배에 관한 하나의 견해를 제시한다. 평등한 존중에 관한 다른 모든 입장들과 마찬가지로, 공리주의는 어떤 경우에 다른 개인들을 위한 한 개인의 희생이 정당화되는가를 설명하려 한다.

마르크스의 『자본』과 롤즈의 『정의론』의 대조·비교:

롤즈와 비시장 사회주의적 좌익들과의 대화

박병섭

전북대 철학과 강사

1. 서론

1) 관점 문제: 마르크스와 롤즈의 대조·비교의 방법론

마르크스와 롤즈 사이의 대조·비교 결과는 어떤 마르크스이고 어떤 롤즈냐에 따라 달라진다. 롤즈와 분석 마르크스주의자나 시장 사회주의자를 비교하기는 쉽지만 '비시장 사회주의'적이며 '좌익'적인 마르크스주의와 비교하기는 어렵다.

모든 글은 항상 시대와 장소의 제약조건 속에서 전개된다. 이 논문이 염두에 둔 비시장 사회주의적 좌익 마르크스주의는 마르크스주의의 핵심을 착취 혹은 계급투쟁으로 보는 '쇄신된' 마르크스-레닌주의('비제도적 투쟁정당론')이고, 알튀세르주의('비국가코뮌론')이고, 고르터의 평의회와 당 공산주의("부문, 지역, 국경을 넘어 노동자 민중 평의회로")이고, 륄레의 평의회 공산주의(『마르크스의 '경제학 비판'과 평의회 마르크스주의』, 윤소영, 공감, 2003)이고, 네그리의 '노동해방주의'(자율평론), 토니 클리프와 캘리니코스의 트로츠키주의(국제사회주의그룹[IS]) 등이다. 이 논문이 염두에 둔 롤즈주의는 롤즈의 정의의 원리 두 가지를 문자 그대로 신뢰하는 것이다.

이 글은 ('비시장 사회주의'적 '좌익') 마르크스와 롤즈를 효과적으로 대조·비교하기 위해서 제3의 관점(브로델의 문명사적 관점)을 취하고 있다.

2) 브로델의 문명사적 관점

브로델의 문명사적 관점(브로델, 『문명사』, 2절)에 따르면, 문명사란 모든 사회과학을 포함한다. 모든 사회과학이란 (1) 지리 영역(지리 영역들로서 문명들), (2) 사회(사회들로서 문명), (3) 경제(경제들로서 문명), (4) 집단심리(사상 양식들로서 문명들)다.[1]

『정의론』은 제1부 원리론, 제2부 제도론, 제3부 목적론으로 구성되어 있다.[2] 브로델의 분류법으로 『정의론』의 대상을 보면, (1) 사상(정의감), (2) 사회(정의의 제1원칙), (3) 경제(정의의 제2원칙)를 다루고 있다. 『정의론』에서 제1원칙(자유의 원칙)과 제2원칙(차등의 원칙)은 『자본』의 관점에서 보면, 정치와 경제를 다루고 있다.

『자본』은 제1권 자본주의의 생산과정, 제2권 자본주의적 유통과정, 제3권 자본주의적 생산의 총과정을 다루고 있다. 위의 브로델적 분류법으로 『자본』의 연구대상(알튀세르적 관점[3])을 보면, (1) 경제(착취), (2) 사회(토픽 1 ≒ 경제/국가 + 이데올로기적 국가장치), (3) 집단

---

1) Fernand Braudel, *A History of Civilizations*(1963, 1987), trans. by Richard Mayne(Penguin Books, 1993), pp.9-23.

2) 정의의 개념은 다양한 것이고 롤즈의 『정의론』은 롤즈에게 고유한 '정의론'이다. 크리스찬 아카데미 엮음, 『정의의 철학』(영학출판사, 1984) 참조.

3) 루이 알튀세르, 「마침내 마르크스주의의 위기가!」(1977), 「우리를 마르크스로부터 분리시키는 것」(1980); 에티엔느 발리바르, 「조커 마르크스」(1981), 「정치경제학 비판」(1982) 등.

심리(토픽 2 = 이론/이데올로기)를 다루고 있다.『자본』은 사회와 경제('정치경제학의 비판': 알튀세르-발리바르)의 관점에서 보면, 자본과 국가 사이의 결합을 다루고 있다.[4] 이것은 롤즈의 정의의 두 원칙과 대상이 같다.

브로델의 문명사적 분류법에 근거해서 양자를 거시적으로 대조해 보면, 양자의 사상은 거울처럼 대응하고 있다. 마르크스의『자본』과 롤즈의『정의론』사이에 관계는 어쩌면 각각 다른 집에 입양된 쌍둥이일지도 모른다. 양자의 차이란 동일한 문제의식을 전제한 후에 비교적 사소한 대답에서만 찬성과 반대로 엇갈리는 정도에 불과하다.[5]

3) 롤즈(주의)와 마르크스(주의) 사이의 공통점과 차이점

자본주의와 공산주의를 이론적으로 정리하면, 자본주의 사회는 상품사회, 노동력매매 사회(노동력 상품사회 ≠ 양도 불가능한 인권), 화폐사회, 시장사회이며 국가 형태와 단락(短絡)하고, 공산주의 사회는 비상품 사회, 노동력 매매 불용 사회(노동력 비상품 ≒ 양도 불가

---

4) 에티엔느 발리바르,「조커 마르크스」(1981),「정치경제학 비판」(1982) 등.

5) 포스트모더니즘이 근대적 문제설정 자체를 부정하면서 새로운 포스트적 문제설정을 제기해 오자 이제 상호 문제설정을 인정한다는 것이 상호간에 얼마나 근접한 사고방식인지를 알려주는 지표가 된다. 마르크스주의는 헤겔주의를 비판하면서 성립하지만, 양자 사이의 차이란 영미 분석철학적 입장에서 보면 얼마나 사소한 것인지 알 수 있을 것이다. 영미 철학과 독일 철학 사이에 차이가 존재하지만 프랑스의 '차이'의 철학에서 보면 양자의 차이란 얼마나 사소한 것인가에 주목할 수 있을 것이다. 독일 전통의 칸트(→ 롤즈)와 마르크스 사이의 대화도 어느 맥락에서 보느냐에 따라 평가가 달라질 수 있다. 인간들 사이에 대화가 통하지 않는다고 하지만 그래도 인간과 동물들 사이에 대화를 상정해 보면 무척 대화가 잘 통하는 셈이다. 상호 문제설정을 공유한다는 것은 그 문제에 대한 찬반을 떠나 원거리에서 생각해 보면 그래도 근접한 사고방식에 속한다고 할 수 있다. 이것이 포스트모더니즘이 근대철학 전체를 한꺼번에 거부하는 이유이기도 하다.

능한 인권 사회 ≒ 마르크스『자본』의 '노동자 연합' 사회), 비화폐
사회, 비시장 사회이며 비국가 형태와 단락(短絡)한다.

전체적인 개괄로서 (1) 연구대상, (2) 관심영역, (3) 연구입장, (4)
연구방법, 그리고 이상을 종합해서 (5) 모델 학문 순으로 다룬다. 본
격적인 주제로서 (6) 정치-경제의 상관관계 문제, (7) 정치-경제의 우
선순서 문제를 다루고, 기본정신에 연관되는 (8) 능력문제, (9) 분배
문제를 다루고, (10) 사회의 주체 문제와 (11) 사회 분석에 전제한 경
제학을 다루고, (12) 각자의 이상사회를 다룬다.

『정의론』과『자본』사이의 상호 대응(거울관계 혹은 코드전환관계)

	비교주제들	롤즈의『정의론』	마르크스의『자본』	비고
1	연구대상	『정의론』1, 2, 3부 체계 사회협동체 = 정치 + 경제	『자본』1, 2, 3권 체계 생산양식 = 정치경제학 비판 = 경제 + 정치	일치
2	입장-과정	원초적 입장	자연사적 과정	일치
3	관심대상	정의감	착취	대조
4	주체	대표인	담지자	일치
5	연구방법	반성적 평형, 숙고 합리적 선택이론	변증법적 방법 대중	대조
6	모델 학문	촘스키 언어학	물리학(『자본 1』, 서문) 화학(『자본 2』, 서문) 생물학(『자본 1』, 후기)	대조
7	정치-경제	제1원칙, 제2원칙	토대-상부구조	유사
8	우선순서	정치: 제1원칙 경제: 제2원칙	정치: 상부구조 경제: 토대	대조
9	능력문제	기회균등의 원리	노동차이 폐지	유사
10	분배문제	차등의 원리(빈부축소)	계급폐지(빈부폐지)	유사
11	경제학	한계효용학파	정치경제학 비판	대조
12	이상사회	질서정연한 사회	공산사회	대조

2. 본론

1) 연구대상의 문제 : 『자본』의 대상과 『정의론』의 대상
(공통점 : 생산양식 = 사회협동체)

『자본』과 『정의론』은 그 연구대상이 분과과학, 경제도 아니고 분과과학, 정치도 아니고 경제와 정치가 결합된 하나의 대상을 다룬다는 점에서 같다. 『자본』은 1, 2, 3권의 체제이고, 『정의론』은 1, 2, 3부의 체제다. 『자본』은 생산과정(1권), 유통과정(2권), 총과정(3권)으로 반복 없이 경제와 정치의 결합체인 '(정치)경제학 비판'의 논리로 설명하는 방식이라면, 『정의론』은 정치와 경제의 결합체인 '정의의 두 원칙'으로 정의론의 요지(3절)를 여러 차례 반복(11절, 26절, 29절, 46절 등)하고 점차 내용을 구체화하면서 설득하는 방식을 전개하고 있다. 이것은 『자본』에서는 '착취'의 논리적 이해가 문제라는 것을 의미하는 것이고, 『정의론』에서는 '정의감'에 대한 윤리적 설득이 문제라는 것을 의미하는 것이다.

롤즈와 마르크스의 공통점은 사회구조를 정치-경제적 구조를 중심으로 설명하는 것이다.[6] 『자본』의 '생산양식' 개념은 『정의론』의 '사회협동체' 개념과 상통(혹은 대당)한다. 마르크스는 생산양식으로 경제를 중심으로 성립한 사회구조를 설명한다. 롤즈는 사회협동체로 정치와 경제(생산과 분배)를 설명하고, 사회협동체를 성립시키는 주변 제도들까지를 포함하면 사회의 기본구조라는 개념을 사용한다. 마르

---

6) 독자적인 과학의 대상이 있어야 과학이 성립한다. 현실에서 물리학은 물리현상을 다루고, 화학은 화학현상을 다루고, 생물학은 생명현상을 다루고, 사회과학에서 경제학은 경제현상을 다루고, 정치학은 정치현상을 다루고, 사회학은 경제와 정치를 제외한 나머지 사회현상을 다룬다. 그런데 마르크스는 경제도 아니고 정치도 아닌 양자의 단락으로서 제3항 '정치경제학 비판'을 다루고, 롤즈도 경제도 정치도 아닌 양자의 결합체로서 사회협동체를 다룬다.

크스의 생산양식 개념은 대략 롤즈의 사회협동체 개념과 상통한다.

사회의 기본구조 : 사회의 주요 제도가 권리와 의무를 배분하고 사회
협동체로부터 생긴 이익의 분배를 정하는 방식이 된다. 여기서 주요 제
도란 정치의 기본법이나 기본적인 경제적, 사회적 체제를 말한다. 그래
서 사상의 자유, 양심의 자유, 경쟁적 시장, 생산 수단의 사유 등에 대
한 법적인 보호, 그리고 일부일처제 등은 주요한 사회제도의 예들이다
(롤즈,『정의론』, 2절, 황경식 옮김, p.29).

롤즈가 주장하는 정치-경제 구조에서 분석의 우선순위 문제는 사
실 마르크스주의자들에게도 사소한 차이에 불과할 수 있다.[7] 마르크
스주의자 발리바르는 자본과 국가 사이의 관계를 '단락(短絡: 최단거
리 전선으로 연결)'시키고 자본과 국가 사이의 관계를 쌍두 독수리로
규정해서 '토대-상부구조'의 위계를 해체한다.[8]

2)『정의론』의 원초적 입장과『자본』의 자연사적 입장
(공통점: 의지−의식을 넘어서는 선의지−무의식의 세계)

『자본』의 '자연사적 과정'과『정의론』의 '원초적 입장'은 상통하는
입장이다.『자본』과『정의론』은 구체적인 현실 인간들의 의식적 판
단에 자신의 사상의 준거를 두지 않고 개개인의 의식적 판단을 초월
하는 방식으로 자신의 사상을 정초한다.『정의론』은 원초적 입장에
서서 정의감에 기초한 정의사회(정의의 두 원칙)를 정당화한다.[9]『정

---

7) 사회적 존재가 사회적 의식을 결정한다는 마르크스의 입장은『자본 1』, 1장의
'물신숭배편';「루이 보나파르트의 브르메르 18일」등. 상부구조의 독자성에
대해서는 엥겔스,「브로흐에게 보내는 엥겔스의 편지」(1890. 9. 21); 알튀세르,
「모순과 과잉결정」(1962) 등.
8) 에티엔느 발리바르,「조커 마르크스」(1981),「정치경제학 비판」(1982).
9) 롤즈는 원초적 입장에 서게 되면 정의감에 기초해서 정의의 두 원칙을 선택하

의론』의 '정의감'은 주관적인 정의감이 아니라 원초적 입장에서 순화한 '정의감'이므로 개개인의 정의감에 기초한 체험적 비판을 벗어날 수 있다. 롤즈는 '원초적 입장'을 공동체주의자들의 비판[10]에도 불구하고, 『정치적 자유주의』,[11] 『만민법』(1장 3절. 두 개의 원초적 입장)에서도 유지한다.

『자본』은 혁명적 관점(변증법적 입장)에서 착취 사회를 자연사적 과정으로 묘사한다. 즉, 착취 사회를 비판하면서 착취 없는 사회(공산주의 사회)를 정당화한다.[12] 『자본』에서 자본주의 사회를 착취 사회라고 전제하는 분석은 개인의식 차원에서의 묘사가 아니므로 '착취의 자각 여부'라는 쟁점을 벗어나서 착취 사회라는 규정을 할 수 있다.

『자본』과 『정의론』은 각자의 이론이 주관적 의식의 입장이 아니라

게 된다고 주장한다. 원초적 입장이란 정의의 여건의 일반사회에 대한 일반적인 사실들은 알고 있어야 하고 사회 내에서 개인들의 처지는 몰라야 한다(『정의론』, 24절, 25절).

10) 마이클 샌들은 롤즈의 정의감이 추상적인 '의무론적 자아관'이라고 비판한다. M. Sandel, *Liberalism and the Limits of Justice*(Cambridge University Press, 1988), pp.177-178. 찰스 테일러는 롤즈의 자유주의 자아관이 원자주의적 개인주의의 무연고적 자아관이라고 비판한다. 『헤겔』(1975), 「분배정의의 성격과 범위」(1985), 『자아의 원천들』(1989), 「동문서답들: 자유주의와 공동체주의 논쟁」(1989), 『불안한 현대사회』(1991), 『진정성의 윤리』(1992), 「인정의 정치」(1992); 테일러 & 애비, 「테일러가 만든 공동체주의, 찰스 테일러와의 인터뷰」(1996).

11) 롤즈가 『정의론』에서 『정치적 자유주의』로 전환한 이유는 공동체주의자들의 원초적 입장의 무연고적 자아관에 대한 비판 때문이 아니다. 즉, "『정의론』이 추상적인 인간관에 의존하고" 있다는 비판은 "인간관과 인간 본성에 대한 반대의 상당 부분은 원초적 입장을 대표의 정치로 간주하지 않은 것으로부터 발생한다고 나는 생각한다."(『정치적 자유주의』, 서문, p.xxxvi)

12) "자본주의적 생산의 자연법칙에서 발생하는 사회적 적대관계의 발전 정도의 높고 낮음이 문제가 되는 것은 결코 아니다. 이러한 법칙 자체, 곧 철의 필연성을 갖고 작용하며 자신을 관철해 가는 그 경향이 문제다. 공업적으로 발달한 나라는 덜 발달한 나라에게 그 자신의 미래상을 보여줄 뿐이다."(『자본 1』, 제1판 서문, 1867년 7월 25일)

객관적인 입장이기를 원했으므로 객관성을 확보하기 위해『정의론』
은 초주관적인 원초적 입장의 계약적 방법을 도입하고『자본』은 초
주관적인 자연사적인 과정의 변증법적 입장을 도입한다. 이러한 사고
방식은 아담 스미스(『국부론』)가 자본주의적 시장 질서를 주관적인
방식으로 설명하지 않기 위해서 '보이지 않는 손'으로 규정한 이유이
고, 헤겔(『역사철학』)이 자본주의 사회의 역사법칙을 주관적인 방식
으로 설명하지 않기 위해서 '이성의 간지'로 규정한 이유다. 또한 루
소(『사회계약설』)가 민주사회를 구성하기 위해서 개인의지를 넘어서
는 '일반의지'를 설정한 이유이고, 칸트(『실천이성비판』)가 고유한
윤리적 대상을 확보하기 위해서 '선의지'를 설정한 이유다.

3) 차이점 : 착취(경제)와 정의감(정치)

롤즈와 마르크스는 관심대상에서 상호 차이가 있다. 롤즈의『정의
론』은 사회협동체(= 생산양식)를 분석할 때 '정의감'에 관심(『정의
론』, 9절, 25절)을 두고 '정의론'을 전개하며 착취의 문제에 대해 완
전히 무관심하다. 마르크스의『자본』은 생산양식(= 사회협동체)을 분
석할 때 '착취'에 관심을 두고 자본주의적 '착취론'을 전개하며 정의
감의 문제에 완전히 무관심하다. 롤즈의 사회협동체는 정의감에 기초
하므로 정치-경제 구조에서 정치구조에 우선성을 두고 분석한다. 마
르크스의 생산양식은 착취에 기초하므로 정치-경제 구조에서 경제구
조에 우선성을 두고 분석한다.
롤즈는 사회협동체를 설명할 때 '정의감'을 전제하고 분석한다. 롤
즈의 '사회협동체' 개념에 따르면, 모든 사회에서 항상 정의와 정의
감이 존재하고 그것이 사회협동체를 구성하게 만든다. 사회협동체는
정의감, 정의의 여건, 그리고 정의론 하에서만 성립한다.13) 마르크스
___
13) 롤즈는『정의론』, 3부 목적론 8장 정의감 76절 '상대적인 안정성 문제'에서 정

는 정의감의 문제에 대해 전혀 관심을 표명하지 않는다.

마르크스는 생산양식을 설명할 때 착취 문제를 전제하고 분석한다. 마르크스의 『자본』은 계급과 대중을 매개 범주로 해서 착취를 분석한다. 노동자들은 노동력 매매를 통해서 착취를 당하는 계급으로 분석되고, 실업자들은 '상대적 과잉인구'의 대중으로서 분석된다. 마르크스의 생산양식 개념에 따르면, 원시 공산사회와 미래 공산사회 이외에는 모두 계급사회이고, 계급사회의 생산양식에는 항상 착취가 존재한다.

마르크스주의는 자본주의 생산양식(사회협동체)에서 착취를 여러 가지 방식으로 설명한다. (1) 노동력 매매 자체가 착취라는 입장(알튀세르, 「마침내 마르크스주의의 위기가!」(1977), 「오늘의 마르크스주의」(1978)), (2) 노동력 매매에서 발생하는 잉여가치량(이윤량)만큼이 착취라는 입장[W(= C + V + M) − (C + V) = M](『자본 1』, 5장 2절), (3) 계급투쟁에서의 정치적 억압이 착취라는 입장(마르크스, 『공산주의자 선언』(1948), 『정치경제학 비판 요강』(1959); 네그리, 『마르크스를 넘어선 마르크스』(1978)), (4) 빈부의 양극화가 착취라는 입장(마르크스, 『경제학 철학 수고』(1943))이 있다. 롤즈의 '정의의 여건'을 가진 (자본주의) '사회협동체' 개념은 사회협동체는 모든 사회의 기본구조에 필수적이라는 점만 강조하고, '착취' 개념이 전제되지 않지 않을 뿐만 아니라 아예 거론하지도 않는다.

의감을 그 사회의 모든 구성원이 지지할 것이라 가정하고, 『정치적 자유주의』(1993)는 질서정연한 사회를 그 사회의 모든 시민들이 지지한다고 가정한 비현실적 가정을 포기(한글 번역본, 서문, p.xx)하고 그 대신에 '양립할 수 없는, 그러나 합당한 포괄적인 교리로 이루어지는 다원주의'라는 현실적인 가정(서문, p.xxi)으로 전환한다. 롤즈는 『만민법』(1999)에서는 다원주의 사회를 다섯 가지 형태의 사회로 확장하는데, 첫 번째는 '합당한 자유적 만민'의 사회이고, 두 번째는 '적정수준의 만민'의 사회이고(여기까지는 '질서정연한 만민'), 세 번째는 '무법적 국가들'이고, 네 번째는 '불리한 여건으로 고통 받는 사회들'이고, 다섯 번째는 '자애적 절대주의' 사회다(한글 번역본, 서론, pp.14-15).

4) 주체의 문제 : '담지자 ≒ 대표인(최소 수혜자)' 개념

이 논문에서 주체의 문제는 개체주의와 집단주의를 바라보는 롤즈와 마르크스의 관점이다. 롤즈는 원초적 입장과 합리적 선택이론에서는 개체주의를 채택하고, 차등의 원리를 적용할 때는 대표인이라는 집단주의를 채택한다. 마르크스는 자본주의 사회의 착취를 분석할 때는 부르주아지 계급과 프롤레타리아트 계급이라는 집단주의를 채택하고, 공산주의 사회를 설명할 때는 '개인주의 복권'을 거론한다.

마르크스의 담지자나 롤즈의 대표인이나 개인적인 의지를 표명하는 것이 아니라 '일반의지'(루소의 『사회계약론』)를 표명하는 것이다.

여기서 개인이 문제가 되는 것은 오로지 그들이 갖가지 경제적 범주들의 인격화인 경우에 한해서이며, 특정한 계급관계 및 이해의 담지자인 경우에 한해서다. 경제적 사회구성체의 발전을 하나의 자연적 과정으로 파악하는 나의 입장은 각 개인이 스스로 주관적으로는 완전히 벗어나 있다고 여길지라도 사회적으로 여전히 그 피조물에 머물러 있는 그 관계들에 대한 각 개인의 책임을 다른 어떤 입장보다도 적게 묻는다 (『자본 1』, 1판 서문, 1867년 7월 25일).

『자본』의 '담지자' 개념은 『정의론』의 '대표인' 개념(『정의론』, 15절)과 상통(혹은 대당)한다. 마르크스의 담지자와 롤즈의 대표인 개념은 이데올로기적 주체 개념이다. 마르크스의 '담지자'는 자본주의 생산양식에서 의식적인 체제 유지자(= 담지자)가 아니라 '자연사적(= 무의식적인)' 체제 유지자(= 담지자)로서 결국 자본주의 생산양식의 이데올로기적 주체다. 『자본』의 담지자는 일반적으로 자본가, 노동자, 지주 등이고, 『정의론』의 대표인은 일반적으로 최소 수혜자, 최대 수혜자, 그리고 그 사이의 수혜자다. 『자본』의 담지자는 자본주의 생산양식에서 항상 자본가와 노동자 둘이고, 『정의론』의 대표인은 '정의의 여건'하에서 대부분 최대 수혜자의 대표인과 최소 수혜자의 대표인으로 표상된다.

『자본』의 담지자 개념은 항상 두 개이고, 『정의론』의 대표인 개념은 보통 두 개이지만 다수가 될 수도 있다. 『자본』의 담지자 개념은 두 개의 계급적 이해관계만 존재한다는 전제가 있어서 두 개의 중요 계급만 성립하고, 『정의론』의 대표인 개념은 사회구조에서 다양한 이해관계에 따른 각종 대표인들이 성립할 수 있다고 생각해서 다양한 대표인 개념이 성립한다. 『자본』의 담지자는 자본주의 사회에서 항상 자본가와 노동자이고, 포괄해서 표현하면 부르주아 계급과 프롤레타리아 계급이다. 『자본』의 담지자 개념은 부르주아 계급과 프롤레타리아 계급 사이에 중간층을 추가하기는 하지만 경향적으로 양분된다고 생각해서 중간계급을 상정하지 않는다.

『자본』의 '담지자'는 자본주의 생산양식에서 계급 착취를 설명하기 위한 개념이고, 『정의론』의 '대표인'은 정의의 제2원칙에서 사회협동체의 최소 수혜자에게 최대 이익을 주는 정의사회를 구성하기 위해서 필요한 개념이다. 『자본』의 담지자 개념은 자본주의 생산양식의 착취 개념을 설명하기 위해서 필요한 개념이다. 『자본』의 담지자 개념에서 두 개의 계급만 성립한다는 견해는 '계급 분석'의 전제조건 문제다. 『자본』의 계급이 오직 두 개가 아니라 다양한 중간계급이 성립할 수 있다는 견해는 베버의 계층 분석을 마르크스주의에 밀수입한 결과였다. 『자본』의 계급은 경향적으로 오직 둘뿐이다. 이것은 『자본』이 노동력 매매자와 구매자라는 개념에 근거해서 담지자 개념을 성립시킨 것에서 유래한다. 『자본』을 두 개의 계급으로만 해석할 경우에 난점이 될 수 있다고 상정된 소위 중간계층 '자영업자' 등의 분석 문제는 자본주의의 사회적 관계[14]에 근거해서 사회적 관계 속에

---

14) 『자본』의 1장에서 '가치형태' 개념의 발전. 아이작 일리치 루빈, 한상호 옮김, 『마르크스의 가치론』(이론과실천, 1989).

서 자기가 자신 자신을 감시하면서 착취당하는 프롤레타리아 계급으로 분류하면 해결된다.

롤즈의 '대표인'은 정의의 여건하의 사회협동체에서 구체적으로(=의식적으로) 선출된 대표인이 아니라 '원초적 입장(= 무의식적으로)'에서 선출된 대표인으로서 정의의 여건하의 정의 이데올로기적 주체다.[15] 『정의론』의 대표인 개념은 보통 최대 수혜자와 최소 수혜자로 대표되어 두 개의 대표자가 중요하다. 『정의론』의 사회협동체에서 최대 수혜자는 부르주아 계급이라고 해석하고 최소 수혜자는 프롤레타리아 계급이라고 해석하면, 대략 『자본』의 담지자 개념과 상통한다. 『정의론』의 대표인에서 세 명의 대표 수혜자가 등장하는 경우는 『자본』에서 부르주아지, 숙련 노동자, 비숙련 노동자로 나누어 해석할 수 있고, 레닌 『제국주의론』의 독점 자본주의 사회를 전제한 경우에 독점 부르주아지, (비독점 부르주아지), 독점 자본에 고용된 숙련 노동자, 비독점 자본에 고용된 비숙련 노동자로 해석할 수 있다.

『정의론』의 대표인 개념은 최소 수혜자에게 최대 수익을 주는 구조를 정당화하기 위해서 필요한 개념이다. 대표인 중에서 최소 수혜자는 정의의 제2원칙을 실현하기 위해서 필수불가결한 개념이다.

5) 『자본』의 변증법적 방법(연구방법, 서술방법)과 『정의론』의 반성적 평형 방법

『정의론』의 원초적 입장에서의 '계약적 방법'(『정의론』, 제3장 원

---

15) 롤즈의 '대표인' 개념은 『정치적 자유주의』(1993)(장동진 옮김, 동명사, 1998, pp.59-110)의 강의 2와 『만민법』(1999)(장동진 옮김, 이끌리오, 2000, p.24)에서 우선 입헌민주정체의 자유주의적 정치관의 사회계약 개념에서 시작해서, 이어 '제2의 원초적 입장'을 도입하여 자유적 만민 대표와 여타의 만민 대표 간의 합의하는 단계, 다시 더 나아가서 비자유적이지만 적정수준의 만민 간의 합의라는 개념으로도 유지되는 기본 개념이다.

초적 입장)과 『자본』의 자연사적 과정에서의 '변증법적 방법'은 양자 모두 개개인의 의식이나 의지를 초월하는 세계에 존립하는 방법으로 동일한 기능을 하는 개념이다. 양자의 이런 공통점은 실질적인 역할에서 결정적으로 중요한 역할을 하며 이런 점에서 보면 그 구체적인 전개방식의 차이점이란 사소한 문제다.

『정의론』의 방법이 내부 정신 성찰적 방법(숙고와 반성적 평형)이라면, 『자본』의 방법은 외부 대상 규정적 방법(변증법적 방법)으로 양자 사이에는 차이가 있다. 『정의론』의 방법은 숙고[16]와 반성적 평형[17]의 방법인데, 이것은 내부 정신 성찰적인 방법에 속한다.

반성적 평형 상태는 약간의 추가 설명이 필요하다. 그것은 자기 검토에 의해서 이루어진 행위를 규율하는 원칙을 연구하는 데 고유한 개념이다. 이것은 소크라테스적 반성 개념이고, 촘스키 문법과 유사하며 물리학과는 구별된다. 반성적 평행 상태를 촘스키 언어학과 유비해 설명해 보면, 한 사람의 정의감을 기술하면 정의론의 좋은 실마리를 얻는다[동질적인 다른 사람의 정의감을 설명할 수 있다]. 우리는 모든 사람이 모든 형식의 도덕적 입장들을 그 자신 속에 갖고 있다고 생각한다. 롤즈는 상황을 단순화하기 위해서 독자와 저자의 입장만을 고려한다(『정의론』, 9절).

---

16) 숙고된 판단은 우리의 도덕 능력이 가장 왜곡됨이 없이 나타나게 되는 그러한 판단이다. 숙고된 판단은 정의감이 작용하기에 좋은 여건 아래서 이루어진 판단만을 말한다. 판단을 내리는 자는 올바른 결정에 도달할 능력과 기회와 욕구를 가졌다고 가정된다. 그것을 판단할 적합한 판단이란 숙고와 판단 일반을 위해 유리한 조건 아래에서 이루어진 판단이다.

17) 반성적 평형 상태라는 개념이 필요한 이유는 다음이다. 공정으로서 정의관은 원초적 입장에서 선택될 원칙들과 우리의 숙고된 판단에 부합되는 원칙들이 일치하며 따라서 이러한 원칙들은 우리의 정의감을 설명해 주는 가설이다. 숙고된 판단이 왜곡당할 가능성이 있다. 수정할 수도 있다. 반성적 평형 상태는 제시된 여러 가지 견해들을 평가해 본 후 그 중 한 가지에 맞추어 자신의 판단을 수정하든지, 최초에 가진 자신의 신념(그와 관련된 견해)을 일관되게 견지하는 경우인 것이다.

『자본』의 방법은 변증법적 방법이고 혁명적 방법인데, 이것은 외부의 객관적인 대상이 주제를 규정하는 특성이 있다. 『자본』의 방법은 마르크스에 따르면 변증법적 방법('연구방법/서술방법', 혁명적 관점)이다. 변증법적 관점은 혁명적 관점이라는 견해와 '연구방법/서술방법'이라는 견해로 두 가지로 해석되어 왔다.[18]

변증법적 방법이 '서술방법/연구방법'이라는 견해는 전통적인 정통 마르크스주의자들에 의해 계승된다.[19] '변증법 = 연구방법과 서술방법'이 마르크스주의의 이론적 난점이라는 견해는 알튀세르의 입장이다(「마르크스의 한계에 대하여」(1980); 「마침내 마르크스주의의 위기가!」). 마르크스의 방법이 혁명적 관점이라는 견해는 모든 마르크스주의에 의해서 공유된다.

이 부분의 해석 문제는 '착취' 개념의 정의 문제와도 직접적으로 연결된다. 전자의 입장에서 착취 개념은 잉여가치(이윤) 개념이고, 부불 노동 개념이며, 착취의 결과로 양극화 테제(자본주의 생산양식은 부르주아 계급과 프롤레타리아 계급으로 경향적으로 양분된다)가 나타나고, 빈부차가 심화된다. 후자(알튀세르, 「마침내 마르크스주의의

---

18) "물론 서술방법은 형식상 연구방법과 구별될 수밖에 없다. 연구는 소재를 자세히 탐구하여 그 상이한 발전형태를 분석하고 그 발전형태의 내적 관련을 찾아내어야만 한다. 이 일이 완성된 뒤에야 비로소 그에 상응하여 현실적 운동이 서술될 수 있다. 이것이 성공하여 이제 소재의 생명활동이 관념적으로 반영되면, 마치 선험적 구성이 이루어진 것처럼 보일 수도 있다.
변증법은 현존하는 것의 긍정적 이해 속에 그것의 부정, 곧 필연적 몰락에 대한 이해도 포함하기 때문이며, 모든 생성된 형태를 운동의 흐름 속, 곧 그것의 경과적인 측면에서 파악하기 때문이다. 또 어떠한 것으로부터도 위압받지 않으며, 그 본질상 비판적이고 혁명적이기 때문이다."(『자본 1』, 제2판 후기, 1873년 1월 24일)
19) 소련 연방과학아카데미, 문성원 옮김, 『마르크스주의 변증법의 역사 I』(한울림, 1990); M. M. 로젠탈, 한국철학사상연구회 변증법 분과, 『마르크스 정치경제학의 변증법적 방법 I, II』(이론과실천, 1989); E. V. 일렌코프, 우기동·이병수 옮김, 『변증법적 논리학의 역사와 이론』(연구사, 1990).

위기가!」 등)의 입장에서 착취 개념은 산술적인 회계 문제(상품의 총 가치 - (불변자본 + 가변자본) = 잉여가치: 『자본 1』의 1장 '가치량') 가 아니라 사회적 관계의 문제(『자본 1』의 1장 '가치형태')[20]로서 구 체적인 역사적 연구의 문제가 된다. 후자의 입장에서 착취를 이해하 기 위해서는 '역사적 자본주의'[21]를 이해해야 한다.

원초적 입장에서 당사자들의 합리성이란 각자는 자기 이익에 충실 하고 동시에 그들이 선이라고 생각하는 바를 모른다(『정의론』, 25절). 롤즈의 『정의론』은 원초적 입장에서의 선택전략으로 합리적 선택이 론을 채택한다.[22] 현대의 경제학계(및 사회과학계)에서는 폰 노이만 (John Von Neumann)과 모르겐스테른(Otto Morgenstern)의 게임이론 과 애로우(Kenneth J. Arrow)의 사회적 의사결정이론을 포함하는 합 리적 선택이론을 전략으로 취한다.[23]

롤즈는 원초적 입장과 합리적 선택이론에서 개체주의를 전제한다. 롤즈의 개인은 무지의 베일 아래에 있는 개인으로서 그 개인은 그 속 성상 합리적 인간이라는 점에서 수량을 초월해서 단일하기 때문에 만장일치가 가능한 인간이다. 이런 전제하에서 정의의 원칙들(『정의

---

20) 루빈, 『마르크스의 가치론』(이론과실천, 1989).

21) 역사적 자본주의에 대해서는 브로델, 월러스틴, 아리기의 저작들과 공감출판 사의 공감이론신서 시리즈 4권, 5권, 7권, 8권, 9권, 11권, 12권, 13권 등의 해 설을 참조.

22) 원초적 입장이 초역사적 이론이라면 합리적 선택이론은 역사적인 도구적 이성 의 이론이다.

23) 『정의론』, p.16, p.538; John Rawls, "Justice as Fairness: Political not Meta-physical", in *Philosophy and Public Affairs*, vol. 14(Summer 1985), p.237, n.27. 롤즈는 『정의론』의 이런 시도를 후에 취소한다. "'정의의 이론'을 p.16 과 p.538처럼 합리적 선택이론의 일부로 서술한 것은 『정의론』의 오류였다. 이는 사람들을 잘못 이끄는 오류였다. 내가 언급했어야 하는 것은 공정으로서 의 정의 개념은 당사자들의 토론을 자유롭고 평등한 인격을 대변하는 것으로 특징짓기 위해서 합당한(reasonable) 조건에 종속되어 있는 합리적(rational) 선 택의 견해를 이용한다는 것이다."

론』, 11절, 12절)과 그것들 사이의 축차적 서열(『정의론』, 14절, 24절)을 얻는다.

6) 『자본』의 모델 학문 자연과학과 『정의론』의 모델 학문 촘스키 언어학

새로운 학문이 시작할 때에는 기존의 잘 알려진 학문을 모델 삼아서 자신의 학문을 묘사한다. 모델 학문은 새로운 학문에 대한 개괄적인 이해에 필요한 나침반을 제공한다. 현실 학문과 유비하는 모델 학문 사이의 차이를 구별할 줄만 안다면 모델 학문이 중요하다는 것은 널리 알려져 있다.

『자본』의 모델 학문은 자연과학이다. 그 자연과학이 물리학인지 생물학인지 아니면 화학인지는 차이가 있을 수 있다. 『자본』은 자본주의 사회협동체의 생산과 분배 과정에서 착취관계가 존재한다고 생각하고, 착취를 분석하기 위해서 잉여가치(이윤)를 분석하는데, 잉여가치를 분석하는 방법이 바로 물리학의 '자연사적 과정'(『자본』, 서문)이다. 후에 엥겔스(『자본 2』, 엥겔스 서문)는 『자본』의 잉여가치 분석의 독창성을 화학사에서 찾는데, 산소에 대한 프로기스톤이 아보가드로의 주기율표로 발전하기 위해서 질적인 분석기법의 차이가 중요했듯이 『자본』도 자본주의 사회협동체의 착취관계를 분석하기 위해서 '잉여가치'의 관점이 중요하다고 생각한다(알튀세르, 『자본을 읽자』(1965)).

『자본』의 물리학 모델

자연과정을 관찰할 때 물리학자는 가장 내용이 충실한 형태에서, 그리고 교란적인 영향으로 말미암은 불순화가 가장 적은 상태에서 관찰하거나, 과정의 순수한 진행을 보증하는 조건들 아래에서 실험을 한다. 이 저서에서 내가 연구해야 하는 것은 자본주의적 생산양식 및 그 양식에 상응하는 생산 제 관계와 교통 제 관계다(『자본 1』, 제1판 서문, 1867년 7월 25일).

『자본』의 생물학 모델

각 역사적 시기는 저마다 독자적인 법칙을 갖고 있다. … 생명은 그것이 하나의 주어진 발전시기를 경과하여 어떤 한 단계에서 다른 단계로 이행하자마자 다른 법칙의 지배를 받기 시작한다. 간단히 말하면, 경제생활은 우리들에게 생물학이라는 다른 영역에서의 발전사와 유사한 현상을 제공한다. … 과거의 경제학자들이 경제법칙을 물리학 및 화학의 법칙들에 비유했을 때 그들은 경제적 법칙들의 본성을 잘못 이해하였다. … 온갖 현상들에 대한 더 깊은 분석은 동식물 유기체들처럼 사회적 유기체들도 서로 근본적으로 다르다는 것을 보여주고 있다. … 그렇다. 똑같은 하나의 현상도 유기체의 전체적인 구조의 차이, 그것들의 각 기관의 편차, 기관이 기능하는 조건들의 차이 같은 것에 따라 전혀 다른 법칙 아래에 놓여 있다. 예컨대, 마르크스는 인구법칙이 모든 시기와 모든 장소에서 똑같다는 것을 부인한다. 그는 이와 반대로 각 발전단계는 그 자체의 인구법칙을 갖고 있다고 단언한다. … 생산력의 발전이 다름에 따라 제 관계와 그것들을 규정하는 법칙도 달라진다(『자본 1』, 제2판 후기, 1873년 1월 24일).

『자본』의 화학사 모델

잉여가치론에 있어서 마르크스와 그 선행자와의 관계는 라부아지에와 프리스틀리 및 셸레와의 관계와 같은 것이다. 우리가 현재 잉여가치라고 부르는 생산물 가치의 일부분의 존재는 마르크스보다 훨씬 이전에 확인되었다. 그뿐만 아니라 정도의 차이는 있지만 분명 잉여가치가 무엇으로 구성되어 있는가, 즉 잉여가치의 전유자가 아무런 등가도 지불되지 않은 노동의 생산물로 이루어져 있다는 것도 이미 확인되었다. 그러나 누구도 그 이상으로 나아가지 못하였다. …

그때 마르크스가 등장하였다. … 그의 선행자들이 해결책이라고 보았던 곳에서 그는 단지 문제를 발견하였을 따름이다(『자본 2』, 엥겔스의 서문, 1885년 5월 5일).

알튀세르는 화학사와 유비한 자본연구사에 대해 가시(可視), 비가시(非可視), 그리고 간과(看過)로 설명한다. 아담 스미스는 그 앞에 '잉여가치'가 존재했지만 그것을 간과한다. 마르크스는 스미스가 간과한 것을 정확하게 '잉여가치'로 가시화한다. 알튀세르는 이러한 마르크스의 독해법을 설명하기 위해서 프로이트의 징후적 독해법과 스피노자의 진리와 비진리의 구별법으로 설명한다(알튀세르, 『자본을 읽자』).

『정의론』의 모델 학문은 보편적인 언어학이고, 구체적으로 촘스키 언어학이다. 『정의론』은 사회협동체의 생산과 분배에 관한 문제를 다루면서 구성원의 '정의감'을 일반화해서 '정의의 원칙'을 만들고, '정의의 원칙'을 다시 실제의 '정의감'과 비교해서 재조정한다.

롤즈는 『정의론』에서 자신의 방법론으로 정의감과 숙고, 반성적 평형 개념을 도입해서 정의론을 정당화한다. 그 과정에서 촘스키 언어학을 비유의 수단으로 활용한다. 그의 『정의론』은 정의감에 근거한 정의론을 서술한 것이다. 그의 정의론을 이해하기 위해서는 그의 정의감을 이해해야 하고, 그의 정의감 개념을 이해하기 위해서는 그의 정의감이 촘스키 언어학의 '토박이 화자의 언어감'에 의존한다는 사실을 감지해야 한다. 촘스키의 언어학을 전제하지 않으면 롤즈의 정의감과 정의론 사이의 상관관계를 이해할 수 없다.[24]

도덕론에 관한 몇 가지 제언
… 도덕론의 성격에 대해 간단히 논의하는 것이 바람직할 것이다. 이

---

[24] 롤즈의 정의론 사상에서 촘스키 언어학은 결정적인 역할을 한다. 정의론과 정의감 사이의 관계는 비유하면 촘스키 언어학에서 '언어학'과 '토박이 화자' 사이의 관계다. 양자의 유비에서 결정적인 장애는 '토박이 화자'는 대부분 토박이 언어를 공유하면서 존재하지만 '정의감'은 사회구성원들이 정의감을 공유하면서 존재하는지가 불확실하다는 점이다. 이런 비현실성(『정의론』, 3부 8장 76절 "상대적인 안정성 문제")이 『정치적 자유주의』의 다원주의로의 발전을 가져왔다.

를 위해서 나는 반성적 평형 상태에 있어서의 숙고된 판단이라는 개념과 그것을 도입하는 이유에 관해 좀 더 자세한 설명을 하고자 한다. 사람이면 누구나 어느 정도 나이가 들어 필요한 지적 능력을 갖추게 되면 정상적인 사회적 여건 아래서 정의감이 개발된다고 생각해 보자. … 그런데 도덕철학이란 우선 우리의 도덕 능력을 설명하려는 시도라고 생각해 보기로 하자(나는 이렇게 보는 것이 잠정적인 성격을 가짐을 강조한다). 아니면 현재의 경우에 있어서 우리는 정의론을 우리의 정의감에 대한 기술로서 생각할 수도 있을 것이다. … 만일 우리의 일상적인 판단들이 어떤 정의관의 원칙들에 부합해서 내려진 것일 경우 그 정의관은 우리의 도덕감의 특성을 기술하는 것이 된다(『정의론』, 9절).

정의감의 기술 문제는 촘스키 문법에서 모국어 문장들이 문법에 맞는지를 알아내는 분별력을 기술하는 문제와 비교해 볼 수 있다.

여기에서 우리는 우리의 모국어 문장들이 문법에 맞는지를 알아내는 분별력을 기술하는 문제와 비교해 보면 도움이 될 것이다.[25] 이 경우에 우리의 목적은 모국어 사용자와 동일한 분별을 하게 하는 분명한 원칙들을 체계화함으로써 올바른 문장을 지각하는 능력을 기술하는 것이다. 이것은 어려운 작업으로서 아직 완결된 것은 아니지만 우리의 분명한 문법지식의 특정 조항들을 훨씬 넘어서는 이론 구성이 필요한 것으로 알려져 있다. 이와 유사한 사정이 도덕철학에 있어서도 적용되리라고 생각된다. 우리의 정의감이 상식적으로 친숙한 신조들에 의해 적절하게 규정될 수 있다거나 더 분명한 학습 원리로부터 도출된다고 생각할 아무런 이유가 없다. 도덕 능력에 대한 기술은 일상생활에서 인용되는 규범이나 기준을 훨씬 넘어서는 원칙들과 이론 구성을 포함하는 것이며, 그것은 결국 지극히 빈틈없는 수학과 같은 정도의 것을 요구한다. 이러한 기대를 가질 수 있는 이유는 계약론의 입장에 있어 정의론은 합리적 선택이론의 일부이기 때문이다. 그래서 원초적 입장과 거기에서 원칙들에 대한 합의라는 관념은 지나치게 복잡하거나 불필요한 것으로 생각되지는 않는다. 사실상 이러한 관념은 오히려 단순한 것으로서 출발점으

---

25) N. Chomsky, *Aspects of the Theory of Syntax*(Cambridge, Mass.: M.I.T. Press, 1965), pp.3-9.

로서의 역할을 해낼 수 있다(『정의론』, 9절).

롤즈는 촘스키 언어학에 이어서 보충적으로 도덕감의 성장 연구를 위한 피아제 심리학을 필요로 한다.

7) 정치-경제제도의 사이의 관계 : '사회협동체 ⇌ 생산양식'과 인권문제

『자본』과 『정의론』은 둘 다 사회협동체(생산양식)의 생산과 분배 문제와 인권문제를 양대 축으로 구성되어 있다. 정치문제는 인권문제이고 경제문제는 생산문제다. 롤즈의 『정의론』이나 마르크스의 『자본』이나 모두 현실사회를 설명하고 이상사회를 설정한다. 롤즈는 『정의론』에서 현실사회('정의의 여건'하의 사회)를 사회협동체로 설명하고 정의의 두 원칙을 이상적인 정의사회로 설정한다. 마르크스는 『자본 1』에서 현실사회를 자본주의 생산양식으로 설명하고 공산주의 생산양식을 이상적인 정의사회로 설정한다.

자본주의 사회협동체(생산양식)는 최대 수혜자(자본가)와 최소 수혜자(노동자)가 노동력 구매자와 매매자로서 시장에서 계약관계로 만난다. 자본주의 생산양식은 정치적으로 노동력 매매를 전제하여 양도 불가능한 인권 개념에서 노동력 매매를 예외로 하는 정치제도다. 공산주의 생산양식은 양도 불가능한 인권 개념 중에서 노동력 매매의 예외도 인정하지 않는 제도다.

8) 정치-경제구조에서 우선순서 : 제1원칙·제2원칙 대(對) 토대-상부구조

롤즈는 정치제도와 경제제도는 논리적으로 분할될 수 있는 제1원칙과 제2원칙의 문제라고 생각하고, 마르크스는 정치제도와 경제제도가 논리적으로도 분할될 수 없는 토대-상부구조의 단일체라고 생각한다. 롤즈는 사회협동체를 '정의의 여건'의 사회협동체만을 다루고, 그 결과로 '정의의 제1원칙과 제2원칙'을 도출한다. 마르크스는 생산양식을 '자본주의 생산양식'만 다루고, 그 결과로 '공산주의 생산양식'을 도출한다.

롤즈의 정의의 두 원칙에서 정치구조(제1원칙)와 경제구조(제2원칙)는 나누어 설명할 수 있고 또한 반드시 나누어서 설명되어야 한다. 『정의론』은 정의의 두 원칙에서 제1원칙으로 정치구조를 결정하고 제2원칙으로 경제구조를 결정해서, 원칙들 간에 선후 순서가 있다.

제1원칙

각자는 모든 사람의 유사한 자유체계와 양립 가능한 평등한 기본적 자유의 가장 광범위한 전체 체계에 대한 평등한 권리를 가져야 한다.

제2원칙

사회적, 경제적 불평등은 다음 두 가지, 즉 (a) 그것이 정의로운 저축 원칙과 양립하면서 최소 수혜자에게 최대 이득이 되고, (b) 공정한 기회균등의 조건 아래 모든 사람에게 개방된 직책과 직위에 결부되도록 배정되어야 한다.

제1우선성 규칙(자유의 우선성)

정의의 원칙들의 순위는 축차적 서열로 되어야 하며 따라서 자유는 오직 자유를 위해서만 제한될 수 있다. 여기에도 두 가지 경우가 있는데, 즉 (a) 덜 광범위한 자유는 모든 이가 공유하는 자유의 전체 체계를 강화한 경우에, (b) 덜 평등한 자유는 자유를 적게 가진 자들에게 용납될 수 있을 경우에 허용될 수 있다.

제2우선성 규칙(효율성과 복지에 대한 정의의 우선성)

정의의 제2원칙은 서열상으로 효율성의 원칙이나 이득 총량의 극대화 원칙에 우선적이며 공정한 기회는 차등의 원칙에 우선해야 한다. 여기에는 두 가지 경우가 있는데, 즉 (a) 기회의 불균등은 적은 기회를 가진 자의 기회를 증대해 줄 경우에, (b) 과도한 저축률은 결국 이러한 노고를 치르는 자들의 부담을 경감시키는 경우에 허용될 수 있다.

일반적 정의관

모든 사회적인 기본가치(선) ― 자유, 기회, 소득, 부 및 자존감의 기반 ― 는 이러한 가치들의 일부 혹은 전부의 불평등한 분배가 최소 수혜자의 이득이 되지 않는 한 평등하게 분배되어야 한다(『정의론』, 46절).

마르크스주의는 정치구조와 경제구조가 나누어질 수 없는 토대-상부구조의 단일체(『자본』; 『정치경제학 비판 요강』, 서설)라고 생각한다.

9) 능력문제 : 롤즈의 기회균등의 원칙과 마르크스의 육체노동과 정신노동 사이의 폐지

롤즈는 정의의 제2원칙에서 기회균등의 원칙을 지지한다. 이 기회균등의 원칙에서는 천부적 재능에 따른 특권적 분배를 부당한 것으로 지적한다(『정의론』, 17절). 이것은 지능차이나 지식차이에 따른 분배를 반대하는 것이다. 롤즈의 견해는 가톨릭에서 신이 준 달란트에 대해 특권을 요구하는 것이 부당하다고 생각하는 것과 통한다. 마르크스는 유사하게 육체노동과 정신노동 사이의 차이에 대한 폐지를 공산주의 이상사회의 조건 하나(『고타강령비판』)로 취급한다. 마르크스는 육체노동과 정신노동의 분할을 자본주의적 분할 지배 전략의 하나로 취급하고 정신노동에 대해 더 높은 임금을 지불하는 것에 대해 반대한다.

10) 분배문제 : 차등의 원리 대 계급폐지

롤즈와 마르크스는 분배문제에서 전자가 시장을 전제한 차등의 원리라면 후자는 시장을 거부하는 계급폐지의 입장으로 대립한다.26) 롤즈와 마르크스는 평등에 관심을 가지고 빈부격차 축소를 지향한다는 점에 일치한다.27) 롤즈는 시장경제 자체는 지지하지만 정의의 제2원칙(차등의 원리)을 통해서 분배에서 최소 수혜자에게 최대 이익을 주는 협동 생산을 지향한다. 이에 비해서 마르크스는 시장경제 자체를 부정하면서 아예 빈부차이 자체도 없는 계급폐지를 이상적인 것으로 본다.

11) 경제학 : 한계효용학파 대 정치경제학 비판

롤즈는 한계효용학파에 의존하고, 마르크스는 정치경제학 비판에 의존하고 있다. 롤즈는 한계효용학파의 생산함수, 소비자 이론, 그리고 무차별 곡선(『정의론』, 13절, pp.96-100) 등의 법칙을 전제한 후에

---

26) Henry S. Richardson ed., "Rawls's Models of Man and Society", C. B. Macpherson, *Phil. Soc. Sci.* 3(1973), pp.341-347, Printed in Great Britain.

27) Henry S. Richardson ed., "Rawls and Left Criticism", Diquattro(Reed College), *Political Theory*(February, 1983), pp.53-78.

활용하고 있다. 한계효용학파는 1870년대에 제본스, 왈라스, 멩거의 한계혁명 이후에 등장한다. 생산함수에서의 한계효용은 일정 시기까지는 자본과 노동력의 투여에 따라 체증하다가(규모의 경제) 일정 시기 이후에는 체감한다. "노동자에 대한 수요는 노동이 갖는 한계생산성, 다시 말하면 재화의 판매가격에 의해 측정된 노동의 한 단위가 기여하는 순수 가치에 의해 결정된다."(『정의론』, 47절, p.320) 소비자 이론에서의 한계효용은 소비에서 개개의 만족 지수가 처음에는 크다가 점차 감소하는 방식으로 나가는 것이며 한계효용들의 누계는 그 총량이 체증한다.

정치경제학(경제학)[28]은 아담 스미스, 리카도 등에 의해 성립되고 마르크스는 '정치경제학 비판'의 관점에서 자본주의의 모순을 지적한다. 정치경제학 비판의 방법은 자본주의 경제법칙을 비판하기 위해서 정립하고, 정립한 후에 자본주의 경제법칙을 비판하는 방법이다.

12) 이상사회 : 롤즈의 질서정연한 사회와 마르크스의 공산사회

롤즈의 이상사회는 질서정연한 사회이고, 마르크스의 이상사회는 공산사회다. 이상사회에 도달하는 방법은 롤즈의 경우 교육이고, 마르크스의 경우 혁명이다. 양자의 차이는 도발방법에서 극적으로 차이가 난다. 『정의론』의 질서정연한 사회는 『정치적 자유주의』에서는 합당한 사회의 정치적 자유주의에서의 이상이고, 『만민법』에서는 합당한 자유적 만민 사회에서의 이상(서론, p.14.)이다.

질서정연한 사회란 그 성원의 선을 증진시키기 위해 세워지고 공공적

---

28) 정치경제학은 경제학이라는 말과 같다. 경제학을 정치경제학이라고 부른 이유는 원래 경제학이 고대 그리스에서 가내 경제학이라는 의미가 있었기 때문에 그에 대비해서 정치경제학이라고 부른 것이다.

인 정의관에 의해 규제되는 사회다. 그래서 그것은 모든 사람들이 타인들도 동일한 정의의 원칙을 받아들이리라는 것을 인정하고 알고 있는 사회요, 사회의 기본적인 제도들이 그러한 원칙들을 만족시키고 있으며 또한 만족시킨다는 것이 알려져 있는 사회다(『정의론』, 69절).

공산주의 생산양식은 마르크스의 『자본 1』(제7편, 제24장), 『고타 강령비판』, 레닌의 『국가와 혁명』 등에 나온다.

자본주의적 생산양식으로부터 생겨난 자본주의적 이윤취득 양식, 즉 자본주의적 사적 소유[자본주의적 소유]는 자기 노동에 기초한 개인적 사적 소유[매뉴팩처 단계의 단순 상품생산적 소유]에 대한 제1의 부정이다. 그러나 자본주의적 생산은 하나의 자연적 과정의 필연성에 따라 그 자신[기계제 대공업 단계의 소유]의 부정을 낳는다. 즉 부정의 부정인 것이다. 이 부정은 사적 소유를 다시 생산하지는 않지만 자본주의 시대의 획득물, 즉 협업과 토지 공유 및 노동 자체에 의해 생산되는 생산수단의 공유를 기초로 하는 개인적 소유[공산주의적 소유]를 만들어 낸다. 개인의 자기 노동에 기초한 분산적인 사적 소유[매뉴팩처 단계의 단순 상품생산적 소유]로부터 자본주의적 사적 소유로의 전화[기계제 대공업 단계의 소유]는 말할 나위도 없이 사실상 이미 사회적 생산경영에 기초를 두고 있는 자본주의적 소유[기계제 대공업 단계의 소유]로부터 사회적 소유[공산주의적 소유]로의 전화에 비하면 비교도 되지 않을 만큼 지리하고도 가혹하며 어려운 과정이다. 전에는 소수의 횡탈자[기계제 대공업 단계의 소유]에 의한 민중[매뉴팩처 단계의 단순 상품생산적 소유]의 수탈이 문제였지만, 이번에는 소수의 횡탈자[기계제 대공업 단계의 소유]에 대한 민중의 수탈[공산주의적 소유]이 문제다(『자본 1』, 제7편, 제24장. [ ] 안은 필자의 주).

3. 결론

마르크스와 롤즈 사이의 공통점과 차이점에 대해 마르크스의 주저 『자본』과 롤즈의 주저 『정의론』을 중심으로 비교해 보았다. (1) 연구

대상을 비교해 보면 마르크스('생산양식', '사회구성체')와 롤즈('사회 협동체', '사회의 기본구조')는 모두 전체 사회를 대상으로 삼는다는 점에서 비슷하고, (2) 관심영역은 롤즈의 경우에 (정치우선적인) '정의감' 문제이고, 마르크스의 경우에 (경제우선적인) '착취' 문제라는 점에서 대조적이다. (3) 연구입장은 롤즈의 경우에 '원초적 입장'이라는 개개인의 의지 밖에서 시작하고, 마르크스의 경우에 '자연사적 과정'이라는 개개인의 의식 밖에서 시작한다는 점에서 비슷하고, (4) 연구방법은 롤즈의 경우에 '반성적 평형'으로 개인적-내성적이고, 마르크스의 경우에 '변증법'으로 사회혁명적-객관적이라 대조적이다. 이상의 내용을 종합적으로 이해시켜 주는 (5) 모델 학문은 롤즈의 경우에 (선험적인) '촘스키 언어학'이고, 마르크스의 경우에 (자연과학적인) 물리학, 화학, 생물학이다.

다시 마르크스와 롤즈를 구체적으로 비교해 보면, (6) 다루는 사회구조는 정치-경제(롤즈의 '정의의 두 원칙' 대 마르크스의 '토대-상부구조')로 비슷하고, (7) 다만 우선순서는 롤즈는 정의의 두 원칙에서 정치 우선, 경제 다음이고, 마르크스는 경제토대 우선, 정치권리 종속으로 대조적이다. (8) '달란트'에 따른 분배문제를 접근할 때에 롤즈는 달란트(능력 차이)에 따른 분배를 부당하다(기회균등의 원칙)고 하고, 마르크스는 육체노동과 지적 노동의 차이(지식에서의 대중과 엘리트 사이의 분할)를 폐지하려고 해서 양자의 입장이 거시적으로 대동소이하다. (9) 분배문제에서 롤즈는 사회적 약자에게 유리한 '차등의 원칙'을 제시하고, 마르크스는 빈부격차 자체를 폐지하려고 해서 미시적 차이점과 거시적 유사성을 보인다. (10) 롤즈는 사회협동체(생산양식)에서 생산한 것을 대표인을 전제해서 차등의 분배원칙을 제시하고, 마르크스는 자본주의 생산양식(사회협동체)에서 생산을 부르주아 계급과 프롤레타리아 계급이라는 담지자를 전제로 해서 계급투쟁을 설명하는데, 대표인과 담지자는 사회제도를 구성하는 집단이

라는 점에서 거의 같다. (11) 이상사회에서 롤즈의 '질서사회'와 마르
크스의 '공산사회'는 크게 보면 실현된 이상사회의 상이 거의 유사하
지만 표현상의 우선순서에서 정치 중시와 경제 중시의 대조가 나타
난다.

　롤즈주의 시각으로 보면 마르크스주의의 약점들이 예리하게 탐구
되지 않은 것으로 보일 것이고, 마르크스주의 시각으로 보면 롤즈주
의의 문제점들이 제대로 부각되지 않은 것으로 보일 것이다.

참고문헌

M. M. 로젠탈, 한국철학사상연구회 변증법 분과, 『마르크스 정치경제학의
　　변증법적 방법 I, II』(이론과실천, 1989).
소련 연방과학아카데미, 문성원 옮김, 『마르크스주의 변증법의 역사 I』(한
　　울림, 1990).
알래스데어 매킨타이어, 이진우 옮김, 『덕의 상실』(문예출판사, 1997).
E. V. 일렌코프, 우기동 · 이병수 옮김, 『변증법적 논리학의 역사와 이론』(연
　　구사, 1990).
자크 비데, 박창렬 · 김석진 옮김, 『『자본』의 경제학 철학 이데올로기』(새날,
　　1995).
존 롤즈, 장동진 옮김, 『정치적 자유주의』(동명사, 1998).
존 롤즈, 장동진 외 옮김, 『만민법』(이끌리오, 2000).
칼 마르크스, 김영민 옮김, 『자본 1-1』(이론과실천, 1991).
칼 마르크스, 김호균 옮김, 『경제학 노트』(이론과실천, 1988).
크리스찬 아카데미 엮음, 『정의의 철학』(영학출판사, 1984).
황경식, 『사회정의의 철학적 기초』(문학과지성사, 1987).
E. Balibar, "Marx, le joker: ou le tiers inclus", dans J. L. Nancy et Ph.
　　Lacoue-Labarthe, dir., *Rejouer le politique 1*(Galilée, 1981). 「조커 마르
　　크스: 또는 동봉된 제3항」, 서관모 엮음, 『역사유물론의 전화』(민맥, 1993).
Fernand Braudel, *A History of Civilizations*, Richard Mayne trans.(Penguin

Books, 1993).

Henry S. Richardson & Paul J. Weithman eds., *The Philosophy of Rawls: A Collection of Essays*, A Garland Series Readings in Philosophy, Harvard University.

John Rawls, *Theory of Justice*, revised edition(Cambridge, Massachusetts: The Belknap Press of Harvard University Press, 1971(2001)). 황경식 옮김, 『사회정의론』(서광사, 1985).

____, "Justice as Fairness: Political not Metaphysical", in *Philosophy and Public Affairs*, vol. 14(Summer 1985).

제4부 현실적 적용

롤즈의 보편주의적 정의론과 여성주의:
차이의 문제

보건의료서비스의 정의로운 배분을 위한 롤즈 정의론의 발전 방향:
대니얼즈의 롤즈적 보건의료정의론을 중심으로

롤즈 정의론과 한국사회

롤즈의 보편주의적 정의론과 여성주의:

차이의 문제

하주영

부산대 철학과 강사

1. 서론: 롤즈의 정의론과 여성주의적 비판

여성주의자들은 기존의 정의론이 여성들이 겪고 있는 다양한 차별과 억압의 문제에 충분히 귀 기울이고 이를 해결하기 위해 어떤 이론적 기여를 했느냐의 문제에 대해 비록 정도의 차이는 있지만 대체로 부정적인 시각을 가지고 있다. 회의의 정도가 심한 일부 여성주의자들은 정의에 대한 대안으로 보살핌과 배려의 윤리(care ethics)를 제안하는데, 극단적인 예로 노딩스(N. Noddings)는 우리가 추구해야 할 것은 보살핌의 윤리이며 정의가 여성문제에 기여할 것은 거의 없다고 단언하기도 한다. 그러나 이런 입장은 대부분의 페미니스트들에게 설득력 있는 것으로 받아들여지지 않았다. 보살핌의 윤리만으로는 '보살핌'을 어떻게 분배해야 할 것인지의 문제에 제대로 답을 주기 어려웠기 때문이다.[1] 그런 점에서 많은 페미니스트들은 보살핌의 윤리를 견지하더라도 정의의 필요성과 연관성은 인정해야 한다고 주장

---

1) Elizabeth Kiss, *A Companion to Feminist Philosophy*, Alison M. Jagger and Iris M. Young eds.(Blackwell Publishing, 1998), p.491.

한다. 다만 정의론이 여성문제에 좀 더 진지하게 대응할 수 있도록 보살핌의 윤리가 지적하고 있는 문제들을 수용하여 변화되고 조정될 필요가 있다고 보고 이런 방향에서 이론적 개입을 시도해 왔다.

롤즈를 포함한 기존의 정의론에 대해 여성주의 이론가들이 보여준 문제의식은 하버마스[2]를 포함한 많은 철학자들에게 매우 깊은 인상을 심어 주었다. 예를 들어 아이리스 영(Iris M. Young)은 정의를 무엇보다 분배의 시각에서 바라보는 기존의 분배 패러다임에 대해, 정의가 단순히 분배만의 문제는 아니라는 것을 지적하면서 문화적 제국주의나 의사결정절차 및 분업 등과 연관된 부정의의 경우를 구체적으로 분석해 냈다.[3] 또한 오킨(Susan M. Okin)을 포함하여 대부분의 여성주의자들은 기존의 정의론에 내재해 있는 공사구분의 문제나 기계적인 성중립성의 허상을 비판했다. 그 외에도 여성주의자들은 기존의 정의론이 여성을 포함하여 다양한 사회적 약자들이 겪는 억압과 그들의 관점을 충분히 반영하지 못했다는 점을 들어, 이런 차이를 충분히 반영할 수 있도록 기존의 정의론을 변화시켜야 한다고 보았다.

이런 문제제기가 가능했던 것은 여성주의자들이 추상적 차원의 정의론에 만족하지 않고 사회적 약자들이 처한 현실을 좀 더 구체적으로 파악하기 위해 낮은 자세로 그들의 목소리를 경청하려는 이론적, 실천적 노력이 있었기 때문이다. 정의론에 대한 이런 여성주의적 개입의 공과는 다양한 관점에서 평가할 수 있겠지만 여기서는 '롤즈의 정의론'에 대한 여성주의적 비판에 초점을 맞추어 논의하려 한다. 이는 한편으로는 롤즈의 정의론이 기존의 정의론에서 차지하는 높은

---

2) 위르겐 하버마스, 박영도 · 한상진 옮김, 『사실성과 타당성』(나남출판, 2007), p.554, p.619 참조.

3) Iris M. Young, *Justice and the Politics of Difference*(Princeton, NJ: Princeton University Press, 1990).

위상과 비중 때문이기도 하고, 다른 한편으로는 여성주의자들이 주로 롤즈의 정의론을 비판하는 것에서 출발하여 자신들의 이론적 입장을 전개하는 경우가 많았기 때문이다. 따라서 롤즈의 정의론에 대한 여성주의자들의 비판을 검토하게 되면, 여기에 그들이 보인 문제의식의 주된 면모나 핵심적인 이론적 전제 등이 잘 드러나 있어서 그런 문제제기가 갖는 긍정적, 부정적 측면을 평가하는 데 적잖은 도움이 될 것으로 보인다.

롤즈의 정의론에 대한 여성주의자들의 평가는, 대부분의 이론들의 경우와 마찬가지로 다양하겠지만, 크게 둘로 나눌 수 있다. 그의 정의론은 공정한 기회균등의 원칙이나 차등의 원칙 등에서 알 수 있듯이 성적 위계질서 속에서 차별받는 약자의 위치에 있는 여성들이 겪고 있던 억압과 착취, 종속 등의 문제를 비판하고 이를 시정하는 데 중요한 지침과 관점을 제공한다는 점에서 일부 여성주의 이론가들로부터 긍정적인 평가를 받았다. 그러나 롤즈는 공사구분의 문제나 가족에서의 성불평등의 문제를 정의의 주요 문제로 보지 않는 등 여성들이 겪고 있는 부정의의 문제에 대한 비판적 의식이 부족할 뿐 아니라,[4] 불편부당함(impartiality)을 강조하는 그의 보편주의적 정의론이 대변하는 것은 주로 백인 중산층 이상 남성의 관점이어서 사실상 여성을 포함하여 다양한 약자 집단들의 관점을 충분히 반영하지 못하고 있다는 비판을 받아 왔다.

이런 여러 비판 가운데 롤즈의 정의론이 여성들의 관점을 제대로 수용하지 못했다는 지적은 뼈아프다. 그의 정의론이 실질적인 불평등의 해결을 위한 이론적 기획임에도 불구하고 정작 여성주의자들은 그의 이론이 여성들이 겪고 있는 억압과 종속을 충분히 조명하고 해

---

4) Deborah Kearns, "A Theory of Justice — and Love; Rawls on the Family", in *Justice in Political Philosophy II*, W. Kymlicka ed.(Edward Elgar, 1992)와 Susan Moller Okin, *Justice, Gender and the Family*(Basic Books, 1989) 참조.

결하기에는 부족한 부분이 많다고 보기 때문이다. 영이 지적했듯이 정의를 분배만의 문제로 보거나, 또 분배 가운데에서도 일차적인 사회적 가치(primary goods)의 분배라는 관점에서 바라봄으로써 분배가 이루어지고 있는 제도적 전제가 비판적으로 검토되지 못하고 있을 뿐 아니라, 이런 일차적 가치의 분배만으로는 그런 가치를 적극 활용할 수 있는 능력(capability)을 갖추지 못한 사회적 약자들의 어려움이 고려되지 못함으로써 실질적인 성불평등이 시정되지 못할 가능성 역시 센(A. Sen)과 누스바움(M. Nussbaum)에 의해 지적되어 많은 논자들로부터 공감을 얻었다.

   롤즈의 정의론이 여성의 관점을 충분히 반영하지 못했다는 이런 여성주의적 비판들의 상당수는 분명 큰 설득력을 가지고 있고 정의의 실질적 실현을 위해 이론적으로 기여하는 바가 적지 않다. 그러나 종종 이런 비판들의 일부가 여성의 차이를 강조하면서 보편주의적 정의론이나 불편부당함의 이상을 회의하고 부정하는 양상으로 발전하는 것은 설득력이 떨어질 뿐 아니라 여기에는 어떤 개념적 혼란이 있는 것으로 보인다. 보편주의나 불편부당함의 이상에 대한 비판은 롤즈의 원초적 입장을 둘러싸고 제기되고 있는데, 특히 영은 롤즈의 정의론에서 전제되고 있는 비편파성의 이념이 실현 불가능한 이상일 뿐 아니라 사실상 사회적 약자나 소수자들을 배제하거나 충분히 반영하지 못하고 있으며, 지배집단의 관점을 보편적인 것으로 실체화하는 이데올로기적 기능까지 있다고 보고 있다. 이 글에서는 바로 영 등이 주장하는 이런 문제를 롤즈의 원초적 입장에 대한 분석을 중심으로 살펴보면서, 과연 이런 비판이 충분한 설득력이 있는지 검토할 것이다.

2. 차이의 반영과 배제

1) 롤즈의 정의론에 대한 여성주의자들의 문제제기

롤즈가 여성들이 겪는 부정의의 문제에 주목하지 못했던 것은 그가 주장했던 것처럼[5] 단순히 그가 그런 세부적 주제보다는 주로 일반적인 정의의 원칙이라는 문제를 다루려고 했기 때문만은 아니다. 그가 공사구분을 견지한 것이나 가족을 정의가 우선적 가치로 작동하지 않는 영역으로 본 점 등은 그가 은연중에 성불평등의 문제에 대한 자신의 관점을 드러낸 것으로 보아야 한다.[6] 즉 그는 가족 문제를 정의의 주요 문제로 보지 않았으며 공사구분이 소위 사적 영역에서 성불평등의 문제가 제대로 인식조차 되지 못하게 만드는 주요 전제임을 제대로 파악하지 못했다. 또한 무지의 베일에 가려져야 할 항목에 계약 당사자의 지위, 능력, 신분 등이 들어 있지만 성별의 항목이 빠져 있었으며, 이것이 여성주의자들의 지적 후에 포함된 것으로 보아[7] 성불평등에 대한 문제가 그에게는 사회가 해결해야 할 절박한 부정의의 문제로 받아들여진 것은 아니었음을 알 수 있다.

이런 점에서 그의 정의론은 보편주의를 표방하고 있지만, 실제로 그의 정의론에 반영된 것은 가사노동과 양육의 의무에서 상대적으로 자유로우며 인종차별의 문제나 빈곤으로 크게 고통받지 않는 백인

---

5) 『정치적 자유주의』에서 롤즈는 자신이 가족에서의 정의의 문제를 다루지 못한 것은 사실이지만, 자신의 이론이 이 문제에 대한 안내의 역할을 할 수 있을 것이라고 보았다. 즉 여성의 문제를 자신의 정의론을 적용하여 해결할 수 있을 것이라고 희망했다. John Rawls, *Political Liberalism*(New York: Columbia University Press, 1993), Introduction, p.29.

6) Susan Moller Okin, *Justice, Gender and the Family*.

7) 롤즈는 1971년 저작인 『정의론(*A Theory of Justice*)』에서는 무지의 베일에 가려져야 할 항목으로 성과 인종 등을 거론하지 않았다. 그러나 이후에는 일부 이론가들의 비판과 지적을 의식한 듯 성과 인종을 구체적으로 명기하였다.

중산층 남성의 관점이다. 롤즈는 가족을 정의감이 형성되는 주요한 교육의 장소로 자리매김했지만, 성역할 고정화를 학습하게 되는 제1의 장소인 가족에서 발생하는 부정의의 문제를 정의의 주요 문제로 보지 않았다. 게다가 센이나 누스바움이 지적하고 있듯이, 롤즈가 말하는 일차적 가치의 공정한 분배만으로는 실질적인 평등이 실현되기 어렵다는 점에서 빈곤한 계층이 주어진 일차적 가치를 자신의 자유를 확장하는 데 이용할 수 없는 것에서 겪게 되는 어려움 등도 충분히 고려되었다고 볼 수 없다. 그 외에도 롤즈는 공정한 협력체계로서의 사회를 위해 이론적 출발점으로 삼은 시민의 자격을 '자유롭고 평등한 인간'으로 규정하고 있는데, 충분히 협력적일 수 있는 사회성원들의 범주에 신체적으로나 정신적으로 큰 장애가 있는 장애우나 노인 등이 배제될 위험이 있으며 또 이런 사람들이 필요로 하는 보살핌이나 이들을 주로 보살펴 온 사람들(주로 여성들)과 관련된 정의의 문제가 충분히 고려되지 못했다는 점이 지적될 수 있다.

이렇듯 롤즈의 정의론은 불편부당함의 이상을 실현하려는 정의론을 표방하고 있지만, 실제적으로 그의 정의론은 차별과 부정의로 고통받고 있는 다양한 사람들, 즉 여성이나 흑인, 소수민족, 동성애자, 장애우들의 목소리와 관점을 충분히 수용하지 못했다는 점에서 롤즈의 정의론이 이런 집단들의 차이를 제대로 반영하지 못했다는 여성주의자들의 비판은 적절해 보인다. 그런데 우리가 주목해야 할 것은 일부 여성주의자들이 롤즈의 정의론이 이런 차이를 반영하지 못한 이유를 롤즈가 기대고 있는 불편부당함의 이상이나 보편주의적 정의관의 탓으로 본다는 점이다. 과연 롤즈가 여성을 포함한 다양한 집단들의 차이를 반영하지 못한 이유가 그가 전제한 보편주의적 정의관이나 비편파성의 이상 때문일까? 영은 롤즈가 말하는 비편파성의 이상이나 보편주의적 정의관은 불가능할 뿐 아니라 이데올로기적으로도 부정적인 효과, 즉 지배집단의 관점을 보편적인 것으로 둔갑시키는 역기능을 가져올 뿐이라고 주장한다. 그렇다면 영이 말하는 불가능성이나 그녀가 보여준 회의적 시각은 구체적으로 무엇이며, 또 충분한 정당성이 있는지 따져 보는 것이 필요할 것이다.

2) 영의 문제제기: 불편부당함은 불가능하거나 문제적인 이상?

정의의 원칙들을 도출하기 위해 롤즈가 가정하고 있는 원초적 입장에서 당사자들의 선택이 공정할 수 있도록 규제하는 이상적 상태는 불편부당함(impartiality)이다. 즉 롤즈는 무지의 베일이라는 장치를 통해 계약의 당사자들을 자신들의 이해관계, 기득권으로부터 분리시킴으로써 정의의 원칙이 그 어느 쪽으로도 치우치지 않은 공정한 선택일 수 있도록 배려한다. 사실 자신이 처한 위치, 지위, 이해 기반 등을 충분히 알고 있는 현실 속에서 모든 사람들이 자신의 이해관계와 기득권을 뛰어넘어 공정하고 비편파적인 정의의 원칙을 선택하고 합의해 내기는 매우 어렵다. 바로 그런 점에서 롤즈는 원초적 입장과 같은 이론적 장치를 통해 어느 누구의 기득권이나 이해관계도 직접적으로 반영하지 않는 공정한 정의의 원칙을 도출하려고 했던 것이다. 그렇게 되면 계급, 지위, 성별, 인종, 소속민족 등과 결합된 위계질서에서 유리한 위치에 있는 사람들의 관점이 반영되지 않는, 누구나 동의할 수 있는 보편적 정의의 원칙을 끌어내는 것이 가능할 것이다. 따라서 이때 도출된 정의의 원칙들은 남성의 지배적 이익이 관철된 남성 중심적 특성이 아니라 성별에 상관없이 남녀 모두에게 해당되는 공정함을 지니게 될 것이다.

일견 기존의 성불평등을 시정하는 데 크게 기여할 것처럼 보이는 이 입장에 대해, 차이를 강조하는 일부 페미니스트들, 대표적인 예로 영은 롤즈의 정의론을 지배하고 있는 불편부당함이라는 이상이 여러 가지 측면에서 매우 문제적이라고 비판한다. 우선 '불편부당함'의 이상은 이루어질 수 없는 관념적 허구8)라는 것이다. 다양한 이해관계와 관점들을 가지고 있는 사람들 사이에서 그 누구나 보편적으로 동의할 수 있는 원칙을 도출해 낸다는 것은 불가능하다고는 할 수 없더라도 매우 성취하기 어려운 일일 뿐 아니라, 그나마 이끌어 낸 원칙조차 별 내용을 갖추지 못한 공허한 것일 뿐이라는 것이다. 롤즈에게서 정의의 원칙은 무지의 베일을 쓴 계약의 당사자가 상호 무관심한 상태에서 합의하게 되는 것인데, 영에 의하면 현실적으로는 있을 수 없는 이런 인공적 상황설정 속에서 얻어진 정의의 원칙들은 다양한 이해관계와 관점들 속에서 갈등하는 인간들이 존재하는 현실에서는 그 어떤 힘도 가질 수 없는 "어디에도 없는 초월적 관점(transcendental view of nowhere)"이다.9)

물론 롤즈가 이런 가상적 상황을 설정한 것은 편협한 개인의 이해관계나 기득권에 휘둘리지 않는 정의론을 만들어 내기 위한 것이겠지만, 영은 개인의 이해관계를 초월하기 위해 반드시 불편부당함의 이상이나 보편주의를 상정할 필요는 없다고 본다. 다양한 집단들이 가지는 차별적 관점이 반영된다면, 롤즈가 말하는 이기주의의 위험은 충분히 피할 수 있다는 것이다.

마지막으로 영에 의하면 불편부당함의 이상이 불가능하기도 하지만, 이런 이상에 의해 인도된 정의론이 이데올로기적으로 역작용을 낳기도 한다.10) 즉 지배집단의 관점이 마치 보편적인 것인 양 실체화됨으로써 기존의 위계질서와 권위주의적 의사소통구조를 정당화하는 역작용을 한다는 것이다. 실제로 불편부당함의 이상을 표방하고 있는 롤즈의 정의론은 여성주의자들을 포함한 많은 논자들로부터 중산층 이상 백인 남성의 관점이 많이 반영되었다는 비판을 받고 있다.

---

8) Iris M. Young, *Justice and the Politics of Difference*, p.104.
9) 같은 책, p.100.
10) 같은 책, p.112.

영은 이런 두 가지 논거에 의거해서 롤즈처럼 불편부당함이라는 불가능한 이상을 추구하기보다는, 다양한 집단 간의 차이를 존중하고 이들의 관점들이 의사소통의 과정에 더 많이 반영될 수 있는 공적 공정성을 추구하려 한다.[11] 영의 이런 입장이 가진 설득력을 가늠하려면, 소위 '불편부당함'을 추구하는 보편주의적 정의론이 과연 다양한 집단 간의 차이를 충분히 반영하기 어려운 이론인지 따져 보아야 한다. 또한 소위 보편주의적 정의론이 범한다고 비난받는 대체주의(substitutionalism)가 불편부당함의 이상에서 비롯된 것인지, 아니면 다양한 계급 및 성별 기반을 가진 이론가들이 종종 범하는 의식적이거나 무의식적인 지적 오만이나 경솔함 등에서 비롯된 것인지 검토할 필요가 있다. 이런 문제들을 여기서는 원초적 입장에 대한 해석과 비판을 중심으로 살펴볼 것이다. 왜냐하면 영을 포함하여 롤즈의 보편주의적 정의론을 비판하는 이들은 롤즈의 정의론이 가진 문제점이 원초적 입장에 잘 드러나 있다고 보고, 주로 이에 대한 비판을 통해 자기 입장을 정당화하기 때문이다.

3. 보편주의적 정의론과 차이

1) 원초적 입장

잘 알려져 있다시피, 롤즈는 누구나 공감할 수 있는 보편적 정의의 원칙을 만들어 내기 위해 '원초적 입장'이라는 독특한 상황을 설정하고 그 속에서 각 개인들이 자신들의 이익을 극대화해 줄 수 있는 원칙들을 합리적으로 선택하게 한다. 전형적인 사회계약론적 설정이지만, 롤즈의 원초적 입장이 갖는 독특함은 계약의 당사자가 자신의 처지에 대한 어떤 개인적 정보로부터도 차단되어 있다는 것이다. 그는

---

11) 같은 책, p.112.

자신이 어떤 계층적 기반이나 지위를 갖고 있는지 모를 뿐 아니라 자신의 재능, 체력 등에 관한 정보도 알지 못한다. 또한 자신이 무엇을 선으로 생각하는지 모를 뿐 아니라 자신의 심리적 성향이 낙관적인지 비관적인지도 모른다고 가정된다. 게다가 자신이 속한 사회가 어떤 특성을 가지고 있고, 자신이 속한 세대가 무엇인지 알려 주는 정보로부터도 분리되어 있다.12) 그런데 롤즈가 『정의론』에서 구체적으로 명시하지는 않았지만, 무지의 베일에 가려져야 할 항목들에는 자신의 성별, 피부색, 소속민족, 종교적 신념 등도 포함되어야 할 것이다. 이런 무지의 베일에 가려질 필요가 없는 것으로 롤즈는 당사자들이 정의의 원칙을 선택하기 위해 알아야 할 인간사회에 대한 일반적 사실들을 들고 있는데, 여기에는 정치현상, 경제이론, 사회조직의 기초, 인간 심리의 법칙 등이 해당된다.13)

롤즈가 계약의 당사자에게 무지의 베일을 씌우는 이유는 당사자들이 그들의 사회적, 자연적 여건을 그들 자신에 유리하게 사용하지 않도록14) 하기 위해서다. 즉 자신들의 개인적 기득권 행사에 힘을 발휘할 수 있는 요소들을 무효화함으로써 계약의 당사자들이 이기주의적인 선택을 할 가능성을 차단하려는 것이다. 또한 계약 당사자들 간의 차이가 그들에게 알려지지 않음으로써 모두가 비슷한 처지에 있기 때문에, 누구나 수긍할 수 있는 보편적인 정의의 원칙들을 선택할 수 있게 된다. 만약 무지의 베일과 같은 제한이 없다면 보편적인 정의의 원칙을 선택하고 합의하는 일이 터무니없이 복잡하게 될 것이며, 이론적으로 불가능하지는 않을지 모르나 매우 어려울 것으로15) 롤즈는 보고 있다.

---

12) 존 롤즈, 황경식 옮김, 『사회정의론』(서광사, 1985), pp.155-156.
13) 같은 책, p.156.
14) 같은 책, p.155.
15) 같은 책, p.159.

롤즈의 정의론에 대한 비판 가운데 많은 부분은 그의 원초적 입장에 초점을 두고 있다. 공동체주의자들과 일부 여성주의자들이 문제로 삼는 부분은 원초적 입장에서의 당사자들이 각자의 역사적, 문화적 뿌리와 자신이 속한 공동체, 즉 자신의 정체성을 형성하는 데 중요한 역할을 하는 사회적 소속으로부터 분리된 추상적 개인이라는 점이다. 그렇게 되면 계약의 당사자들이 소수자나 약자 집단의 구성원으로서 겪는 억압과 차별에 대한 반성을 통해 형성하게 되는 차별적 관점이나 문제의식, 입장 등을 제대로 반영할 수 없게 된다고 보기 때문이다. 이에 덧붙여 현실적으로는 존재할 수 없는 이런 추상적 개인들이 상호 무관심한 상태에서 자신의 이익을 극대화해 줄 정의의 원칙을 선택하는 상황이 독백적이고 개인주의적이어서 차이의 인정과 포용을 위해 필요한 배려와 보살핌의 관점이 결여된 지나치게 합리주의적 관점이라고 비판한다.

개인주의적이라는 비판에 대해서는 개인의 자율적 선택을 존중하는 이런 자유주의적 정의론이 반드시 문제적인지 따져 볼 필요가 있다. 누스바움도 주장했듯이 사실 롤즈의 정의론은 개인주의적이어서 문제라기보다는 그 개인주의가 철저하지 못해서 더 문제라고 볼 수도 있기 때문이다. 예컨대 롤즈에게서 가족 문제가 정의의 주요 문제로 거론되지 못했던 것이나 공사구분이 유지되었던 것도 바로 롤즈가 정의의 문제를 가족을 구성하는 개개인들에게까지 치밀하게 적용하지 못했던 점이 주로 작용했기 때문이다.[16] 따라서 이 문제보다는 원초적 입장에 있는 개인들이 무지의 베일을 쓴 추상적 개인이어서 이때 도출된 정의론은 다양한 집단의 차이를 배제한 추상적이고 비현실적인 이론일 수밖에 없다고 보는 논점을 다루는 것이 차이의 배제라는 문제와 관련하여 더 생산적일 듯하다.

---

16) M. Nussbaum, *Sex and Social Justice*(Oxford University Press, 1999), pp.63-65.

2) 추상적 개인과 차이의 문제

영이나 공동체주의자들은 사람들이 딛고 서 있는 구체적 현실에서 출발하지 않고 이를 초월한 어떤 이상적 상황을 상정하는 것 자체가 비현실적일 뿐 아니라 또 이런 초월적 설정을 통해 도출된 정의의 원칙이나 관점들은 현실 속의 사람들에게 위력을 발휘하기 어렵다고 본다. 즉 자신이 속한 공동체의 구성원들이 오랜 역사 속에서 공유하게 된 문화와 역사, 전통 등에 기반을 두지 않고 현실에는 없는 가상적 상황을 설정하고 여기에서 도출된 도덕원칙을 모두가 받아들여야 할 보편적인 것이라고 주장하는 것은 지적 엘리트주의의 소산일 뿐이라는 것이다.17) 영 역시 원초적 입장에서 합의된 정의의 원칙들은 어디에도 없는 초월적 관점에서 얻어진 것으로, 현실적으로는 사실상 불가능하며 불가능한 관점을 보편적인 것으로 실체화함으로써 대체주의의 오류를 범하고 있다고 주장한다.

그러나 이런 비판은 롤즈가 원초적 입장에 부여한 역할이나 그것이 도입된 배경, 그리고 그것이 지향하는 목표 등을 고려해 볼 때 설득력이 높지 않다. 롤즈가 원초적 입장을 도입하게 된 것은 현실에서 괴리된 정의론이 가능하다거나 또 그런 류의 정의론을 만들려는 의도에서가 아니었다. 사실 어떤 이론가든 자신에게 주어진 현실에서 출발하지 않거나 또 그런 현실 속에서 사람들이 겪게 되는 고통이나 그로 인한 문제의식을 도외시하면서 자신의 이론이 공적으로 논의되고 소통되기를 희망하기는 어렵다. 롤즈가 정의의 문제에 집중하고 몰두하게 된 것도 그가 살고 있던 사회에서 해결되지 못한 부정의의 문제 때문이었다. 그러나 현실 속에서 이루어지는 다양한 차별과 억압, 지배의 문제를 규제하는 정의의 원칙이 가능하기 위해서는 정의

---

17) 마이클 왈쩌, 정원섭 외 옮김, 『정의와 다원적 평등: 정의의 영역들』(철학과현실사, 1999), pp.20-21.

의 원칙이 추상적 성격을 띠어서는 안 된다거나 현실의 다양한 불평등을 문제시하고 있는 여러 집단의 다양한 문제제기를 원칙의 차원에서 다 반영해야 한다는 결론이 나와야 하는 것은 아니다. 오히려 이런 문제들을 해결하기 위해 롤즈가 도입한 것이 원초적 입장이다. 이미 자신의 지위, 재능, 성별, 피부색 등 자신이 기득권을 행사할 수 있는 기반을 다 알고 있는 다양한 개인들이 모여 누구나 동의할 수 있는 정의의 원칙을 선택하는 상황은 너무나 복잡할 뿐 아니라 정의론이 만약 이런 다양한 이들의 이해를 다 대변하려면 파편화될 위험을 피하기 어려울 것이다. 롤즈가 우려한 것은 바로 이런 부분이다. 우리가 어떤 부분에서든 자신에게 유리한 다양한 특성들을 알고 있는 상황에서 자신의 기득권을 송두리째 포기하고 그야말로 이타적인 정신으로 정의의 원칙을 합의해 나가는 것이 이론적으로 불가능한 것은 아닐지라도 과연 쉬운 일일까? 단순히 이기주의의 문제도 있지만, 집단의 이름으로, 도덕적으로 무관한 요소가 평등과 정의의 실현에 부당한 영향력을 행사할 가능성, 다시 말해 기득권 행사에 유리한 선택을 하게 될 가능성을 온전하게 부인하기 어렵다.

롤즈가 계약의 당사자에게 무지의 베일을 씌운 것은 바로 현실에서는 서로 다른 기득권 행사와 이해관계 때문에 보편적인 정의의 원칙을 도출하기 어렵다는 점을 절감했기 때문이다. 만약 그런 여러 정보들로부터 개인들이 분리된다면, 그들은 좀 더 공정하게, 그 어떤 이해관계나 기득권 행사로부터도 벗어나서 사회를 규제하게 될 보편적으로 타당한 정의의 원칙들을 도출해 낼 수 있으리라고 보았을 것이다. 따라서 롤즈의 정의론이 유아론적이라거나 비역사적이고 원자론적(독백적, 개인주의적)이라는 비판은 바로 이런 점들을 충분히 고려하지 못한 것에서 비롯되었다고 볼 수 있다.

게다가 롤즈가 이렇게 해서 선택된 정의론이 그 자체 자족적이어서 어떤 상황과 현실 속에서도 별다른 고려나 주의 없이 그대로 적용될 수 있다고 주장하는 것도 아니다. 원초적 입장에서 정의의 기본 원칙이 합의된다 하더라도 우리는 주어진 다양한 현실 속에서, 또 자신이 처한 조건과 입장에 따라 그 원칙이 제대로 운용되기 위해 필요한 것들이 다양할 수 있음을 알고 있으며, 또 그런 다양한 방식의 구체화가 있어야 이 원칙들은 현실성을 갖추게 될 것이다. 비슷한 맥락에서 누스바움은 이를 다음과 같이 표현하고 있다. 사람들은 그들의 성장 배경인 다양한 전통과 가치관 때문에 차이를 지니지만, 그럼에도 불구하고 충분히 인간적이고 좋은 삶을 위해 반드시 갖추어야 할 것들의 목록에 보편적으로 동의할 수 있다. 다만 이를 실현하기 위한 실천적 방법은 그 사람들이 처한 다양한 위치와 상황에 맞춰 세부적으로 좀 더 구체화되어야 한다.[18]

따라서 원초적 입장에서 계약의 당사자가 현실세계에는 있을 법하지 않은 '추상적 개인'을 내세웠다고 해서 그때 합의된 정의론이 비역사적이고 초월적이며 엘리트주의적이라 말할 수는 없을 것이다. 무지의 베일을 통해 현실 속의 개인들 사이에 존재하는 다양한 차이는 정의의 원칙을 합의하기 위해 일단 배제되지만, 이것은 그런 차이가 현실적으로 배제될 수 있다는 것을 뜻하지도, 또 정의의 원칙을 적용할 때 이런 차이가 고려되어서는 안 된다는 것을 의미하지도 않는다. 그보다는 사람들 간에는 다양한 차이가 있지만 그럼에도 불구하고 그런 차이가 포용되고 존중되기 위해서는 우선 이런 추상적인 차원의 보편적인 정의의 원칙이 합의되어야 한다는 주장으로 이해해야 한다.

3) 차등의 원칙

다음으로 우리가 주목해야 할 것은 차등의 원칙(the Difference

---

18) M. Nussbaum, *Sex and Social Justice*, pp.40-41, pp.67-71.

Principle)이다. 롤즈는 계약 당사자들의 개인적 차이를 무지의 베일로 가려 놓았지만, 이들이 상호 무관심한 상태에서 합리적으로 선택하는 원칙 가운데에는, 최소 수혜자(the worst-off, the least advantaged)에게 혜택이 가장 높은 쪽으로 사회적, 경제적 불평등이 조정되어야 한다는 차등의 원칙이 있다. 롤즈의 정의론이 합리적 선택이론이라면 계약의 당사자들은 자신의 이익을 극대화하기 위해 효용의 원칙을 택해야 할 것 같지만, 롤즈는 자신이 누구인지 잘 알지 못하는 불안정한 상황에서 사람들은 최소극대화의 규칙에 따라 차등의 원칙을 선택하게 될 것이라고 주장한다. 이에 대해 일부 페미니스트들은 계약의 당사자들이 상호 무관심한 상태에서 자신의 이익을 극대화해 주는 정의의 원칙을 선택한다는 설정에 대해 문제를 제기한다. 상대에게 무관심한 채 냉정하게 자신의 이익만을 계산한다는 것 자체가 남성 중심적인 관점이라고 보면서, 이를 타자들이 겪는 차별과 소외, 억압으로 인한 고통에 공감하는 도덕적 관점인 보살핌의 윤리(care ethics)와 대립시킨다. 그런데 놀라운 것은 타자에게 무관심한 채 자신의 이익 극대화에 골몰하는 사람들이 선택하게 되는 정의의 원칙이 사회의 약자 계층이나 소외 집단을 배려하는 차등의 원칙이라는 사실이다.

여기에서 두 가지를 지적해야 한다. 우선, 원초적 입장에서 추상적 개인들이 선택하게 되는 정의의 원칙이 다양한 집단들의 차이를 반영하기 어렵다는 지적과 달리 차등의 원칙은 그런 차이의 수용을 최소한 원칙적인 차원에서 긍정하고 있다는 점이다. 둘째, 엄밀히 말해 차등의 원칙은 그런 차이를 수용하려는 윤리적 태도 속에서만 채택될 수 있는 원칙이라는 점이다.

롤즈는 사회경제적 불평등이 최소 수혜자에게 최대의 혜택을 줄 수 있을 때에만 허용될 수 있다는 제한조건을 덧붙임으로써 우리 사회에서 가장 열악한 상황에 놓여 있는 사람들의 처지를 이해하고 그들의 요구와 입장이 고려될 수 있도록 했다. 이는 일부 페미니스트들의 주장과는 달리 롤즈의 정의론이 차이의 문제를 도외시하고 있지 않음을 보여준다. 그러나 문제는 합리적 선택이론으로서의 그의 정의론에서 어떻게 공리주의자들이 말하는 효용의 극대화가 아닌 차등의 원칙이 선택될 수 있었는가 하는 점이다. 롤즈는 이에 대해 미래가 불확실한 상황에서 당사자들의 선택은 다소 보수적이더라도 상대적으로 안정적인 것을 선택할 수밖에 없다는 점과 상호성의 측면에서 사회적 약자들에게 더 많은 기회를 제공함으로써 그들이 사회적 협동에 참여할 수 있는 동기를 더 많이 부여할 수 있는 차등의 원칙을 선택할 것이라고 설명한다.[19]

롤즈가 다소 모호하게 설명한 이 부분에 대해 오킨은 매우 흥미로운 해석을 제안한다.[20] 엄밀히 말해 합리적 선택이론만으로는 차등의 원칙이 선택되는 이유를 제대로 설명하기 어렵다는 것이다. 그 이유는 원초적 입장 속의 개인이 합리적 선택을 할 수 있는 기반이 매우 빈약하고 불확실하다는 것이다. 즉 자신이 어떤 존재인지 충분히 알 수 없는 상황에서는 자신의 이익이 무엇인지도 불확실하기 때문에 이를 극대화한다는 전략 자체가 의미 있게 다가오기 어렵다는 것이다. 따라서 계약의 당사자들은 최악의 상황, 즉 자신이 다양한 측면에서 사회적인 약자 계층이나 마이너리티에 속할 가능성을 고려해야 하며, 또 만약 그런 상황이라 하더라도 자신이 동등하게 존중받을 수 있는 시민으로 대우받고 기능하도록 배려하는 원칙을 선택할 수밖에 없다는 것이다. 따라서 당사자들이 이런 가능성을 염두에 둘 경우 그들은 자신이 처하게 될 수도 있는 다양한 상황과 입장들을 상상해 보

---

19) 존 롤즈, 『사회정의론』, pp.171-174; 존 롤즈, 황경식 외 옮김, 『공정으로서의 정의』(서광사, 1991), pp.71-72.

20) Susan Moller Okin, "Reason and feeling in Thinking about Justice", in *Justice in Political Philosophy II*(1992).

아야 하고 그런 열악한 상황에서 자신이 필요로 하는 것들을 따져 보지 않을 수 없다. 이런 과정에는 단순히 타자의 처지에 무관심한 상태에서 자신의 이익을 극대화하는 합리적 계산보다는 어쩌면 자신의 경우가 될 수도 있는 열악한 상황의 타자가 겪게 될 차별과 고통 등을 따져 보고 그에 공감하는 적극적인 배려와 보살핌이라는 윤리적 태도가 전제되어 있다는 것이다. 원초적 입장을 이렇게 해석함으로써 오킨은 차등의 원칙이 바로 타자의 고통에 공감하는 보살핌의 윤리에 의해 선택되는 것이라고 주장한다. 따라서 오킨의 주장에 비춰 볼 때 차등의 원칙은 차이를 수용하려는 윤리적 태도 속에서만 채택될 수 있다는 결론이 나오게 된다. 물론 오킨이 여기서 강조하려고 했던 것은 페미니스트들이 주장하는 정의와 배려라는 두 가지 덕목의 강한 대립이 설득력이 없다는 것, 다시 말해 최소한의 '배려의 윤리'가 전제되지 않고서는 정의감의 형성이나 정의의 원칙 자체가 성립하지 않는다는 것이다. 그러나 이 글의 맥락에서 특히 강조되어야 할 것은 롤즈의 보편주의적 정의론이 차이의 문제를 정의론과 관련하여 중요한 문제로 받아들이고 있으며, 이를 잘 보여주는 것이 차등의 원칙이라는 점이다.

4) 대체주의

그런데 롤즈의 정의론이 차등의 원칙을 통해 차이의 문제를 포용하고 있다 하더라도 여전히 대체주의의 혐의는 비켜 가기 힘들다. 최소 수혜자를 배려하는 원칙을 채택하고 보편주의적 정의론을 표방하더라도 특정 지배집단의 관점이 관철되고 있다면 한계를 보일 수밖에 없기 때문이다. 여러 여성주의 이론가들이 지적했듯이, 롤즈의 정의론에는 백인 중산층 이상 남성의 관점이 흐르고 있다. 사실 엄밀히 말해 대체주의의 위험은 어떤 이론도 피해 가기 어렵다. 비록 불편부당하고 공정한 입장을 견지하기 위해 노력한다 하더라도, 이론가들이 다양한 처지와 상황에 처해 있는 약자들이 겪는 그 모든 차별과 억압을 온전히 파악하고 이를 반영하기란 어려운 일이다. 그런 의미에서 정의론은 불가피하게 생길 수밖에 없는 대체주의의 위험을 끊임없는 수정과 보완의 과정을 통해 줄여 나가야 한다.

대체주의의 문제를 극복하기 위해 제안되었던 이론적 방법은 여러 가지다. 우선 영은 대체주의의 위험은 불가능한 보편주의의 이상 아래 특정 계급의 입장이 보편적인 것으로 위장되는 것이므로, 보편주의를 포기함으로써 특정 계급의 입장을 보편적인 것으로 실체화하는 위험을 피하고, 가급적 다양한 집단의 입장을 의사소통과정에 반영함으로써 공적 공정성(public fairness)을 확보해야 한다고 주장한다.[21] 그러나 이런 주장은 대체주의가 발생하는 것은 불가능한 보편주의를 추구했기 때문이라고 보는 점에서 문제적이다. 보편주의를 전제한다고 해서 차이가 제대로 반영될 수 없는 것은 아니기 때문이다. 오히려 정의의 원칙에 대한 보편적 동의가 있어야 차이의 수용도 가능해진다. 그렇다면 차이를 배제하는 가장된 보편주의가 문제인 것이지 '보편주의' 자체가 포기되어야 하는 것은 아니다.

소위 '제한적 보편주의(qualified universalism)'[22]는 차별과 억압에 반대하기 위하여 보편적으로 채택될 수 있는 원칙들을 받아들이면서도 차이의 문제를 포용하려는 입장이다. 오킨이나 퍼트남(Ruth A. Putnam), 누스바움 등이 이런 입장을 대표한다. 그 중 오킨은 롤즈의 정의론이 여성들이 겪고 있는 억압과 차별의 문제를 충분히 반영하지 못했다고 비판하면서, 만약 정의의 원칙을 합의할 때 여성주의적 관점이 반영된다면 좀 더 관계에 초점을 둔 정의론이 가능할 것으로 보고 이런 관점에서 롤즈의 정의론이 보완되어야 한다고 주장한다.

---

21) Iris M. Young, *Justice and the Politics of Difference*, p.112.
22) 오킨은 자신이 지지하는 보편주의를 이렇게 지칭한다.

예를 들어 오킨은 롤즈가 '성별'을 정의의 원칙을 합의할 때 영향을 미쳐서는 안 되는 '도덕적으로 무관하고 우연적인 것'으로 보고 이를 무지의 베일에 가려져야 할 항목으로 본 점에 대해 이중적 태도를 취한다. 즉 한편으로는 성이 무지의 베일에 가려짐으로써 성적 위계에 따라 사회적 가치들이 차별적으로 분배되는 원칙들이 배제될 수 있다는 점에서 긍정적으로 평가하면서도, 성을 도덕적으로 무관하고 우연한 것으로 본 것에 대해 회의적 시각을 보인다. 젠더로 구조화된 사회에서 남자와 여자는 서로 다른 삶을 경험하며 이는 처음부터 그들의 심리, 도덕 발달의 형태에 영향을 미친다고 보기 때문이다. 따라서 이런 사회에서는 여성 특유의 도덕적 관점이 있기 마련이며, 원초적 입장에 여성들의 이런 관점들을 포함시켜야 한다고 주장한다. 단지 성중립적 태도만으로는 성차별을 극복하기 어렵다고 보기 때문이다.[23]

그런데 만약 오킨의 주장이 여성 특유의 도덕적 관점을 들어 원초적 입장의 당사자가 자신의 성별을 인지한 상태에서 정의의 원칙을 합의하게 해야 한다는 것이라면, 이런 주장은 퍼트남이 지적했듯이,[24] 다른 사회적 약자들 역시 자신이 속한 집단이 무엇인지 알아야 한다는 논리로 계속 이어질 것이다. 롤즈의 정의론에서 지배적인 것은 단지 남성이 아니라 백인 중산층 이상의 건강한 젊은 남성의 관점이기 때문에, 여기에서 배제되어 있다고 말할 수 있는 흑인이나 동성애자, 소수민족, 노인, 장애우들 역시 자신들의 관점이 반영되어야 한다고 주장하게 될 것이기 때문이다. 이렇게 성별, 피부색, 나이, 건강상태 등이 노출됨으로써 무지의 베일이 파열되어 버리면, 정의론은

23) Susan Moller Okin, *Justice, Gender and the Family*, p.102.
24) Ruth A. Putnam, "Why not a Feminist Theory?" in M. Nussbaum & J. Glover eds., *Women, Culture, and Development: A Study of Human Capability*(Oxford: Clarendon Press, 1995), p.310.

파편화되어 원초적 입장에서 합의할 수 있는 어떤 보편적 정의원칙도 나오기 어렵게 될 것이다. 따라서 여성들의 관점이 충실하게 반영되지 않았다고 해서, 오킨처럼 여성들이 원초적 입장에서 여성으로서 대표되어야 한다고 주장한다면 이는 부조리한 것이 되고 만다.

물론 오킨식 해법이 부조리하다고 해서, 정의론을 구성할 때 사회적 약자 집단의 목소리가 배제되어야 한다는 의미는 아니다. 개인에 대한 구체적 정보나 자신이 속한 집단을 드러내는 것이 정의론의 파편화를 가져오는 것은 오로지 정의론의 1단계에 해당되기 때문이다.25) 그렇다면 이들 집단의 목소리를 참조하고 반영하는 것은 어떤 단계에서 이루어져야 하는가? 롤즈는 정의론이 구성되는 4단계(four sequences)를 언급하면서, 단계가 높아짐에 따라 허용되는 지식의 정도가 깊어지고 내용이 풍부해진다는 점을 언급하고 있다.26) 즉 처음에는 사회의 제1원리들만이 허용되지만 정의의 원칙이 선택되고 나면 단계가 높아짐에 따라 사회에 관한 일반적 사실들, 마지막으로 각 개인의 특수한 조건들에 대한 지식을 이용할 수 있게 된다. 즉 각 단계별로 당면한 종류의 정의의 문제에 정의의 원칙을 적용할 때 필요한 여러 정보들이 허용되며 이때 제외되는 것은 단지 편견과 왜곡을 일으키고 사람들을 서로 불화하게 하는 지식이다. 따라서 사회적 약자 집단들이 호소하고 있는 억압이나 부정의의 문제 및 관점의 차이는 이런 여러 단계에 반영되어서 정의론의 구성을 실질적으로 만드는 데 일조하게 된다.

이런 점들을 고려할 때, 롤즈의 정의론에서 지적된 대체주의의 문제는 원초적 입장에서 설정된 무지의 베일을 변형하기보다는 합의된 원칙을 적용하는 이후의 여러 단계에서 사회적 약자들이 처한 억압적 현실을 고려하고 정당하게 제기된 그들의 목소리를 반영함으로써

---

25) 같은 글, p.316.
26) 존 롤즈, 『사회정의론』, p.216.

시정할 수 있다. 또한 합의된 원칙 자체가 차이를 수용할 수 없는 방향으로 정해졌을 수도 있다. 이런 경우에도 롤즈는 변화의 가능성을 열어 두고 있다. 원초적 입장에서 정의의 원칙이 한 번 정해졌다고 해서 그 원칙이 영원히 타당한 것은 아니기 때문에, 만약 원초적 입장에서 합의된 원칙이 숙고된 정의 판단과 배치되는 경우에는 수정이 필요하며 실제로 롤즈는 그런 수정을 행하고 있다.[27] 당사자가 무지의 베일을 쓰고 있더라도 원초적 입장에서 그들에게 주어진 사회적 원리의 내용 등이 좀 더 공평한 방향으로 변화될 필요가 있고 또 그런 필요가 충족된다면 합의될 수 있는 정의의 원칙이 변화될 수 있다. 정의론이 대체주의의 위험을 줄이기 위해서는 필요에 따라 이런 수정과 보완이 불가피하다. 이런 점들을 고려할 때, 차이를 반영하기 위해 영이 그랬던 것처럼 굳이 보편주의를 포기해야 할 필요는 없으며, 또 오킨이 주장한 것처럼 원초적 입장에서 계약의 당사자가 자신의 성별 등을 알아야 할 필요도 없다.

4. 결론

롤즈의 정의론은 1960년대 미국사회에서 불꽃처럼 일어났던 민권운동이 던져 준 문제의식 속에서 성립되었다. 그에게 강렬한 인상을 남긴 마틴 루터 킹 목사와 롤즈가 공유하고 있던 믿음은 모든 인간이 평등하게 태어났으며 인간을 평가하고 대우하는 기준이 피부색의 차이는 아니라는 것, 그리고 미국사회가 흑인들에게 삶, 자유, 행복추구의 권리를 제대로 보장해 주지 못한다는 것이었다. 반면 차이를 강조하고 롤즈식의 자유주의적 정의론을 강하게 비판하고 있는 많은 여성주의자들이 염두에 두고 있는 것은 1970년대 이후 주로 신좌파운동에 의해 제기된 다양한 정치적 요구들, 예를 들어 성차별, 인종차

---

27) Ruth A. Putnam, "Why not a Feminist Theory?", pp.319-320.

별, 소수민족 문제, 동성애자를 포함한 성적 소수자 문제 등이다.[28] 이런 문제제기가 담고 있는 것은 물질적 차원의 분배 요구를 넘어서서 여러 사회적 집단이 가진 차이를 인정받고 문화적 차원의 정상/비정상 구분이 폐기되는 것과 민주적 의사결정과정에 그들의 관점이 소외되고 배제된 것에 대한 분노였다.

롤즈의 정의론이 지닌 한계로 지적된 것은 이런 집단들이 겪고 있는 다양한 차원의 억압과 차별 및 그런 문제에 대한 이들 집단의 관점이 충분히 반영되지 못했다는 점이었다. 롤즈의 정의론은 보편주의를 표방하고 있지만, 그의 정의론에서 지배적인 것은 주로 백인 중산층 이상 남성들의 관점이었기 때문이다. 따라서 다양한 상황과 처지에 있는 사회적 약자들이 겪는 여러 차별을 이해하고 이를 시정하기 위해서는 이런 여러 집단의 차이를 정의론에 반영함으로써 정의론을 시정하고 정의의 영역을 확대해야 한다. 롤즈도 인정했다시피 그가 제시한 정의의 원칙이나 이론들은 결코 확정된 것이 아니라 가시화되지 못한 다양한 차별과 억압을 가시화하고 침묵을 강요받은 소수자들의 목소리를 반영할 수 있도록 부정의의 문제에 언제나 민감하게 촉수를 드리워야 한다. 그런 점에서 엘리자베스 스펠먼(Elizabeth Spelman)이 주장한 것처럼 정의론자들은 사회적 약자들의 목소리를 좀 더 겸허한 자세로 경청하고 이를 수용할 수 있기 위해 각고의 이론적 노력을 기울여야 한다.

우리 사회에서도 여성을 포함하여 이주노동자, 장애우, 성적 소수자, 노인들이 겪는 빈곤과 인권유린, 억압, 차별의 문제가 사회가 해결해야 할 주요 이슈로 떠오르고 있는 만큼 차이를 수용해야 한다는 주장은 분명 큰 설득력을 지닌다. 그러나 아쉬운 것은 차이를 수용하는 과정에서 정의에 대한 보편주의적 전제나 보편적 원칙에 대한 포기나 강한 회의를 가지는 태도들이 많이 발견된다는 점이다. 예를 들

---

28) Iris M. Young, *Justice and the Politics of Difference*, 서문.

어 인권에 대한 보편주의적 강조를 서구적 시각으로 치부하고 조롱하거나 인간의 이성적 능력과 자율성을 강조하는 계몽주의 사상의 긍정적 유산을 제대로 평가하지 않은 채 단적으로 남성중심주의로 매도하는 경우들이 그에 해당된다.

그러나 만약 보편적 정의의 원칙이 전제되지 않는다면 우리는 다양한 관점에서, 혹은 상반된 입장에서 제기되는 요구들 가운데 어떤 것들이 정당하거나 받아들일 만한 것인지 올바른 잣대를 가지기 어렵다. 보편적 정의의 원칙은 서로 다른 관점으로 논쟁과 갈등이 빚어질 때, 이를 해결할 수 있게 해주는 준거점, 논쟁에 관련된 모든 사람들이 타당한 것으로 받아들이기에 호소할 수 있는 원칙의 역할을 하기 때문이다.[29]

또한 차이의 존중이 필요하고 중요하다고 해서 모든 차이들이 아무런 제한 없이 다 받아들여져야 하는 것은 아니라는 점은 종교적이거나 문화적인 차이를 앞세워 여성들이나 약자들을 억압하는 사례들에서 잘 드러난다. 일부 이슬람 지역에서 행해지고 있는 음핵절제술이나 인도의 일부 힌두교 여성들이 겪고 있는 취업 제한(occupational purdah)[30] 등은 종교적 차이를 들어 여성의 인권유린을 정당화한다. 또 여성과 남성의 차이를 과도하게 강조하게 될 경우 종종 여성의 정체성을 고정시키거나 여성을 불필요하게 과보호해야 할 존재로 만들어 여성에게 굴욕감을 주기도 한다.

다음으로 다양한 집단과 개인들의 차이가 제대로 존중되고 반영되기 위해서라도 '인간의 평등함' 및 그런 평등에서 도출될 수 있는 보편적 요구들이 마련되어야 한다. '다름'이 문제적인 것이 아니라 존중되어야 할 근거는 그 어떤 차이가 있더라도 인간은 인간이라는 이

---

29) Ruth A. Putnam, "Why not a Feminist Theory?", p.316.
30) 결혼한 상층 힌두교 여성들이 가정 밖에서 노동하는 것을 금지하는 힌두교의 취업 제한을 말한다.

유만으로 평등하게 기본적인 자유와 권리를 누려야 한다는 사실에서 찾을 수 있기 때문이다. 하버마스는 이를 다음과 같이 표현하고 있다.

누구나 동등하게 존중한다는 것은 서로의 차이를 존중하는 것이며 서로가 갈수록 다를 수 있다는 점을 존중하는 것입니다. 법적, 도덕적 보편주의가 이런 차이와 개인화를 촉진하는 조건입니다. 일부 탈현대 사상가들은 이 둘 사이의 내적 관계를 잘못 보고 있습니다. 즉 추상적 원칙에 대한 적어도 암묵적 동의가 있어야만, 그 기초 위에서 누구든, 설사 다른 사람에게 아무리 낯설게 보인다 하더라도, 자신의 고유한 삶의 방식과 프로젝트를 추구할 수 있는 동등한 권리를 갖게 되는 것입니다.[31]

그런 점에서 롤즈의 정의론에 대해 차이론자들이 제기하는 문제는 그의 정의론이 보편주의적 정의론을 지향하고 있다는 점에서가 아니라 그런 보편주의적 믿음이 충실히 구현되지 못했다는 점에서 찾아야 한다. 즉 롤즈적 정의론의 한계는 불편부당함의 이상이나 무지의 베일과 같은 설정에서 비롯된다기보다는 그런 장치나 설정으로도 차단하지 못한 백인 중산층 이상의 젊은 남성의 관점이 그의 정의론 곳곳에 투영됨으로써 빈곤한 계층의 남녀, 흑인, 여성, 장애우, 성적 소수자, 소외된 노인, 여러 소수민족 등 사회적 약자들이 겪는 차별이 가시화되지 못했다는 점에서 찾아야 한다. 결코 보편주의의 문제가 아닌 것이다. 이제 우리에게 필요한 것은 보편주의가 어떻게 하면 지배계급이나 특정 집단의 관점을 보편적인 것으로 강요하는 대체주의적 보편주의가 아니라, 다양한 차이들을 반영함으로써 다양한 집단들이 민주적으로 상호 소통할 수 있는 포용적 보편주의를 만들어 낼 것인지 고민하는 일이다.

---

31) 위르겐 하버마스, 「하버마스 교수와의 인터뷰」, 『사실성과 타당성』, p.620.

보건의료서비스의 정의로운 배분을 위한 롤즈 정의론의 발전 방향:

대니얼즈의 롤즈적 보건의료정의론을 중심으로

박상혁

계명대 철학부 교수

1. 정의로운 보건의료체계에 관한 직관

경제적으로 어느 정도 발전된 현대 자유민주주의 사회가 정의롭기 위한 필요조건 중 하나는 그 사회가 정의로운 보건의료체계를 가져야 한다는 것이다. 이런 정의로운 보건의료체계는 첫째, 사회성원들의 생명을 구하기 위해서 '적절한' 의료자원을 '적절한' 방식으로 분배해야 하고, 둘째, '적절한' 수준의 국민건강을 유지하기 위해서 '적절한' 보건의료서비스를 '적절한' 방식으로 분배해야 하며, 셋째, 보건의료서비스 이용자와 제공자의 '적절한' 수준의 자율성을 '적절한' 방식으로 보장해야 한다.

위와 같은 직관에 대해서 현대 자유민주주의 사회의 시민들 사이에는 거의 보편적인 합의가 있지만 이 직관이 구체적으로 무엇을 의

---

* 이 논문은 필자가 대한의사협회 의료정책연구소에 제출한 연구보고서인 「정의로운 의료체계에 대한 연구」와 『동서철학연구』에 발표한 논문인 「자유주의 의료정의론에 관한 오해와 이해」를 바탕으로, 양 기관의 양해를 얻어 발전시킨 것이다.

미하는지에 대해서는 논란의 여지가 있다. 이런 논란의 여지는 '적절한'을 어떻게 해석하는지에 달려 있는데, '적절한'을 어떻게 해석하는지는 해당 사회의 사회경제적, 문화적 성격과 많은 관련이 있다. 예를 들어 스칸디나비아 국가들같이 상당한 정도의 사회주의적 요소가 가미된 경제체제를 가지고 사회성원들 간의 연대를 강조하는 사회와, 미국이나 한국같이 상당히 고전적인 자본주의 경제체제를 근간으로 하고 사회성원들 간의 경쟁을 강조해 온 사회에서는 '적절한'의 해석이 달라질 것이다.

이 논문에서 필자는 자본주의적 경제질서를 근간으로 하고, 사회성원들 간의 경쟁을 강조해 온 한국이나 미국 같은 자유민주주의 사회에 초점을 맞추어 논의를 진행한다. 물론 이런 성격을 가진 사회에서도 '적절한'의 해석에 대해 사회성원들의 보편적 합의가 있다는 것은 아니고 다양한 의견들이 존재할 것이다. 그런데 이들 다양한 의견들 중에는 합당하지 않은(unreasonable) 의견도 있고 합당한(reasonable) 의견들이 있을 터인데, 이들 합당한 의견들의 양쪽 끝에 '실질적 평등주의 직관(substantial egalitarian intuition)'과 '최소 평등주의 직관(minimal egalitarian intuition)'이라 부를 만한 직관이 위치할 것이다. 우선 이들 직관들이 무엇인지 밝히고 어떤 직관이 적절한지 살펴보겠다.

1) 실질적 평등주의 직관

첫째, 모든 인간의 생명은 신성하고 평등하며, 이런 신성한 인간의 생명은 평등하게 보전되어야 한다. 인간의 신성한 생명을 평등하게 보전하기 위한 모든 종류의 보건의료서비스는 지불 능력에 관계없이 평등하게 배분되어야 한다. 따라서 그 사회에 가용한 의료자원을 동원하여 어떤 사람의 신성한 생명을 구할 수 있을 경우에는 경제성이나 효율성을 고려하지 말고 그 사람의 생명을 구해야 한다.[1] 여기서 강조할 것은 모든 사람의 신성한 생명을 평등하게 존중하기 위해서 평등한 보건의료서비스를 배분한다는 것이 동일한 양과 질의 보건의료서비스를 배분하는 것을 의미하지 않는다는 것이다. 어떤 사람의 신성한 생명을 구하기 위해서 필요한 보건의료서비스는 양과 질의 면에서 그 사람의 상태에 따라 다르기 때문에 이용되는 의료자원의 양과 질은 동일하지 않다.

둘째, 어떤 사람의 건강은 그 사람이 누릴 수 있는 정신적 복지와 육체적 복지의 최고 상태를 말하는데,[2] 각 개인의 건강은 각 개인에게 있어서 으뜸가는 가치로 모든 사람의 건강은 평등하게 유지되어야 한다. 모든 사람에게 으뜸가는 가치인 건강의 유지를 위한 보건의료서비스는 지불능력에 관계없이 모든 사람에게 평등하게 배분되어야 한다. 여기서도 강조할 것은 모든 사람의 건강을 평등하게 유지하기 위하여 의료서비스를 평등하게 배분한다는 것이 모든 사람에게 동일한 양과 질의 보건의료서비스를 배분해야 하는 것을 의미하는 것이 아니라는 것이다.[3]

셋째, 보건의료제공자는 성직자와 같아야 한다. 보건의료제공자들은 신성한 인간생명과 으뜸가는 가치로서 인간의 건강을 위해 성직

---

1) 이런 입장은 "인간의 생명에 가격을 매겨서는 안 된다."는 서양 의학의 금언에 잘 드러난다. 특히 이 기준은 서양의 종교적 전통에 깊이 뿌리박은 기준이라 할 수 있다.

2) 이런 입장은 세계보건기구가 채택하고 있는 건강의 정의에서 잘 드러난다. 여기서 사용되는 복지의 개념은 반드시 주관적인 심리적 만족을 의미하는 것이 아니며 객관적인 복지를 배제하지 않는다.

3) 드워킨은 위의 두 가지 기준은 서양의 전통적 기준이라고 본다. 현대 영미 정치철학에서 두 번째 기준과 비슷한 기준을 주장한 대표적인 이론가는 왈쩌(M. Walzer)인데, 드워킨은 왈쩌의 견해가 이 전통적인 견해에 기반한 것이라 본다. Ronald Dworkin, "Justice in the Distribution of Health Care", pp.205-207.

자처럼 행동해야 한다. 즉 보건의료제공자들은 다른 종류의 전문직종의 종사자들과 달리, 자신의 영리를 추구해서는 안 되고, 의료이용자의 생명을 구하고 건강을 증진하기 위해 자기희생적인 자세로 봉사해야 한다. 따라서 보건의료제공자들은 성직자들과 마찬가지로 사회경제적 자율성이 많이 규제될 수 있다. 다른 한편으로 보건의료제공자가 성직자와 같다면, 보건의료제공자와 보건의료이용자의 관계는 성직자-평신도의 관계와 같아서, 보건의료제공자는 보건의료이용자에 대해서 일종의 온정적 간섭주의를 견지하는 것이 용인된다.[4]

2) 최소 평등주의 직관

첫째, 인간 생명은 중요한 가치이지만, 모든 가치를 능가하는 신성한 가치는 아니다. 인간 생명은 중요한 가치이지만, 사회적 관점에서 보자면 교육, 치안, 문화 등 다양한 중요한 가치들 중 하나일 뿐이다. 인간의 생명은 중요하고 평등하지만, 모든 인간의 생명이 평등하게 보전되어야만 하는 것은 아니다. 인간 생명을 구하기 위해 일정한 정도의 보건의료서비스는 지불능력에 관계없이 평등하게 제공되어야 하지만, 모든 종류의 보건의료서비스가 평등하게 제공되어야 하는 것은 아니다. 따라서 그 사회에 가용한 의료자원을 모두 동원할 경우 어떤 사람의 생명을 구할 수 있을 경우에도, 사회적 관점에서의 경제성이나 효율성을 고려해서 그 생명을 구하는 것을 포기하는 것이 용인된다.

둘째, 건강은 질병과 장애로부터 자유로운 상태이고, 질병과 장애는 인간 종의 정상적인 기능(human species normal functioning)에서 벗어난 상태를 말한다.[5] 건강은 다른 가치들에 비해 특별한(special)

---

4) 이런 기준은 의사의 역할에 대한 성직자 모델이라 불리는 것으로 의사-환자 관계에 대한 서양의 전통적인 견해다.

가치이기는 하지만, 모든 가치들을 압도하는 으뜸가는 가치는 아니다. 시민의 완전한 건강을 유지하기 위해 지불능력에 관계없이 모든 보건의료서비스가 평등하게 제공되어야 하는 것은 아니고, 사회의 합리성이 용인하는 한도 내에서 최소한의 적절한 수준의 건강을 유지하기 위한 최소한의 적절한(minimally decent) 혹은 기본적인 보건의료서비스는 평등하게 제공되어야 한다. 이렇게 최소한의 적절한 의료서비스의 배분이 평등하게 이루어진 후에 보건의료서비스는 불평등하게 배분될 수도 있고, 이로 인해 국민들 사이에 건강의 불평등이 나타날 수 있다. 하지만 사회경제적 격차에 따른 건강의 불평등이 지나치게 커져서는 안 되고, 체계적으로 고착되어서도 안 된다.

셋째, 보건의료제공자는 성직자가 아니라 다른 전문직종의 전문가들과 유사하다. 즉 보건의료제공자는 보건의료이용자의 생명을 구하고 건강을 증진하기 위해서 자신의 영리를 포기하고 자신의 자율성을 희생해야만 하는 것은 아니다. 물론 보건의료제공직의 특별한 직업윤리에 의해 다른 직종보다 엄격한 선행의 의무나 자신의 이익을 희생할 의무가 부과될 수도 있다. 하지만 이런 보건의료제공자의 특별한 직업윤리도 모든 사람에게 적용되는 보편적 윤리와, 다른 전문직종에도 적용되는 보편적인 전문직 윤리의 한계를 과도하게 벗어나지 말아야 한다. 만일 이런 보편적인 도덕과 보편적인 전문직 윤리를 과도하게 벗어나는 특별히 과중한 의무가 부과될 경우에는 보건의료제공자들의 자발적인 동의가 있어야 한다. 도덕의 본질적인 원리인 보편화의 원리가 요구하는 것은, 다른 조건들이 동일할 때 특별한 부류의 사람들에게만 예외를 요구해서는 안 된다는 것이다. 따라서 보건의료제공자들에게 요구하는 것이 다른 전문직종의 사람들에게 요구하는 것보다 지나치게 과중해서는 안 된다. 따라서 보건의료제공자는 성직자와 같이 다른 직종의 전문가와 종류가 완전히 다른 것이 아

5) 이런 건강 개념을 생의학적(biomedical) 건강 개념이라 한다.

니라, 다른 직종의 전문가들과 정도가 다른 것으로 이해되어야 한다. 다른 한편으로 보건의료제공자가 성직자가 아니라 다른 전문직종의 전문가와 유사하다면, 보건의료제공자와 보건의료이용자의 관계도 성직자·평신도 모델이 아니라 상호 계약자 모델이나 협력자 모델이 적절하며, 이런 모델에서 보건의료제공자는 보건의료이용자의 자율성을 존중해야 한다.

3) 사회정의의 기준으로서 최소 평등주의 직관

위에 소개한 두 가지 직관 중에 현대 자유민주주의 국가가 정의롭기 위해서 충족해야 하는 적절한 기준이 무엇인지 고려하기 위해서는 먼저 '사회정의'나 '정의로운 사회'가 무엇을 의미하는지 명확히 할 필요가 있다.

'사회정의'는 엄격한 의미와 엄격하지 않은 의미로 쓰인다. 엄격한 의미에서 사회정의는 그 사회가 그 기준을 만족시키지 못한다면 부정의하게 되는 기준, 즉 그 사회가 부정의하지 않기 위해 최소한 충족해야 하는 기준을 말한다. 엄격하지 않은 의미에서 사회정의는 그 사회가 그 기준을 충족시키지 않아도 부정의하지 않고, 여전히 정의로운 사회가 될 수 있는 기준을 말한다. '정의로운 사회' 역시 엄격한 의미와 엄격하지 않은 의미로 쓰이는데, 엄격한 의미에서 '정의로운 사회'는 최소한의 사회정의 기준을 충족한 사회이고, 엄격하지 않은 의미에서 '정의로운 사회'는 최소한의 사회정의 기준을 충족시킬 뿐만 아니라 그 최소기준을 넘어서는 이상, 예를 들어 박애 혹은 사회적 연대를 어느 정도 충족하는 사회다.

사회정의에 관한 논의에서 '사회정의'나 '정의로운 사회'의 이런 두 가지 용법이 구별되지 않아서 논의가 비생산적인 경우가 많은데, 이 논문에서는 엄격한 의미로 사용되는 경우만을 '사회정의' 혹은

'정의로운 사회'라 하고, 엄격하지 않은 의미로 사용되는 경우에는 '완전한 또는 이상적 사회정의'나 '완전히 정의로운(perfectly just) 혹은 이상적인 사회'라 하겠다.[6]

'사회정의'에 관한 위의 두 가지 용법에 관한 논의를 배경으로 할 때, 필자는 자본주의에 근거한 현대 자유민주주의 국가에 적절한 직관은 실질적 평등주의 직관이 아니라, 최소 평등주의 직관이라 본다. 실질적 평등주의 직관은 이런 사회가 엄격한 의미에서 정의로운 사회가 되기 위한 기준이 아니라 이상적으로 정의로운 사회가 되기 위한 기준인 것이다. 필자의 이런 주장을 뒷받침하기 위해 현재 세계 여러 나라의 보건의료서비스 체계에 대한 우리들의 직관적 판단을 고려해 보겠다.

미국의 경우 약 4천만 명의 국민이 적절한 의료보험을 갖고 있지 못해서 적절한 보건의료서비스를 받지 못하고 있다. 즉 미국의 보건의료체계는 최소 평등주의 기준을 만족시키지 못한다. 이런 미국의 보건의료체계에 대한 많은 사람들의 직관적인 판단은 이런 체계가 부정의한 것으로 개혁되어야 한다는 것이다.

영국이나 독일의 의료보장제도는 기본적인 보건의료서비스를 평등하게 보장하지만, 모든 의료서비스를 평등하게 보장하지는 않는다. 사회경제적으로 부유한 계층은 기본적인 의료보장을 넘어서는 보건의료서비스를 받을 수 있다. 즉 영국이나 독일의 보건의료체계는 이른바 '2층 보건의료체계(two-tier system)'라 할 수 있다. 이런 면에서 영국이나 독일의 보건의료서비스체계는 최소 평등주의 직관을 충족시키지만 실질적 평등주의를 충족시키지는 못한다. 그런데 영국이나

---

6) 이 구별은 다른 명칭으로 많은 이론가들에 의해서 인정되고 있다. 이에 대한 고전적인 견해는 William Frankena, "The Concept of Social Justice", in Richard Brandt, *Social Justice*(Prentice Hall, 1962), 최근의 예로는 Avishai Margalit, *The Decent Society*, Naomi Goldblum trans.(Harvard University Press, 1996).

독일의 의료보장제도에 대한 직관적인 판단은 이 나라들의 보건의료 보장제도가 최소한 부정의하지는 않다는 것이다.[7)

스칸디나비아 국가의 의료보장체계는 모든 국민에게 충실한 보건 의료서비스를 단일층(single-tier)에서 평등하게 제공하고 있다. 즉 이 들 국가들의 의료보장체계는 최소 평등주의를 충족시키고, 더 나아가 실질적 평등주의를 상당한 정도로 충족시키고 있다. 이들 국가들의 보건의료서비스체계에 대한 많은 사람들의 직관적인 판단은 이런 보 건의료체계가 최소한으로 정의로움을 넘어서서 상당한 정도로 정의 롭다는 것이다. 이들 나라들에서 충실한 단일층 보건의료체계는 사회 적 연대를 강화하기 위해서 채택되고 있다.

필자는 많은 사람들이 내리는 이런 직관적인 판단들이 경제적으로 자본주의를 근간으로 해서 발전해 오고 사회성원들의 경쟁을 강조해 온 현대 자유민주주의 국가가 정의롭기 위해서 만족시켜야 하는 기 준은 최소 평등주의 직관이라는 필자의 주장을 뒷받침한다고 본다.[8)

---

7) 영국, 독일, 스칸디나비아 국가의 보건의료체계가 비효율적이라는 비판이 있 을 수도 있지만, 설령 그들 의료체계가 비효율적이라 해도 비효율적이라는 것 은 그 자체 부정의하다는 것은 아니다. 어떤 보건의료체계에서도 정의와 효율 성이 서로 상보하는 것이 이상적이겠지만, 만일 상충한다면 정의가 선행되어 야 한다. 롤즈 자신이 보건의료체계에 관련해서 발언한 것은 아니지만 동일한 의미의 발언을 하고 있다.

8) 이런 결론을 내린다고 해서 필자가 실질적 평등주의 직관이 바람직하지 않다 고 보는 것은 아니다. 그렇지만 지금 한국이나 미국 같은 사회에서 대다수의 사람들은 실질적 평등주의적 직관을 가지고 있지 않다. 물론 이들 사회의 모 든 사람들이 최소 평등주의 직관을 가지고 있는 것도 아니다. 그러나 최소 평 등주의 직관이 그런 사회에 적절한 직관이라고 논변할 수 있다. 그런 사회에 서 최소 평등주의가 확실히 정착되고 성공적으로 유지된 후에야 적절한 실질 적 평등주의 직관이 적절한 직관이 될 수 있을 것이다.
메타윤리적인 우려를 불식하기 위해서, 한 사회 내에서 동일한 도덕적 문제에 대한 직관이 역사적으로 변한다는 것이 도덕적 상대주의를 함축하지 않는다는 것을 강조하고 싶다. 이 경우 직관의 변화는 도덕에는 객관적인 진실이 없다 는 면에서 상대주의적(relative)인 것이 아니라, 한 사회의 사회적, 경제적, 문 화적 기반에 근거해서 관계적(relational)이라는 것이고, 관계적인 것은 그 관

2. 롤즈의 사회정의론에서 보건의료정의론의 결여

현대 자유민주주의 국가가 정의롭기 위해서 만족시켜야 하는 기준이 최소 평등주의 직관이라 할 때, 어떤 사회정의론이 적절한 사회정의론이 되기 위해서는 이런 최소 평등주의 직관을 적절히 수용해야한다. 그런데 현대 사회정의론의 준거적 이론이라 할 수 있는 롤즈의 사회정의론은 보건의료서비스의 정의로운 배분 문제에 대한 이론(혹은 보건의료정의론)을 완전히 결여하고 있다.

롤즈의 사회정의론에서 정의의 원리는 합리적인 계약자들이 원초적 상황에서 기본적인 사회적 가치(primary social values)를 분배하는 원리로서 선택하는 것이다. 기본적인 사회적 가치들은 (1) 기본적 자유와 권리, (2) 기회의 배경하에 이주의 자유와 직업선택의 자유, (3) 직위에 따른 권한과 권력, (4) 소득과 부, (5) 자기 존중의 사회적 근거다. 그런데 롤즈는 이런 원초적 상황에서의 합리적 계약자들에 대해 다음의 가정을 추가한다. 합리적 계약자들은 실사회에 존재할 개인들이 일생 동안 정상적이고 능동적이며, 사회생활에 완전히 참여하는 사람으로, 즉 질병과 장애로부터 자유로운 개인으로 가정하고 정의의 원리들을 선택한다는 것이다.

롤즈의 사회정의론은 두 가지 면에서 건강문제를 배제하고 있는데, 첫째, 건강은 사회적인 기본적 가치의 일종이 아니며, 둘째, 시민들이 평생 건강하다고 가정함으로써 정의의 원리들이 건강문제를 고려하지 않고 선택된다는 것이다. 사실 롤즈가 그의 사회정의론에서 건강문제와 보건의료서비스 배분 문제를 다루지 않은 것은 정의론을 개발함에 있어서, 현실 문제를 더 충실하게 반영하는 비이상적인 이론(non-ideal theory)이 아니라 현실을 평가하고 향상의 모델로 삼을 수 있는 이상적인 이론(ideal theory)을 먼저 개발하려고 했기 때문이다.

계가 기반하는 객관적인 기초에 따라 객관적(objective)일 수 있다.

어쨌든 이상적 이론으로서 롤즈의 정의론 그 자체는 보건의료서비스의 배분 문제를 다루지 않고 있기 때문에 다음과 같은 심각한 결점을 가지고 있다고 비판되어 왔다. 첫째, 롤즈의 사회정의론은 최소평등주의 직관을 수용할 수 없기 때문에 적절한 사회정의론이 아니다. 둘째, 건강문제에 대한 논의의 결여는 롤즈의 사회정의론 내에서 내재적인 문제를 불러일으킬 수 있는데, 사회적 최소 수혜자가 누구인지 결정하는 데 심각한 어려움이 있다는 것이다. 예를 들어 소득과 부를 많이 가지고 있지만 심한 질병과 장애를 가진 사람과, 아주 가난하지만 건강한 사람 중 누가 사회적인 최소 수혜자인지 결정하기 어렵다는 것이다.[9]

위의 비판을 롤즈의 사회정의론의 중요한 결점을 지적하는 비판이거나, 혹은 롤즈의 이상적 이론이 아직 비이상적인 이론으로 발전되지 않았기 때문에 초래된 비판이라고 볼 때, 롤즈의 사회정의론을 보건의료서비스의 정의로운 배분에 관한 이론, 즉 보건의료정의론으로 발전(연장 혹은 확대)시키려는 시도가 자연스럽게 등장하게 되는데, 다음의 두 가지 방식이 대표적이다.

첫 번째 방식은 건강 혹은 보건의료서비스를 사회적 기본가치의 일종으로 보고 롤즈의 정의의 원리 일부 혹은 모두를 적용하는 방식이다. 두 번째 방식은 건강을 독립적인 사회적 기본가치로 보지 않고, 기회라는 사회적 기본가치 아래 포섭되는 것으로 보고, 일종의 기회 균등의 원리에 의해서 보건의료서비스가 배분되어야 한다는 방식이다. 필자는 첫 번째 방식으로 연장된 이론을 '유사한(pseudo) 롤즈적 보건의료정의론', 두 번째 방식으로 연장된 이론을 '진정한 롤즈적

9) 애로우가 이런 질문을 제기했다. 롤즈가 건강문제를 사회적 기본가치로 넣지 않았기 때문에 이 문제가 내재적이라는 필자의 진단이 잘못된 것으로 보일 수 있다. 하지만 롤즈에게 있어, 이론을 궁극적으로 정당화하는 방법이 반성적 평형이라 할 때 이 문제는 넓게 보면 내재적 문제로 볼 수 있다.

보건의료정의론'이라 부르고, 어느 방식이 적절한지를 고려하겠다. 뒤에 상세히 밝히겠지만 롤즈 자신은 '유사한 롤즈적 보건의료정의론'이 아니라 '진정한 롤즈적 보건의료정의론'을 지지했다.[10]

3. 유사한 롤즈적 보건의료정의론

'유사한 롤즈적 보건의료정의론'은 보건의료서비스를 사회적 기본가치로 포함하고, 롤즈의 정의의 원리들을 적용한다. '유사한 롤즈적 보건의료정의론'은 우선 롤즈의 다섯 가지 사회적 기본가치인 자유, 기회, 권위와 권한, 소득과 부, 자기 존경심의 사회적 기초에 보건의료서비스라는 다른 사회적 기본가치를 추가하고, 이런 보건의료서비스에 대해 롤즈의 정의의 원리 모두를 다음과 같이 적용해서 얻어진다.[11]

평등한 자유의 원리 : 먼저 모든 시민은 자신의 능력껏 다양한 의료재화를 누릴 자유를 가져야 한다.

공정한 기회균등의 원리 : 의료서비스나 자원에 접근할 수 있는 기회가 모든 시민에게 균등하게 열려 있어야 한다. 공정기회균등의 원칙이 보상의 원칙(a rule of redress)으로 작용하는지 않는지는 완전히 정해져 있지 않다. 만일 보상의 원칙으로 작용한다면 다음과 같이 작용할 것이다. 장애인의 신체적 결함이나 노인의 신체기능 약화로 인한 재정능력의 약화는 더 좋은 재화(의료)를 그들의 능력만으로는 획득할 수 없게 하는데, 이러한 능력의 약화는 자신들이 책임질 수 없는 사유인 자연적인 자질로부터 비롯되기 때문에 국가는 이들에게는 계약과 시장의 논리와는 상관없이 의료혜택을 부여하여야 한다.

---

10) John Rawls, *Political Liberalism*, p.184.
11) 한국에서는 이런 '유사한 롤즈적 보건의료정의론'이 롤즈적 보건의료정의론으로 널리 통용되고 있지만, 영미 철학계에서는 그렇지 않다.

차등의 원리 : 기본적인 의료서비스가 보장되어 있는 상태에서, 자유의 사용결과에 따라 의료의 배분에서는 사회적 차등이 발생할 수 있는데, 이런 차등적 분배가 결과적으로는 최소 의료수혜자에게도 최대의 이익이 돌아가게 해야 한다.12)

위와 같은 형태의 '유사한 롤즈적 보건의료정의론'의 구체적 내용이 무엇인지, 즉 보건의료서비스를 어떻게 배분하며, 보건의료제공자와 이용자의 자율성을 얼마나 보장하는지에 대한 표준적인 이해방식은 '유사한 롤즈적 보건의료정의론'이 '엄격한 평등주의 보건의료정의론'과 아주 유사하다는 것이다. '엄격한 평등주의 보건의료정의론'은 사회의 경제력이 허용하는 한도 내에서 그 사회성원들이 모두 평등하게 누리는 것이 가능한 의료필요의 충족을 보장하거나, 평등한 의료자원의 분배를 보장해야 한다는 이론이다. 그리고 엄격한 의료평등주의를 의료체계에 적용할 경우 단층 의료체계가 될 것이다. 의료서비스는 필요의 원리나 평등의 원리에 의해서 배분되고 시장기제 밖에 존재할 것이다. 사회는 모든 시민들에게 평등한 의료필요의 충족이나 의료자원의 양을 보장할 것이다. 그리고 의료이용자와 의료제공자 모두 자유와 자율성이 제한될 것이다. 의료이용자는 자신의 수입이 많더라도 더 좋은 의료서비스를 구매하지 못할 것이고, 의료제공자는 사회경제적 자율성에 관련해서 중요한 제한을 받게 될 것이

---

12) 이상돈,『의료체계와 법』, pp.58-60. 이 부분은 김일순, 손명세, 김상득의『의료윤리의 네 원칙』(pp.149-157)과 이 부분을 논의하고 있는 이상돈 교수의『의료체계와 법』(pp.58-60)의 글을 필자가 인용하여 정리한 것이다. 필자가 이들의 글을 거의 수정 없이 사용하기 때문에 직접 인용을 해야 하지만, 일부 순서를 바꾸었기 때문에 직접 인용을 하지 않았다. 여기 있는 내용은 이들 저자들의 개인적인 견해가 아니라는 것을 강조한다. 김상득 교수의 경우는 비첨과 칠드레스의 논의를 정리한 것이고, 이상돈 교수는 김일순, 손명세, 김상득 교수의 책의 관련된 부분을 정리하면서 논의한 것이다. 또한 이들 저자들이 '유사한 롤즈적 보건의료정의론'을 지지하는 것이 아니라는 것도 거듭 강조한다.

다. 의료제공자는 영리활동을 할 수 없을 것이고, 개인적인 사업가라기보다는 국가의 공무원이 될 것이다.[13]

　'유사한 롤즈적 보건의료정의론'의 구체적 내용에 대한 이런 표준적인 이해방식과 완전히 달리, 이상돈 교수는 '유사한 롤즈적 의료정의론'을 '자유지상주의 보건의료정의론'에 아주 가까운 이론으로 이해한다. '자유지상주의 보건의료정의론'은 자유지상주의를 의료서비스의 분배에 적용한 이론으로, 몇 가지 조건이 충족된 후에는 보건의료서비스가 시장기제에 의해 배분되어야 한다고 본다. 첫째 조건은 생활보호대상자나 노령인구 혹은 아동들에 대해서는 공공부조 형태로 의료서비스가 제공되어야 한다. 그 이후에는 모든 시민들에게 의료서비스에 대한 형식적 기회균등이 충족되어야 한다. 즉 인종이나 성별, 종교를 근거로 의료서비스에 대한 접근을 제한해서는 안 된다. 이런 것들이 충족된 후에는 자유의 원리가 작동한다. 여기서 자유는 보건의료이용자의 자유와 제공자의 자유 및 자율성 모두를 가리킨다. 보건의료이용자의 입장에서는 자신들이 원하는 보건의료제공자에게서 자신이 원하는 보건의료서비스를 받을 수 있는 자유를 말한다. 보건의료제공자는 자신의 뛰어나 재능과 능력과 노력을 이용해 환자와의 계약을 통해 자유롭게 이윤을 추구할 수 있는 경제적 자율성을 누릴 것이고, 보건의료이용자와의 계약을 통해서 보건의료제공자 자신

13) 필자가 여기서 논의하는 엄격한 평등주의 보건의료정의론은 거의 허수아비 (straw man) 이론이다. 그럼에도 불구하고 필자가 엄격한 평등주의 보건정의론을 논하는 까닭은 한국의 의료정의론 논쟁에서 엄격한 평등주의 보건의료정의론이 대안으로서 논의되기 때문이다. 이런 논의의 맥락에서 마르크스적 이론이 엄격한 평등주의의 대표적인 이론으로 이해되고 있지만, 마르크스적 보건의료정의론이 반드시 엄격한 평등주의 보건의료정의론으로 이해될 필연성은 없다. 한국의 의료정의론 논쟁이 좀 더 생산적이 되기 위해서는 더 세련된 실질적 평등주의 보건의료정의론을 대안으로 두고 논의할 필요가 있는데, 세계적으로는 John Roemer, G. A. Cohen, Richard Arneson 등과 한국에서는 주동률 교수의 저작을 주목할 만하다. 이 책에 실린 주동률 교수의 논문을 참조하라.

이 원하는 대로 치료할 수 있는 진료적 자율성도 누릴 것이다. 이런 자유지상주의 의료정의론에 가장 가까운 모델이 미국의 현행 보건의료체계로 알려져 있다. 따라서 이상돈 교수는 롤즈의 정의론을 발전시킨 '유사한 롤즈적 보건의료정의론'이 현행 미국의 보건의료제도를 용인하며, 롤즈의 자유주의 정의론이 사실상 자유지상주의로 전락한다고 주장한다.[14]

'유사한 롤즈적 보건의료정의론'과 롤즈의 정의론에 대한 이상돈 교수의 판단이 옳은지를 판단하는 것은 필자의 역량을 넘어서기 때문에 독자의 판단에 맡기고, 이하에서 필자는 '유사한 롤즈적 의료정의론'이 '엄격한 평등주의적 보건의료정의론'과 유사하다는 표준적 이해에 근거해서 논의를 진행하겠다.

4. '유사한 롤즈적 보건의료정의론'에 대한 비판

위와 같은 형태의 '유사한 롤즈적 보건의료정의론'에 대해 필자는 한 가지 우려와 한 가지 비판을 제기하겠다.

한 가지 우려란 '유사한 롤즈적 보건의료정의론'에서 보건의료서비스라는 사회적 기본가치에 정의의 원리 모두를 적용하는 것이 적절치 않아 보인다는 것이다. 사실 롤즈는 다섯 가지 사회적 기본가치 각각에 대해서 어떤 정의의 원리가 적용되는지를 명백히 밝히지 않는다. 비교적 명백히 밝힌 것은 자유와 기회의 경우인데, 자유에 대해서는 평등한 자유의 원리가 적용되고 다른 원리들은 적용되지 않으며, 기회에 대해서는 공정한 기회균등의 원리가 적용되고 다른 원리들은 적용되지 않는 듯하다. 소득과 부에 대해서는 공정한 기회균등의 원리와 차등의 원리가 적용되는 듯하다. 즉 소득과 부의 분배에 관해서도 모든 정의의 원리들이 적용되지는 않는다. 직위와 권한이라

---

14) 이상돈, 『의료체계와 법』, pp.58-60.

는 사회적 기본가치에 대해 어떻게 정의의 원리들이 적용되는지는 명백하지 않은데, 소득과 부와 비슷한 방식이 되지 않을까 싶다. 자기 존중의 사회적 기본가치에 대해서 정의의 원리들이 어떻게 적용되어야 하는지에 대해서 롤즈는 전혀 언급하지 않고 있다. 하지만 이 경우에도 정의의 모든 원리들이 동시에 적용될 것 같지는 않다. 이와 같이 다른 종류의 사회적 기본가치에 대해서는 정의의 모든 원리들이 적용되지 않는 듯한데, 유독 보건의료서비스 배분에는 세 가지 원리가 동시에 적용된다고 주장하기 위해서는 논증이 필요할 것이다. 그런데 이런 논증이 제시되지 않고 있다는 것이 필자의 우려다.

한 가지 비판은 '유사한 롤즈적 보건의료정의론'의 내용이 '엄격한 평등주의 보건의료정의론'과 유사하기 때문에, '유사한 롤즈적 보건의료정의론'은 '엄격한 평등주의 보건의료정의론'이 가지는 문제들을 극복할 수 없다는 것이다. '엄격한 평등주의 보건의료정의론'이 가지는 문제로 다음의 두 가지가 지적된다. 첫째는 이른바 '밑 빠진 독에 물 붓기(bottomless pit)'라는 문제이고, 둘째는 의료수혜자와 의료제공자의 자유와 자율성을 지나치게 제한한다는 문제다.

첫째 '밑 빠진 독에 물 붓기'라는 문제는 '엄격한 평등주의' 의료체계는 밑 빠진 독에 물을 붓는 것처럼 엄청난 보건의료자원을, 따라서 엄청난 사회자원을 소진할 것이라는 문제다. '엄격한 평등주의 보건의료정의론'은 사회성원들의 의료필요를 평등하게 만족시킬 것을 요구한다. 물론 여기서 평등하게 만족시킨다는 것은 많은 해석의 여지를 남기고 있다. 예를 들어 다양한 의료필요 중 일부를 충족시켜야 하는지, 아니면 모든 의료필요를 충족시켜야 하는지, 노령인구와 젊은 연령의 인구 사이에도 의료필요의 평등이 보장되어야 하는지, 그리고 희소한 의료자원과 신기술은 어떻게 평등하게 사용될 수 있는지 등의 문제에 관해서 해석의 여지가 많다. 여러 가지 해석의 여지가 있기는 하지만, 이들이 어떻게 해석되든 엄격한 평등주의 보건의료체계가 의료서비스 배분의 하향평준화를 지향하는 것이 아닌 한, 의학이 발달한 현대사회에서 엄청난 의료자원을, 따라서 엄청난 사회 자원을 소모할 것이라는 데에는 이론의 여지가 없다. 이는 단순한 추측이 아니고, 이미 고령화 사회로 접어들고 보건의료기술이 발전한 나라들이 경험하고 있는 데서도 명백히 알 수 있는 것이다. 이처럼 '엄격한 평등주의 보건의료체계'는 밑 빠진 독에 물 붓는 것처럼 의료자원과 사회자원을 소진시키기 때문에 사회 전체의 합리성의 기준 중 하나인 효율성의 관점에서 볼 때 정당화되지 못한다는 것이다.

'엄격한 평등주의 보건의료정의론'의 두 번째 문제는 엄격한 평등주의 보건의료체계가 보건의료이용자와 제공자의 자유와 자율성을 과도하게 제한한다는 것이다. 보건의료이용자는 세금을 낸 후에 남는 정당한 수입을 가지고도 자신이 원하는 보건의료서비스를 구입할 자유가 제한된다. 이는 그의 정당한 수입을 사용할 수 있는 자유에 대한 지나친 제한이다. 그리고 보건의료제공자의 자유에 대한 제한도 지나치다. 우선 사회경제적 자율성과 관련해서 보건의료제공자들은 기본적으로 국가의 공무원이 되고 자유로운 경제활동을 할 수 없을 것이다. 그런데 자유민주주의를 표방하는 나라에서 보건의료제공자 외의 다른 전문직종에 종사하는 사람들의 자유와 자율성을 이런 식으로 제한하는 것은 보기 드물다. 따라서 보건의료제공자의 자유와 자율성은 다른 전문직종 종사자의 자유와 자율성보다 훨씬 더 많은 제한을 받는다. 따라서 보건의료제공자의 자율성을 그와 같이 제한하는 것은 보편화의 원리에 의해 정당화되지 않는다.[15]

위의 두 가지 문제 때문에 자본주의를 경제적 근간으로 하고 사회 성원 간의 경쟁이 강조되어 왔으며 보건의료제공이 개인적인 사업의 형태로 제공되어 온 지금의 한국사회와 같은 사회에서는 '엄격한 평

---

15) 필자가 각주 13)에서 시사한 것처럼, 세련된 실질적 평등주의 보건의료정의론은 엄격한 평등주의 보건의료정의론의 문제들을 반드시 계승하지는 않을 것이다.

등주의 의료정의론'이 정당화되지 않고, 따라서 그와 내용 면에서 유사한 '유사한 롤즈적 보건의료정의론'도 정당화되지 않는다.

5. '진정한 롤즈적 보건의료정의론'을 위한 예비작업

'진정한 롤즈적 보건의료정의론'은 건강을 독립적인 사회적 기본가치로 보지 않고, 기회라는 사회적 기본가치 아래 포섭되는 것으로 보고, 일종의 기회균등의 원리에 의해서 보건의료서비스가 배분되어야 한다는 이론이다. '진정한 롤즈적 보건의료정의론'은 대니얼즈가 제시하고 롤즈 자신도 지지하였는데, 대니얼즈는 롤즈의 사회정의론을 연장하기 위해 롤즈의 정의론에 두 가지 중요한 수정을 가하고 있다. 첫째, 건강을 독립적인 사회적 기본가치가 아니라 사회적 기본가치의 일종인 기회 밑에 포괄하는 것이고, 둘째, 롤즈의 공정한 기회균등의 원리를 확대하는 것이다.

첫째, 대니얼즈는 건강을 기본적 사회적 가치인 기회 밑에 다음과 같은 근거에서 포괄한다. 대니얼즈에 의하면 건강, 즉 인간 종의 정상적인 기능과 기회 사이에는 다음과 같은 관계가 있다. 어떤 사회에서 그 사회성원들에게 정상적인 기회의 범위가 존재하는데, 한 "사회에서 정상적인 기회의 범위(normal opportunity range)는 이성적인 (reasonable) 사람들이 그 사회에서 자신을 위해서 건설함직한 생애계획(life plan)의 정상적인 범위다."16) 그런데 어떤 사람이 질병과 장애를 가지고 있다면, 만일 건강했더라면 그가 그 사회에서 누릴 수 있는 정상적인 기회의 몫을 누리지 못한다. 즉 건강은 그 사람이 사회에서 누릴 수 있는 그의 공정한 기회의 몫을 누릴 수 있게 해준다.

한 개인에게 열려 있는 정상적인 영역의 몫은 그가 가진 재능과 기술

---

16) Norman Daniels, *Just Health Care*, p.33.

에 의해 근본적으로 결정된다. 질병과 장애에 의한 정상 기능 손상은 만일 그가 건강했다면 그의 기술과 재능을 통해 그가 가질 수 있었을 기회의 정상적인 부분과 관련해서 그의 기회를 축소하게 된다. 만일 한 개인의 정상적인 범위의 공정한 몫이 그의 재능과 기술을 통해서 그가 합당하게 선택할 수 있었을 인생계획의 범위라면 질병과 장애에 의한 정상 기능 손상은 그의 몫을 축소시킨다.17)

둘째, 대니얼즈는 롤즈의 공정한 기회균등의 원리를 다음과 같이 확대한다. 롤즈의 공정한 기회균등의 원리의 근본 취지는 동일한 재능과 야망을 가진 사람은 사회적인 위치에 관계없이 동일한 성공의 기회를 가져야 한다는 것이었다. 즉 자신이 선택한 것이 아닌 것이 이런 동일한 성공의 기회를 갖는 것을 방해할 때, 이런 장애가 적절히 제거될 수 있다면 제거되어야 한다는 것이다.

그런데 대니얼즈는 롤즈의 공정한 기회균등의 원리가 원래 취지를 살리는 데 부족하다고 본다. 대니얼즈가 그렇게 판단하는 것은 다음의 두 가지 이유에서다. 첫째, 이미 살펴본 대로 롤즈는 원초적 상황에서 합리적인 계약자들이 정의의 원리를 선택할 때 모든 사람들이 질병과 장애로부터 자유롭다고 가정하고 공정한 기회의 균등 원리를 선택했기 때문에 공정한 기회균등의 원리가 너무 이상화되어 있다.18) 둘째, 롤즈의 공정한 기회의 균등의 원리는 너무 제한적으로 이해된다. 롤즈 자신이 공정한 기회균등의 원리를 논할 때 주로 직위 및 직업 선택의 문제와 관련해서 논의하다 보니 이 원리가 우리의 삶 전체를 관장하는 원리가 아니라 우리가 직업이나 직위를 선택하는 삶의 한 시기에만, 그리고 기회는 직위나 직업 선택의 영역뿐만 아니라 삶의 다른 영역에도 존재하는데 오직 직위나 직업 선택의 영역에만 관련된 것처럼 제한적으로 이해된다는 것이다.19)

---

17) 같은 책, p.33.
18) 같은 책, pp.42-49.

롤즈의 공정한 기회균등의 원리의 정신을 살리면서 이런 문제점들을 해결하기 위해 대니얼즈는 다음과 같이 '확대된(extended) 공정한 기회균등의 원리'를 제시한다. 사회적으로 가능한 한도 내에서 한 개인은 그와 동일한 재능과 야망을 가진 사람들에게 개방된 사회의 정상적인 기회의 영역에서 자신의 공정한 몫(fair share)을 누릴 수 있도록 되어야 한다. 물론 이 범위는 한 사회의 경제적, 기술적, 사회적 발전 정도에 따라 달라진다.[20] 그리고 동일한 사회 내에서도 정상적인 기회의 범위는 연령별로 달라진다.[21] 따라서 확대된 공정한 기회균등의 원리는 한 개인이 연령에 따라 상대적인 정상적인 기회의 영역에서 자신의 공정한 몫을 누려야 한다는 것을 요구한다. 여기서 강조되어야 할 것이 두 가지 있는데, 첫째, 정상적인 기회의 영역은 연령에 따라 달라지며, 둘째, 공정한 기회의 원리는 불평등을 완화하는 것이지 불평등을 완전히 제거하는 것을 의미하지는 않는다.[22]

6. '진정한 롤즈적 보건의료정의론'과 보건의료자원의 희소성

'진정한 롤즈적 보건의료정의론'은 확대된 공정한 기회균등의 원리를 보건의료서비스 배분에 적용한다. 확대된 공정한 기회균등의 원리는 동일한 재능과 야망을 가진 사람에게 연령에 따른 정상적인 기회의 영역에서 그의 공정한 몫(fair share)을 갖게 하는 것을 요구하는

---

19) 같은 책, pp.86-89.
20) 같은 책, p.33.
21) 같은 책, pp.86-88.
22) 의료윤리의 표준적인 교과서로 널리 쓰이는 Childress와 Beauchamp의 *Principles of Biomedical Ethics*(pp.343-345)에서 저자들은 대니얼즈의 확대된 공정한 기회의 원리를 논하고 있지만, 롤즈의 공정한 기회균등 원리와의 차이를 명백히 설명하지 밝히지 않음으로써 대니얼즈의 공정한 기회원칙이 롤즈의 원칙과 동일한 것이라는 인상을 줄 수 있다.

데, 이것을 보장하기 위해서는 어떤 종류의 건강필요들(health needs)이 충족되어야 한다.

하지만 건강필요와 그에 상응하는 건강서비스는 단일한 것이 아니라 다양하다. 어떤 종류의 보건의료서비스는 인간 종의 정상적인 기능을 저해하는 질병과 장애를 치료해 인간 종의 정상적인 기능을 유지하는 의료서비스이지만, 다른 종류의 의료서비스들은 다른 방식으로 삶의 질을 향상시킨다. 넓은 범주의 의료서비스는 삶을 연장하거나 구하기 위한 것이 아니라 삶의 질을 향상시킨다.[23)

이런 다양한 종류의 의료서비스 중에서 공정한 기회균등의 원리가 평등한 보장을 요구하는 것은 연령에 따라 상대적인 인간 종의 정상적인 기능(age-relative normal species functioning)을 유지하고 회복시키는 데 필요한 보건의료서비스를 제공하는 것이다. 즉 공정한 기회균등의 원리는 한 개인이 질병과 장애 때문에 그에게 열려 있는 사회의 정상적인 기회 영역에서 그의 공정한 몫을 갖지 못할 때, 그런 질병과 장애를 어느 정도까지 치료하거나 완화할 것을 요구하게 된다.

이와 관련해서 강조할 점이 세 가지 있다. 하나는 정상적인 기회의 영역은 연령에 따라 상대적이라는 것이다. 따라서 노화는 질병이나 장애가 아니기 때문에 노령의 인구들이 젊은 연령의 인구가 가지는 기회의 몫을 갖도록 보장되어야 하는 것은 아니다. 정상적인 기회의 보장은 연령에 따른 것이기 때문에 노령인구의 경우에는 그 연령에 따른 정상적인 기능을 유지하는 의료서비스를 제공하기만 하면 된다.[24) 두 번째 강조할 점은 보건의료적으로 치료될 수 없는 질병과 장애에 관한 것이다. 비록 이런 질병과 장애가 어떤 사람들에게 정상적인 기회의 몫을 가지지 못하게 한다 하더라도, 공정한 기회균등의 원리는 그런 장애나 질병을 가진 사람의 건강상태가 그렇지 않은 사

---

23) Norman Daniels, *Just Health Care*, pp.26-35.
24) 같은 책, pp.103-105.

람과 동등하게 되도록 계속적인 보건의료서비스를 제공하도록 요구하지 않는다. 오히려 이 경우에는 무의미한 보건의료서비스보다는 다른 종류의 사회서비스가 제공되어야 할 것이며, 보건의료정의 원리가 아니라 사회정의의 다른 원리 혹은 사회정의가 아닌 다른 종류의 사회적 원리가 적용되어야 할 것이다.[25] 셋째, 공정한 기회균등의 원리는 엄격한 평등주의 원리로 해석되어서는 안 된다. 공정한 기회균등의 원리는 질병과 장애로 인해 어떤 개인의 재능이나 기술이 덜 발달되거나 잘못 발달되었을 때에만 적용되며, 이런 경우에도 불평등을 완전히 제거하는 것이 아니고 다만 완화시킬 뿐이다.

이상적으로 본다면 공정한 기회균등의 원리는 한 사회에 사는 모든 개인에게 인간 종의 정상적인 기능을 유지하는 데 필요한 모든 의료서비스를 제공할 것을 요구하겠지만, 그런 요구를 충족하는 것은 현실적으로 불가능하고 바람직하지도 않다. 우선 사회에는 의료자원이 부족하고, 사회의 모든 자원도 부족하다. 그리고 건강만이 인간사회의 유일한 가치가 아니기 때문에 사회의 다른 자원을 의료자원으로 전환하는 것도 바람직하지 않다. 사회의 자원은 문화, 교육, 환경, 국방 등 다양한 분야에 쓰여야 한다. 따라서 공정한 기회균등의 원리는 사회의 다른 가치들이나 다른 원리들에 의해 어느 정도의 제약을 받아야 하고, 따라서 인간 종의 정상적 기능을 유지하고 치료하는 모든 의료서비스를 제공하는 것이 아니라, 제한된 의료서비스만을 공급할 것을 요구하게 된다.

따라서 사회는 보건의료서비스의 제한과 배급에 관련된 결정을 할 수 있는 원리를 찾거나 그런 절차에 합의해야 한다. 공정한 기회균등의 원리는 보건의료서비스의 제한과 배급 문제를 결정할 수 없는데, 고려되는 모든 의료서비스가 인간 종의 정상적인 기능을 유지시키거나 회복시키는 의료서비스들이기 때문이다. 따라서 우리는 공정한 기

25) 같은 책, p.48.

회균등의 원리하에서 이런 보건의료서비스를 제한하는 결정을 할 때 사용되는 공정한 절차에 합의해야 하는데, 이런 공정한 절차는 다음과 같은 성격을 가져야 한다.26)

(1) 공공성 조건(Publicity Condition) : 보건의료서비스 분배에 있어서 직간접적으로 제한을 가하는 결정, 예를 들어 새로운 의료기술의 분배에 대한 결정과 그 근거는 공적으로 접근 가능해야 한다.

(2) 적절성 조건(Relevance Condition) : 보건의료서비스 분배에 제한을 가하는 결정을 지지하는 이유들은 그 조직이 합당한 자원의 제한하에서, 관련된 사람들의 다양한 건강의 필요를 충족함에 있어서 비용에 걸맞은 가치(value for the money)를 제공하고자 하는지에 대한 합당한(reasonable) 설명이 되어야 한다. 특히 그런 이유가 상호 정당화될 수 있는 협조의 조건들을 발견하고자 하는 사람들이 진정한 것으로 받아들이는 이유들과 원칙들에 호소할 경우에 합당하다고 할 수 있다.

(3) 수정 및 소청 조건(Revision and Appeals Condition) : 보건의료서비스 분배에 제한을 가하는 결정에 의문을 제기하거나 논쟁할 수 있는, 특히 새로운 증거와 논증에 의해서 제한 결정을 수정하고 개선할 수 있는 기회를 위한 기제가 있어야 한다.

(4) 집행 조건(Regulative Condition) : 위의 (1)-(3) 조건이 충족되는 것을 보장하는 절차에 대해 자발적이거나 공적인 규제가 있어야 한다.27)

사회는 위와 같은 절차를 통해 결정된 기본적인 보건의료서비스를 제공할 의무를 가지고, 이런 의무를 수행하기 위한 보건의료체계를

---

26) N. Daniels and E. Sabin, *Setting Limits Fairly*, pp.30-33.
27) 같은 책, p.45.

설립하고 유지해야 한다. 그리고 사회는 이런 체계를 유지하기 위해 보건의료서비스를 실제로 제공하는 보건의료제공자들을 충원해야 할 것이다. 자유주의 이론인 '진정한 롤즈적 보건의료정의론'에 직관적으로 타당해 보이는 의사 충원 방식은 경제적인 보상 등을 통해서 보건의료제공자들을 유인하는 것이다. 하지만 이런 방식이 자유주의의 근본정신에 직관적으로 잘 맞는다 하더라도, 이런 방식만이 '진정한 롤즈적 보건의료정의론'이 지지할 수 있는 방식은 아니다. 어떻게 보건의료제공자를 충원하는지 하는 문제는 한 사회의 사회적, 문화적 배경에 따라 다를 수 있다. 어떤 사회가 자유민주주의적인 사회이고, 그 사회에서 모든 의사들이 다른 전문직종의 종사자들과 비슷한 자율성의 제약을 받으면서 기본적인 보건의료서비스를 제공하는 데에 종사해 왔거나, 그 사회가 추구하는 중요한 가치, 예를 들어 사회적 연대(solidarity)를 유지하기 위해 모든 보건의료제공자들이 단일층에서 보건의료서비스를 제공하는 것이 바람직하다는 사회적 합의가 있고, 보건의료제공자들 역시 이런 합의를 받아들일 경우, 그런 사회가 취하는 의사 충원 방식은 자유주의의 근본정신에 어긋나지 않는다.[28]

마지막으로 주의를 환기할 점은 '진정한 롤즈적 보건의료정의론'은 현실적으로 다층 보건의료체계(multi-tier system)와 양립 가능하다는 것이다.[29] 다층 보건의료체계 중 하나인 2층 보건의료체계를 예로 들

---

28) 이와 같이 '진정한 롤즈적 보건의료정의론'이 지지할 수 있는 현실적인 의료 체제는 하나가 아니라 다양할 것이다. 즉 진정한 롤즈적 의료체제가 현실적으로 어떤 모습을 지닐 것인가는 그 사회의 역사적, 사회적 배경에 따라 달라질 수 있다. 이러한 제도의 정착과 변화는 '경로의존적(path-dependent)'이라 할 수 있다.

29) 물론 '진정한 롤즈적 보건의료정의론'이 2층 체계를 함축하지는 않는다. 엄밀히 말하자면 '진정한 롤즈적 보건의료정의론'은 2층 체계와 양립 가능하고, 2층 체계를 반대할 좋은 이유가 없다는 것이다. 대니얼즈는 여러 곳에서 이런 취지로 발언하고 있지만 가장 명백하게 밝힌 곳은 N. Daniels, "Is there a right to health care, if so, what does it encompass?", p.324이다.

자면 '진정한 롤즈적 보건의료정의론'이 허용할 수 있는 2층 의료체계는 기본층(basic tier)과 상위층(upper tier)의 두 층으로 이루어진다. 기본층에서는 연령에 따른 인간 종의 정상적 기능을 저해하는 질병과 장애를 방지하거나 치료하는 보건의료서비스 중 공정한 절차에 의해서 제한된 보건의료서비스를 제공한다. 기본층에서는 보건의료 이용자와 제공자의 자유와 자율성에 대해 어느 정도의 제한이 있을 것이다. 상위층에서는 기본층에서 제공하지 않는 보건의료서비스를 제공하는데, 이런 의료서비스의 배분은 시장기제에 따라 배분되고 보건의료이용자와 제공자는 기본층에 적용되는 자율성의 제한을 넘어서는 자율성을 누린다.

7. 예상되는 비판에 대한 응답

이제 필자는 '진정한 롤즈적 보건의료정의론'에 제기될 만한 세 가지 예상 비판을 고려하겠다.

'진정한 롤즈적 보건의료정의론'에 대한 첫 번째 비판은 이 이론이 국민들에게 생의학적 개념의 건강을 보장할 수 있다고 해도, 건강에 미치는 사회적 요인들을 소홀히 함으로써 사회경제적 계층 간의 건강불평등 문제를 해결하지 못한다는 것이다. 생리학적 요인들뿐 아니라 사회경제적 요인들이 국민의 건강수준에 영향을 미친다는 것은 이미 잘 알려진 사실이다. 건강에 영향을 미치는 사회적 요인들은 다양해서 국가의 경제발전 정도, 개인의 경제수준, 사회적 지위, 건강에 대한 문해력, 경제생활에서의 권력구조 등을 포함한다. 국가들 간에는 일반적으로 국민소득이 높은 나라의 국민이 국민소득이 낮은 나라의 국민보다 더 좋은 건강상태를 유지한다. 하지만 1인당 국민소득이 8천 달러를 넘어서면 더 이상 국가의 경제적 발전과 건강수준 사이에는 유의미한 차이가 없다. 비록 경제적으로 가난한 국가라 하더라도 기본적인 공중보건체계가 잘 갖추어져 있고 건강에 대한 문해력이 높은 나라의 경우에는 국민의 건강수준이 상당히 높다. 한 사회 내에서도 일반적으로 부유한 계층의 사람들이 가난한 계층의 사람들보다 더 좋은 건강상태를 누린다. 일터에서의 권력구조에 따라 건강수준에 차이가 날 수도 있다. 예를 들어 수직적 위계질서를 가진 일터에서 근로직에 종사하는 사람들과 관리직에 종사하는 사람들 사이에는 건강수준의 차이가 있다. 그런데 일터가 민주적인 경우에는 하위직급에 있는 사람들이라 하더라도 높은 건강수준을 유지한다.[30] 이처럼 생리적 요인들뿐만 아니라 사회경제적 요인들이 건강수준에 영향을 미치는데, '진정한 롤즈적 보건의료정의론'은 생의학적인 개념의 건강에만 초점을 맞추고 건강에 영향을 미치는 사회적인 요인들을 무시한다는 것이다.

첫 번째 비판에 대해서 '진정한 롤즈적 보건의료정의론'은 건강에 영향을 미치는 요인들을 간과하지 않는다고 말할 수 있는데, 그 이유는 '진정한 롤즈적 보건의료정의론'은 그 자체로만 작동하는 것이 아니라 더 넓은 일반적인 사회정의론으로서 롤즈의 자유주의 정의론을 배경으로 해서 작동하기 때문이다. 롤즈의 자유주의 정의론에서 공정한 기회의 원리와 차등의 원리는 정치적, 사회적, 경제적 격차의 축소를 지향한다. 우선 공정한 기회균등의 원리는 동일한 재능과 야망을 가진 사람들이 사회의 정상적인 기회에 대해서 균등한 기회의 몫을 가지도록 돕는다. 이것이 함축하는 바는 장애와 질병 때문에 직업선택에 있어서 균등한 기회를 가지지 못했던 사람들이 더 균등한 성공의 기회를 가지게 된다는 것이다. 따라서 롤즈의 공정한 기회균등의 원리가 작동할 때, 그 원리가 작동하지 않았던 때보다 훨씬 더 많은 사람들이 성공할 기회를 가지게 된다. 물론 공정한 기회균등의 원

---

30) 이와 같은 사실은 널리 알려진 사실로, 다양한 문헌에 등장한다. 필자는 Norman Daniels, *Just Health*, ch.3, 특히 pp.83-89를 참조했다.

리가 작동된 후에도 경제적 불평등이 완전히 제거되지는 않는다. 하지만 차등의 원리는 이런 경제적 불평등이 사회적 최소 수혜자의 복지를 최대화하도록 한다. 따라서 차등의 원리는 사회성원들 간의 사회경제적 격차를 더욱 줄이는 역할을 한다. 그리고 평등한 자유의 원리는 개인적 자유를 보장할 뿐만 아니라 정치적 권리의 공정한 가치를 보장함으로써 모든 시민들이 정치적으로 평등한 시민으로서 활동하게 한다. 따라서 '진정한 롤즈적 의료정의론'은 롤즈의 자유주의 정의론과 함께 시민들 사이에 존재하는 정치적, 사회적, 경제적 불평등을 줄여 나가게 되고, 결과적으로 사회경제적 불평등에 따른 건강의 격차를 줄여 나가게 된다. 대니얼즈의 구호대로 "정의는 우리 건강에 좋은 것이다."[31]

'진정한 롤즈적 보건의료정의론'에 대한 두 번째 비판은 이 이론이 '엄격한 평등주의 보건의료정의론'이 직면하는 문제인 '밑 빠진 독에 물 붓기' 문제를 해결할 수 없다는 것이다. 이 비판에 대하여 '진정한 롤즈적 보건의료정의론'은 밑 빠진 독에 물 붓기 문제를 근원적으로 봉쇄할 수는 없지만, 밑 빠진 독에 물 붓기 문제를 상당한 정도로 완화시킬 수 있다고 응답할 수 있다. 사실 밑 빠진 독에 물 붓기 문제는 심지어 '자유지상주의 보건의료정의론'조차도 봉쇄할 수 없기 때문에 이 문제를 근원적으로 봉쇄하지 못하는 것이 '진정한 롤즈적 보건의료정의론'의 치명적인 결점이 되지는 않는다. 하지만 '진정한 롤즈적 보건의료정의론'은 밑 빠진 독에 물 붓기 문제를 완화할 수 있는 원칙과 절차를 가지고 있다. 앞에서 설명한 대로 '진정한 롤즈적 보건의료정의론'은 모든 보건의료필요를 충족시킬 것을 요구하지 않는다. 노화는 질병이 아니므로 치료해야 할 것이 아니고, 인간 종의 정상적인 기능을 저해하는 모든 질병과 장애를 보건의료적으로 고쳐

---

31) Daniels, Kennedy, Kawachi, "Health and Inequality, or Why Justice is Good for Our Health", pp.74-80.

야 한다고 요구하지도 않는다. 그리고 공정한 합의절차를 통해 기본
층에서도 어떤 의료서비스를 얼마나 제공할지에 대해 사회적 제한을
가할 수 있다. 따라서 '진정한 롤즈적 보건의료정의론'은 밑 빠진 독
에 물 붓기 문제를 상당한 정도로 완화시킬 수 있다.

　'진정한 롤즈적 보건의료정의론'에 대한 세 번째 비판은 '진정한
롤즈적 보건의료정의론'이 보건의료이용자와 보건의료제공자의 자율
성을 적절하게 보장하지 못한다는 것이다. 이 비판에 대해서 '진정한
롤즈적 보건의료정의론'은 '자유지상주의 보건의료정의론'이 주장하
는 만큼의 자율성을 보장하지는 않지만 적절한 수준의 자율성을 보
장한다고 응답할 수 있다. 우선 '진정한 롤즈적 보건의료정의론'은
모든 의료제공자를 기본층에 편입할 것을 요구하지 않는다. 바람직한
의료제공자 충원 방식은 자발적인 참여 방식이다. 만일 그렇지 않고
의료제공자들을 강제로 기본층에 편입시키는 경우 의료제공자들에게
사회경제적으로 적절한 보상이 있어야 할 것이다. 물론 이런 사회경
제적 보상은 자유지상주의 보건의료체계에서 의료제공자들이 받을
수 있는 경제적 보상보다 적을 것이다. 하지만 이런 사회경제적 보상
은 유사한 다른 전문직종보다 불리하지 않을 것이다.32) 그리고 기본
층에 종사하는 보건의료제공자의 경우에도, 그가 원하면 상위층의 보
건의료서비스에도 종사할 수 있는 기회가 보장되어야 한다. 상위층에
서는 경제적 자율성에 대한 제한이 없기 때문에 경제적으로 자유로
운 활동이 보장된다. 이와 같은 점을 고려할 때 기본층에서 보건의료
제공자들에게 가해지는 자율성에 대한 제한은 다른 전문직 종사자들
에게도 가해지는 제한과 다르지 않으므로 보건의료제공자들만이 특
별한 불이익을 당한다고 볼 수 없고, 상위층에서는 자율성에 대하여
별다른 제한이 없으므로, '진정한 롤즈적 보건의료정의론'은 보건의
료제공자들의 적절한 경제적 자율성을 보장한다고 할 수 있다.

---

32) Norman Daniels, *Just Health Care*, pp.118-119, 124-135.

더 나아가 '진정한 롤즈적 보건의료정의론'은 적절한 수준에서 진료의 자율성도 보장한다. 기본층에서도 사회적 합의에 의한 비용의 한도 내에서 최선의 치료를 제공할 수 있고,[33] 상위층에서는 보건의료제공자와 보건의료이용자 양측이 원하는 최선의 치료를 제공할 수 있다. 따라서 진정한 롤즈적 보건의료정의론은 적절한 수준의 보건의료제공자의 자율성을 보장한다고 할 수 있다. 이런 사회경제적인 자율성과 진료의 자율성의 보장은 보건의료제공자들이 자기 존경의 사회적 기초(the social basis of self-respect)를 확보하는 데 상당한 정도로 기여할 것이다.

8. 결론

지금까지의 논변을 간략히 정리해 보겠다. 자본주의를 근간으로 하고 사회성원들의 경쟁을 강조해 온 현대 자유민주주의 사회에서 보건의료서비스의 정의로운 배분에 관한 직관은 최소 평등주의 직관이다. 하지만 롤즈에 의해 제시된 이상적 이론으로서 사회정의론 그 자체는 최소 평등주의 직관을 수용하지 못하기 때문에 그 자체로는 적절한 사회정의론이라 할 수 없다. 따라서 롤즈의 사회정의론을 보건의료정의론을 포괄하는 이론으로 발전시키고자 해왔는데, 대표적인 두 가지 방식이 '유사한 롤즈적 보건의료정의론'과 '진정한 롤즈적 보건의료정의론'이다. 그런데 이 두 가지 방식 중에서 '유사한 롤즈적 보건의료정의론'이 아니라 '진정한 롤즈적 보건의료정의론'이 그 이론 전개의 논리나 내용 면에서 적절하다.

'진정한 롤즈적 보건의료정의론'은 적절한 수준의 국민건강 유지에 필요한 적절한 보건의료서비스를 제공하면서도, 사회적 합리성의 요구와도 상충하지 않고 국민들의 건강불평등의 격차를 좁힐 수 있으

---

33) 같은 책, pp.135-138.

며 의료이용자와 의료제공자의 적절한 자율성을 보장한다는 면에서, 경제체제로서 자본주의를 근간으로 하고 사회성원들의 경쟁을 강조해 온 자유민주주의 사회에 적합한 정의로운 보건의료정의론이다. 특히 보건의료서비스의 많은 부분이 개인사업의 형태로 제공되는 우리나라에 적합한 정의로운 의료체제를 모색하는 데에도 많은 시사점을 제공한다.

필자는 마지막으로 '진정한 롤즈적 보건의료정의론'과 '합당한 실질적 평등주의 보건의료정의론'의 관계에 대해서 다시 한 번 관심을 환기하고자 한다. '진정한 롤즈적 보건의료정의론'과 '합당한 실질적 평등주의 보건의료정의론'은 상충하지 않으며, 이들은 연장선상에 있다. 하지만 아직 한국사회에서 정의로운 보건의료체계에 관한 직관은 실질적 평등주의 직관이 아니라 최소 평등주의 직관이다. 그렇다고 할 때, 만일 '실질적 평등주의 보건의료정의론'을 지지하는 이론가들이 최소 평등주의 직관을 수용하는 '진정한 롤즈적 보건의료정의론'을 부정의하다고 비판하는 것은 두 가지 면에서 잘못이다. 첫째, '진정한 롤즈적 보건의료정의론'은 적어도 합당한(reasonable) 이론인데, 이 이론을 부정의하다고 비판하는 것은 그 이론을 주장하는 사람들의 합당함을 부정함으로써 시민들 간의 상호 존중의 원리를 손상한다. 둘째, '진정한 롤즈적 보건의료정의론'조차 부정의한 이론으로 비판하는 것은 실질적 평등주의 이론을 필요 이상으로 광신적인(fanatical) 이론으로 보이게 할 수 있다. 첫 번째 잘못은 도덕적인 잘못이고 두 번째 잘못은 전략적인 잘못이다.

필자가 보기에 현재 한국 같은 사회에서는 진정한 롤즈적 보건의료체계의 설립이 우선 요구되며, 진정한 롤즈적 보건의료체계가 잘 설립되고 성공적으로 유지된 후 실질적 평등주의 보건의료체계를 위한 풍토가 형성될 수 있을 것이다. 그런 면에서 실질적 평등주의와 진정한 롤즈적 보건의료정의론은 중첩적 합의를 이룰 수 있다고 본다.

9. 붙임 — 한국의 보건의료체계 개선을 위한 제언

필자는 우리나라의 보건의료체계가 상당한 정도로 개선의 필요성이 있다고 보며 그 개선을 위한 제언을 붙이고자 한다. 보건의료서비스체계의 개선을 위해서는 적절한 평가가 선행되어야 한다. 대니얼즈의 진정한 롤즈적 보건의료정의론은 원래 미국의 보건의료체계를 개혁하기 위한 방안으로 나온 것이었지만, 다른 이론가들에 의해서 여러 사회의 보건의료체계의 공정성을 평가하는 틀로 재구성되었고, 이미 여러 나라에서 성공적으로 사용되고 있기에 이를 간략히 소개한다.[34] '공정성의 수준점에 의한 평가(Benchmarks of Fairness)'라고 불리는 이 평가틀은 '진정한 롤즈적 보건의료정의론'과 경험에 기초한 정책결정방법을 결합한 것으로, 여기서 공정성(fairness)은 형평성(equity), 효율성(efficiency), 책임성(accountability)으로 이해되며, 공정성의 수준점들은 다음의 표와 같이 아홉 가지다.

형평성, 효율성, 책임성으로서 공정성의 일반적인 수준점

수준점들		공정성의 관심 분야
수준점 1	사회 여러 섹터가 공중건강에 미치는 영향	형평성
수준점 2	형평적 접근에 대한 금전적 장애	형평성
수준점 3	형평적 접근에 대한 비금전적 장애	형평성
수준점 4	혜택과 층위의 포괄성	형평성
수준점 5	형평적인 재원조달	형평성
수준점 6	유효성, 효율성, 품질향상	효율성
수준점 7	행정적인 효율성	효율성
수준점 8	민주적인 책임성과 시민들의 역량강화	책임성
수준점 9	보건의료수혜자와 제공자의 자율성	책임성

---

34) Norman Daniels, *Just Health*, pp.243-245.

이를 간략히 설명하면, 수준점 1은 보건의료 분야만이 아니라 교육, 조세제도, 교통 등 사회의 다른 섹터가 공중건강에 어떤 영향을 미치는지를 측정한다. 수준점 2는 금전적인 이유로 인해 기본적인 보건의료서비스에 접근하는 데 어느 정도의 불평등이 있는지를 측정한다. 수준점 3은 금전적인 이유가 아닌 다른 이유로 인해 기본적인 보건의료서비스에 접근하는 데 어느 정도의 불평등이 있는지를 측정한다. 수준점 4는 다층(multi-tier) 의료체계가 시행되는 경우 여러 층 사이에 보건의료서비스의 범위와 질의 불평등을 측정한다. 수준점 5는 보건의료체제를 유지하기 위한 비용 마련이 형평성 있게 시행되는지를 측정한다. 수준점 6은 보건의료체제에서 제공하는 보건의료서비스의 유효성, 효율성을 측정하고 그 서비스의 질을 향상시킬 수 있는지를 측정한다. 수준점 7은 보건의료체제를 유지하는 행정체계가 효율적으로 작동하는지를 측정한다. 수준점 8은 국민들이 보건의료체계가 어떻게 작동하는지를 이해하고, 그런 의료체계에 대한 궁극적인 통제권을 가지고 있는지를 측정한다. 수준점 9는 보건의료체계 내에서 보건의료서비스 이용자와 제공자가 어느 정도의 자유와 자율성을 가지는지를 측정한다. 여기 제시된 공정성의 수준점들은 '참된 롤즈적 보건의료정의론'의 일반적인 아이디어들을 보건의료체계의 형평성, 책임성, 효율성을 평가할 수 있는 통합적인 윤리적 틀로 만든 것이다. 9개의 수준점 각각은 건강정책에서 공정함의 중심적인 목적을 지시한다. 그런데 여기에서 이 수준점들은 일반적인 수준점들이므로 이를 한국사회에 적용하기 위해서는 관련 학문과 행정 분야의 전문가들로 이루어진 학제간 연구 팀에 의해서 조정되어야 한다. 이런 통합적인 윤리적 틀을 오퍼레이션스 리서치(Operations Research) 방법과 결합함으로써 보건의료체계를 평가하고 향상시키기 위한 증거 기초(evidence base)를 제공할 수 있고, 이런 증거 기초에 기반해서 한국의 보건의료체계를 개선할 수 있는 정책을 고려할 수 있을 것이다.

롤즈 정의론과 한국사회 *

장동진

연세대 정치외교학과 교수

1. 서론

롤즈의 정의관은『정의론』(1971)이 출간된 이후 약 반년쯤 지나 처음으로 한국에 도입되기 시작하였다. 이후 특정 대학원을 중심으로 한 전문가들 사이에 읽히면서 그 내용에 대한 이해가 점차 깊어지기 시작하고, 이에 대한 논의가 점차 확대되어 현재에 이르렀다.[1)]

이러한 도입과정은 대체로 3단계의 과정을 거친 것으로 정리할 수 있다. 첫 번째 단계는 롤즈 정의론에 대한 기본적 이해의 단계라고 할 수 있다. 이러한 이해의 단계는 대략 1970년대와 1980년대를 거

---

* 이 논문은 일본 오카야마(岡山) 대학교 대학원 사회문화과학연구과와 법학부 가 공동 주최한「동아시아에 있어서의 다문화공생(Multicultural Coorperation in East Asia: Justice, Disparity, and the Rule of Law)」(오카야마 대학교 사회 문화과학계총합연구동 2층 공동연구실, 2008년 2월 10일) 학술회의에서 발표 되었다.

1) 롤즈『정의론(A Theory of Justice)』(1971)이 도입되는 경위와 번역과정에 관 하여, 존 롤즈, 황경식 옮김,『사회정의론』(서광사, 1985), pp.7-8을 참조하라. 한국에서 A Theory of Justice은 황경식 교수에 의해『사회정의론』으로 제1부 원리론이 번역되어 1977년에 출판되었다.

쳐 1990년대 초반에까지 이른다. 그 다음의 단계는 롤즈 이론에 대한 비판적 논의가 진행된 단계라고 할 수 있다. 이 단계는 한국에서 대략 1990년대에 걸쳐 진행된다. 비판의 내용은 롤즈 이론 자체의 내적 문제점과 함께 공동체주의적 시각에서의 비판이 중심을 이룬다. 특히 후자의 비판적 검토는 1980년대에 서구에서 진행된 자유주의-공동체주의 논쟁에 직간접으로 영향을 받아 한국에서는 1990년대에 나타난 것으로 추정된다. 이러한 비판적 단계는 다음의 좀 더 적극적인 비판을 토대로 한 반성적 평형(reflective equilibrium)[2]의 단계로 진입한다. 이 세 번째 단계는 롤즈 정의관을 통해 한국적 현실을 비판해 보는 것과 동시에 한국 또는 동아시아의 전통, 문화, 정의관에 비추어 롤즈 정의관을 반성적으로 비판해 보는 단계다. 이 단계에서는 동아시적 정의관 또는 한국적 정의관을 모색하려는 적극적 시도들이 나타난다. 롤즈의 자유주의적 정의관에 대한 이론적 수용과정은 현재 세 번째 단계인 반성적 평형의 단계에 진입되어 있는 것으로 생각된다.[3]

이와 같은 롤즈 정의관의 한국적 이해의 과정은 어디까지나 이론

---

2) 롤즈의 반성적 평형(reflective equilibrium)의 개념에 관하여, John Rawls, *A Theory of Justice*(Cambridge, Mass.: The Belknap Press of Harvard University Press, 1971), p.20, pp.48-50를 참조하라. 이 글에서 반성적 평형의 개념은 새로운 정의관을 모색하기 위해 기존의 정의관에 대한 총체적인 비판적 검토라는 광범위한 의미로 사용하였다.

3) 이러한 3단계의 수용과정은 엄격한 시간적 구분보다는 수용과정의 특징을 중심으로 대략적으로 구분된 것이다. 따라서 각각의 단계에서도 정도의 차이는 있지만, 세 가지 단계의 특징인 적극적 이해, 비판적 검토, 대안적 정치관의 모색 노력 등이 혼재되어 있을 수 있다. 그렇지만 전체적 흐름을 볼 때 이러한 과정을 거친 것으로 분석된다. 롤즈 정의론의 3단계 수용과정에 관한 필자의 입장에 대하여, 장동진, 「서양 정의이론의 동아시아 수용: 롤즈 정의이론의 한국적 이해」, 『정치사상연구』, 제12집 2호(2006년 가을), pp.80-100을 참조하라. 현재 한국에는 롤즈의 저서인 *A Theory of Justice*(revised edition, 1999), *Political Liberalism*(1993), *The Law of Peoples*(1999)가 각각 『정의론』(2003), 『정치적 자유주의』(1998), 『만민법』(2000)으로 번역되어 있다.

적 이해와 비판에 머무르고 있고, 실제 한국정치나 민주화 과정에는 거의 영향을 미치지 못하였다고 할 수 있다. 그렇지만, 이론적으로 볼 때, 롤즈의 자유주의적 정의관은 현대 한국의 자유민주주의 정치 이념과 깊은 연관성을 지닌다. 1948년 대한민국의 수립으로 시작된 현대 한국의 기본적 정치이념은 자유민주주의다. 이후 여러 차례의 권위주의 정권들이 1987년 민주화 운동이 일어나기까지 지속적으로 나타났지만, 자유민주정체라는 기본적 이념에는 변동이 없었다고 할 수 있다. 이러한 맥락에서 현대 한국의 자유민주정치 이념은 롤즈의 정의론이 배경적으로 염두에 두고 있는 자유민주사회와 깊은 이론적 관련성을 지닌다고 볼 수 있다.

롤즈 정의론이 이론적으로 한국사회와 깊은 관련이 있었음에도 불구하고, 실천적인 면에서 한국 민주화에 영향을 미치지 못한 이유에 대해서는 여러 측면에서 분석이 필요할 것이다. 그렇지만 가능한 설명의 하나로는, 롤즈 정의론이 지니는 고도의 정치철학적 추상성을 그 이유로 들 수 있을 것이다. 롤즈의 자유주의적 정의관이 1970년대 초 한국에 처음 도입되긴 했지만, 거의 1990년대 초까지 한국에서는 이에 대한 이론적 이해와 논의는 매우 제한된 전문가들을 중심으로 진행되었다. 롤즈 정의론은 그 정치철학적인 추상성으로 인해 이론적 전문가가 아닌 일반인들이나 정책 실무자들이 이를 이해하고 실천화하는 데에는 불가피한 한계가 존재한다. 이러한 롤즈 정의관의 정치철학적 성격으로 인해 실제 한국의 민주화 운동과 정치운영에 도입될 기회가 거의 없었다고 평가될 수 있다.

현재 한국에서의 롤즈의 자유주의적 정의관에 대한 논의는 대학 강의를 통하여 과거보다는 많이 일반화되고 이해의 수준이 높아졌음은 물론 롤즈 정의관의 긍정성 및 부정성을 한국적 입장에서 평가할 수 있는 인적 범위도 상당히 확대되었다고 할 수 있다. 그리고 롤즈의 자유주의적 정의관이 한국사회에 미칠 수 있는 실천적 긍정성에 대한 입장도 대두되고 있다. 그렇지만 롤즈의 자유주의적 정의관이 한국적 인식과 문화구조와 양립할 수 있는가 하는 근본적 문제가 제기된다. 좀 더 근본적으로 롤즈의 정의론이 한국 민주화에 실천적 영향을 미치지 못한 것은 아마도 롤즈의 자유주의적 정의관이 한국적 인식 및 가치관과 상충하는 측면이 있기 때문이라는 추정도 가능하다. 변화해 가는 한국사회의 성격을 고려할 때, 롤즈의 자유주의적 정의관이 던져 주는 시사점과 다른 한편 한국사회의 고유한 성격에 입각하여 롤즈의 자유주의적 정의관을 비판적으로 검토해 보는 것은 실천적 및 이론적 의미에서 유의미한 작업이 될 것이다.

2. 롤즈 정의론과 한국사회

롤즈의 자유주의적 정의관은 그의 대표적인 저서들인 『정의론(*A Theory of Justice*)』(1971)과 『정치적 자유주의(*Political Liberalism*)』(1993), 『만민법(*The Law of Peoples*)』(1999)을 통하여 제시된다. 이 세 저서에 나타난 롤즈의 자유주의적 정의관은 자유주의적 관점을 유지하고 있다는 면에서는 전체적인 일관성을 지니고 있지만, 문제인식과 그 내용의 강조에 있어서는 약간의 차이를 보여주기도 한다. 우선 『정의론』과 『정치적 자유주의』에서는 자유민주사회의 내부에 적용되는 정의원칙을 도출하는 데 비해, 『만민법』은 국제사회의 정의 문제를 다룬다는 데 있어 차이를 보여준다. 물론 이 세 저서를 통하여 나타나는 정의원칙을 도출하는 절차적 조건으로서 원초적 입장의 채택은 일관적으로 유지되고 있다. 그렇지만 『정의론』, 『정치적 자유주의』, 『만민법』의 문제인식과 이와 관련한 원초적 입장의 적용 방법은 각각 차이가 있는 것으로 분석된다.

우선 『정의론』은 인간 개개인의 불가침성(inviolability)을 평등하게 실현하기 위한 문제인식에서 출발한다. 이것은 좀 더 구체적으로 일부 개인의 자유가 사회의 다수나 많은 사람들이 누리는 더 큰 사회적 이득을 이유로 희생될 수 없음을 강조한다.4) 이러한 문제인식을 해결하기 위해 롤즈는 원초적 입장과 최소극대화 규칙(maximin rule)을 통해 정의의 두 원칙(two principles of justice)5)을 제시한다. 특히 원초적 입장(original position)의 핵심은 무지의 베일(veil of ignorance)에 있다. 이것의 핵심은 정의원칙에 대한 합의의 공정한 조건으로서 합의의 당사자는 자신의 타고난 자산과 능력, 가치관 및 심리적 경향, 사회경제적 지위에 대한 정보를 모르는 것으로 가정한다.6) 『정의론』에 나타난 중요한 문제인식 중 하나는 자연적 및 사회적 우연성으로 인해 발생하는 불평등을 어떻게 조정할 것인가에 있다.7) 롤즈의 정의의 두 원칙 중 제2원칙의 차등의 원칙(the Difference Principle)과 공정한 기회평등의 원칙(the Principle of Fair Equality of Opportunity)은 사회경제적 불평등을 조정하여 제1원칙의 기본적 자유의 평등을 보장하기 위한 사회경제적 장치가 된다. 『정의론』에 나타난 공정으로서의 정의(justice as fairness)는 정의의 두 원칙을 통해 인간의 불가침한 존엄성을 평등하게 실현하려는 시도로 해석될 수 있다.

이러한 입장은 1999년 개정판에서 재산소유 민주주의(a property-owning democracy)의 개념을 통해 더 적극적으로 표현된다. 이 발상은 개인적 재산(personal property)에 대한 보장을 하고 경쟁적 시장 체제를 채택하지만, 사회적 성격을 지닌 부와 자본을 사전적으로 광

---

4) John Rawls, *A Theory of Justice*(1971), pp.3-4.
5) 같은 책, p.60. "First: each person is to have an equal right to the most extensive basic liberty compatible with a similar liberty for others. Second: social and economic inequalities are to be arranged so that they are both (a) reasonably expected to be to everyone's advantage, and (b) attached to positions and offices open to all."
6) 같은 책, p.12, pp.136-142.
7) 같은 책, pp.72-75.

범위하게 분산할 수 있는 공정한 협력의 체계를 유지하는 것을 목표로 한다. 이는 사후적 조정을 통해 분배의 불평등 문제를 해결하려는 것과 대조되는 일종의 자유주의적 사회주의 체제(a liberal socialist system)라 할 수 있다.[8]

한편 『정치적 자유주의』의 문제인식은 『정의론』과 차이를 보인다. 정치적 자유주의는 "합당한 종교적, 철학적, 도덕적 교리들로 심각하게 분열된 자유롭고 평등한 시민들 간에, 정의롭고 안정된 사회를 상당 기간 유지시키는 것이 어떻게 가능한가?"[9]라는 물음으로 시작한다. 이러한 물음에 답하기 위해 『정의론』에서는 불분명하였던 도덕철학과 정치철학의 구분을 분명히 하고 도덕적인 것과 구분되는 '정치적인 것의 영역(the domain of the political)'을 설정한다. 정치적 자유주의에서 문제인식은 합당한 종교적, 철학적, 도덕적 교리 간의 합당한 불일치(reasonable disagreement)를 극복하고 자유민주사회의 정치적 안정성을 어떻게 유지할 것인가에 초점이 맞추어져 있다. 이와 함께, 정치적 구성주의(political constructivism), 합당성(the reasonable), 공적 이성(public reason), 중첩적 합의(overlapping consensus)의 개념이 대두된다. 그렇지만 원초적 입장은 대표의 장치(device of representation)로 여전히 중요한 위치를 차지하며, 정의의 두 원칙은 약간 변형되어 표현되었지만,[10] 근본 내용에는 큰 변화가 없다.

---

8) John Rawls, *A Theory of Justice*(revised edition, 1999), pp.xiv-xv.

9) John Rawls, *Political Liberalism*(New York: Columbia University Press, 1993), p.4.

10) 같은 책, pp.5-6. "a. Each person has an equal claim to a fully adequate scheme of equal basic rights and liberties, which scheme is compatible with the same scheme for all; and in this scheme the equal political liberties, and only those liberties, are to be guaranteed their fair value. b. Social and economic inequalities are to satisfy two conditions: first, they are to be attached to positions and offices open to all under conditions of fair equality of opportunity; and second, they are to be to the greatest benefit of the least ad-

롤즈의 『만민법』은 『정의론』과 『정치적 자유주의』를 통해 제시된 자신의 자유주의적 정의관을 국제사회에 적용한 것이다. 우선 국제사회를 합당한 자유적 국민(reasonable liberal peoples), 적정수준의 국민(decent peoples), 무법국가(outlaw states), 불리한 여건의 사회(societies burdened by unfavorable conditions), 자애적 절대주의 체제(benevolent absolutisms)로 구분하고, 이와 관련하여 이상적 이론(ideal theory)과 비이상적 이론(non-ideal theory)을 제시한다. 특히 자유적 국민 상호간의 정의원칙 합의에 관해서는 이상적 이론의 제1부, 자유적 국민의 정의원칙이 관용을 통해 적정수준의 국민에 확장되는 과정은 이상적 이론의 제2부를 통해 제시된다. 이 과정에서 원초적 입장의 장치가 활용되고 공적 이성의 역할이 강조된다. 한편 비이상적 이론에서 무법국가를 다루는 데 있어 질서정연한 국민(well-ordered peoples)의 방어전쟁권을 논하는 불순응이론(non-compliance theory)과 불리한 여건의 사회에 대한 원조의 의무(duty of assistance)에 대한 논의는 매우 흥미 있다.[11)]

이와 같이 간략히 정리되는 롤즈의 자유주의적 정의관은 한국사회에 깊은 함의를 지닌다. 우선 『정의론』과 『정치적 자유주의』를 통해 제시되는 자유주의적 정의관은 현재 한국사회의 운영에 깊은 실천적 함의를 내포한다. 한편, 『만민법』을 통해 제시되는 자유주의적 국제 정의관은 현재 진행되고 있는 남북한 관계 및 통일문제와 깊은 관련을 지닌다.

현재의 한국사회의 성격을 진단하는 데에는 여러 가지 관점이 가능하다. 이것은 한국사회가 그만큼 복합적 성격을 지니고 있다는 것을 의미하기도 한다. 또한 한국사회의 성격은 시대적 변화와 함께 끊

---

vantaged members of society."

11) 좀 더 상세한 내용에 관해서는, John Rawls, *The Law of Peoples*(Cambridge: Harvard University Press, 1999)를 참조하라.

임없이 변화해 가는 속성을 지니고 있다. 그렇기 때문에 한국사회의 성격을 현 시점에서 파악하고 규정한다는 것 역시 잠정적 성격을 띠게 될 수밖에 없다. 현재 한국사회의 성격은 복합적 성격을 띠고 있다. 이러한 복합적 성격은 한국사회의 제반 갈등으로 나타나기도 한다. 필자는 한국사회의 성격을 사회경제적 관점, 다문화적 관점, 신념의 다양화, 민족주의, 여성주의 관점으로 구분하여 롤즈 정의관과 연결시켜 논의하고자 한다. 롤즈의 정의관에 나타난 주요 개념 및 원칙들을 현 한국사회의 성격과 결부시켜 논의하여 보는 것은 현재 한국사회가 직면하고 있는 갈등에 대한 해결의 실마리와 원칙을 찾는 데 기여할 수 있을 것이다. 동시에 롤즈 정의관이 지니는 문제점 및 한계 역시 노정될 것이다.

우선 한국사회의 성격을 사회경제적 관점을 통해 접근하여 분석해 볼 수 있다. 이것은 흔히 가진 자/못 가진 자, 자본/노동 등의 구분을 통해 한국사회의 성격을 분석해 볼 수 있다. 이러한 시각은 사회적 정의 문제와 관련하여, 혜택 받는 계층(the more-advantaged group)과 혜택 받지 못하는 계층(the less-advantaged group)을 대비시켜, 이 양 집단 간의 사회경제적 부는 물론 기본적 자유의 행사에 있어서 구조적 불평등론을 제기한다. 대립되는 이 두 집단은 각각 한국사회의 정의 문제에 대해 상이한 기대와 요구를 할 것이다.

우선 한국사회를 사회경제적 관점에서 조망하였을 때, 가진 자와 못 가진 자, 또는 노동과 자본의 대립 등의 사회경제적 갈등이 표현되고 있다. 특히 최근에 지적되는 '양극화' 현상은 가진 자와 못 가진 자의 잠재적 갈등을 표현해 주기도 한다. 양극화 현상은 각 사회가 직면한 금세기의 일반적인 추세이긴 하지만, 한국의 사회경제적 양극화는 소득의 격차뿐만 아니라 주거 및 교육, 소비생활을 중심으로 한 문화적 차원, 성취동기와 관련된 의식적 차원으로 확대되어 사회적 대립갈등을 격화시킬 것이라는 우려가 대두되고 있다.12) 이와 함께 노동과 자본의 갈등은 지속적으로 각종 시위를 통해 표현되고 있다.

롤즈『정의론』의 정의의 두 원칙 중 제2원칙의 하나인 차등의 원칙은 이와 같은 문제를 해결해 주는 데 지침을 제공해 줄 수 있다. 차등의 원칙은, 사회경제적 불평등은 최소 수혜자 계층의 최대이익을 가져올 때에만 정당화될 수 있다는 강력한 평등주의적 원칙이다.[13] 이러한 근본 원칙은 한국사회에서의 사회경제적 가치의 공정한 배분을 위한 기준이 될 수 있지만, 현실적 합의에서는 많은 문제를 노정시킬 것으로 분석된다. 우선 차등의 원칙은 원초적 입장의 무지의 베일을 전제로 하여 성립되는 원칙이다. 그렇지만 한국의 현실에서 가진 자와 못 가진 자의 분배문제에 대한 현실적 합의에서는 각자는 자신의 입장을 전제로 하여 출발할 수밖에 없다. 즉, 한국사회에서만 고유한 것은 아니지만, 무지의 베일이 현실적으로 작동하기 어렵다는 것을 의미한다. 최소 수혜자 계층은 분명 롤즈의 차등의 원칙을 지지할 것이다. 이에 상응하여 더 유리한 수혜자 계층은 자유경쟁적 분배체제나 아니면 최소 수혜자 계층에게 최저한의 사회적 보장(the guaranteed minimum)을 조건으로 하는 자유로운 경쟁적 분배체제를 선호할 것이다. 그렇지만 무지의 베일의 원래의 의미는 각자의 입장을 떠나 더 공정한 관계를 규정할 수 있는 원칙에 대한 합의를 지향하는 것이다. 이렇게 볼 때, 한국적 현실을 감안하여 어느 입장이 더 합당성을 지니는가에 의해 그 설득력을 지니게 된다. 그렇지만 여전히 어느 입장이 더 타당한가는 현실적으로 정치적 역학관계에 의해 결정될 수밖에 없을 것이다. 한국의 사회경제적 불평등을 조정하는 기본적 원칙에 대하여 더 평등주의적인 차등의 원칙의 발상과 더 자유경쟁에 입각한 분배원칙 간의 갈등관계가 지속되고 있는 것으로 평가할 수 있

---

12) 김문조, 「한국사회의 양극화: 진단과 전망」, 한국정치학회/한국사회학회 공편, 『한국사회의 새로운 갈등과 국민통합』(인간사랑, 2007), pp.330-331.

13) John Rawls, *A Theory of Justice*(1971), p.83.

다. 지난 5년간의 참여정부의 분배원칙은 더 평등주의적 기조로 기울어졌다고 평가되며, 최근에 진전되는 한국의 정치적 상황은 후자의 해결방향으로 옮겨 가고 있는 것으로 이해된다.

한편, 인종·문화적 관점에서 한국사회의 성격을 조망해 볼 수 있다. 기존의 한국인들은 의식적 또는 무의식적으로 한국인은 '단일 언어와 문화에 기반한 단일민족'이라는 의식에 사로잡혀 왔다. 그러나 최근의 한국사회의 변화는 이러한 신화를 깨트리고 있다. 최근 한국에 상주하는 외국인의 증가, 국제결혼의 증가, 외국인 노동자의 증가, 북한 이탈 주민의 증가 등은 한국사회가 단일문화와 단일민족에서 점차 다문화화 및 다민족화되어 가는 것을 목격할 수 있다. 이와 함께 이들의 권리보호 문제가 한국사회에 새로운 쟁점으로 대두된다. 롤즈의 정의의 두 원칙 중 제1원칙은 기본적 자유의 평등원칙으로 요약되는데, 이것은 특정 정치사회의 시민에게 적용되는 시민의 권리를 보장하는 것을 목적으로 하고 있다.

따라서 이 경우 논의는 다시 결혼 및 기타 이유로 한국 국적을 취득한 외국인 시민과 불법 이주노동자와 같이 한국의 시민권을 획득하지 못했거나 취득할 의사가 없는 자를 구분하는 것이 필요하다. 우선 불법 이주노동자와 같이 한국의 국적을 취득하지 못했거나 취득할 의사가 없는 사람들은 롤즈 정의론의 제1원칙이 제시하는 기본권 보장은 무관하게 된다. 따라서 시민권 없이 한국에 장기 거주하는 사람들에 대한 처우는 시민의 권리로서보다는 인간으로서 지니는 보편적 권리라고 할 수 있는 인권(human rights)의 차원에서 논의될 수 있다.14) 이것은 롤즈가 『만민법』을 통해 제시하는 자유주의적 국제사회 정의관에서 인권의 보호 문제에 해당된다. 롤즈 『만민법』은 인권을 국제사회에 적용될 보편적 개념으로 간주하지만 최소한의 개념

---

14) 장동진·황민혁, 「외국인 노동자와 한국 민족주의: 자유주의적 민족주의를 통한 포용 가능성과 한계」, 『21세기 정치학회보』 제17집 3호(2007), pp.240-252.

으로 규정한다. 롤즈가 제시하는 국제사회에 통용될 인권의 내용은 생명권(생존과 안전), 자유권(노예, 농노 및 강제적 점령으로부터의 자유, 종교와 사상의 자유를 보장할 수 있는 양심의 자유에 대한 충분한 조처), 개인적 재산권(the right to personal property), 자연적 정의의 원칙(the rules of natural justice)으로 표현되는 형식적 평등(예를 들어, '유사한 경우는 유사하게' 처리하는 원칙)을 포함한다.[15] 현재 한국의 현실을 고려할 때, 한국 국적 없이 한국에 장기간 거주하는 외국인에 대해 이러한 인권의 보호가 적극적으로 이루어지고 있다고 말하긴 어렵다. 이러한 롤즈의 인권 개념은 한국사회가 노동 및 기타의 이유로 한국에 거주하는 불법적 및 합법적으로 거주하는 사람들을 처우하는 유용한 기준이 될 수 있을 것이다.

한편 최근 한국에서의 국제결혼의 증가는 한국사회에 커다란 변화를 불러오고 있다.[16] 국제결혼 등을 통하여 한국의 시민이 된 사람들은 기존의 한국 국민과 같이 롤즈의 정의 제1원칙에 의한 기본적 자유를 누릴 동등한 권리가 있다. 그럼에도 불구하고, 이들 및 이들의 자녀들은 언어 및 문화의 장벽으로 인하여 기본적 자유를 누림에 있어 불리한 입장에 있다. 이러한 문제들을 해결하기 위해, 다문화주의(multiculturalism)[17] 이론가들이 주장하는 것처럼, 이들에게 더 적극적인 배려의 정치가 이루어져야 한다는 주장이 제기될 수 있다. 사실상 문화 및 언어로 인한 불평등 문제가 롤즈의 정의론 내에서 심각하

---

15) John Rawls, *The Law of Peoples*(1999), p.65.

16) 한국에서 1990-2005년의 16년간 국제결혼 건수는 240,755건이다. 1990년 이후 2005년까지 한국인 남성과 결혼한 외국인 여성은 159,942명이고, 한국인 여성과 결혼한 외국인 남성은 80,813명이다. 설동훈 외, 「결혼이민자 가족실태 조사 및 중장기 지원정책방안 연구」(여성가족부, 2006), p.vi.

17) 다문화주의에 관한 좀 더 상세한 논의로, Will Kymlicka, *Contemporary Political Philosophy*(second edition, Oxford: Oxford University Press, 2002), pp. 327-376; Will Kymlicka, *Multicultural Citizenship*(Oxford: Clarendon Press, 1995)를 참조하라.

게 거론되고 있지는 않다. 사실상 이런 문제에 대한 해결은 롤즈의 정의관보다는 다문화주의의 이론에서 그 실마리를 찾을 수 있을 것으로 기대된다.

최근에 나타나는 한국사회의 변화의 하나는 다양한 신념 및 관점의 등장이다. 최근 한국에는 동성애자의 권리, 양심적 병역거부와 같은 소수자의 권리가 대두되고 있다. 이러한 소수자의 권리 주장은 두 가지 측면을 지닌다. 하나의 측면은 롤즈의 정의관이 자유와 권리를 지닌 개인을 중심으로 하여 성립하고 있으므로, 특정 인종 및 문화 집단 또는 소수 집단이 요구하는 차별적 권리(differentiated rights)로 표현되는 집단적 권리 주장에 대해서는 특별한 지침을 제공하고 있지 않다는 점이다. 이러한 차별적 권리 주장은 다문화주의나 정체성의 정치(politics of identity)의 주장과 관련성을 지닌다. 다른 하나의 측면으로, 한국에서의 소수자의 권리 주장의 등장은 롤즈가 『정치적 자유주의』에서 언급한 '합당한 다원주의 현실(the fact of reasonable pluralism)'로 인한 '합당한 불일치(reasonable disagreement)'[18]가 한국사회에서 점차 가시화되고 있다는 초기적 징후로 파악할 수 있다. 롤즈의 『정치적 자유주의』는 합당한 종교적, 철학적, 도덕적 교리들로 나누어진 화해 불가능한 합당한 다원주의의 현실에서 이러한 교리들이 지지할 수 있는 공적 정의관을 제시하고자 한다. 그리고 롤즈는 이러한 합당한 다원주의 현실을 자유민주사회에서 자연스럽게 나타나는 정치문화의 특징으로 간주한다. 이러한 롤즈의 문제인식은 한국사회에서도 자연스럽게 겪게 될 현실로 여겨진다. 따라서 롤즈가 제시하는 표현의 장치(device of representation)로서 원초적 입장의 핵심인 무지의 베일의 제약은 각각의 교리 및 신념의 극단적인 주장을 완화하는 데 도움을 줄 수 있을 것으로 여겨진다. 그리고 한국사회에서 시민의 합당성(the reasonable)의 능력과 공적 이성(public rea-

---

18) John Rawls, *Political Liberalism*(1993), p.36, p.55.

son)의 활용을 통해 교리 및 신념 간의 불일치를 극복할 수 있는 정치적 해결의 지향은 매우 실용주의적 지침을 제공해 줄 수 있을 것이다. 즉 각각의 교리 및 신념이 지니는 도덕적 타당성보다는 한국의 현실적 여건에서 어떤 실현 가능한 해결책이 더 정치적 타당성을 지닐 것인가 하는 문제인식은 현재의 한국사회의 제반 갈등을 해결해 나가는 데 도움이 될 것으로 분석된다.

또 하나의 관점은 여성주의(feminism) 시각에서 한국사회의 성격을 진단해 보는 것이다. 이것은 한국사회의 공적 및 비공적 영역에서 발생하고 있는 남녀불평등 문제를 통해 한국사회를 해부해 보는 것이다. 이러한 관점에서 볼 때, 한국사회는 여전히 공적 및 비공적 영역에서 남성지배적 현상을 목격할 수 있을 것이다. 가족 내의 구조, 사회 일반의 관행, 그리고 국가 및 정부의 공적 영역에서 활약하고 있는 여성의 수와 그들이 위치한 의사결정구조를 통하여 본다면, 한국사회는 여전히 남녀불평등의 사회라 할 수 있을 것이다.

롤즈의 정의관에 의하면, 남녀불평등 문제는 정의의 두 원칙 아래에서 해결될 수 있는 것으로 가정하고 있다고 여겨진다. 각 개인에게 기본적 자유를 평등하게 보장하고(제1원칙), 그리고 이를 사회경제적으로 보장하기 위한 장치로서 차등의 원칙과 공정한 기회평등의 원칙(제2원칙)을 보장함으로써 남녀 모두 개인이 자신의 인생을 평등하게 실현할 수 있을 것으로 기대한다. 이러한 기대는 많은 이론가들이 지적하듯이, 사실상 현실적인 남녀불평등을 고착시킬 여지가 있다. 즉 설사 공식적 정의원칙은 남녀평등을 지향한다 하더라도, 공적 및 비공적 영역에서 남아 있는 여러 가지의 관행과 기준은 여전히 남성 중심적으로 구조화되어 있다.[19) 한국사회의 각종 공적 영역에서 여성의

---

19) 이러한 공식적 남녀평등과 실질적 남녀불평등 문제의 딜레마에 관한 설명으로, Will Kymlicka, *Contemporary Political Philosophy*(2002), pp.378-398을 참조하라.

진출과 활약은 점차로 증가하고 있다. 그렇지만 이러한 공적 영역을 지배하는 기준, 문화 및 논리는 남성 중심적이라 할 수 있다. 또한 시민사회의 광범위한 영역을 지배하는 것 역시 남성 중심적 문화라 할 수 있다. 그리고 가족 내의 문화 역시도 여전히 남성 중심적으로 이루어져 있다고 할 수 있다. 특히 롤즈는 『정치적 자유주의』에서 공적 영역으로서 정치적인 영역과 비공적인 시민사회의 영역으로 나누어 헌법적 본질과 같은 사회의 기본구조를 운영하는 정의원칙을 도출하려 한다. 그렇지만 시민사회는 물론 정치문화 전반에 걸쳐 광범위하게 남성 중심적 문화가 뿌리 깊이 자리 잡혀 있을 때에는, 롤즈의 개인의 권리와 자유를 중심으로 전개되는 자유주의적 정의관은 남녀불평등 문제를 해결하는 데에는 한계가 있을 것으로 지적할 수 있다.

끝으로 민족주의적 시각에서 한국사회의 성격을 조망하여 롤즈 정의관과 결부시켜 논의할 수 있다. 한국인은 단일 언어와 문화를 기반으로 한 단일민족을 중심으로 민족국가를 형성하여 왔다고 할 수 있다. 따라서 한국인의 민족의식에는 단일 언어, 단일문화, 단일민족이 중심 개념이 되고 있다. 이러한 민족의식은 최근에 국제결혼, 외국인 노동자의 증가로 인하여 약간의 변화를 보이긴 하지만, 그래도 지배적인 민족의식이라 할 수 있다. 한 연구조사에 의하면, "한국 국적을 취득한 외국인을 한민족으로 간주할 수 있느냐?"라는 질문에 대하여, 연령별로 다소 차이를 보이지만, 조사대상 1,038명 중 28.1%가 긍정적인 답을 하고 있다.[20] 이것은 한국인의 민족의식이 여전히 혈연적 동질성을 그 기반으로 하고 있는 것으로 해석된다. 문제는 이러한 민족의식이 개인의 자유와 권리를 중심적 가치로 생각하는 자유주의 정치이론, 좀 더 구체적으로 롤즈의 자유주의적 정의관과 어떠한 관련성을 지니는가 하는 것이다. 만약 민족인식에 기반한 한국인의 민

---

20) 강원택, 「한국인의 국가정체성과 민족정체성」, 강원택 외, 『한국인의 국가정체성과 한국정치』(나남출판, 2007), p.26.

족적 정체성이 개인의 자유보다 더 중요한 비중을 차지하고 있는 것이라면, 후자의 가치는 전자의 가치에 의해 제약될 수 있을 것이다. 반대로 후자의 가치가 전자의 가치보다 중요한 비중을 차지하는 것이라면, 전자의 가치는 후자의 가치에 의해 평가될 수 있을 것이다. 이러한 논의는 사실상 자유주의적 민족주의(liberal nationalism) 논의와 연관된다.21)

한국인의 단일민족 의식은 롤즈 정의관과 관련하여 다음 두 가지 방향에서 검토해 볼 수 있다. 우선 하나의 방향은 하나의 정치공동체에 대한 인식과 개인의 자유 간의 관계에 대해 논의해 보는 것이다. 한국인의 민족의식은 정치공동체에 대한 우선적 가치를 구성원에게 요구할 수 있다. 이것은 롤즈 정의관과 관련하여, 다시 두 가지 관점에서 논의가 가능하다. 한편으로는 한국이라는 정치공동체에 헌신을 중심적 가치로 생각하는 한국인의 민족인식은 한국의 공동선에 대한 우선적 헌신을 요구하고 동시에 공사 영역에서 한국인 상호간에 대한 자발적인 지원의 의무를 권장한다. 즉 이러한 감각은 롤즈의 자유적 평등주의(liberal equality)를 실현할 수 있는 정치공동체적 유대감의 기반을 제공할 수 있다. 다른 한편으로는 이러한 민족적 공동선에 대한 헌신은 개인의 자유보다는 전체 공동체의 융성과 발전에 더 비중을 두게 될 것이다. 이것은 개인의 자유와 권리의 영역을 상대적으로 제한하는 결과를 가져올 수 있다. 이러한 민족적 요구는, 현재의 한국정치가 사회 제반 영역에서 자유경쟁체제를 채택하고 있긴 하지만, 그 경쟁이 민족 전체의 안정성과 화합을 유지하기 위한 평등주의적 기조와 관행을 벗어나지 못하도록 기능할 것이다. 이것은 한편으로는 롤즈의 정의 1원칙에서 열거되고 있는 기본적 자유의 보장이

---

21) 타미르는 "나는 나의 민족적 소속감보다 자유주의적 신념을 더 선호해야만 하는가?"라는 문제제기를 한다. Yael Tamir, *Liberal Nationalism*(Princeton University Press, 1993), p.5.

한국민 전체의 화합과 안정을 위해 어느 정도 제한될 수 있음을 시사한다.

다른 하나의 방향의 논의는 수용(inclusion)과 배제(exclusion)와 관련된 문제다. 한국인의 공통의 역사와 문화 및 언어에 기반한 단일민족 의식은 IMF와 같은 국가적 위기를 극복할 수 있는 집단적 결속력의 원동력이 되는 동시에, 배타성 및 획일성과 같은 부정적 요소를 함유한다.[22] 그러나 이러한 단일민족 의식은 앞에서 논의한 최근 한국에 새로이 유입되고 있는 언어, 문화, 인종을 달리하는 시민의 증가로 인해 도전을 받고 있다. 단일민족 의식은 이러한 새로이 유입되는 한국인에 대하여 사회의 일상생활 전반에 걸쳐 배제의 형태로 나타날 우려가 있다. 롤즈 정의관이 정의 제1원칙을 통해 시민의 기본적 자유의 평등성을 공식적으로 보장하고 있긴 하지만, 사회의 현실적 관행을 통제하기에는 한계가 있을 것이다.

한편 한국의 민족의식과 관계되고 동시에 롤즈의 자유주의적 정의관과 관계되는 것이 한국의 남북관계 및 통일 문제다. 앞에서 언급한 바와 같이, 롤즈는『만민법』을 통해 자유주의적 국제정의관을 제시한다. 특히 그는『만민법』의 비이상적 이론에서 인권을 준수하지 않는 무법국가(outlaw state)에 대하여 질서정연한 국민(well-ordered peoples)의 자기방어의 전쟁권을 논하고, 불리한 여건의 사회(societies burdened by unfavorable conditions)에 대하여 원조의 의무(duty of assistance)[23]를 논한다. 롤즈의 자유주의적 국제정의관에 비추어 본

---

22) 김광억, 「한국문화론의 정치인류학적 단면: '세계화'와 '신토불이' 사이에서」, 김정오 외, 『한국사회의 정체성과 글로벌 표준의 수용』(서울대학교 출판부, 2006), pp.122-124.

23) 롤즈의 원조의 의무(duty of assistance)는 불리한 여건의 사회가 적정수준에 이르게 되면 원조의 의무가 끝나는 중단점(cutoff point)이 있는 것으로, 롤즈의 국내사회에 적용되는 평등주의적인 차등의 원칙과 구분된다. 차등의 원칙은 자유적 사회의 기본구조를 이루는 정의원칙으로 중단점이 없다. 상세한 논의로 John Rawls, *The Law of Peoples*(1999), pp.105-120 참조.

다면, 북한의 정치체제를 비자유적 사회(non-liberal society)로 보는 데에는 별 이견이 없을 것이다. 그렇지만 북한 정치체제를 무법국가로 보아야 할 것인지, 아니면 불리한 여건의 사회로 보아야 할 것인지는 논란의 여지가 있다. 북한은 한편으로는 광범위한 영역에서 기본적 인권이 위반 또는 제약되고 있다는 점에서 무법국가적 성격을 지닌다.24) 다른 한편으로는 현대 국제사회의 여러 국가와 비교하여 볼 때 정치, 경제, 사회의 제반 영역에서 발전수준이 낮다는 점에서 불리한 여건의 사회의 성격을 지닌 것으로 평가할 수 있다. 이렇게 볼 때, 북한은 무법국가적 성격과 불리한 여건의 사회의 성격을 동시에 지닌 복합적 성격의 사회로 평가할 수 있다.

이와 관련하여 현재 남한의 국민은 북한에 대하여 상이한 입장을 취한다. 하나의 입장은, 롤즈의 국제정의관에서 강조되듯이 인권 및 개인의 자유와 권리에 더 비중을 두는 입장이다. 즉 북한체제의 무법국가적 성격의 문제를 지적하고, 북한체제의 성격을 자유민주적 사회로 전환할 수 있도록 더 적극적인 압력을 행사하고 동시에 지원을 요구하는 입장이다. 다른 하나의 입장은 북한의 불리한 여건의 사회의 성격에 초점을 맞추어, 북한사회가 스스로 적정수준의 사회에 도달할 수 있도록 지원을 강조하게 되는 입장이다. 이러한 상반된 입장은 한국 내의 진보/보수 논쟁을 통해 표현되기도 한다. 보수적 입장은 좀더 적극적으로 북한 정치체제의 변화를 촉구하는 반면, 진보적 입장은 자유민주적 가치보다는 민족의 가치에 우선을 두어 북한과의 교류협력은 물론 북한에 대한 지원에 우선적인 역점을 두고 북한 정치체제의 점진적 변화를 기대한다.25) 이것 역시 자유주의적 가치와 민

---

24) 북한의 인권실태에 관하여서는, 통일연구원, 『2007 북한인권백서』(통일연구원, 2007)를 참조하라.

25) 북한의 인권문제에 대한 남한의 다양한 관점에 대한 분석으로, Bo-hyuk Suh, "Controversies over North Korean Human Rights in South Korean Society", *Asian Perspective*, vol. 31, no. 2(2007), pp.23-46을 참조하라.

족적 가치 간의 갈등이 현실적으로 표현된 것이라 할 수 있다.

『정의론』과『정치적 자유주의』를 통해 제시되는 롤즈의 국내사회를 위한 정의관에 의하면, 북한의 정치체제는 비자유적 절대주의 체제로 그 정치적 정당성을 인정할 수 없다. 그렇지만 국제사회를 다원주의적 시각으로 파악하고 있는 롤즈의 국제사회 정의관에 의하면 상이한 해석이 가능하다. 전술한 바와 같이 롤즈는 정치문화를 중심으로 국제사회를 다섯 가지 국민 또는 사회로 분류하고 있다. 이것은 상이한 정치문화를 지닌 국민들의 상호간의 관용을 전제로 한 것이다. 물론 그 조건은 인권의 준수 여부에 있다. 롤즈의 국제사회관은 독특한 정치문화를 지닌 국민의 집단적 자율권(collective autonomy)을 어느 정도 수용하고 있는 것으로 분석된다. 그렇지만 적정수준의 사회를 포함하여 비자유적 사회의 집단적 자율권은 구성원의 개인적 자율권(individual autonomy)을 보장해 주지는 못한다. 이렇게 볼 때, 롤즈의 자유주의적 국제사회 정의관은 집단적 자율권과 개인적 자율권의 갈등에 대한 해결의 원칙과 방향을 제시하지 못하고 있다. 이것은 집단적 자율권을 어디까지 인정할 수 있는가 하는 관용의 딜레마를 보여준다. 적정수준에 도달하지 못한 북한과 같은 무법국가적 성격과 불리한 여건의 사회의 성격을 동시에 지닌 정치사회에 대하여 롤즈 정의관은 집단적 자율권과 개인적 자율권의 갈등에 대한 해결의 원칙을 제시하지 못하고 있다.

3. 한국적 관점에 본 롤즈 정의론

이상에서 롤즈의 정의관을 한국사회의 성격과 관련하여 여러 가지 관점에서 논의하였으며, 한국사회 자체의 문제점과 롤즈 정의관의 한계를 동시에 조망해 보았다. 이러한 논의보다 더 중요한 논쟁은 아마도 롤즈 정의관과 한국사회에 묵시적으로 내재해 있는 한국적 정의관을 대비시켜 논의해 보는 것일 것이다. 이것은 서론에서 밝힌 롤즈 정의론의 한국적 수용과정의 세 번째 단계인 반성적 평형의 단계에 해당되는 논의다.

이러한 단계의 논의는, 좀 더 근본적으로, 서구적 가치와 한국적 가치(또는 동양적 가치)가 혼재된 현재 한국사회의 복합적인 성격과 연관된다. 서구적 가치의 핵심은 개인의 자유와 권리의 존중으로 집약된다. 한국사회 역시 사회 제반 영역(공식적 영역과 비공식적 영역)에서 개인의 가치가 내재화되어 가고 있다. 이것은 콩스탕이 현대인의 자유(the liberty of the moderns)로 표현하는 개인적 독립성과 개인적 즐거움 및 행복추구의 자유라 할 수 있다.26) 이것을 현대적 가치로 표현할 수도 있을 것이다. 이러한 개인주의적 가치 역시 이미 한국사회에 깊이 내재화된 점을 감안한다면, 한국사회의 성격으로 자리매김할 수 있다. 그렇지만 이러한 개인의 자유와 권리의 가치는 현대 자유민주사회가 지니는 더 일반적인 가치라 할 수 있다.

한편, 이러한 개인주의적 가치와는 구분되는 한국적 가치(또는 동양적 가치)라고 표현할 수 있는 가족적 유대감 및 공동체의 소속감, 인간의 상호 의존적 관계의 중시 등이 한국인의 생활 곳곳에 깊이 뿌리박혀 있다. 아마도 현대 한국인의 생활을 지배하는 논리는 개인의 자유와 권리 의식보다는 이러한 상호 의존적 인간관계에 기반하고 있다고 할 수 있다.27) 이러한 상호 의존적 인간관계는 가족의식, 동

---

26) Benjamin Constant, "The Liberty of the Ancients Compared with That of the Moderns", Benjamin Constant, *Political Writings*, ed. Biancamaria Fontana (Cambridge: Cambridge University Press, 1988), pp.309-328.

27) 동양인과 서양인은 자기 개념을 포함한 성격뿐만 아니라 사고방식, 기억, 판단 및 언어 등과 같은 인지특성에서 차이를 보인다고 한다. 그리고 중국인, 일본인을 포함하여 동양인들은 상호 의존적인 자기 개념을, 미국인을 포함해서 서양인들은 독립적인 자기 개념을 가지고 있다고 한다. 이러한 논의와 관련하여 한국인의 상호 의존적 자기 개념에 관하여 김정오, 「한국인의 정체성: 상호 의존적 자기 개념」, 김정오 외, 『한국사회의 정체성과 글로벌 표준의 수용』(서울

422

창의식 또는 동문의식, 지역의식, 민족의식을 통해 표현되기도 한다. 이러한 '함께하는 태생적 의식'은 한국사회의 원동력이 되기도 하지만, 개인의 자유와 권리와 마찰하기도 한다. 이러한 서구적인 개인주의적 가치와 한국의 생활전통에서 오는 한국적인 상호 의존적 가치는 한국사회의 운영기반이 되는 정의에 대한 상이한 관점을 요구할 수 있다.

현대 한국사회에 살아 있는 전통적인 한국적 가치로 가족의식과 공동체의 소속감을 들 수 있다. 이것은 사실상 한국인의 민족의식을 형성하는 기반이 되고 있다. 따라서 현대 한국인은 한국사회를 이미 형성된 정치공동체로 간주한다. 이것은 물론 한국사회의 소속감이 개인의 정체성에 중요한 부분이 되기 때문에 개인의 자유와 마찬가지로 동등한 비중을 차지한다는 주장과는 다소 차이가 있다. 민족적 소속감이 개인의 정체성의 중요한 부분을 형성하기 때문에 개인의 자유와 권리와 동등한 비중으로 균형적으로 고려해야 한다는 논리는 민족적 가치를 자유주의적인 개인적 가치의 일부로 파악하는 것을 의미한다. 한국인의 공동체 의식 또는 민족적 의식은 공동체나 민족적 귀속감이 개인적 가치의 일부라기보다는 공동체 자체가 지니는 공동선의 의미에 더 비중을 두는 것으로 여겨진다. 이러한 인식은 자유주의 정치철학이 정치사회를 계약의 산물로 간주하고 개인의 자유와 권리를 보호하려는 인식과는 상반된다.

한국적 공동체 의식은 공동체가 있기에 개인이 자유를 향유할 수 있고, 또한 한국적 전통, 언어, 문화는 한국사회를 총체적으로 형성하는 요인이 된다. 이러한 인식은 한국이라는 독특한 정치공동체가 독특한 문화, 전통, 언어가 형성되고 발전되는 공간이기 때문에 그 자체로 공동선이 된다. 따라서 한국인의 민족의식을 기반으로 한 공동체 의식은 개인의 자유와 능력이 공동체의 번영에 기여할 것을 일차

대학교 출판부, 2006), pp.27-77을 참조하라.

적으로 요구한다. 이러한 요구는 현대인의 자유라고 할 수 있는 개인
적 자율성 및 독립성, 그리고 개인적 즐거움과 행복의 추구의 자유에
의해 끊임없이 도전을 받고 있다. 이러한 독특한 민족적 의식은 한국
이라는 민족적 정치공동체를 넘어 인권과 같은 세계시민적 가치의
실현을 요구하는 세계시민주의적 입장과 양립할 수 있는 방향을 어
떻게 개척할지는 미래의 과제로 남는다. 그렇지만 현재로서 가능한
방향은 두 가지다. 하나의 방향은 한국인의 상호 의존적 인간관이 표
현된 가족의식, 공동체 및 민족적 의식 내에서 배타보다는 포용의 가
능성을 확대해 나가는 방향이다. 다른 하나는 인권과 같은 세계시민
주의적 가치나 개인주의적 자유와 권리의 개념을 통해 한국인의 민
족의식을 더 보편적으로 확대해 나가는 방향이다.

한국적 정의관에서 볼 때, 롤즈의 정치적 정의관의 중심을 이루는
공적 정의관에 대한 신뢰에 대해 의문을 제기할 수 있다. 롤즈의 정
의관은 정의 또는 정의원칙을 계약이나 합의 또는 구성의 산물로 이
해한다. 이렇게 형성된 정의원칙은 공적인 인간관계를 규율하는 원칙
이 된다. 한편 한국인의 정의관은 이러한 공적 정의관보다는 더 광범
위한 인간관계에 적용되는 바람직한 행동의 원칙을 정의로 간주하는
보편적 정의관 또는 자연적 정의관(natural justice)[28]으로서의 성격을
지닌다. 이것의 근본적 바탕은 상호 의존적 인간관계를 규율하는 규
범이라 할 수 있다. 이것은 어떤 의미에서 도덕적 규범과 정의의 개
념이 구분되지 않은 더 일반적인 인간관계를 규율하는 원칙이라 할
수 있다. 롤즈의 정치적 정의관이 시민사회의 포괄적 교리들 간의 합
당한 불일치를 조율할 수 있는 공적 정의라 한다면, 한국사회의 일반

---

28) 롤즈는 『만민법』에서 "유사한 경우는 유사하게 처리되어야 한다."의 원칙과
    같은 자연적 정의(natural justice)의 개념을 제시하지만, 더 이상 발전시키지
    않고 있으며 또한 그의 정의론에서 중요한 위치를 차지하지 않고 있다. John
    Rawls, *The Law of Peoples*(1999), p.65.

424

인들에 내재해 있는 정의관은 더 일반적이고 보편적인 자연적 정의 관으로서, 롤즈의 공적 정의관을 비판적으로 검토해 보는 기반을 제 공해 준다.

4. 결론

롤즈 정의론이 비록 한국의 민주화에 직접적 영향을 미치지 못했 지만, 현재 한국사회의 자유민주화의 정도가 심화됨에 따라 한국사회 가 현재 경험하고 있는 많은 문제들에 대하여 해결의 실마리를 제공 해 주고 있다. 동시에 서구의 자유민주적 전통과 역사를 배경으로 성 립한 롤즈의 정의론은 비자유적 전통의 가치를 충분히 수용해 낼 수 없는 이론적 한계를 동시에 보여주고 있다.

롤즈 정의관의 중심 내용은 그의 정의 제1원칙을 통해 제시되는 기본적 자유의 평등이라 할 수 있다. 이러한 근본 원칙은 아직까지도 개인의 자유와 권리의 보장이 미흡한 한국적 현실을 개선해 나가는 데 중요한 지침을 제공해 준다. 이것은 물론 한국사회의 공동체 의식 과 공동선의 실현과 어떻게 조화하여야 할 것인가 하는 과제를 남겨 둔다. 또한 롤즈의 정의의 제2원칙의 핵심인 차등원칙은 현재 양극화 현상으로 지적되고 있는 한국사회의 불평등 문제를 해결하기 위해서 는— 그 한계에도 불구하고— 많은 긍정적 시사점을 제공해 준다.

나아가서 롤즈의 자유주의적 정의관은 다문화화, 다인종화, 다언어 화 되어 가는 한국적 현실에서 더 적극적인 해결의 원칙들은 제시하 지 못하고 있다. 그렇지만 이러한 다문화화의 진전과 함께 새로운 신 념 및 가치관의 등장으로 인한 합당한 불일치의 대두, 남녀불평등 문 제를 해결해 나가는 데 있어, 롤즈의 원초적 입장의 장치, 합당성 및 공적 이성의 개념은 한국사회가 직면할 갈등을 해결하고 정치적 화 합을 도모할 수 있는 실마리를 제공해 준다. 또한 한국인의 민족의식에 대한 반성적 사고를 요구하고, 남북문제 해결 및 통일지향에 있어서 우리가 처한 자유주의적 가치와 민족적 가치 간의 갈등을 조망해 볼 수 있는 기본적 틀을 제공해 준다.

전체적으로 롤즈의 자유주의적 평등주의 정의관은 자유지상주의적 정의관(libertarianism)보다는 비교적 한국인의 평등주의적, 공동체주의적 의식과 부합한다. 그렇지만 그 근거는 상이한 것으로 분석될 수 있다. 롤즈의 자유주의적 평등주의는 개인의 자유와 기본적 권리를 평등하게 실현하기 위한 결과로 나타난 것이라면, 한국인의 롤즈의 자유주의적 평등주의에 대한 선호는 다음과 같은 상호 의존적 관계의 인식에 그 근거를 두고 있는 것으로 이해된다. 즉 한국인은 이미 한국의 문화와 전통 속에 상호간 의존적 관계에 진입하여 유기적 공동체를 형성하고 있으므로 이 관계를 통하여 개인의 자유를 실현할 수 있다는 인식에 기반하고 있다. 한편 롤즈의 정의론은 한국인의 가족의식, 공동체 유대의식, 민족의식을 통하여 나타날 수 있는 비자유주의적 관행들을 비판할 수 있는 준거를 제공해 줄 수 있는 것으로 분석된다.

특히 한국적 관점에서 조망하여 보았을 때, 롤즈의 자유주의적 정의관은 한국사회의 기반이 되고 있는 가족의식, 공동체 의식 및 민족의식과 끊임없는 갈등의 관계로 진행되어 나갈 수 있다. 이것은 한편으로 개인주의적인 자유주의 가치가 가족적 가치, 공동체적 가치 및 민족적 가치에 의해 평가되어 어느 정도로 그 비중이 인정될 수 있는지, 그리고 동시에 가족적 가치, 공동체적 가치, 민족적 가치가 자유주의적 가치에 의해 평가되어 그 중요성이 인정될 수 있는지의 반성적 평형의 과정으로 이해될 수 있다.

필 자 약 력

황경식 hwangks@conmaul.co.kr

서울대학교 철학과를 졸업하고 동대학원 철학과에서 석사 및 박사 학위를 받았다. 동국대학교 철학과 교수를 거쳐 현재 서울대 철학과 교수로 재직 중이다. 미국 하버드대학교 객원연구원을 지냈으며, 한국윤리학회, 철학연구회 회장을 역임하였다. 현재 한국철학회 회장(2009-2010) 및 명경의료재단 꽃마을한방병원 이사장이다. 주요 역서로는 존 롤즈의『정의론』(2003) 등이 있으며, 저서로『사회정의의 철학적 기초』(1985),『개방사회의 사회윤리』(1995),『시민공동체를 향하여』(1997),『이론과 실천(도덕철학적 탐구)』(1998),『가슴이 따뜻한 아이로 키워라』(2000),『철학, 구름에서 내려와서』(2001),『자유주의는 진화하는가』(2006) 등이 있다.

박정순 js.park@yonsei.ac.kr

연세대학교 철학과를 졸업하고, 동대학원에서 석사학위, 미국 에모리대학교에서 철학박사학위를 받았다. 미국 프린스턴에 있는 고등학술연구원(The Institute for Advanced Study) 사회과학부 방문 연구원을 역임하였다. 현재 연세대 원주캠퍼스 철학과 교수 및 한국윤리학회 회장으로 재직 중이다. 주요 저서로는 *Contractarian Liberal Ethics and The Theory of Rational Choice*(New York: Peter Lang, 1992),『익명성의 문제와 도덕규범의 구속력』(2004) 등이 있고, 역서로『인간은 만물의 척도인가』(1995),『자유주의를 넘어서』(공역, 1999), 논문으로「마이클 왈쩌의 정의전쟁론에 대한 비판적 고찰」(2006) 등이 있다.

주동률 drchoo@hallym.ac.kr
서울대학교 미학과를 졸업하고, 미국 위스컨신주립대학교(매디슨)에서 철학박사학위를 받았다. 현재 한림대학교 철학과 교수로 재직 중이다. 주요 논문으로 「결과주의와 우정」, 「자유주의와 완전주의: 양립의 가능성」, 「롤즈와 평등주의: 경제적 혜택의 분배에 관한 철학적 논의의 한 사례」, 「평등과 응분」, 「예술과 도덕의 관계」 등이 있다.

김성우 lennon87@hanmail.net
현재 상지대학교 교양학부 겸임교수로 재직 중이다. 주요 저서로는 『로크의 지성과 윤리』, 『자유주의는 윤리적인가』, 『철학으로 과학하라』(공저), 『문화와 철학』(공저) 등이 있고, 논문으로 「문화산업의 논리와 신화」, 「롤즈의 자유주의 윤리학에 나타난 합리성과 도덕성 비판」, 「푸코의 얼굴 없는 글쓰기의 에토스」, 「보편학과 합리성의 문제: 데카르트와 라이프니츠를 중심으로」, 「라이프니츠 철학 체계의 이중성」, 「로크, 자유주의, 신자유주의」 등이 있다.

김비환 kbhw@skku.edu
성균관대학교 정치외교학과를 졸업하고 동대학원 정치외교학과에서 정치학 석사 및 박사 학위를 받은 뒤, 케임브리지대학교의 MPhil. 과정과 Ph.D. 과정을 졸업했다. 한국정치사상학회 편집이사 및 연구이사를 역임하였고, 현재 성균관대 정치외교학과 교수로 재직 중이다. 주요 저서로는 『축복과 저주의 정치사상: 20세기와 한나 아렌트』(2001), 『포스트모던 시대의 정치와 문화』(2005) 등이 있고, 논문으로 "A Critique of Raz's Perfectionist Liberalism"(*Government & Opposition*, 1996), 「현대자유주의에서 법의 지배와 민주주의의 관계」(『법철학연구』, 2006), 「아렌트의 정치적 헌정주의」(『한국정치학회보』, 2007), 「조선 초기 유교적 입헌주의의 제요소와 구조」(『정치사상연구』, 2008) 등이 있다.

정원규 jeongwg@snu.ac.kr
서울대학교 철학과에서 박사학위를 받았고, 현재 서울대 사회교육과 조교수로 재직 중이다. 주요 논문으로는 「도덕합의론과 공화민주주의: 롤즈와 하버마스의 이론을 중심으로」(박사학위논문, 2001), 「민주주의의 기본원리: 절차주의적 공화민주주의 모델을 제안하며」(『철학』, 2002), 「공리주의에 대한 패러다임적 독해: 공리주의의 사회계약론적 수렴을 제안하며」(『철학』, 2004), 「민주주의의 두 얼굴: 참여민주주의와 숙의민주주의」(『사회와 철학』, 2005), 「경영자를 위한 기업윤리 교육과정에 대한 철학적 반성과 제안」(『철학』, 2007) 등이 있다.

이양수 yys8203@paran.com
한양대학교 철학과를 졸업하고, 미국 조지아대학교에서「정의, 비폭력, 정치판
단의 실행: 폴 리쾨르 정의개념 연구」로 철학박사학위를 받았다. 현재 한양대,
숭실대, 인하대 강사로 재직 중이다. 주요 저서 및 역서로는『롤스와 매킨타이
어: 정의로운 삶의 조건』(2007),『휴머니티』(공역, 2008) 등이 있으며, 논문으
로「법적 추론과 사회적 소통의 기술」,「연구윤리와 가치」,「공화주의 공공철
학과 삶의 가치」,「역사적 시간과 내러티브」,「리쾨르의 롤즈 비판」 등이 있다.

정원섭 wonsupj@hanmail.net
서울대학교 철학과를 졸업하고, 동대학원에서 철학박사학위를 받았다. 미국 퍼
듀대학교의 교환교수를 역임하였다. 주요 저서로『롤즈의 공적 이성과 입헌민
주주의』(2008) 등이 있고 논문으로는 "Property-Owning Democracy or Demo-
cratic Socialism?"(1998), "Democratic Consolidation in Digital Environment"
(2007),「사이버 공간의 윤리적 함축」(2003),「디지털 환경에서 지적 재산권」
(2004),「공적 이성과 민주적 의지 형성: 존 롤즈의 정치적 자유주의」(2004),「영
미 윤리학계의 최근 연구 동향과 도덕 교육」(2008) 등이 있다.

염수균 skyoum@chosun.ac.kr
서울대학교에서 플라톤에 대한 연구로 박사학위를 받았다. 현재 조선대학교 철
학과에서 서양 고대철학과 그리스 신화, 민주주의론 등을 강의하고 있다. 주요
저서로는『롤즈의 민주적 자유주의』(2001) 등이 있고, 역서로『로널드 드워킨
의 Sovereign Virtue』 등이 있다.

강준호 purdue2003@hanmail.net
미국 퍼듀대학교에서 철학박사학위를 받았다. 건국대, 경인교대, 경희대, 한국
외국어대, 동덕여대에서 강의를 해왔으며, 현재 경희대학교 철학과 연구박사로
재직 중이다. 주요 역서로는『생명의학 연구윤리의 사례연구』(2008),『분배적
정의의 소사』(2007),『인종: 철학적 입문』(2006),『윤리학 입문』(2005) 등이 있
고, 논문으로「시즈위크의 상식도덕 개념에 대한 고찰」(『대동철학』, 2008),「연
구윤리 지침에 대한 윤리학적 고찰」(『철학사상』, 2007),「칸트적 구성주의에
대한 비판적 고찰」(『인문학연구』, 2007),「공리주의의 복리(Well-Being) 개념」
(『철학연구』, 2006) 등이 있다.

박병섭 bbsaaa@hanmail.net

전북대학교 철학과를 졸업하고, 한신대학교에서 경제학 석사, 전북대 철학과 대학원에서 석사 및 박사 학위를 받았다. 다문화사회공동(http://www.umcs.kr/) 연구소장이며, 현재 캐나다 킹스턴 퀸스대학교에서 다문화주의 철학을 연구 중이다. 주요 저서로는 『이주민과 다문화가정과 함께 하는 다문화주의 철학』 (2008), 『고조선을 딛고서 포스트고조선으로』(2008), 『촛불 어떻게 볼 것인가』 (공저, 2009) 등이 있다.

하주영 jyha99@yahoo.com

부산대학교 영어영문학과를 졸업하고, 서울대학교 대학원에서 철학과 석사와 박사 학위를 받았다. 서울대, 경기대, 영산대, 경성대, 부산대 등에서 강의를 해왔다. 주요 논문으로는 「가족과 성 불평등」, 「성 불평등과 차별시정정책」 등이 있고, 역서로 『민주주의와 법의 지배』(공역), 『정의의 타자』(공역) 등이 있다.

박상혁 sparkwisdom@kmu.ac.kr

미국 캔자스대학교에서 철학박사학위를 받았으며, 현재 계명대학교 철학부 조교수로 재직 중이다. 주요 논문으로는 "The Normaitivity of Morality"(Ph.D Dissertation), 「도덕은 정언명령인가, 아니면 가언명령인가?」, 「도덕적 규범이론으로서 결과주의와 의무주의는 상치하는가?」, 「롤즈의 평등주의적 자유주의와 경제적 응분」, 「자유주의 의료정의론에 대한 오해와 이해」, 「도덕적으로 나쁜 예술작품이 미적으로 좋은 예술작품일 수 있는가?」 등이 있다.

장동진 jang@yonsei.ac.kr

연세대학교 정치외교학과를 졸업하고, 동대학원에서 정치학 석사학위, 미국 텍사스주립대학교(The University of Texas at Austin) 정치학과에서 정치철학 전공으로 박사학위를 받았다. 현재 연세대학교 정치외교학과 교수로 재직 중이다. 정의론과 현대 자유주의 정치철학에 관심을 가지고 연구 중이다. 주요 저서로는 『현대 자유주의 정치철학의 이해』(2000) 등이 있고 역서로 롤즈의 『정치적 자유주의』, 『만민법』(공역), 『현대정치철학의 이해』(공역) 등이 있다.

롤즈의 정의론과 그 이후

.

2009년 6월 15일 1판 1쇄 인쇄
2009년 6월 20일 1판 1쇄 발행

지은이 / 황경식 · 박정순 외
발행인 / 전 춘 호
발행처 / 철학과현실사
서울시 종로구 동숭동 1-45
전화 579-5908 · 5909
등록 / 1987.12.15.제1-583호

ISBN 978-89-7775-688-5　03190
값 20,000원